U0128336

公共價值管理
哈佛大學教授的創新式績效衡量系統
RECOGNIZING PUBLIC VALUE

作者 Mark H. Moore
譯者 馬群傑

巨流圖書公司印行

國家圖書館出版品預行編目（CIP）資料

公共價值管理：哈佛大學教授的創新式績效衡量系
統 / Mark H. Moore作；馬群傑譯. -- 初版. -- 高雄
市：巨流，2020.01
　　面；　公分
譯自：Recognizing public value
ISBN 978-957-732-590-7（平裝）

1.公共行政　2.職業倫理　3.個案研究　4.美國

572.9　　　　　　　　　　　　　　　108020570

公共價值管理：
哈佛大學教授的創新式
績效衡量系統
RECOGNIZING PUBLIC VALUE

原　作　者　Mark H. Moore
譯　　　者　馬群傑
責 任 編 輯　張如芷
封 面 照 片　馬群傑
封 面 設 計　毛湘萍

發　行　人　楊曉華
總　編　輯　蔡國彬

出　　　版　巨流圖書股份有限公司
　　　　　　80252 高雄市苓雅區五福一路 57 號 2 樓之 2
　　　　　　電話：07-2265267
　　　　　　傳眞：07-2264697
　　　　　　e-mail：chuliu@liwen. com. tw
　　　　　　網址：http://www.liwen.com.tw

編　輯　部　10045 臺北市中正區重慶南路一段57號10樓之12
　　　　　　電話：02-29222396
　　　　　　傳眞：02-29220464

劃 撥 帳 號　01002323 巨流圖書股份有限公司
購 書 專 線　07-2265267 轉 236

法 律 顧 問　林廷隆律師
　　　　　　電話：02-29658212

出 版 登 記 證　局版臺業字第 1045 號

ISBN 978-957-732-590-7（平裝）
初版一刷・2020年1月

定價：550元

致 Richard E. Neustadt 與 Graham T. Allison。

他們惠賜給我一個有價值的工作，

令我長久駐足其中並歷經職涯發展。

譯者序

　　1980 年代以來，公共事務的發展日趨繁雜，公共治理的困難度也日漸升高。當此之時，面對全球化、多元化與網絡化之環境與社會，如何才能有系統、有效率與有效能地結合知識技術與課題需求，以化解各種公共問題，也成為當代公共管理者最需面對與應對的挑戰。基於此情況，在以美國為主的西方民主國家中，則除了深究公部門管理的重要議題（如司法人權、國防外交、環境保護、醫療保健、交通運輸、金融財政、教育文化與警政治安等）之外，並開始關注公共管理的核心意涵乃至成果評量，期望藉以對公共事務進行兼具宏觀與微觀的觀察省思與解構評價。由此，「公共價值」（public value）的內涵與理念乃開始受到關注與重視。

　　在美國，公共價值的開創已逐漸被公部門視為達到民主課責（democratic accountability）的重要標準之一。進言之，面對應更有效、具高效能及「以客為尊」的多元環境，多數的公共管理者開始被要求嘗試新的管理模式。然而，也由於私人企業的模式並不總是適用於民主政府的程序和做法，故管理觀點也帶來了挑戰。由此，哈佛大學甘迺迪政府學院（Harvard Kennedy School）的 Mark H. Moore 教授在 1995 年即率先提出「創造公共價值」（creating public value）概念。相關概念的引用乃是奠基於公共事務的價值標準上，以適度引入企業界的管理理念，其包括：更加注重政府機構的客戶；更廣泛使用績效衡量系統來檢視公務機關之價值，並呼籲公私部門間的參與一起創造切合社會需求的公共價值，並更廣泛且深入地運用全面品質管理，以期最終達成提高公共事務執行效能之有價值的社會成果。

　　雖然注重民眾的想法確實成功地讓公務機關在服務人民時更受到關注。然而，很多公共管理者和組織仍不確定他們的服務對象是誰、怎麼樣才可以最有效地滿足他們，乃至民眾滿意度對其整體任務來說多麼重要。畢竟，公共管理者和機構已經花了很長時間思考，他們的目標是追求組織已被設定之使命或實現特定社會成果，但創造公共價值的這些舊觀念中是否存在民眾滿意度，其實

尚未清楚界定。

　　針對上述問題，Moore 認為，公共管理者在提供基本服務或制定政策上，即應具備公共服務之倫理與道德責任，更重要的是透過公共價值創造的「策略三角架構」（strategic triangle）架構之應用，從而適切回應民眾對公共服務的需求，並達成創造公共價值之目的。為求能更具體針對組織的使命績效或社會成果進行具體衡量，在創造公共價值的策略管理基礎上，Moore 乃進一步發展出「公共價值計分帳戶」（public value account, PVA）與「公共價值計分卡」（public value scorecard, PVS）的績效衡量工具。

　　依據 Moore 的理念，公務機關中績效衡量的策略活動應可區分為兩個關鍵概念。首先，其導引管理者做出涵蓋「策略三角架構」的三個關鍵點綜合計分：所追求之公共價值的概念、合法性基礎、可以隨著時間證明達到預期效果的操作性能力，這個策略是在特定時間創造公共價值的整合概念。也因為隨著時間的推移，管理者和其監督者就能發現構成公共價值的要求往往可能完全轉變。因此，透過「公共價值計分卡」（PVS）的運用，公共管理者即得以建立起一個清晰、具體且具課責性的「公共價值計分帳戶」（PVA）。就此觀之，藉由「公共價值計分帳戶」（PVA）與「公共價值計分卡」（PVS）的發展，公私群體乃得以構築起後續行動的延伸與次要目標、發展出適切的依循準則，乃至獲得持續且廣泛的利益，甚而得以創造出相對切合跨部門利益的公共價值。

　　觀諸國內對於公共價值的討論雖日漸增多，然可惜的是引介 Moore 新近所發展出「公共價值計分帳戶」（PVA）與「公共價值計分卡」（PVS）等理念、模式乃至實務上如何應用操作的相關論述，尚付之闕如。循此，本書的翻譯即期望透過對公共價值計分卡（PVS）之評量方法的引介，藉此協助有興趣的讀者更深入瞭解公共價值的理念意涵、評量作為乃至預期產出成果。由於相關意念與模式的發展和使用，重點乃在於協助研究者更瞭解需一同實現的目的，如此才可能有助於實務公務部門與理論研究學者，導引其掌握如何才能追求到良善和正義社會的行為依據方式。是故，透過本書的翻譯與引介，讀者應能清楚理解並有效掌握這種可追溯積累的實際績效數據之使用方式，不僅可以提高政府公務部門與國營事業單位在行政作業上的課責界定與績效評量，也應有助於促進如非營利組織與第三部門等公共參與者的創新和學習，確實促成組織績效的提升乃至組織公共價值的生成。

　　個人有幸於 2011-2013 年期間，獲選進入甘迺迪政府學院擔任哈佛大學之亞洲

計畫研究員，並從事公共管理、危機領導以及文藝與創意領導之研究工作。最終通過考核，獲得認可。在此階段的研究歷程中，因參與並追隨 Moore 教授進行研究討論，乃深切體會到公共管理中的公共價值核心意念。由此，在哈佛大學期間，個人除基於先前的研究領域進行賡續研究外，並投入對於公共價值核心構念的探究中，並結合 Crises Leadership 以及 Art and Leadership 等課題進行哈佛式的政策個案研究，亦積極參與有關公共價值議題之個案課程討論。鑑於研究成果之具理論貢獻性與實務參考性，相關著作亦得蒙哈佛大學燕京圖書館的文檔庫存收藏。然而，對個人而言，更重要的是隨著對於公共價值議題的深入探究，自己也對公共價值的論點更為熟知與拜服，也由此導致個人期望將相關理念與著作進行中文版轉譯，藉以將 Moore 教授所提出的公共價值精髓理念更廣布擴散。回國後因機緣巧合，又受到巨流圖書的青睞與襄助，才能促成本書中文版本的付梓。上述諸位都是我最為感佩且應誠摯感謝的致意對象。

　　追求真理、至善與完美，是個人在兼顧教學、研究與服務的多元學術工作中，始終如一的信念，也是永誌不渝的職志。而學術著作的翻譯，若不能深入瞭解作者論述意旨，不僅可能造成對原著精隨的無端曲解，更辜負讀者求取新知的殷切熱忱。也因此，個人在本書的翻譯過程中，孜孜矻矻，不敢懈怠，除企望能無悖於前人對於信、達、雅的譯文要求外，最終更能將作者原意以切合中文讀者閱讀習慣的風格呈現。循此，個人相信本書的翻譯應能無負作者著書之論述意旨外，更應能引領更多讀者對於公共價值的關注與興趣，進以達成更深切的理解與更精微的學習。

馬群傑
謹序于
國立臺南大學 行政管理學系
2019/12/16

目　錄

圖與表

表

我不願浪費精力探詢停置在複雜這一端的單純；
我願不惜代價追求處於複雜遙遠那一端的單純。

— Oliver Wendell Holmes Jr.

引言

我在 1995 年出版了一本名爲《創造公共價值》（*Creating Public Value*）的書，　　1
這本書嘗試提供給期望善加利用公共資產的受委託（且暫時受到顯著限制和監督）
管理人員一些實用的建議。也因此，《創造公共價值》觀念的建立是基於將民營機
構的管理理念應用到公務機關的管理之上，其包括：

- 更加注重政府機構的**顧客**；
- 更廣泛使用**績效衡量系統**來檢視公務機關之價值，並呼籲雙方管理者和員
  工一起創造；
- 更廣泛且深入地運用**全面品質管理**，並**繼續提高**公務執行之效能；以及
- 根據**績效**，爲政府管理階層人員和一線員工提高薪資。

這些想法在公務機關中成敗參半。欲更有效、具高效能及「以客爲尊」的承
諾，讓公共管理者開始嘗試新的服務、生產、績效考核及人力資源方法和管理模
式，但上述的每一個觀點也帶來挑戰，不僅是因爲在政府部門內顯得新奇，更是因
爲私人企業的模式並不總是適用於民主政府的程序和做法。

以顧客爲導向的政府？　　2

注重顧客想法確實成功地讓公務機關在服務人民時更加關注他們。但很多公共
管理者和組織仍不確定他們的顧客是誰、怎麼樣才可以最有效地滿足他們，乃至顧
客滿意度對其整體任務來說多麼重要。畢竟，公共管理者和機構已經花了很長時間
思考，他們的目標是追求組織已被設定之使命或實現特定社會成果。但創造公共價
值的這些舊觀念中，究竟是否含括顧客滿意度，以往其實並不清楚。

雖然這些到政府機構辦事的人，就是類似私人企業的服務對象和**受益**者，但因

其處理個人相關事務時一般並不針對所接受的服務直接付費，所以通常無法決定想要付出多少錢來換取這樣的服務。此外，政府機構和服務對象間之「服務」僅代表個人與政府之間的某種交易。對許多個人來說，與政府的交易並非服務而是**義務**，管制企業經濟的納稅人和所謂的罪犯並非政府機關的服務對象，而是「義務人」，雖然政府公務機構對待納稅義務人的態度相當禮貌且審慎，更尊重他們的權利，但公務機關櫃檯滿足納稅義務人的主要目的並不明顯，若目標只是為了滿足這些顧客，他們大多會願意乾脆裁撤櫃檯！

最後，似乎很清楚的是，除了個人之外，還有許多被認為是公務機關「顧客」的利害關係人享受著這樣的服務及義務，包括公民、被賦予公民權的選民、納稅以讓政府運作的納稅人、司法系統以及當選為代表公民利益和期望的民意代表等。只要這些利害關係人具備了決定公共資產用途和維持政府運作之哲學、法律和實踐基礎概念，他們似乎就與私人企業的顧客有著相同特性。

那麼，公共管理者所面臨的問題是如何滿足所有不同種類的「顧客」和利害關係人。當公民、納稅人和／或當選之民意代表的價值觀與來自政府服務和個人義務之價值和利益相抵觸時，會發生什麼事情呢？

有許多人在這些問題的回答中指出，公民、納稅人和民意代表真正想要的政府是高效率和高效益的任命統治社會，他們追求公平且高效的稅制、平等獲得高品質公共教育之權力、一個至少安全的自然環境（也許乾淨甚或美麗）等。但是，無論是受益者或是義務人，政府經由建立這些社會成果來創造價值的理念與政府要滿足「顧客」所創造的價值並不相同。社會成果可衡量社會整體條件，但其並非與政府交易之個人的主觀滿意度。最後，社會成果是否具有價值，其不僅僅是由特定個人對其進行評價以認定，而是由已經默認同意繳稅及守法來創造所需社會效果的更廣泛「大眾」來進行評價。這也就是說，在公務機關，相關的「顧客」其實就是身處代議制度與不完善民主流程中的集體大眾（地方、區域或國家），而非基於個人利益做出消費決策的個別消費者。

更好的績效衡量系統？

政府部門應制定並使用更強的績效衡量系統之想法，將以往混淆的概念降低，

而建立和利用相對客觀的方式來檢視公共管理者和公務機關表現的好壞，則使他們更負責任，並讓他們做出更好的表現。據推測，此方式還可以經由公開透明地承諾及讓政府實際利用公共資金和機構所做之事得到更廣泛的理解和認同，藉以提高政府運作的合法性。事實上，如果政府建立的主要價值就是達成所需的社會成果，那麼，建立一個更好的衡量系統以獲取理想結果，並找到適合衡量進展的方法，將顯得更加必要。【1】

4

因此，這一開始看起來似乎大多是技術問題：如何建立讓公務機關成功根據大家的期望改變社會條件的方式呢？就是創造公共價值。但是，還有一個管理問題：促使公共管理者面臨在不習慣交代績效的組織內開發和使用績效衡量措施之顯著危害，究竟是什麼呢？相對而言，這其實是顯露出一個政治問題：當民選官員們都以提高政府責任爲己志時，他們發現很難確定本身是希望公務機關追求什麼樣的價值觀，且他們一般拒絕長時間持續一套想法讓公務機關得以制定相應的績效考核制度，使其能夠滿足更高的業績需求。這背後其實潛藏著一個更大的哲學問題，就是如何讓公眾及其選出的民意代表思考他們本身希望公務機關在其業務上所產生及反映的價值。

認爲應該增加績效衡量次數的人似乎都有一個共識，即公共管理者應該抽離他們早就習慣的衡量想法及方式，並努力試圖爲其公民產生終極價值的公務機關建立可以衡量之方式。但欲衡量最終成果的動力很快就遇到了一個現實問題：收集早就沒有包含在政府部門每日辦公事務中的社會情勢數據成本相當高而且困難、很難將觀察到的社會條件變化歸結到特定政府作爲，而反饋也較晚才能被收集到，且政府日常作業可用之績效衡量的可驗證連結性也極少。最後，那些希望政府能夠揭露其作業「底線價值」（bottom-line value）、自公務機關所產生之價值中「獲益」之努力及將其根據成本設定的人，也被證明可能具有特定性的問題。

正如所見，這些現實的挑戰已經拖慢了政府績效衡量能夠進步的速度，故本書的目的是幫助政府克服這些困難，至少知道需要的不只是簡單的技術而已，還有哲學、政治學和管理學理論。但至少到目前爲止，公務機關建立和使用高效能衡量系統的承諾，大多還是流於膚淺且零碎的。

5

全面品質管理？

　　私人企業的做法也引起公務機關的重視，並在其業務中用於鼓勵和執行創新流程。許多公務機關開始嘗試「全面品質管理」、「過程改進」和「流程再造」，以在其核心營運作業中發現和開發提高生產力之創新行為。[2]公務機關組成生產力團隊來確定複雜的官僚程序中，是否可以在不損害其課責性或績效下，消除某些特定步驟。[3]根據通用電氣的例子，公共管理者召開「實務會議」，高階管理人員能在其中直接聽到這些現場工作人員對提高績效的建議，最終並採納執行。

　　這些努力取得了一些正面成果，特別是在已陷入繁文縟節及存在許多對工作不再熱情或無法勝任員工之公權力機構。不過，這些絕大部分的重點都放在小的流程創新[4]，至於較大的變化（如整體品質改善的機制無法解決核心經營方式有效且有益之創新，或一系列在不斷變化的世界中引導機關走向新位置和新使命之必要創新）等大型策略問題，則是需要不同的政治授權。

　　對全面品質管理的興趣推動了創新和提高公務機關管理行為的生產力，傾向阻礙政府創新——對政府運作的一致性和可靠性需求，以及可能造成如失去公共資產之輸掉「賭局」成果——的基本力量，則依然非常強勁。[5]

付費績效？

6

　　公務機關應更依賴付費之高績效系統的想法，已經取得了一定的進展，特別是聯邦政府的高階管理人員及一些公務機關的工作人員，尤其是公立學校教師。[6]但付費績效的想法混淆了準確定義量化表現的挑戰，然後在將觀察到的績效變化歸因於政府管理人員或員工個人行為的可靠性挑戰之前就瓦解。他們可以堅持保留這樣的系統，並進行一些可以表面上支援的測試，但這樣的系統是否能有效推動，並引導第一線的管理者與員工的績效部分，我們則還不是完全清楚。

缺少的理念：策略管理

值得注意的是，私人企業管理並未引起公務機關極大興趣的基本原則是：其已經在商業世界制定了的「策略管理」理念，用以指導受託管理私人企業資產之執行長（CEO）的決策和領導行為。這有點諷刺，因為這個概念佔據了商業世界運作的首要優先地位，而且其中很多現代企業的成功都歸功於此。【7】在私人企業中，制定組織的策略仍舊是給予組織目的和方向的第一步，也是最重要的一步。沒有策略，企業如何知道需要生產的產品和服務為何、需追蹤哪些顧客或者監督組織整體或其個別成員表現的方式為何？

當然還有很多公共管理者認為他們已經執行策略管理很長一段時間了。他們有引導機關人員執行複雜的策略規劃過程的策略規劃人員。但在公務機關中，策略管理似乎意指：（1）著眼長遠而非短期；（2）專心於將產生較大影響的大問題上之表現，而非僅對生產力造成小影響的小問題；及（3）集中在最終目的而非完善的手段。相較之下，關於私人企業的策略管理，**則是找出組織運作時和外部環境間的契合**。對生產價值長短期威脅和機會的任何計算及預期最終目的，皆應根據外部環境調整。搞清楚具**複雜性**且具**動態性**的環境並不容易——在此，複雜性所指的是人們可以找到和利用許多不同的市場；而所謂動態性，就是指隨著社會條件變化來來去去的機會。

私人企業的管理者**判斷其所面臨之外部環境**，也被視為是重要的策略任務。策略管理的概念引導管理人員注意其作業環境的兩個關鍵特徵：（1）試圖以特定產品和服務滿足需求之顧客；以及（2）具備其他競爭性商品和服務之生產者。其他利害關係人——如投資者、員工、供應商和政府監管部門，也都是環境重要組成部分，都是需要被關注和處理或可用於競爭激烈的市場策略執行中的一個重要組成部分。但最關鍵的重點，則還是在於顧客和競爭對手。【8】

所謂**公共價值的創造**，就是在於明確追求對於公共組織創造價值的策略時，必須著重於如同私人企業發展所建立的組織外部環境。假設公共管理者就是該私人企業的同行，其都面臨為委託給其之資產獲取高價值應用的基本領導任務。要做到這一點，公共管理者也不得不從組織外可以告訴他們什麼有價值且可以做到、為他們提供資源及營運的環境中尋找。本書呼籲公共管理者不僅應**向上（upward）**找出**可以提供資源並判斷其作業價值的政治授權環境**，還需**向外（outward）**找出其在

7

任務環境所創造之公共價值究竟是成功或失敗的。

一旦焦點從改善內部運作轉成診斷外部環境，至少在複雜性和動態性方面，公共管理者面臨的環境和那些私人企業管理者所面對的會有很明顯的相同性。關於政治環境合法性與支持度方面，公共管理者看到了異類需求和期望的快速變化，由他們所面對的如國防、公共衛生、教育和兒童福利的營運挑戰，他們可以看到他們的工作環境有著相同的異質性和變化，他們面臨著許多不同的任務，且其任務變化頻繁，有時是處理完全沒遭遇過的問題（如恐怖主義、愛滋病等），有時又是組織特定重任的急劇轉變（如回應外語學生或適應不同文化的育兒方式）。

因此，公共管理者必須學會如私部門管理者般，思考其**組織在複雜且變化頗大之環境中的定位**，就像總裁和企業管理者必須學會以靈活性、創造力和創新回應異質且時刻變化的市場環境。也因如此，所以公共管理者必須學會以同樣靈活變動且追求價值的想像力，回應多樣化且不穩定的政治和社會環境。

自《創造公共價值》一書出版以來，很多人都發現創造公共價值有助於應對和適應公共管理的諸多挑戰（不穩定的黨派政治、預算不足、頑固的公職人員、憤怒的媒體、不開心的民眾及「邪惡」的公共問題等）。針對公民、監督者及公共管理者而言，該書強調我們都依賴公務機關及私人機構中那些創造價值管理者的程度，但還有很多是《創造公共價值》一書中沒有提到及解決的問題。

認知公共價值為創造公共價值的關鍵步驟

為構成公共價值之事物提供明確且客觀的定義明顯有難度，當社會政治認定政府為裁判（最好），而非生產實體（在最壞的情況下）；或者是「問題」而非解決方案時，政府正在創造一種價值——一種可以改善個人和公民集體生活品質的價值——其相當驚人且具意識型態上的爭議。

此說法某種程度上是真實的，否則如果政府沒有提出價值超過生產成本的東西，為什麼有權控制政府的公民要為政府放棄他們的金錢和自由？故問題仍是公共價值究竟應該如何被定義和認可。

接續上述，公共價值應該如何被定義和認知深究的問題，也帶出了其他兩個關鍵問題。第一個是，哪個特定社會角色是公共價值適當仲裁者的程序問題：到底政

府將其認定為政府的服務對象或公民和納稅人？若答案是公民和納稅人而非顧客，怎麼可能多數人都變得口齒伶俐，且明確知道自己價值觀和對值得徵稅之成果看法，並規範自己以追求善良且正義的社會？[9]第二個問題則是個實質性問題：哪些是公共價值的適當仲裁者會欣然接受的特定效果或政府績效？是降低成本？是組織產品的數量和品質？是滿足顧客？是達到預期的社會效果？是他們的關注可能只集中於政府行為的實質目的，還是也會關注使用的方式？還是在解決這些影響實現特定結果的成本問題時，他們對個人得到公平對待給予什麼樣的關注，及他們的權利是否得到保護？抑或者是他們對政府應當協助建立一個不僅是繁榮同時也公平且公正的社會之想法為何？

　　綜合以上所述，可能合法化公共價值特定概念的程序問題和合法價值仲裁者會選擇的特定價值之實質性問題（貫穿處理過程），將成為政府績效課責的核心問題。如果這些問題沒有答案，那麼將無法真正建立公共價值。

　　當我在這些問題中掙扎時，忽然發現這僅是一個簡單的技術和管理問題。衡量政府機構績效的任務，實際上可能是一般策略問題及政府價值取向之管理行為重要的解決方案，也許認真看待績效衡量，並熟練識別公共價值之方法，將有助於針對公務機關之策略執行具體、堅固且嚴苛的考驗，來評估其是否珍貴、合法且可行。　10
也許，強大的公務機關績效衡量系統有助公眾對國家權力及公共資金可能且必要用途之討論；也許亦有助於我們不僅經由建立課責制，還以幫助企業學習如何提高自己表現來推動各公務機關的表現；也許建立完善公共價值創造方式的壓力，可能讓希望看到公務機關作業可付諸實現的民眾，以及深刻表達何謂「我們這些人民百姓」（we the people）等價值觀的政治和哲學研究，都能得其所求。

　　越是想到這一點，我就越覺得制定績效衡量的概念似乎看起來更重要。這是策略而不僅僅是技術。我認為政府有效的策略管理路徑，是透過修正調整過的進階方法以對公共價值創造的持續性與可理解性發展意涵，進行更為深入地探知與進一步地詮釋。這也是我想在《創造公共價值》的「續集」中討論的東西。

辨認公共價值之簡要總結與大綱

　　如同《創造公共價值》，本書依靠對個案研究中的詳細檢視，標示認識和衡量

公共價值的多角度問題和複雜性。我只能自己（盡可能地）以推理和經驗來過濾及回答公共管理者所面臨的難題。不過，我希望盡力來回答他們，我已可以針對一些這樣的問題，為學者、公共管理者及或許最重要的是為具可課責性的公共管理者提供一些建議。為求降低本書在撰述過程中所可能面臨到的疑慮，我將於說明本書結構後列出基本論據。

在第 1 章中，我將仔細討論 William Bratton 和 Compstat 的關鍵案例——很多都稱之為在公務機關成功應用私人企業「底線原則」（bottom-line discipline）的案例。我藉由 Bratton 以探索公共和私人企業間關鍵差異，並認為紐約市警察局就好像是一個私人但營利企業的說法，我探求了有助於完整且精準地界定特定公務機關表現的「公共價值帳戶」（public value account）之基本要素。

11

對上述情況有所瞭解後，代表我們需考慮到的不僅是警政部門的個人顧客（要求服務的人及執法對象）滿意度，還有警政部門以納稅人可接受之成本實現成果的能力。這意味著應考慮到警政部門使用國家授權之權力及納稅人的稅金來完成自己的使命，所以其他的事情都是平等的。公民希望警政部門能夠以最少的資源來達成目標，事實上這意味著公民和代表其利益的人對警察行動的公平性及警察在其社區維持友善且合理關係之有效程度是有興趣的，也代表承認警方最重要的工作就是逮捕罪犯和降低犯罪率。警方可為社會產生許多其他有價值的結果，而且做好這些其他的事情也可能幫助而非傷害他們在控制犯罪上的努力。本章的目標是建立核心思想，也就是公務機關應該在建立清晰、明確且可衡量的公共價值上努力。這些都是需追求及反映在政府機構之公共價值的重點，並列舉過程中出現的社會和經濟成本。綜此而言，公共價值帳戶即可被視為是比金錢價格「底線」（dollors-and-cents bottom line）或「顧客滿意度」（customer satification）更廣大的概念。

在第 2 章中，我檢視了華盛頓特區前市長 Anthony Williams 為提升華盛頓特區政府的績效所促成的兩個重要目標：一方面，他試圖讓去政府單位辦事的民眾感覺到政府服務更為細膩可靠，其與強化政府提供顧客滿意服務的理念相同。而在另一方面，他對於某些政治流程進行協調，藉以針對人民的期望與政府對活動的努力兩者間之「創造利益身分」（create identity of interests）進行導引與調整，此目標讓公民清楚表達共同期望以及政府積極追求達成之社會成果更為相同。

12

我用 Williams 的方式勾勒出《創造公共價值》中建立之策略管理理念及與政府績效衡量和績效管理概念間之關係。繼 Robert Kaplan 及 David Norton 為私人企

業的績效衡量和管理發明的「平衡計分卡」（balanced scorecard）之後，我認為無法僅依賴第1章所建立的「公共價值帳戶」就能有效推動公務機關提升對於創造價值的看法，即使是強大的公共價值帳戶，也僅能提供一些關於提升該組織未來業績所需的執行策略等相關資訊。

我根據《創造公共價值》建立的策略管理概念，認為可以為政府機構建立「公共價值計分卡」（public value scorecard）。其將包括公務機關的一個財務底線（公共價值帳戶），還有一套用來確認個人和集體行為者心中的組織地位，其提供公務機關社會合法性、公權力與足以支撐其運作之公共資金（以合法性與支持角度來看），以及用以確認公務機關從事活動並產生被認為符合預期的社會成果之能力（以操作性能力角度來看）。

公共價值計分卡的想法，將公務機關中績效衡量的策略活動分為兩個關鍵概念。首先，其迫使管理者做出涵蓋「策略三角架構」（strategic triangle）的三個關鍵點的綜合規劃與計算：所追求之公共價值的概念、合法性基礎、可以隨著時間證明和維持企業支持及發展和部署達到預期效果的操作性能力，這個策略是在特定時間創造公共價值的整合概念。其次，其引導執行組織以試著在每個三角點建立起衡量策略，隨著時間的推移，管理者和其監督者就能發現構成公共價值的事務往往存在疏漏，而建立合法性和管理者課責性的政治程序則可以做出程序性和實質性改變或改善，公務機關的操作性能力能吸收生產力、提高創新並降低成本，提升重要結果，並提高政府運作的公平性。用來支援特定策略所建立的衡量方式，將不僅有助於確認各三角點所完成的工作，也可確認作業效果。因為策略本身就不斷變化，一開始就沒有堅定的價值政治協議、完美的衡量方式，或使用內部數據來提高績效的明顯方式。是以，一旦建立一個績效衡量系統，其可能必須被改變，以反映外部對價值的想法改變或用以改善其在組織內的有用性。這為我們提供了一個基本架構——藉由這個架構，我們可以採行具策略性而非單純僅是技術性的觀點來看待績效衡量。

13

在第3章中，我將討論前明尼蘇達稅收部門（稅務局）局長 John James 對確認合法性與支持其機構的持續承諾。我發現他致力於與一個關鍵立法監督委員會建立相互信任，以協商雙方都能接受的稅務局責任條款。我將這些努力歸類為建立一個強大的公共價值帳戶，以讓行政長官、立法機關和稅務局工作人員得以用來確定機構績效是否出現改善。

James 成敗參半的努力凸顯公務機關的課責關係根本含糊不清，更說明解決這些困難可能必須經由針對衡量系統型制和特徵的討論，才得以識別公務機關的監督者希望在公務機關作業中體現的公共價值。我面臨著理想與實際課責關係間之差距、以及證明建立之做法可以超越的現有體制結構估算能力。由此，我建議，努力建構雙方可以接受的公共價值帳戶方式，應可以在加強課責關係上發揮重要作用。

我在第 4 章深入探討各種不同績效指標的潛在用途，並考量我們依賴**結果**與績效**程序**衡量程度的重要問題。我檢視了公共承包制的問題，其中的實質性問題是

14 如何為了保證和提高績效而建構合約關係，我用承包商業主（「契機計畫」〔Project Chance〕的 Jeannette Tamayo ——伊利諾社福部門以工代賑初步計畫）和其承包商之一（「媒合計畫組織」〔Project Match〕的 Toby Herr ——支持和轉介個案到特定社區過程）的角度來檢視績效承包之問題。

此案例就如同其他案例一般提出了重要問題，也就是應定義由組織體現的公共價值，但這也要我們著重於在單一組織或更廣泛的公共承包商網絡中，績效衡量幫助管理者建立操作性能力的方式。我在本章中提出公務機關「價值鏈」（value chain）作為分析的概念，以告知讀者們公共價值計分卡操作性能力角度的數據收集需求，並指出公共價值創造過程的不同點——也就是可能被收集的績效相關資料在哪裡。

我也堅定地認為在所有有效的公共價值創造系統中，都需要使用程序衡量及成果衡量。程序衡量中有一部分相當重要，因為程序中某些功能有著與創造預設結果的工具性價值有所不同的公務機關價值，也因為如果我們的目標是隨著時間來提高績效，則需提供該機構做了什麼及其產生之結果的相關資訊。

我在第 5 章中，檢視了前西雅圖固體廢物利用專員 Diana Gale 在徹底改變西雅圖市民對固體廢物管理上的努力。此案例著重於公務機關管理的兩個特殊挑戰，以及讓績效衡量和課責制有助於解決這些問題的方法。首先是管理大型創新制度的困難，其不僅損害管理人員和機構之聲譽，創新制度未來成功率的重要績效問題更因此幾乎肯定會出現。第二個創新制度成功後出現的挑戰很大程度上取決於共同生產。在這種情況下，很多公民願意承擔新的負擔和任務。我提出以公眾可以理解和使用的方式開發和使用績效數據，並做出有關項目整體成功度及其特定作用的判

15 斷，如此可以有助於保持此程序進行。此案例擴展了我們對可能需要包括在合法性和支持角度及公共價值計分卡的操作性能力的看法。

在第 6 章中，我將探討奧勒岡州進步委員會董事 Duncan Wyse 和 Jeff Tryens 如何引導政治浪潮的轉移。他們努力創造、維持和有效利用一個為奧勒岡州精心設計的目標架構，其創造績效衡量系統的目的不僅是追蹤政府機構，亦可用於奧勒岡州的私人和志工部門，因為他們試圖把自覺管理變成一個似乎對整個政治制度有吸引力的未來。我檢視了**黨派政治和政治意識型態**在國家政治、經濟中的公共價值之定義和角色，也探討這些力量影響到績效衡量系統的建立與其影響方式等相關議題。

特別要注意的是，在動盪的政治背景下，創造價值、標的和行動目標的「層級」（hierarchy）問題，雖然可以將其設定為簡單且穩定的公共價值帳戶，願意使用公共價值帳戶來推動、指導及協調行動的人往往要建立更靈活的目標層級結構，以調節並反應不斷變化的政治壓力和衝突。

最後，在第 7 章中，我將探討麻薩諸塞州社會服務專員 Harry Spence 之公共管理「專家坡」（expert slope）做法。因為他試圖尋找能夠滿足市民對錯誤「零容忍」（zero tolerance）的課責制度，並顧及個案工作者的專業承諾。由於相關工作似乎都是處於某些類似情況下，故每年必然導致壞的結果。也因此上述解決方案似乎既不令人難以忍受，也不是要求嚴格遵守政策和程序的課責系統，而是讓個案工作者負責隨時開發和運用自身專業技能的方式。這種形式的課責對於發生疏失的個案工作者進行懲處，雖然對於防杜疏失發生的效果並不好，但可作為調查組織流程和開發用於處理類似錯誤案例改進方法的替代性做法。要建立這樣一個系統，Spence 不得不明確地定義機構應努力實現並反映在其作業之基本價值觀的一些核心原則。然後，他在組織中建立了原則可用於診斷和解決個案實踐具體問題的論壇，他也建立並改善包括結果和過程衡量及定量和定性的資訊系統，以支持原則的使用。最後，他不得不執行政治工作來對法律監督者和廣大公眾解釋，為什麼這種方法的課責性優於大家都更熟悉的系統，即直接讓個案工作者對其績效負責，還要在遵守既定政策和程序下定義績效。

本書以回答基本問題的方式來進行總結，即什麼時候及為什麼公務機關可以且應該使用績效衡量和管理系統來提升組織績效、加強公共課責制，並創造讓公民選舉產生監督者和公共管理者的條件，期望能由此切合及追求創造公共價值的清晰視野。

研究此案例時，本書開展並沿著三個截然不同的層面發展。首先，先在公務機

16

關許多不同部門中出現，包括監管、稅收、以工代賑援助、固體廢物管理、政治經濟學和兒童及少年保護事件。其中，我們發現主要提供服務和福利的公務單位，以及進行相對課責的政府組織，兩者之間存在著不少差異，也就是說這兩種組織之間的界限可能比我們想像的更為模糊。

其次，本書研究了身處不同類型公務機關位置的管理人員，其有各種不同的目的和管理產生預期效果人員之權力，所有案例（除了第6章的 Wyse 及 Tryens）的主角都是有權力處置政府資產及負責實現共同理想的行政機關業務管理者。其中有些人以直接選舉取得其職位，有些則是透過政治任命，其他則是經由公務員晉升。他們有些具廣闊的實質目的，其他則是更為有限的目的。有些人對其試圖管理的人之直接權力很少，但有些則有比較嚴格的控制。

17

基於這些各個位置間之差異，在一定程度上讓我們窺探到政府的體制結構已經隨時間而變化，而這些變化將影響績效衡量系統的使用。近年來，當政府針對何為具備公眾價值性以及何為經由政府機構所創造出（David Osborne 及 Ted Gaebler 所述之「轉向」和「划船」）之具價值性的成果進行界定時，績效衡量系統就被構建起來，以用於引導和控制特定機關中的政府人員。[10] 一旦政府開始試圖以更複雜的生產系統實現其目的（經由承包給私人生產者或動員大批市民成為共同生產者，或者承擔呼籲公眾經由政府和公民行動可能找到並追究其目的的責任），績效衡量系統就必須去除既有的組織性控制標籤，期以由此切合諸多不同形式的政府和集體行動。

有人可能會假設如果把「直接政府」變成「網絡政府」可能會降低績效衡量在政府機關的重要性，因為對績效衡量系統的歷史理解如組織控制系統的特色一般植根於中央機關組織領導的腦中。但績效衡量的重要性很可能（應該）在寬鬆的產能網絡中增加而非減少，以分配不同的機構和代理商創造預期效果的責任。通常管理這些網絡績效的問題都缺少中央權力，使得試圖利用並引導網絡幫助合作夥伴獲得可靠績效的人感覺更加困難。重要的工作關係存在於不同部門和機構獨立人員間，其經常處於不同的課責系統，而系統要求他們不管問題解決網絡的目標為何，皆需以特定方式採取行動，對於經由合作尋求解決方式之網絡，有關該問題的狀況及其合作團隊中每個成員已經完成的事情，都變成建立課責制並確保合作之有效和高效性的重要統治權威替代品。

第三，也是最重要的，這本書發展出一個可以幫助公共管理者（及願意打電話

給他們評估的人）的分析架構，並發現使用數據和績效衡量系統來提高不同政府機構增加績效的最佳方式。這個分析架構之概念僅有少部分是全新的，但有一個很大的作用——其是設計用於挑戰這個過去已經解決之問題的具體辦法。

18

事實上，寫這本書的最大挑戰之一是需要將牢牢紮根在我們目前思想和對話的觀念拔除，並同時賦予更大、更連貫且更有益框架、更特別的意義。在此過程中，我不得不編造並建立一些概念，這些概念在一開始時似乎令人看起來覺得笨拙，但其可能揭露並幫助管理人員應對以前在非實踐性理論上忽略的那一部分。

為了找尋這些概念，我參考許多不同的學科，並將其引入具體實務案例中，以對公共價值創造進行理解與詮釋。上述的學科包括哲學、政治學、法律、經濟學、公共財政、營運學、統計學、程序評估、成本收益分析、策略管理、管理控制、財務管理和會計學等。雖然這些領域中有很多有用的概念，但仍有許多需要對應公共價值創造的特定案例以進行適切詮釋。上述這些努力是否對讀者有所幫助，則取決於讀者本身。

理想的情況是，本書最後可以讓打電話請他們評估的公共管理者、公民、民意代表以及其每天遇到的客戶，更加理解公務機關建立並使用公共價值計分卡的重要性。發展這種計分卡有助於促成組織進行更具成效性與前瞻性的政治對話，由此瞭解人民希望公務機關追求的公共價值；此外，使用如計分卡等系統性評量工具可追溯積累真正的績效數據，其不僅提高政府的課責性，應更有助於促成政府創新和學習。總之，深入探究公共價值計分卡的發展和使用，相信應能令我們更瞭解需一同實現的公共目的，也應有助於我們掌握到如何才能追求良善和正義社會的方式。

第1章
William Bratton 和紐約市警察局
定義與認識公共價值的挑戰

William Bratton 和 Compstat 的起源

　　1993 年 11 月紐約市民參與市長選舉的投票。[1] 現任市長 David Dinkins 吹捧他減少犯罪的記錄，他引用聯邦調查局（FBI）的犯罪報告為證，顯示重大犯罪減少了 15%。他的對手 Rudolph Giuliani 表示懷疑，他聲稱市民只是太洩氣而不願意報案。Giuliani 相信警察同樣也是士氣低落。專家們承認在 Dinkins 作為市長的期間，犯罪的確有小幅度的減少，但淡化了短期趨勢的重要性，並指出毒品犯罪在 Dinkins 選舉前一直是有問題的，爆發流行的高峰則是在 1989 年。[2] 在調查中，超過一半的市民認為城市比四年前更不安全，而且 50% 的人曾看到有人在他們的附近賣毒品，1990 年 6 月則僅為 38%。[3]

　　Giuliani 因其對犯罪的立場而使他險勝，不久之後他的市政轉型團隊邀請警察局長 William Bratton 進行採訪。Bratton 是紐約市交通警察和波士頓警察局的前負責人，他小心謹慎地提供見解以呼籲市長當選人：他闡述了關於「破窗」理論中控制犯罪的想法，該理論認為「混亂和犯罪通常有著密切關係」，並鼓勵警察執行法律並對抗小型犯罪，像是具侵略性的行乞和公眾喝酒，減少某些看似會助長犯罪的環境及情況。[4] 他還概述了他的計畫，「激發、裝備和激勵」紐約市警察局。

Bratton 大膽預言他的計畫將在三年內降低紐約 40% 的暴力犯罪，而且在第一年就能減少 10%。1993 年 12 月 2 日，Giuliani 選擇 Bratton 成為紐約市下一屆的警察局長。

行動開展

　　在他的任期內，Bratton 設置了轉型團隊來評估部門的狀況，並精心發展了策略計畫以因應犯罪問題。曾和 Bratton 在紐約市交通警局及波士頓一起工作的 Jack Maple（協助提供犯罪控制策略，他亦在不久之後就成為 Bratton 的副局長），與一小群警務人員、顧問和其他 Bratton 的顧問會面，以審核部門的人才。Bratton 想要指派一些人來分擔減少犯罪的目標。他和他的團隊詢問所有工作候選人，他們相信紐約市警察局會減少多少犯罪率？他們設想大概降低「2~3%」。[5]「〔該部門〕無處準備處理這主意，你可以從字面上管理這犯罪問題，而不是僅僅做出回應。」Bratton 說。Bratton 和他的轉型團隊發現，比起藉由維護街道治安和執行文明規範的公共行為以降低犯罪、混亂、恐懼，避免重大的貪汙醜聞反而較受重視。[6]

　　1994 年，當 Bratton 到來時，紐約市警察局大概有三萬名警察。在他上任之後的四年間，這部門大幅增長，基於「街道安全、安全城市」的治安考量，紐約市開始針對全市範圍徵收小幅度的所得稅附加費，藉以支付給六千名新進警察。

　　每一管轄區的指揮官監控兩百到四百位警察，他們負責監管以十萬人為一單位的城市。但是這些「指揮官」擁有相對有限的自由裁量權與責任，總部（HQ）決定部署和調度；偵查者制訂出哪些是管轄區的房子並向總部的偵查局報告，對於犯罪和毒品交易的打擊行動則需要組織犯罪控制局（OCCB）授權。此外，組織進行分層，並劃分出八個巡邏區與區級警官，其下並設置相當數量的警政人員以進行不同區域的巡邏。[7]

　　在 1994 年早期，Bratton 有一位任職於紐約市交通警局的前同事名為 John Linder，他針對紐約市警察局進行了一項「文化診斷」（cultural diagnosis），期望藉此鑑定出警政體制的價值，並確認出部門的優先次序以及其與 Bratton 想法的相符合程度。[8] 這過程中也要求警察針對哪個功能是上司最看重的進行排名，之後並將結果進行詳細檢視。這些警察列舉「寫傳票」，認為這是上司最看重的，其次是「阻止超時」、「遠離麻煩」、「無線電運行的明確積壓」、「舉發警察貪汙」與「遵從老闆」。警察們相信上司看重的功能至少是「減少犯罪、混亂和恐懼」。

　　當詢問到哪些活動是警察們**自己本身**認為最重要的，他們按順序指出：「減少犯罪、混亂和恐懼」、「用槍逮捕人」、「提供警察服務給需要的人們」、「在警察誠信方面獲得公眾信心」、「逮捕販毒分子」、「改善生活品質條件」和「遠離麻煩」。這

種分級與排列似乎像是在分享 Bratton 和 Giuliani 的目標，但這種部門的等級制度似乎被貪汙腐敗的恐懼弄得混亂且麻痺。

　　Bratton 使 John Timoney ——一個一星級主管，在前警察長官 Ray Kelly 的帶領下，領導管理、分析和計畫等部門——成為部門的主管，也就是直接越過16 級高階官員的紐約市警察局最高階正式官員。在 John Miller 的談話中以及 Bratton 的副局長公開資訊中，Timoney 被看作是一個「用熱線瞭解警察心態」以及紐約市警察局的百科知識。Louis Anemone 是 Kelly 在警政維安部隊中的上司，他被委任為巡邏長。「Anemone 顯然是一位善於征戰的沙場將領，」Miller 說，「他將會是我們的巴頓（Patton）將軍。」在 1994 年 1 月 24 日，也就是僅在四天後，Bratton 就在 Timoney 的建議（和市政府的支持）下，將 Timoney 任命為警政部門主管，且 Bratton 也將紐約市警察局所設置的五個「督察級主管」中的其中四位進行職務更換，四位星級主管開始在不同的警政部門裡任職。此事件被稱為「血腥星期五」。

　　雖然總體目標和策略都是在市警局總部設立，但 Bratton 給轄區指揮官重大且更多超出作業性行動範圍的裁量權，以致於他們能自己設計和實施減少犯罪的策略。在過去，這些人是被禁止參與一些初步行動（像是作誘餌、便衣偵查犯罪活動和其他容易滋生腐敗的活動）和限制某種程度的人事調動於特殊單位。然而 Bratton 解除了許多限制並給予前線指揮官空前的權力，以利其直接採行管轄區域層級的治安行動。

　　Jack Maple 強調追蹤槍支業者的必要。【9】所有警察都被鼓勵去詢問每一個被他們逮捕的人，是否知道哪些地方是需要槍支的。為了增加更多的力量在槍支管制的初步行動，紐約市警察局的領導階層幾乎增加雙倍的官員分配到街道犯罪單位（以他具侵略性的策略和有效性而聞名），也引導這單位聚焦相當大的力量將槍支從街道上去除。

　　紐約市警察局也很快地採取行動，對影響生活品質的犯法行為進行嚴重處置，這是 Giuliani 在市長競選活動中承諾會承擔的事。【10】警方的策略是給予管轄區的指揮官新工具去打擊「街道賣淫、具侵略性的乞丐、賣酒給未成年人的商人、亂塗鴉破壞公物的行為、公眾小便、沒有執照的攤販、魯莽騎自行車的人、製造大量刺耳噪音的廣告車、俱樂部和自發的街道派對等」。警察被指示把每一個逮捕行動看作是有潛在機會變成更嚴重的逮捕行動，以及將槍支帶離街道。

　　這個新的行政機構亦致力於關切基層的心理需求。Bratton 為了提升紐約市警

22

察局的裝備，爲警員們爭取到升級版的配槍以及經過改良的全新式防彈背心。在特警隊隊長抱怨裝備不足後，他更額外提供了移動式數位聯繫通訊設備。

Bratton 和 Giuliani 明確表示，在沒有確切的證據能證明警察有不當行爲的情況下，他們不會背棄這些與大眾對抗的警察官員。Bratton 亦想傳達清楚的信號，也就是貪汙腐敗的警官是不會被寬恕的。當他得知在 Harlem 的第 30 管轄區有 12 位警官因爲交易毒品被逮捕，他安排一些身穿相當顯眼、色彩鮮艷的紐約市警察局上衣的警官去參與這項逮捕行動。在逮捕後的第二天，Bratton 出現在管轄區，對發回重審的警官舉行一場激勵人心的演講，進而譴責貪汙並鄭重宣誓將找出及起訴其他任何的貪汙警官，讓那些人站到他面前。接著 Bratton 將每一個管轄區指揮官召集於紐約市警察局，以宣布他將使被起訴的人員永久退休，並讓大家知道，他期望在未來每一個管轄區的指揮官都能在防止貪汙上扮演主動積極的角色。

在第一年的過程中 Bratton 就替換超過三分之二的市管轄區指揮官，換進一些在犯罪減少方面以積極態度聞名的警官。這些改變和 Bratton 的高層任命傳遞了一個清楚的訊息，就是升遷將根據表現，而非永業制度所強調的年資規則，且在基層人員中給予有貢獻的官員希望。他消除劃分的指揮層級，並在部署警察方面給予管轄區指揮官空前的權力。

紐約市警察局的「雅爾達」（**Yalta**）會議：領導時刻

1994 年 3 月下旬，紐約市警察局的高級官員和一組選定的境外學者、顧問和觀察員到 Wave Hill 園區（在 Bronx 邊緣一個歸屬於紐約市政府的資產），討論關於部門的 Bratton 計畫。在那裡，Bratton 第一次公開宣稱部門的目標是爲了每年減低 10% 的犯罪。[11] Bratton 的核心集團和市政府已經非常熟悉 Bratton 的目標（雖然市政府不鼓勵他公開闡明，免得達不到目標）。然而，對這團隊而言，Bratton 的宣告就像是「晴天霹靂」。Bratton 的幕僚長官 Peter LaPorte 說：「如果我可以把他直接形象化，大概是下巴掉下來。正確來說，應該是嘴巴張開。」

然而，Bratton 相信闡明這樣遠大的目標是一個重要的層面，可激勵組織有所作爲。[12] 他解釋：「你需要設定一個音調，而且你需要設定及延伸目標以激勵人們。第一年的 10% 是真正立足於在第一年所要做的想法，其超過了在過去四年所要做的。」因爲《街道安全法》，Bratton 比他的前任職人員多出數千名警察與他工

作。由於擁有一個有進取精神的新管理團隊和一股重現活力的力量，Bratton 對於減少10% 的犯罪，感到相當有信心且認為是可行的。

制度化的改變和確保課責制度：Compstat 系統的誕生　24

　　當被僱用於紐約市交通警局時，Bratton 已經可以得到每日系統中所發生的犯罪報告。在他上任的第一天，Bratton 迅速開始相似的例行公事，也就是接收一份關於過去 24 小時的早晨簡報，包含重大犯罪事件、效用不足等。幾天後，Bratton 向 Maple 表達了他並沒有太驚訝，似乎瞭解怎麼回事。Maple 回應：「長官，你是在耍我嗎？」事實上發生了很多事；只是 Bratton 沒有被告知。

　　Maple 追蹤那些數字，但當他問了偵查組目前的犯罪統計，他才明白那裡並沒有目前的犯罪統計：紐約市警察局只收集以季度為基礎的犯罪統計。[13] Maple 想要每週的數據；偵查組的成員回應他們只能夠提供每月的數據。那對 Maple 來說是無法接受的。在 Bratton 的支持下，Maple 設法設定一些要求，讓偵查組可以提供每週的犯罪數據。

　　根據 Maple 的說法，第一週的犯罪數據竟然「用該死的粉筆寫一寫」就送來了。不久後，每個管轄區都被命令犯罪數據必須以電腦檔案的形式，每週傳至行政區總部。於是每一個行政區送出所有關於他們管轄區犯罪數據的磁碟到總部 One Police Plaza。到了二月底，上級命令職員須每週接收犯罪報告。

　　Maple 要求管轄區及行政區的指揮官也要開始注意犯罪數據。他注意到管轄區地圖上用來指出犯罪事件的大頭針所製造出來的洞非常少──表示這些大頭針很少被移動。Maple 問：「我們將要與犯罪進行一場戰爭，你如何在沒有地圖的情況下就作戰呢？」在一次春季會議上，Maple 告知每個管轄區，他想要每個管轄區時時更新他們的地圖，地圖上要用大頭針標示他們管轄區內所有犯罪的時間及地點。這個要求立即引起集體抱怨。「你知不知道時時更新地圖要耗費我們多少時間？」Maple 被質問。他回應：「是的，我知道，一天需要花18 分鐘。」（為了回答這個問題，他已經要求東紐約的第75 管轄區，也就是全市最忙的管轄區，記錄一個星期要完成此項工作需要耗費多少時間。）Maple 也堅持今後當行政區的指揮官到總 25 部開行政會議時，應該帶著他們管轄區最新發生的犯罪行動地圖。

　　這些地圖雖然簡單，但事實證明非常有用。一旦繪製地圖，犯罪模式即變得十

分明顯。Maple 說：「這地圖的美妙之處在於你可以問『這事為什麼會發生？』，什麼是檯面下的原因？那裡有學校嗎？……那裡有購物中心嗎？不然為何那裡有那麼多小偷呢？」Maple 在使用犯罪地圖之前說：「當偵查員對毒品有關的事件抱怨時，他們都將責任歸咎於情報及調查研究。沒有人願意擔負起責任。」經過幾次的行政人員會議後，可以非常明顯地發現行政區的指揮官們都沒有好好準備這類細節的討論，Maple 和 Anemone（巡邏隊的隊長）都很清楚這一點。Maple 和 Anemone 並沒有多大興趣去聽一個地區有海洛因的問題，然後警察正在處理；他們想知道的是，那些海洛因包含什麼牌子？誰提供這些東西？以及警方嘗試破解犯案網絡的做法為何？明顯來說，地區的指揮官並無法回答以上這些問題。因此 Bratton 指示他們每兩個禮拜會面一次，並且需要帶著他們管轄區的指揮官，如此一來他們才能回覆細節上的問題。

為確保管轄區及行政區之指揮官會議能夠確實執行，以及管轄區的指揮官能夠被充分熱誠及詳細地詢問，Maple 和 Anemone 決定要將其中一次的會議舉辦在警察廣場 1 號（One Police Plaza）——紐約市警察局總部——三樓的新聞發布室，他們自己也都會出席這次會議。到了 1994 年 4 月，Anemone 和 Maple 擔任會議的主席，這些由管轄區及行政區指揮官輪流組成的團隊會議通常一週兩次，而且他們每次都會被盤問高達 3 小時。[14]

Maple 說：「這是個能夠確保策略被執行的方法。這也是一種評估策略的方法。」

來自每個行政區的代表開始參與，即便他們自己並不需要報告。初夏，會議移至指揮及控制中心（Command and Control Center），可容納 115 人。即使會議常常只有站立空間，Bratton 卻時常列席旁聽。

Maple 堅持每項主要類型的犯罪都要有地圖。到了年底時，這部門已經將地圖更新成電腦可呈現的形式，地圖可以被投影在三個 8 乘 8 英呎的螢幕上，並在指揮及控制中心的牆上展出。這些針對犯罪統計數據進行電腦化分析的過程也因此被稱為「Compstat」系統化作業。

基於 Compstat 系統的作業，在 1994 年初夏，管轄區指揮官都會固定和部門的高級長官互動，在他們的職業生涯裡，這是第一次提供比以往還要更多的資訊給市警局總部。[15] 每個星期，紐約市警局的 76 個管轄區會彙編一個統計總結，這包含了控訴、逮捕、法院傳喚，以及被記錄的重大事件、犯罪模式、警方的行動等。

管轄區還被要求提供犯案的確實時間、地點乃至於相關的執法行動。

　　一個新創的 Compatat 單位整理並輸入資訊至全市的資料庫，而且每週產生每一個管轄區的報告。[16] 這報告追蹤了《FBI 年度犯罪報告》中記述的八項主要犯罪的七項。[17] 他們也追蹤了槍擊事件、槍擊受害者、槍擊犯逮捕，以及傳喚案件。這些措施是設計來主動逮捕到每個管轄區的犯案、維持生活品質的治安。[18] 這些資料會以週、以月，與以年的基準呈現，並和前一年度的對照。每個管轄區還會以控訴案件和逮捕的類型進行排名。

　　每一次的會議，全體管轄區以及特定巡邏區之運作單位的指揮官大約在早上 7 點至 10 點於指揮控制中心聚集。個別的指揮官可能需在 Compstat 會議上回答問題，通常會有 36 小時的公告時間可準備。當管轄區指揮官出現於 Compstat 報告會議上，指揮官以及其執行長官、還有管轄區的偵查主管會站在指揮控制中心演講台的後方，面對著群眾。Anemone、Maple 還有其他頂級的高官則坐在觀眾席的前幾排。有三個大螢幕放在管轄區警員的後面。指揮官用數據圖來說明，包含年度排名、教育、列舉訓練成果、大量近來的表現評估，還有指揮官先前所指揮的單位，以及管轄區中正在探討的資訊等，皆被分類於簡報書中。這份簡報也包含了指揮官的表現記錄——個人分配、個人缺席率、無理由的無線電運行、無線電車禍意外、加班費支出，還有傳喚行動。根據 Bratton 的說法，這些簡報意味著「在 15 分鐘內我就能夠得到所有我需要的資訊」。

　　Compstat 會議的氣氛十分緊繃。Maple 特別不能原諒他所信任的指揮官沒有持續專注於問題上，還有，如果他不滿意某個回覆，他會繼續辛辣地向他們提出問題，詢問他們嘗試做些什麼。如果一個問題在 Compstat 會議被注意到持續沒解決，且 Maple 認為指揮官沒有負起責任對問題提出看法的話，據 Bratton 說，「Maple 會爆炸。」

　　討論戰術在 Compstat 會議上是很重要的一部分。創新且有效的戰術會在會中被公開且立即傳播給所有與會者知道，至於失敗的戰略則很快就被遺棄。當 Compstat 會議漸漸生根，來自不同區的律師代表、美國律師代表、緩刑，還有假釋等議題都開始固定參與 Compstat 會議。

　　令 Bratton 及 Maple 高興的是，另外一部分的部門開始他們自己小型的 Compstat 會議。John Miller 說：「行政區的偵查員會舉辦小型的 Compstat 會議，所有小組的指揮官以及要參加真正的 Compstat 會議的領導和他手下的人都會加入。

27

這就好像由涓涓細流漸漸向下流的思考過程，因爲沒有人會想在真正的 Compstat 會議出糗。」

根據 Maple 的說法，大約三分之一的管轄區指揮官「明顯無法辦好事情」，因此被調派到較少任務需求的職務。另外三分之一則是做了水平的職務調派。多數年輕的警察則因表現優良而升官，迅速將管轄區指揮官的平均年齡從 60 歲降至 40 歲。[19]

Compstat 的影響：短期的結果

到 1994 年底，可以很明顯看到紐約市警察局已走過相當不平凡的一年。從 1993 年到 1994 年，紐約市民看到犯罪指數下降了 12%（報告可以在 FBI 的犯罪報告中找到）。在全國，犯罪指數僅下降了 1.1%。[20] 在紐約市，殺人罪下降了 19.8%、強暴下降了 5.4%、搶劫下降了 15.6%、重傷害下降了 4.8%、偷竊下降了 10.9%、嚴重竊盜下降了 10.7%、車輛遺失也下降了 15.2%。從 1993 年至 1994 年的犯罪下降代表了這個年度少了 385 人死亡、少了 13,461 人被搶、少了 3,023 人被傷害。

這非凡的犯罪降低成果開始於 1994 年，並在 1995 年開始增強，因 Bratton 提高他的減少犯罪目標至 15%；1995 年底，犯罪率已經下降 16%。在這國家剩餘的犯罪人口已經少掉了將近 1%。[21]

有證據顯示，紐約市警察局的重點在於製造槍枝的結果。到了 1994 年底，因槍傷所導致的死亡下降了 23%。槍擊事件也下降了 16.4%。有關於槍擊的謀殺事件，百分比從 1993 年的 77% 下降至 1994 年的 72%。[22]

有些人擔心這些統計結果並不是真的。他們主張有些管轄區隊長渴望展現減少犯罪的進展，操作了分類犯罪的標準及尺度，以致於有些嚴重犯罪被視爲小罪（例如，一個事件先前會被認爲是搶劫，卻被分類爲竊盜），這現象愈來愈普遍。[23]其他人主張報告中的犯罪變化也許是真的，他們不能隨意歸咎於紐約市警察局的行動。也許犯罪的下降可能是因爲環境的改變，但多數的統計數字還是給了一個明確的事實。警察局長允諾振興他的部門並使犯罪率戲劇化地下降，而對局長和市長來說，統計數據似乎表明了空前的成功。

這些極爲卓越的統計數據有個明顯的汙點，也就是百姓對於警方不良行爲的

抗議聲浪逐漸上升。在某種程度上來說，在 Bratton 的領導下，警察在執法策略上確實是變得較具侵略性。總逮捕率上升了 21.5%，但其中僅有少部分人是因重罪被捕：重罪被捕的比率只上升了 5%，逮捕增加的主因是毒品被捕（達 27.5%），還有輕罪被捕（達 53.8%）。[24] 當然大多被捕的人都會合法地開釋以及確實地賞罰。還有，和破窗理論一致，壓迫輕微的犯罪行為將會對重大的犯罪產生顯著影響。

　　但是逮捕人數的增加也表示警方使用公權力的增加。結論是，人民對於警方的不良行動的抗議會比逮捕人數的上升還要更快。有個很小但有影響力的團體主張紐約市警察局是透過不加選擇地制止，並對年輕黑人族群以及城市中最不守秩序的社區裡之西班牙男子進行搜身，藉此降低犯罪率，而過程中經常毆打他們。根據判例法，如果警察有合理的原因指出某人有所武裝或是有危險性，就可以合法禁止並且對行為可疑的人搜身。[25] 實務上，有些警察會很快定位「可疑的」行為是什麼，以及什麼樣的「凸出物」可能會是手槍，以證明制止及搜身的行為是正當的。只是有多少警察會越過合法的法律邊緣是有爭議的。Maple 說：「我們只教授檯面上的策略。當一名警察攔下某人，他們必須能夠提出明確的解釋說為何他們要這樣做。我沒有說紐約市警察局都沒有做一些不好的攔查，但是這都是心照不宣的普遍現象。」

　　在 1994 年底，創辦於 1993 年的市屬機構「公民申訴審查委員會」（CCRB），其調查市民對警察之申訴，並指出從前年起增加了 36%。[26] 這 4,877 件的申訴案件包含 8,060 件針對警方不良行為的具體指控；3,107 件指控警方濫用權力。而當申訴事件增加，似乎代表至少有一些觀察者的懲戒標準在下降：紐約市警察局的國際特赦組織調查資料指出，在 1992 年有 63% 警察行為不當的案件被帶到行政審判後結果證明有罪，在 1994 年的 32 件案件中只有三件進入行政審判並被裁定有罪。[27]

　　對於警察的不良行為提出投訴者並不是隨意分布於紐約多元化的人口中。雖然非裔美國人僅佔據紐約市四分之一的人口，但提出投訴的人之中，卻有一半都是屬於非裔美國人。[28] 這樣的趨勢持續到 1995 年，申訴數字提升至 5,618。在 Bratton 第一次擔任長官的兩年內，所有的申訴案件已上升至大約 50%。非法搜查的指控已上升至 135%；濫用權力的指控則上升 61.9%。[29]

　　對於這期間的很多時候，對警方的投訴的相關資料並不是 Compstat 系統的一部分。該公民申訴審查委員會存在於警政部門之外。這些數字的報導頻率低於犯罪數字，且沒有分類到管轄區層級。因此，雖然警方可以取得並利用這些資訊，但並

30　沒有成為內部課責系統的一部分。定期審查的加班費像是一項必須且應該被管理的東西，但對警察的申訴案件卻不是如此。

　　事實上，警方看到官方投訴案件持續增長的數目，並不是不良行為呈現上升的跡象，而是統計工具反映了最近成立的公民申訴審查委員會和警察權力規模的增加。公民申訴審查委員會在1993年才成立，而其存在廣為人知可能會促使更多人民申訴。而且，街上的紐約市警察局人員，其數量比以往任何時候都高。該部門指出在1994年公民申訴審查委員會進行了2,152件調查事件，超過5%已被證實。[30] 有鑑於在1994年警察回應了四百萬通電話服務，寫了五百四十萬張傳票，而且還有辦理了227,453件逮捕案件，這些數字並沒有特別糟糕到打擊到警察官員們。少數群體提起投訴的比例更高，其事實並不令人感到意外，因為大多數的被捕者（還有犯罪受害者）也是少數群體。

一個時代的結束

　　雖然Bratton團隊因為盡力使紐約市警察局好轉，而持續享受著眾所周知的成功，但市政府和紐約市警察局高官之間的關係卻變得越來越緊張。該部門奉命降低Bratton的新聞簡介和減少公眾資訊的相關工作人員。當Bratton簽訂了一份350,000元的合約以販賣他的回憶錄，市政府讓記者們知道他將進行調查。Bratton的任期於1996年2月屆滿，他的連任被擱置著，等待合約的審核，而在3月29日，他宣布辭職。他多數的副手很快跟著仿效。

　　Bratton的辭職受到大量的稱讚。在他27個月擔任警察局長的期間，紐約市的犯罪率已經下降到自1960年以來的最低水平。在Bratton的任內，兇殺案已下降了約44%；嚴重犯罪（依照聯邦調查局指數衡量）則下降約29%。一個全國性的民意調查發現，73%的人口對警察擁有正面的看法，而在1992年6月卻僅有37%。[31]

31　## 展開公共價值的描述：公共代理人的「底線」？

　　Bratton管理紐約市警察局時，其明顯的成功在於減少犯罪、恐懼及動亂，這突出的表現可以當作是公共管理中創造價值很令人信服的一個例子──這是一個經

由曾受的教訓而得到的成就，我們應該周全地理解及廣泛共享，以改善公共管理者和公部門代理人的整體績效。【32】或許最普遍的解釋是公部門管理者應該採用私部門管理者的觀點及技巧，特別是制定他們和組織的一個「底線」，亦即就具體的目標中（理想且明確地表達出數字）定義出組織產生的價值，和持續地評量他們是否重視達成目標的成就。【33】

一個令人深思的私部門隱喻意涵

的確，位於華盛頓特區的文化遺產基金會在 1996 年舉辦了一場演講，Bratton 明確地引用一個來自於私部門且是基於底線進行管理的隱喻意涵進行演說。他說：「我們一開始把紐約市警察局運作得像一個私人的、利潤導向的企業。我想要的利潤是什麼呢？犯罪的減少。我想打倒我的競爭者——罪犯（用一星期七天、一天24 小時）。我想提供更好的服務給我的顧客——公眾，接著，我想讓他們知道利潤即是犯罪的減少。」【34】

在這短短的幾句話中，Bratton 把紐約市警察局的運作加入具規範性的、富技巧的私部門管理。因而他偶然地從私部門引入三個主要的概念至公部門：

- **利潤**（為目標、評量和獎勵績效卓越的組織）
- **顧客**（為滿足個人的需要，視為組織創造價值的最終決策者）
- **競爭者**（挑戰組織向外適應和改進）

若深入探究將私部門引入公部門的隱喻意涵，我們很容易可以觀察到私部門管理者似乎比較集中在**向外**管理，進而達到**成果**（賺取收入至創造利潤），而他們公部門管理**向上**課責的系統，比起實現社會所需的成果，更加注重**符合**政策和程序的制度。或在一些資訊中可觀察到，私部門的組織活動和成就，如即時可行性、易達性較公部門好，且私部門較公部門系統化。這是隱喻意涵的價值；導引人們關注一些在標準的公部門做法裡可能存在的缺點。

另一方面，因為有很多概念是由某個背景取出，用至另一個背景上，因此隱喻意涵很有可能會讓我們迷路。例如，私部門的隱喻意涵可能遮蔽了事實，警察每天使用國家的權力，還有一名警察比另一名警察所使用的策略可能更經常且更肆無忌

憚地使用權力。進一步，這可能導致警察忘了一個事實：依附在公權力的價值是難以量化的——市民要求在權力的使用上能夠達到正義與公平。因為用來維持警力的財源來自於強制性的稅收，所以必須關心使用這筆錢的正義與公平。

私部門隱喻意涵可能亦會混淆我們有關於下述問題的概念：哪一些利害關係人的社會特權將成為特定組織生產價值的仲裁者？在私部門，重要仲裁者的價值通常一方面來自於顧客，另一方面則是來自於利害關係人。但誰才是紐約市警察局生產價值合適的仲裁者呢？是呼籲警方服務的那人嗎？又或是為組織提供營運必要資金的人？或是選舉代表人？或者是一些社會公民的抽象概念？這常常很難分辨隱喻意涵是有助益性或是有危害性的，但當此隱喻意涵被觸及的時候，我們就應該要對此一警示意涵進行更多的關注。

概念混淆

Bratton 的隱喻意涵雖然被普遍運用和廣泛地被接受，但當測試迫近時，緊張感仍會上升。仔細看這些保護隱喻意涵的盔甲所產生的裂縫，他會幫助我們發現一些概念上的挑戰，而我們必須去克服，並在與私部門截然不同的公家機構系絡脈絡中，好好利用私部門管理的點子。

財務利潤與犯罪減少。Bratton 第一次聲稱他想把紐約市警察局當作利潤導向的公司般運作。當然，他的意思不是字面上的解釋。他並沒有打算向那些要求警察服務的人民索取費用，以及對警察的服務訂定價格，因為若販賣這些，這會使供給成本和賺取收入間的差異最大化。最好的紐約市警察局仍然是可以以一通電話的價格提供每個人服務。他可能是想讓紐約市警察局奉獻並負責任地達到有價值的、可衡量的目標：減少犯罪。

確實，減少犯罪是警察很重要的目標。但就連 Bratton 也同意減少動亂及恐慌是很重要的目標。[35] 其他人也許會說紐約市警察局的目標是公平且公正地實施法律，或是確保紐約市市民之間的正義及市民關係。還有，紐約市市民可以藉由撥打911 服務專線，固定提名許多其他具有潛在價值用途的警察——當中他們所經歷及目擊的只有一些與犯罪有關。[36] 如果那些在工作上的人定義和評斷紐約市警察局所產生的價值，有些人不同意其目的，或是希望紐約市警察局所追求的目的應該超越減少犯罪，那麼這個減少犯罪的唯一目標就能做到既不是概念上的工作（充分獲

取紐約市警察局所產生的價值）也不是實際上的工作（全神貫注地聚焦於紐約市警察局的唯一目標）。作為一個部門績效的底線，降低犯罪案件缺乏像在商業上賺取財務利潤那樣具哲學合理性和具體可實踐性。【37】

　　但 Bratton 主張紐約市警察局為紐約市民獲得的利潤（減少犯罪）包含一個更重要的概念錯誤。這個問題不只是紐約市警察局除了減少犯罪，更製造了許多好處；而是「犯罪減少」的價值並沒有考慮到產生效果的**成本**。私部門中利潤的概念不僅包含組織生產的財物價值（產品及服務所賺取的收入），亦包含生產成本的價值。利潤是指銷售商品及服務時，其所賺取的收入與生產**成本**之間的**關係**。Bratton 有關犯罪減少的「底線」指的是只有重視治安的結果，似乎忽略了產生效果的成本。

34

　　假設什麼被拿來衡量就是什麼優先被考慮，未能考慮到減少犯罪的**成本**是嚴重的疏忽。與紐約市警察局努力控制犯罪成果**有關聯**的成本，是需要被認清的。【38】最明顯的成本是財務方面的──負擔如支付薪資和退休金給員工、買車、無線電、槍及支援資訊系統，其可以追蹤罪犯、案件和犯罪記錄。

　　一個較不明顯但同樣重要的成本是警方運用公權力的重擔。【39】當警方運用他們的權力遏止、審問、搜索、拘捕和控制時，重擔即放在許多個人身上。被限制或遏止的不便可能是一個為了取得犯罪率降低的利益所需付出的微小代價，且被捕者可能是有罪的。但不可否認的是，使用國家公權力會創造一個不受歡迎的重擔給許多個人之上──若是錯置，這給個人所帶來的重擔將會特別沉重且痛苦。

　　若紐約市警察局依靠會計系統，而不是依靠警方運作的財務和社會成本去瞭解犯罪的減少情況的話，市民將無法明確理解紐約市警察局所創造的**淨值**。更糟的是，紐約市警察局將會受到激勵去產生一種扭曲的價值；極有可能會花更多不可監控的資源（公權力）達成可監控的結果（減少犯罪）。若只是看到減少犯罪的價值，卻沒有將各種產生這種成效的成本列入考慮，就像是只看到賣車所賺取的收入，卻忽略了生產車子的成本一樣荒謬可笑。

顧客與公眾。Bratton 第二個主張是他的「顧客」就是公眾，而且他想把減少犯罪的「利潤」返回到「顧客」身上。這也揭示了一個根本的困惑。在私部門，顧客購買產品和服務；另一方面，利潤則是傳遞到**股東**、**業主**和**投資者**身上。

　　在公家機構裡，接收服務的人們（且直接從他們身上獲取利益）──小孩上

學、老人享受圖書館的藏書與寧靜、殘障人士受惠於一項輔助客運公共交通計畫
——其所承擔的事物與私部門最明顯的相似之處就是顧客。

　　警察的顧客中最像私部門的顧客者，就是那些打電話尋求警方協助的人們。這
些人與私部門的顧客非常相似，可以從三個方面瞭解：

1. 他們在生產過程中是處於「下游地位」（downstream）的。
2. 除了為他們提供個別服務之外，他們還希望從警察那得到特定且零碎的服務，以及可能是與警政事務無關緊要的所有事情。
3. 如果他們能從警方那得到他們想要的服務，那麼將會是個別受益。

　　然而，跟私部門相比之下，滿足這些警察所謂的個別「顧客」較不重要。簡單
來說，其中一個原因就是這些顧客不會直接購買服務——或是更準確來說，當他們
決定為自己立即性的目的使用這些服務，他們不會購買服務。警察的服務成本全部
由納稅人支付，而非任由顧客零售購買。當每個人個別打電話給警局時，可稱公共
資源大額的金錢花費在這些顧客私人用途身上，而且是一通（免費）的電話就做
到。在私部門，顧客決定花費自己的金錢在購買產品或服務上，這等於認可了組織
可以生產有價值東西的假定。如果一個人可以享有免費的服務，然後使用該服務的
人並不一定會顯現出珍視的樣子，就不用說會有多少人重視這種服務的生產成本。

　　這還有進一步的問題在於顧客使用私部門的概念於維持治安上。那些打電話給
警方索取服務的人，並不是唯一一個跟警方進行生產過程中「由上到下」的交易。
警方也會進行個別的交易，像是與停下來質詢的人、舉證為犯輕微罪行的人，以及
因重罪被逮捕的人。儘管這些交涉是公眾與個人所要求警方必須執行的事項，然而
在這些訪談盤查的過程中，警察卻也可能會經常使用公權力威脅或打擾到相關民眾
的日常生活。

　　這些交易在公部門裡，其實是相當普遍的。稅收徵管機構迫使個人繳稅。環境
保護機構要求公司不能傾倒有毒廢料到空氣中及水中。美國證券交易委員會要求私
人公司提供他們精確的財務狀況和活動等報告給投資者。的確，很多公家機構看似
提供服務給個人，但事實上，卻是提供服務和義務複雜的混合：提供公共教育服務
給小孩（和他們的父母），但也是一種義務，殘障人士的服務是附帶著必須報告詳
細個資的義務，以證明其需求。諸如此類的例子不勝枚舉。

　　個人對公共機構需履行義務，就像顧客只知道他們是以「由上到下」的形式與機構從事個人交易。他們確實不是自願購買服務的（確實，有些人是自願付費以**避免**「服務」——一個一般被稱爲賄賂的交易！）。而且公共機構的目的肯定不是爲了讓這樣的個人（沒有那麼多的受益者會想當「義務人」）快樂（儘管他也許有責任保護「義務人」的權利，而且若給予他們足夠和實際的利益，他們將會自行調和並接受義務）。

　　所以在公部門中站在顧客的位置的人——那些與機構進行個人交易者，包括傳遞服務、義務或兩者——他們接收服務時並不是直接付費，而且他們對服務的滿意度並不構成其主要的價值。而一些其他的社會實體則會支付金錢給企業，重視生產的結果，而且保證會努力延續成果。爲了避免困惑，我們將與公共機構進行交易的個體稱爲「客戶」（clients）（由於缺乏一個更好的詞彙）而非「顧客」（customers）。

　　Bratton 認爲「公衆」（public）等同於紐約市警察局的「客戶」。如前所述，與那些個別受益人或「義務人」相比，「公衆」是一個較大且不同的實體。公衆是由許多個體所組成——個別市民、選舉人和納稅人——還有集體組織和機構，如投票選區中當選的執政者，被選出的立法機關引導和監督政府的行政部門，法院則負責保護人民的權利，還有那些會影響人民行動與決定的機構（如利益團體和媒體）。但公衆也存在於民主政府的複雜**過程**中，此種政府乃結合個人並彙聚機構，從而形成一個形式上不完美的和外觀上似乎不太完整的集合體，該集合體亦是藉由政府的資產來展現出本身想要生產的事物。這是一個不規則伸展的和無組織的公衆——就像是一個會組織並召開會議以決定哪些目標是值得徵稅和規範的政治體——其提供資產給紐約市警察局運用於運作和擁有權力和責任去定義什麼是紐約市警察局應該生產的公共價值。

　　然而，「公衆」提供資源以維持運作和定義什麼是需要生產的價值，這看起來相當不同於私部門的顧客。這是一個匯集、聚集的團體，而非單一個體。還有，這似乎在公共機構**之上**，根據組織可以生產集體所需的總體社會結果或社會產出的程度來提供資源，這可能或不可能包含所有個別的受益人和義務人的滿意度。

競爭者與犯罪違法者。最後，Bratton 也將私部門的隱喻意涵進一步延伸，將他所面對的罪犯者視爲「競爭者」。若從經營的意義上來說，上述隱喻所含括的重點在

37

於，私部門中的競爭者的重要功能在於其可以脅迫公司正視績效，並迫使公司採行相對應的行動並進行創新。我們可以使用此一隱喻意涵去想像，例如，警察正在與刑事罪犯交手戰略遊戲；此外，也如 Bratton 所提出的，他們為了生產「利潤」（減少犯罪），因此承受壓力以在競爭中取得領先一步的戰略位置。

但使用私部門的隱喻意涵，人們也可以說罪犯在警察工作中創造市場利基——需求或創造價值的機會——警察正試圖填補。當沒有罪犯時，誰還會有意願付費購買警局提供的服務呢？人們甚至可以說罪犯和他們所犯下的罪行構成了警察正試圖改變的社會物質條件。如果警察藉由減少犯罪而創造價值，那麼他們工作中重要的本質就是找出方法，瞭解並改變罪犯的行為（還有引起罪犯違法和引起犯罪場合的社會條件）。確切來說，罪犯和他們的罪行比起像是警察的競爭者，更像是警察工作中的原料。

在私部門，競爭者並非創造市場或提供原材料給公司轉化成價值的人；相反地，他們是商品或服務的替代供應商，且形成了企業的主要中心。藉由這個邏輯，警察的競爭者將成為其他能夠滿足市民對於防杜犯罪受害及追求安全需求的人——私人保安公司、防盜系統、槍支和犬隻販賣者，或者甚至是鄰里守望相助隊。【40】如果這些供應商成為重要的合作夥伴之一，那麼將可以幫助紐約市警察局提升有限的影響力，並努力於減少犯罪或增強安全，公眾也許會得到更好的服務。【41】

從哲學和實用的力量來看私部門的財務底線

事實上，關於私部門的利潤、顧客和競爭者的概念，對於公部門來說是不適宜的，這兩者在公共談論中，較熟悉及普遍被接受的是關於公共管理的建議，在工作上使用這個隱喻意涵，是具有非常強大的力量的。悲觀的觀點可能是使用這種語言從事商業社會的支持和承諾——一個政治上主要的選區，尤其在紐約市。商業社會——對找到公共管理者以對績效負責感到放心，且將他們的組織專注在簡單、可以客觀衡量的目標上——將他的支持拋到管理者之後，管理者用他們同樣的規則進行遊戲。

但是廣泛使用隱喻意涵可能導致更廣泛的公眾渴望簡單、沒有爭議的底線以判斷政府機構的績效。公民想知道將稅收和自由給予公家機構是正確的花費。此外，公眾也想使用底線去對公共管理者和公家機構課責。他們想要價值的呈現是簡單的、具體的和客觀的——而非模糊不清的、不確定的或無形的。公眾嚮往可檢驗的

結果很可能造成 Bratton 和許多其他前前後後的人，為了等同於私部門的底線，以具侵略性的方式達成目標。

為了瞭解私部門底線的哲學和實用的吸引力，必須瞭解是什麼及為什麼其在私部門裡能理性運作得如此好。開始於一個簡單的技術概念──一個會計的概念。任何一個一年級商學院學生都可以說明基本概念：[42]

39

$$利潤 = 總收入 - 總成本 [43]$$

這簡單的概念有力地形塑出對下述情況的社會評價，即評估一個使用稀少資源的複雜企業所生產出來的結果，是否是相對均衡且值得的。如果藉由販賣商品和服務所賺取的收入遠超過生產的成本，人們可能會得出合理的結論：生產公司的所有人不僅可以賺取金錢，而且也可以為整個社會創造一些社會淨價值。[44]

同等重要的是，我們可以將許多攸關真實世界情勢的實證且即時資訊，帶入底線方程式中。完善的會計實務允許私部門企業在組織的範圍內，以便宜且容易的方式，即時收集關於成本和收入等極富意義的績效數據資料。

但使底線如此吸引人的最主要原因是，這個簡單的公式具備了哲學上的重要意涵。其顯示出顧客是否願意支付比生產成本還多的價格，以取得商品和服務，公司是否願意負擔支付員工薪資，還有所有人和股東是否在投資上獲得利潤。在一個自由市場的社會制度中，主要組成者乃為消費者、工作者、企業家和投資者，而底線下所呈現的黑色數據（表示沒有負債；在經濟上有利可圖的條件）是有說服力的證據，也表明一個組織為社會創造了價值。[45]

在文本脈絡中的五個關鍵性差異

然而在公部門中，這底線的概念失去了精神支柱，不僅在概念上和實際上顯得甚為簡單化，且這種簡單化的現象也呈現在其哲學意義和社會意義方面。這就是在 Bratton 的隱喻意涵中所呈現出的盲點之處。

把 Bratton 使用熟悉的隱喻意涵放到顯微鏡下檢視，這似乎有失公平（更不用提賣弄學問），但似乎值得這麼做的原因有兩個。第一個原因正是因為 Bratton 的評論是如此熟悉。無數政府官員和專家們都做過相似的評論，關於公部門和公共管理者應該從私部門及其管理者學習什麼和如何做。這些評論和意見愈是重複，他們就

40

取得更多的社會合法性，還有在管理者的選擇上以及公民的評價上有更多的影響力。重要的是，獲得這種社會合法性的隱喻意涵是精確的和有用的，而不是令人困惑的和扭曲的。[46]

然而，仔細看一下這個隱喻意涵，可以瞭解更重要的原因，此就是顯著的摩擦和不協調透露了背景中關鍵性的差異。如果我們要對公共機構的管理構建一些底線並接近它，就必須能容納上述所提及的差異。儘管公共管理者運作的背景及其基礎有所差異，但重要的目標是找出私部門隱喻意涵中哪個部分是公共管理者可以採用的。就此而言，即有五個相關的特性顯得特別重要。

私人價值與公共價值。在追求經濟價值時，自由社會允許公民創造各種私人企業。但自由社會也透過徵稅和自我管制，以創造和維持公共機構。他們希望能改善個別及集體生活的品質。

社會在某種程度上重視私人企業，是因為他們提供財富給股東和提供就業機會給員工。但最重要的社會理由是他們提供價值給他們的顧客。[47]當一個人用辛苦賺來的金錢付清產品或服務的費用時，他們就提供了有力的、客觀的證據，也就是他們重視他。如果社會重視經濟系統提供價值給個別消費者，那顧客滿意度算是一種社會價值的創造。當顧客支付的費用足以覆蓋生產成本，而且還有剩餘（換言之，當公司獲取利潤），股東會感到高興和（可以說是）對社會有一些淨價值已經產生。

社會——和組成社會的許多個人——期望社會創造出的公共機構能產生各種不同的價值。公民，透過代議制民主政府的複雜過程行動，決定哪一個公共目標是重要到需要徵稅和自我管制，且那些目標定義了公共價值和公共機構的使命。因此，公共機構的「底線」不是他們生產的收入是否超過成本，而是公民是否能以最低的成本，在金錢及權力方面獲得滿足。

私部門企業的成功在於生產財務的回報可以相對簡單且客觀地衡量。對於創造給公民的公共價值，其定義和衡量卻是難上加難（但同樣重要和迫切）。

私人資金與公共資源配置。私部門企業用兩種不同的方式調動財政資源，以創造和維持其活動。他們藉著承諾長期獲利，從投資者那裡調動投資資本，並透過販賣給有意願的顧客，使收入來源得以獲致安全。相反地，公共機構調動財務資源，是藉由承諾會達到公民及被選出的代表認為有價值的社會產出後，徵收他們的收入、

購物和財產的稅。

　　調動私人資本與銷售產品和服務給個別顧客這兩種方式，是依靠自願性的個人交易。相反地，調動稅收以支助公共機構，則是依靠集體決策，使用國家的權力要求個人做出貢獻以達到共同目標。【48】

個人與集體仲裁者的價值。在私部門，社會行動者決定商品和服務的價值，並賦予公司在各種行動上的合法性，像是個人決定如何花費自己的金錢。然而，人們可能有一些疑問，像是生產「靈應牌」（Ouija）和「嘉寵物」（Chia Pets）的社會價值是有限的，但當公司成功販賣這些東西時，沒有人會譴責他。事實上，當個人在選擇購買商品時，即是證明了企業的價值。【49】

　　在公部門，公民集體定義公共機構的社會目的，集體願意持續繳稅及自我管制，以達到社會產出，亦即建立公共價值和賦予機構合法性，幫助其生產。在公部門，我們人民大眾是透過代議制政府的不完善流程行事運作，而且人民大眾也都是公共價值的最終仲裁者（不論你或我是否真的喜歡）。

自願性的與義務性的交易。私部門組織主要是透過大量自願性的交易尋求實現目標。他們邀請投資者購買股票，員工藉由工作換取薪資，而顧客則購買商品和服務。

42

　　公共機構也依靠自願性的交易以達成社會成果。他們期望公民自願繳納欠稅、考慮到政府機構服公職、造訪國家公園，而當這些公民符合資格時，也可以利用各種社會服務方案取得各自所需。但當自願遵守顯得不足時，公共機構也依賴國家的權力以迫使個人（以及私人公司）協助達成公共目標。他們扣押逃稅者的薪資、徵召個人入伍服役、要求孩童入學以及管制工廠廢料處理等。此外，還有經過公眾的賦權，限制公共服務不能被哪些人所享用。

效率和效能與正義與公平。事實上，公共機構經常使用國家權力來籌集款項並實現目標，言外之意是公民如何評估政府的績效。在私部門，股東通常把重點放在公司是否有效率及有效能地使用有形的資產。

　　在公部門，個人和廣大公眾也會評估公共機構的效率及效能。但因為國家權威當局往往是從事公共機構的經營，所以另一個具評估性的框架就成為有所相關的了。我們不僅要求組織是否已經有效率及有效能地採取行動，亦要求是否採取公正

和公平的行動。我們也透過他們所尋求的目標與創造良好和公正的社會一致的程度以及方法的使用，藉以衡量與公民和國家間理想的權力關係的相符合程度，還有透過瞭解達成共同理想的目標所造成的負擔能否公平分布於社會中的程度，藉以評估公共機構的績效。

更有限的隱喻意涵：公部門中的價值導向管理

如果能將私部門和公部門背景的差異性設立起一道屏障，或許就可以防止一般的私部門隱喻意涵過於容易進入公部門中，但也許仍有一個稍微狹窄或較為特別的構想還是可以有用地交流互用。就此而言，也許 Compstat 給我們的教訓是可以僅由私部門採取一件事物（利潤、顧客、競爭者），但不要從私部門採用所有事物。也許所有的公共管理者欲改善他們機構績效的做法，就是參考私部門對「底線」價值紀律的守則與承諾。

以下四個簡單步驟應是足夠讓公共管理者達到這種紀律：

1. 闡明一個清晰、完整且強制性的公共價值的概念，機構存在的目的就是為了生產。
2. 制訂一套措施，以記錄該機構生產公共價值的績效。
3. 引進和欣然接受外部課責制度，以界定和創造價值。
4. 建立管理系統，分配機構的內部責任給創造公共價值的管理者和員工，以致於他們感受到激勵而在短期內完成工作，以及從長遠來看將會創新和學習。

從一個私部門角度來看，這概念並不複雜、新奇或具爭議性。這是管理的基本原則。的確，對於許多私部門來說，公共部門管理者使用這些技術而導致失敗似乎極為正常。但管理無能——或是更糟的情況——乃為決心努力抵制私部門特有的課責及績效要求，這才會造成真正的失敗。

制訂一個概念合理和切實有用的基礎，以計算特定公共機構所產生的（淨額）公共價值，是一個使工作變得更加有限的隱喻意涵之關鍵所在。應該要制定出一個簡單的會計概念，俾能藉以比較由於公共機構投資和運作所發生的好事及成本。[50] 至少，有許多概念必須從私部門延續到公部門。

對於公共機構管理者的「公共價值帳戶」

公共管理者可以想像先從一些類似私部門公司的「收益表」開始著手。[51] 私部門的收益表將所賺取的收入記錄在帳戶的右側，而成本支出記錄在左側。賺取的收入和成本支出兩者間的差異就是「底線」。

公共價值帳戶	
財務成本	總公共價值

圖 1.1　公共價值帳戶 I

爲了在公部門創造等價物，我們需要一個帳戶方案組合（scheme），其可以對價值的特定範圍加以命名，這是組織應該進行的，還有亦須瞭解在追求那些價值的同時所產生各種不同的成本。這帳戶方案不僅需要評估成果和成本的特定種類，也需要能量化的和實用的資料，以填寫種類和記錄在某種效用上所產生的淨價值。在這部分我們將爲公共管理者發展出一種「收益表」（income statement），它包含底線價值的概念，同時考慮到他們獨特的處境。在一個特別的情境中對於特定的組織，我們稱這概念爲「公共價值帳戶」。這個公共價值帳戶將包含各類公共價值會計的主要概念性類別項目，進而可以創造大致相當於政府組織的底線。因爲有許多這面向的價值既無法被現存的財務衡量所記錄，也不輕易地被定爲貨幣，是以其無法透過市場進行金錢或貨幣的轉換。反而，公眾授權和付費給組織協助其行動，讓組織決定各種類別項目成果的價值——時常在涉及到他們關切的特定類別項目時，會藉由政治性的行動以進行影響與動員。[52]

我們從公共價值帳戶的簡單概念開始談起，以財務收益表爲基礎。在帳戶的一側爲機構活動的**正面價值**成果命名和衡量，並瞭解創造「總公共價值」的影響。另一側則爲經濟上的和財務成本命名和衡量，這類的索價將與產生的總公共價值相對比較，如圖 1.1 所示。

44

45 ## 財務成本與公共價值：各項收入之資料與結果的缺乏

　　該帳戶的成本那側開始於機構利用公眾的金錢生產，以創造商品、服務和收入，其成本之總和——原料、薪資、建築物和設施等成本。這看起來相當相似於私部門的成本帳戶。的確，原則上，公部門可以也應該擁有像私部門一樣卓越的能力以瞭解財務成本，還有甚至可以分配這些成本給特定的政府活動和結果。【53】當公部門轉向右側的總帳還有試圖考慮公共機構所產生的**價值**時，問題就發生了。絕大部分，公共機構不會透過販賣產品或服務給自願的客戶製造收入。【54】在此情況下，帳戶中右側的公共價值總帳和左側的財務資料就無法聯繫起來。也因如此，所以公共管理者必須先理解組成機構的使命——或是公共價值面向——才能進以衡量關於特定目標的有形成果。

　　事實上，公共機構所產生的總價值是不會被含括在收益資料中的，這導致公部門在運用「底線帳戶」上遇到了一個很大的問題。只簡單考慮到從販賣商品和服務中賺取的收入是如此有用，這也可以說明若只學習私人企業一樣來看待生產出的價值，或是一旦遭遇價值無法進行衡量時，則將會導致價值可能在不經意間被遺漏忽略的缺失。

　　由於賺取的收入擁有以下五個特點的原因，所以使得私人企業產生的價值相當容易被估計：

1. 藉由販賣商品和服務給有意願的顧客所獲取之收入，提供了一個相對明確、客觀和精確的價值判斷，將個人消費商品和服務加以連結。
2. 在組織範圍內，當進行購買時，直接獲得關於收入的資料之花費是不多的。
3. 因為所賺取的收入在相同的項目下被命名為成本（金錢），這就容易將商品和服務生產的價值與花費的成本相比較，並計算整體成果的淨價值。

46

4. 因為所有商品和服務的收入都被稱為金錢，所以很容易將一項商品或服務與其他商品或服務的淨價值相比。
5. 獲取收入資料所需的資訊系統，其已被發展數百年且被廣泛地使用和接受，沒有企業可以想像沒有該系統時應該如何進行運作。

　　相反地，想像一下如果汽車製造商被迫在他們可以擁有所有**成本**資訊，但無法知道他們獲得多少**收入**的世界裡販賣他們製造的汽車，將會發生什麼事。想必這將

會使管理者和投資者雙方對整體感到茫然。他們無法得知他們經營商業是否成功或失敗，或是哪一種汽車型號是最有利可圖的。關於他們是否有產生任何的價值？為了得到這指引，他們必須轉向其他不同的方法。他們必須調查顧客，詢問其是否喜歡他們生產的車。或者，他們詢問一些專業工程師以瞭解車的物理特性。它們是好車嗎？在某個程度上，它們的功能表現好嗎？它們是有效能地被設計和製造出來的嗎？有一些可能會試著瞭解他們的汽車是否為購買者增加了機動性，以及是否擴大了國家交通運輸系統的能力。但是這些方法沒有一個能夠產生像收入一樣精確且可靠的價值資訊。

關於公部門依賴這些方法去決定總公共價值，這並不令人吃驚。公共管理者利用調查和其他諮詢的手法，以提供反饋，像是提供給客戶的服務品質和最終的價值。[55] 他們尋求專家的工程判定和政策分析，以瞭解他們的活動和生產的成果是否是有價值的，還有學習如何變得更有效率和更有效能。而且他們時常試著確定自己所帶領的企業是否已經產生他們所預期的社會成果。[56] 這對政府來說是相當好的。政府嘗試找到記錄和瞭解其所產生的價值是什麼的方法。但是在渴望一個快速、不昂貴的又能夠客觀呈現的公共價值之同時，缺乏收入的資料也成為一個持續不斷的問題處理癥結點（thorn）。

事實上，公共機構缺乏收入數據資料導致了一個很嚴重的結論：簡便的算術並無法幫助我們計算績效的底線。我們必須設定一組財務成本對抗複雜的實際成果，也就是在他們的權利內難以衡量的，且難以與生產成本或其他項目比較。[57] 找到更好的方法衡量機構運作的**正面**成果（其位於帳戶的右邊）是必要的，進而建立一個概念完整和實際有用的「底線」近似值。但要把這些成果與成本比較總是是困難的。為了更加前進，公共管理者需要找到一個方法去處理他們特定狀況的哲學複雜性，而非僅僅是忽略或是依賴不適合自己的隱喻意涵。而非在追求不能實現的單一數值化價值，失去了心智意涵，這將會令他們得到「底線管理」的好處，公共管理者必須致力於「價值導向」的管理，才能將公共價值的生產往前及向核心推進，而非只是承認對公部門價值進行定義與認識的複雜性。

47

找尋公共機構的使命為發展公共價值帳戶的出發點

如果我們期望為特定公共機構找出其生產公共價值的概略性定義，第一個步驟就是要尋找該機構的「使命」。[58] 這使命的聲明提供了一個較具體或較不具體的

特定價值的敘述，在公共機構背後的政治社群力求透過該機構的工作以達成之。不論是藉由慣例、法規、專業志向或非正規的協議所建立。【59】公共機構的使命體現了集體的目標概念，此集體目標的概念包含了對應於哪一個機構存在，以及在試圖達到那些目標時他應該如何表現等。【60】例如，紐約市警察局目前的使命是「提升我們城市的生活品質，藉由與社區形成工作的夥伴關係，以及根據憲法權利去實施法律、保護和平、減少恐懼和提供安全的環境。」【61】一名警察局長可能看了這個聲明並下結論，「減少犯罪」的單一公制對於所有的成果是一個相當好的指標（實施法律、減少恐懼、提供一個和平和安全的環境）。另一名多花一點時間深思這使命的警察，也許將搜尋某些方法以衡量紐約市警察局的社區涉入程度、「生活品質妨害者」的治安維護程度、一般紐約市民之間的恐懼程度，以及個別市民對於警察提供的服務感到滿意的程度等。

無論是哪一個方法，這使命對於哲學探究的開始是一個固定的基礎，這將會幫助公共機構草擬公共價值帳戶，最後允許管理者展現價值創造和發展策略，以產生更多公共價值給市民。圖 1.2 是比前圖更加精確的重述。

在簡單理解了公共價值帳戶的意涵之後，我們還需要注意的是，達成一個特定使命並不是公共價值帳戶可以提供給予我們的唯一面向，這一帳戶也讓我們可以瞭解成本和減少成本乃是重要的價值創造移動。公共管理者時常發展一個非常有力的和令人欽佩的承諾，以促進組織的使命，但有時候他們集中太多的注意力在使命的達成與否，這讓他在管理的成本上付出較少的專注力。【62】他們也許認為使命太過於重要，以致於覺得達成使命的所需成本都是必須付出的，或者僅僅將他們的目標視為最大限度的使命績效，而其受制於當前預算的（非理智的）限制。【63】少數的政府管理者認為他們的目標是藉由拋棄老式的程序或減少已變得過時的營運部分，以達到主要成本的減少。理想上，他們想掌握他們所擁有的並得到更多，進而追求重要的公共目標。【64】

就此觀點而言，公共管理者的價值可能不是完全與他們的公民和納稅者密切配合。公民和納稅者確實希望在公部門中每單位的績效成本隨著時間的推移而下降，就像是他們通常在私部門所做的一樣。而且有時候他們只是想要政府的總成本下降，即使這意味著將會減少政府的服務。【65】公共管理者必須尊重和欣然接受在控制成本和達成使命成果下促進公共利益。正如私部門管理者必須同時試圖增加收入和減少成本。公部門管理者必須在減少財務成本的同時，試著增加使命績效。【66】

這也就是帳戶同時有左邊項目和右邊項目的理由。

公共價值帳戶	
財務成本	達成的使命成果

圖1.2　公共價值帳戶 II

超越目前使命的思考：意想不到的結果，尚未利用的機會

　　組織使命的說明提供了一個非常寶貴的指南，公共價值公認最重要的方面在帳戶的右邊。但是價值的特定方面，現存的使命說明可能無法捕捉一個機構**所有**現有營運的重要影響，其組織活動中所追求與反映的所有價值也無法被完全呈現。

　　許多人觀察到，政府組織產生非預期中的和預期中的結果。[67]出現這種情況的部分原因是我們缺乏遠見或想像，而無法看到為了推動一個或兩個方面的價值最終也影響其他價值，也因為政府行動時常導致許多間接的結果，而難以維持所有結果的走向以及難以猜測哪一個方面將成為更廣且更重要的指標供遵循，以評估機構績效。我們應該專注於我們打算怎麼做。但是，如果我們追求這些目標的做法有副作用，阻礙了我們想達成的價值，卻沒有注意（和衡量）到副作用的影響，那將是愚蠢的。[68]

　　然而，非預期結果的想法並不一定意味著其效果是負面的。有時可以產生非預期但有價值的結果。例如，為儲存和傳遞大眾傳播媒介而建立的公共圖書館，其擁有作為一種室內公園的價值，每個人可以聚集在那裡進行交際和享受文化活動。但是，當然也有一些非預期的效果——像是威脅到個人自由、公正執法，還有與積極「減少犯罪」結果相關聯的警察其合法性——這些應該被消極而非積極評估。

　　無論是正面的或負面的，政府行動的非預期結果必須找到自己的方法以展現在公共價值帳戶上。正面價值的結果呈現在帳戶的右方。負面價值的副作用則等於成本那一方，如圖1.3。

50

公共價值帳戶	
財務成本	達成的使命成果
非預期的負面結果	非預期的正面結果

圖1.3 公共價值帳戶 III

　　藉由定義，我們無法確切知道最初和未來可能會產生多少效果。因此，有一個真正的風險，也就是在帳戶中加入複雜性，將會破壞機構專注於核心使命。但是加入此概念的好處是，當世界上的公共管理者和監督者配置政府資產和生產複雜的結果時，將增加他們對整體進行診斷的可能性。這類別項目對管理者和監督者而言是一種邀約的象徵，即藉此阻止對所有行動的潛在結果進行偶爾地想像。這類別項目也可以成為一個空間，利用此一空間可以放置外界對於價值——特定機構可能將促進或無意間傷害之價值——的主張。

　　有一種類別項目，像是一個「我們無法想像所有會／可以發生的事情」的聲明，鼓勵管理者和監督者尋找他們起初並沒有考慮到的、可以預防一些嚴重錯誤和鼓勵一些重要成果的結果（負面和正面兩者）。例如，關於公平以及適當使用公權力和影響力的方面，最終將在 Compstat 系統中找到他們自己的方法，但並非在一開始就能找到。在帳戶方案中擁有一個非預期副作用的類別項目也許會加快上述尋找的進程。

　　為了讓大家更加瞭解重點所在，請細想一下美國能源部（U. S. Department of Energy, DOE）核能武器計畫的例子。[69] 美國能源部最初負責掌管建造核能武器。他面對來自監督者強大的壓力，在最低的經濟成本下生產最大數量的核能武器。因而，在追求核心使命的同時，此部門製造了巨大的環境問題。然後冷戰結束，隨之帶來的是迫切需要持續製造核能武器。在此同時，持續成長的環保運動逐漸成功剝奪被特殊保護的美國能源部核武計畫，喜愛此運動是因為其在追求安全使命。結果組織使命有了180度的轉變。機構負責清除他們追求原始使命的時候所製造出的混亂，而非忽略環境成本和極大化武器製造。

　　當然，在當時我們也許急需核能武器，應該要判斷環境代價小，以足夠支付該

結果。但是如果美國能源部原始的使命就考慮到環境成本，或是至少開放一些帳戶種類以決定如何將這些成本累積起來，我們也許可以節省一些時間和金錢，並解除我們大量的擔憂。

正如缺乏意識可以累積負面結果，其也可能導致管理者失去有價值的且完全在能力範圍以內得以處理的結果。一個警政部門專門集中於犯罪減少，可能會忽略重要的價值，像是此有助於處理醫療和社會突發事件，如交通意外、自殺或戰爭爭議。圖書館不僅可以借書，也可以提供鑰匙兒童一個放學後的安全空間。[70]

事實上，公共機構產生負面的和正面的價值影響超越了他們的使命，其使命提出了一個價值導向有效管理的挑戰。帳戶方案應該認知到這些不可衡量的影響或是不考慮它？公共管理者應該試圖產生和增強正面影響？或者只是把它當作核心使命的副產品？

如果世界正依循公共機構而改變，導致相較於副作用而言，組織的舊使命似乎與未來較不相關，這問題將變得更為重要和困難。舉例來說，如果之前公共圖書館的用途變得過時，只因為網路讓人們直接在家裡搜尋資料，那麼當前圖書館的用途則是作為一個安全的避風港，這對鑰匙兒童而言變得更為重要，這可能是改變圖書館使命的時候了，不僅要認知並適應這樣新的用途，也將其視為主要的目的。影響一旦被視為是副作用，也許會成為重新形成使命陳述的依據。[71]

因為債務與界定公共價值的關聯太過狹隘（視野狹隘、忽略成本、錯失機會等）或太廣泛（不夠專注、不足的紀律等），為了說明公共價值的產生而創造系統也許可以發現它是有用的，像是區別核心使命和影響的不同，影響置於核心使命的外側，但公民和其選出的代表仍重視其為正面或負面。這類型可以成為持續探索價值的基礎，且是特定機構可以並應該產生的價值。

這想法並沒有與愈來愈流行的私部門觀念有太大差異，公司應該增加兩倍和三倍的底線到他們的收益表之中，以顯現他們對環境和社會狀況所將帶來的（無法估價的）影響。[72]

作為公共價值的面向之一的客戶滿意度

在近幾年，因為私部門的概念已經取得了他們的方式進入公共管理的世界，完成使命的概念如同公共價值的表現已經加入了「顧客滿意度」（customer satisfaction）的概念。[73] 但正如我們看到的，若試圖忠實地切合下述想法：公共

價值包含滿足顧客和達到公開委任的使命，則公共管理者很容易對於誰是他們的顧客和他們想要什麼感到困惑。

如前所述，那些在政府機構服務端獲得好處的人，時常不願意直接付費，且那些接收義務的人時常寧願選擇不擁有這些義務。有鑑於這樣的對立面缺乏私部門顧客的一些重要特性，我們可能不應該像那樣形容他們。對於缺乏一個更好的選擇，我使用「客戶」（client）這詞形容這樣的個人，且認知到顧客有兩種不同的種類：一種是政府服務的直接受益人，另一種是被課以義務的人。我分別稱這些顧客（customer）為「服務接受者」（service receipients）和「義務人」（obligatees）。但要銘記的是，在政府的客戶中有許多是同時接收服務和負擔義務的。

53　對有些人來說，區分使命達成和客戶滿意度似乎有點吹毛求疵，但治安的特殊情況確切顯示出其所述的差異有多麼重要。如果我們想像那些進行制止、傳喚或逮捕的警察如同客戶，似乎很明顯地可以瞭解他們的滿意度重點不在行使權力。的確，他們到最後已成為達到警方公開認可的使命之手段，並在某些程度上，他們的利益附屬於更大的公益。

然而，很明顯地，警察並不是為了滿足那些被他們制止、傳喚或逮捕的人存在。合理地說，他們廣泛地存在是為了滿足那些尋求協助的人們。但是即使在這種情況下，在達到警察使命和滿足服務接收者兩者間顯現出某種程度的緊張狀況。這緊張局勢在一些治安程序和語言等文化意義上將會顯露出來。【74】當巡邏人員到達現場以回應電話服務，他們向發送者發無線電話和通報他們正在進行「走出去的服務」。他們說就是在那一刻，他們走出汽車，以滿足市民來電！然後，當巡邏人員走回車上，他們向發送者發無線電話並說他們正在「返回服務」。鑑於今天專注的顧客服務，對請求服務的個別市民進行服務似乎比起對發送者進行服務還來得重要。然而，這發送者體現了另一種公共價值——警政部門快速回應嚴重犯罪或重要緊急事件的能力。發送者是一個媒介，不僅只是客戶要求服務的對象，也是廣泛社會所建立的部門使命。

這提醒我們公共機構以社會成果（無論是有意的還是無意的，正面的或負面的）的形式產生各種不同方面的價值，其最終都被集體大眾享受或忍受。如前所述，鑑於事實上所有公共機構營運的資產都由廣大的公眾所支付，很自然地，集體大眾是這些成果相當適當的價值裁決者。當然，這並不意味著公共管理者應該對他們工作所服務的接收者和義務者不在乎。公共管理者一定會合法保護所有客戶的

權利。還有，作爲一個實際的問題，恭敬地對待客戶往往更容易達到使命定義的最終結果。大眾可以免費要求公共管理者對客戶滿意度給予更多的關注，如圖1.4所示。

公共價值帳戶	
集體擁有的資產之使用與相關成本	經過集體評價的社會成果之達成
財務成本	達成的使命成果
非預期的負面結果	非預期的正面結果
	客戶滿意度
	服務接收者
	義務人

圖1.4　公共價值帳戶IV

使用公權力的成本

　　事實上，公共機構向客戶課予義務和提供服務，這也提醒了我們，客戶時常使用很多金錢在追尋使命；而且，他們至少有時候——也許時常、也許總是——使用國家的強制力。【75】有時候他們會直接使用公權力要求個人一起促成公共目標的達成（支付稅金、去學校上課）。其他時候他們會使用公權力禁止個人或組織出現任何危害公共利益的行爲（不能偷東西、不能汙染環境、不能疏忽和虐待孩童）。公共機構也會利用公權力對公共貨品和服務的取得實行限量供應，以確保公共利益和服務只讓那些眞正需要幫助的公眾獲得。【76】

　　如果這些公權力的使用產生了令人滿意的結果——如果讓個人爲了自己和社會去做好事和抵抗壞事，且如果確保公共利益只到有權享有這些利益的人——這樣的話，公權力的使用會創造一些公共價值。但是公權力的使用不應該被視爲是自由索取的。一個自由的社會不應該隨意使用國家的公權力，因爲每次使用國家公權力，將會失去一些個人的自由或隱私等。如果有可能在使用較少國家公權力的情況下，產生同樣的總公共價值，這樣保證會增加淨公共價值。基於這些理由，機構使用公

權力必須被衡量，像是在公共價值會計的方案那樣計算成本。

　　而且，財務成本和所有國家公權力的使用是有聯繫的。法律需要訴諸執法人員和法院。規章制度需要文書工作和人們將文件歸檔。如果去除使用國家公權力的社會成本，也就意味著節省了納稅人一些金錢，這樣就有機會增加更多的淨公共價值，如圖1.5所示。

公共價值帳戶	
集體擁有的資產之使用與相關成本	經過集體評價的社會成果之達成
財務成本	達成的使命成果
非預期的負面結果	非預期的正面結果
	客戶滿意度 服務接收者 義務人
使用國家公權力的社會成本	

圖1.5　公共價值帳戶 V

對公共營運的公平與正義進行評價

　　國家公權力的使用並不是只記錄在總帳的左側；它也改變了右側的事物。在收入那側可以且應該專注於使命的達成、正面結果和客戶滿意度。但是一旦公共機構加入了國家公權力，正義與公平在營運和結果兩方面上，變得與達成結果的效率和效能以及滿足客戶同等重要。公共管理者必須擔心放置在個別客戶上的負擔是否恰好且足夠保護他們的權利，還有他們是否有公平對待不同狀況的客戶。他們也需要合計機構績效的結果，並詢問他們是否已經提升了正義的適切觀念，如圖1.6。

56

公共價值帳戶	
集體擁有的資產之使用與相關成本	經過集體評價的社會成果之達成
財務成本	達成的使命成果
非預期的負面結果	非預期的正面結果
	客戶滿意度
	服務接收者
	義務人
使用國家公權力的社會成本	正義與公平
	在操作面的個人層次
	在結果面的整體層次

圖1.6　公共價值帳戶 VI

混合功利主義和義務主義概念的價值

在西方哲學裡，對於區分功利主義規範體制（主要涉及目的和手段間實際的關係以及將個人福祉視爲最重要的社會目標）及義務主義規範體制（主要涉及根據權利關係理論的行動，定義社會成員對他人的權利與義務，並根據社會網絡關係存在的程度及是否接近理想中的正義，以評價社會環境）是相當常見的。【77】這些不同倫理道德的世界往往是保持分開而且看似與對方衝突，一部分因爲這些不同道德體系深植於不同的學科，並引導著公共管理者：經濟，主要依賴功利主義思想；法律，依賴較多在義務主義想法。不管是什麼原因導致這些領域分開，在實踐公共管理的一般情況下，他們並不被允許分開。公共管理作爲一種哲學和實踐，是需要被整合的。

公共管理的出現主要是功利主義的結果。管理者期望用明智的方式配置屬於他們的資產，並創造出價值。價值的創造在功利主義中是最常被計算的項目，例如滿足個別的客戶，或帶來世界所需的總體環境。但公共管理不能只是純粹的功利主義企業。管理者在民主體系中擔任一個特定的受託角色，需要他們以特定的方式表

57

現，不管結果是對於他們自己或他人。他們被賦予公權力，並透過公權力籌集資金。這使他們不得不公平及公正地、有效率及有效能地使用那些託付予他們的資產。因此，單憑功利主義的價值，並無法影響他們在營運組織上想生產及反映的價值。關於適合自己的角色、政府及市民間正確的關係，以及該怎麼使社會不只好而且正義等，他們也需要依賴義務主義的想法。

在調查中，除了任何結合這些哲學慣例的哲學性原因之外，實際上的問題是像警察局長等公共管理者經常性地被要求說明兩方面的績效：警察局長有時捲入花太多錢及控制犯罪失敗的麻煩，但他們更可能是因為允許他們的組織變得粗暴、種族歧視及貪腐而被解僱。

表1.1 概述了一個公共價值帳戶如何被重建，以獲得一個機構活動在功利主義及義務主義中的價值。在矩陣中最常見的象限是左上，其構思出公共價值就像是一段金錢及實際結果之間的關係。公共價值帳戶 I－IV 與這個表格是緊密結合的。

58　表1.1　融合公共價值的哲學性架構

公共資產	公共目的	
	公共福祉 （功利主義）	社會正義 （義務主義）
公共資金	公共資金的有效率與有效能使用	公共資金的公平使用
公務權力	公務權力的有效率與有效能使用	公務權力的公平使用

只有稍微不太常見的是右下象限，其發現在社會關係中正義及公平地使用公權力以執行正義的公共價值。這個義務主義的價值顯現在公共價值帳戶 V－VI。

剩餘的象限在公共價值帳戶中結合功利主義及義務主義的價值。左下象限提醒我們當我們盡可能地不使用權力而達到渴望的社會結果時，將擁有一些功利性的利益。右上象限提醒我們當我們花費公共資金時，將擁有義務性的利益。

集體仲裁的價值

在前面提及的許多討論中，當談論到警察局和其他公共機構的評估時，會使用到「我們」這一詞。所以很合理地問，這個集合名詞中的「我們」所指的是誰呢？記得這段杜撰的對話嗎？

Lone Ranger：「Tonto，我們被敵對的印第安人包圍。」

Tonto　：「你說的『我們』是什麼意思呢？是白人嗎？」

這有一個很重要的問題——其中一個 Bratton 困惑的核心，一方面是「顧客」（customers），另一方面是「公眾」（the public）。如果這個「我們」（a public）著重的是對公共機構進行評價，那麼找出誰是「我們」和「我們」想要什麼是重要的。原則上，「我們」可以涉及兩種截然不同的想法。[78]

「我們」可以僅涉及個別公共成員的總和。[79]每一個人都會有一些想法，關於他／她們想要或預期從公共機構中獲得什麼，並在個人的經驗下權衡這些期望。這個依附在公共機構的「我們」，其價值是那些人個別評估的總和。[80]

然而，在第二個定義中，「我們」可以意指政治過程的結果，其產生一些一致性，對於什麼是集體的「我們」想從公共機構獲得的。[81]在這樣的邏輯之下，我們每一個人必須將集體公眾想從政府那裡獲得什麼放在首位，而我們想從政府那裡獲得什麼的個人想法則放在次位。[82]然後，警察局的價值將不在於客戶的滿意度或是個別市民和納稅者所希望的滿意度，而是哪一種警察執行權力的程度是能夠符合眾人所理解的，關於應該產生什麼和透過什麼手段達成。為了回歸到 Bratton 的隱喻意涵，在這時候除了個別顧客的集合，公眾事物變得更值得大家重視。[83]

考慮到公共機構是使用國家集體的資產所營運的企業——公權力，和藉由國家公權力所募得而來的稅金——那些機構所產生出之價值的合適仲裁者不一定是他們的客戶，而是對組織目的進行要求的集合政治體。在公部門，合適的價值仲裁者是「我們人民」（we the people）。這個我們是願意納稅和自我管制，以產生集體的價值和透過效率、公平的手段達到目的。當然，這個集體的「我們」所偏好的事物從不會完美地被建立起來或完美地清楚表達。而且對於什麼是有價值的，他似乎不斷改變心意。但是，這個「我們」——透過制度和民主政府的過程被建立——是唯一合適的公共價值（「我們的」政府所產生的）仲裁者。

59

什麼是公共價值的公共部分？

為了盡可能釐清什麼是我們所指的公共價值，以及如何可以區別私人價值的概念，圖 1.7 提供了一些不同點，也許有助於劃分公共和個人價值的界線。

表中的**橫列**區分了**個體的**價值仲裁者和**集體的**價值仲裁者。當然，自由社會是藉由特殊定位去加以界定的，他們給予個人評估在社會上個人和集體的條件，和他們的經濟、城市和政治制度提供給個人追求福祉或其他福利的機會。[84]他們鼓勵自由市場的發展，允許個人購買以引導經濟。他們給予個人重要的權利，不僅可以在政府中選出候選人以代表他們的利益和價值，也可以透過許多不同的管道向政府請願。

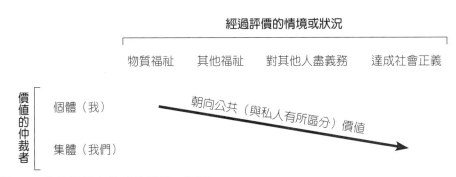

經過評價的情境或狀況

物質福祉　　其他福祉　　對其他人盡義務　　達成社會正義

價值的仲裁者

個體（我）

集體（我們）

朝向公共（與私人有所區分）價值

圖1.7　公共價值中的「公共性」程度

但當個人享有特權時，自由社會也瞭解有時候必須形成和成為一個善於表達集體利益的集合體。[85]每一次當政府決定使用集體所擁有的資產（公權力和稅金）時，經由集體加以界定的目的都必須進行正當化的行動。甚至當我們使用公共資產以推動一個公司或一個單身母親的狹隘經濟利益，這也應是真實的。為了擁有一個民主政府，不僅接受了個人是社會核心要素的觀念，也接受了必須實現一些集體的決定，即使這個決定是想精簡政府和其權力。因此，儘管建議公共是這樣的事物且藉其得以決定政府行為的價值，上述論述似乎是不合時宜的；但這種想法對於一個自由民主國家的理念來講，卻是非常重要的。

表中的**直欄**則專注在個人或集體仲裁者所持有的價值。我們知道個人關心自己物質上的福祉或自己在社會上的地位，但許多個人也重視——亦即願意吸收一些個人成本去達成——其他目的。[86]他們強調其他人和對其有責任感。而且他們願意捨棄生命和財富去追求一個美好和正義的社會。對個人來講是合宜的，即是對集體公眾來講也是合宜的。[87]這集體會相當關注保護和促進物質上的利益，以及關心最不幸的困境。那些不那麼幸運的人會讓集體可能因為責任的理念而感到被壓迫。

而且，在公共集合體的範圍內是由許多較小的集體所形成的，其明確地圍繞在想看到良善和正義社會的思想被實現。【88】

公共價值的概念可以是所追求的利益和價值——其他人的福祉、共同利益和正義，但也可以是指不論價值的仲裁者是個人或公共集合體。在計畫中最單純的私人價值是指個人重視自己的物質福祉。最單純的公共價值則是對有別於共同利益或正義標準之總社會條件所進行的集體公眾評價。【89】在此之間所存在著的，則是尚未能經由公眾認定的公善和正義之個別性觀點，【90】以及促進某些特定個體或階層的物質利益之集體性決定。

有鑑於私人和公眾、個人與集體、物質利益和對他人福利的承諾，在某些意想不到的方式下延伸並橫跨圖 1.7，那一條陡峭的線並沒有繪製在私人和公共價值之間。相反地，價值的鑑定或多或少都具有公共性，若為公共價值進行定義，則比起特定個人對公共價值所提出的特定想法，價值的集體仲裁會具有更多的合法性。

公民與客戶

如圖 1.7，其針對個人和集體之間、物質利益和關係利益（與利他、責任和正義相關）之間進行區分，此區分也建議了另一個區辨公共價值會計的關鍵：區別在於**公民**和個別**客戶**之間。這不是在個人所組成的團體上有所差異；在民主社會中，大多數的個人同時既是公民也是客戶。

其所不同的是個人所採取的觀點，藉由這些觀點的採行，個人會考量在公共企業裡，什麼是自己所喜愛和重視的。客戶是深植於他或她在社會中特定的位置。客戶知道他們是富人還是窮人、是黑人或白人、生活在危險還是安全的區域。因為客戶已經知道在社會上特定的位置，所以他們會促進特定的利益。【91】

另一方面，「公民」這詞對我們的目的有特殊的含義。在《正義論》中，哲學家 John Rawls 認為，正義的社會制度下，將導致那些個人選擇**不知道他們在社會中位居什麼樣的特定位置**。【92】Rowls 形容這為「無知之幕」（veil of ignorance）背後的思維。這直覺是如果一個人不知道該位居什麼樣的社會位置，一個人在選擇一個特定機構或多數機構之前，必須要想像自己在任何或所有位置上的狀況。想像力和同理心的行為，反過來看，就會發現機構的安排在這意義上是公平的，其回應了社會上每一個和所有個人的利益和需求。因此，舉例來說，一個公民不論他或她被

62

證明是一個犯罪的受害者、刑事罪犯、有人錯誤指控的一個罪犯，或者是沒有迫切需要警政部門的納稅人，其都可以設想警政部門是令人滿意的。

當然，在現實世界中，透過個人認為是抽象議題的公共治安，我們希望看到什麼樣的價值被創造和反映，對於這些問題我們並不需要面對。我們的個人利益和社會地位塑造了我們的看法，但這樣做牽扯到更廣泛的社會價值。[93]如警政事務等與公共服務相聯結的價值並不只是掛在空中的理想；而是深深根植於我們共同的想法，是什麼讓社會變得公正和公平。在某種程度上，公民對警政部門和其他公共機構持有這種價值的渴望，公共機構需要監測他們本身忠實按照這些原則運作的程度。

摘要：對一般公共機構與對特別警政部門的公共價值帳戶

到目前為止，我們已經看到，一個適當的帳戶處理機構（像是紐約市警察局）所產生的公共價值，需要採取以下步驟：

1. 說明機構營運的財務成本；
2. 列舉機構使命中所命名或暗示的價值面向，以及找出可以獲得成就的措施；
3. 想像或瞭解該機構績效的非預期結果，並開始收集這些資料；
4. 找到記錄客戶滿意度（不論服務接收者或義務人）的方法；
5. 說明利用公權力的代價；以及
6. 注意公正和公平的組織目的和手段。

目標不是產生財務的利潤，也不是滿足個別客戶，而是滿足公民的需求和他們的代表，因為他們明確地表達公共價值的特定概念，對於在一個特定時間裡的一個特定的公共機構。

開發一個公共價值帳戶的技術挑戰。仔細檢查剛剛列舉的步驟，人們不得不注意到我們已經距離私部門簡單的財務底線有多遠。唯一一個公共價值帳戶的組成成分是以美元計價，所有其餘的都必須是發生在這個世界上的事件的實際措施。只有部分的結果是被個人所重視，也就是在滿意度和福祉的方面。其他人則重視個別公民的慾望，因為他們已經透過民主政府的政治進程匯集並表達之。

衡量這些結果是困難的，但不是不可能。對於許多看似很難衡量的事情，我們有完善的措施去克服。在治安方面，執行犯罪受害調查以得到犯罪的精確衡量，確定公眾的恐懼程度，衡量公眾對於警察行動的公平與有效性的滿意度，或確定客戶的滿意度，一度似乎是不可能的。然而，在過去十年左右的時間，這些措施變得熟悉且廣泛使用，而且在技術品質方面已經獲得改善，因為我們已經瞭解這些措施會如何運作。為了衡量公共價值，公共管理者必須嚴肅並專注看待事情，投資衡量績效的新工具，並在如何衡量的工作上累積經驗。

基於這些需求，發展和利用面向將可以創造一個關於公部門的概略性「底線」衡量標準，這看起來像是一個所費不貲的主張——一個測試公民、民意代表和管理者耐心的主張。相較之下，這些人所想要的或許應該是一個快速、便宜以及客觀的方式去評估政府績效。上述情況使得要成功發展出一個公共價值會計系統變成為一個艱難的任務。通常，具有熱忱的個別管理者在開始後才發現，這遠比想像中來得困難、昂貴並消耗更多時間。事實上，在任何公共機構中、滿是灰塵覆蓋的文件中，或在一間小辦公室裡製作沒有人讀的小報告中，人們可以在這些地方找到過去為資訊系統努力的遺跡。這工作的挑戰既不是屈服於簡單和便利，也不是被複雜所壓垮。而是基於成果的累計，由此具前瞻性且持續不斷地開發出一個合理連貫、完整和有效的衡量系統。

公共價值帳戶的警政治安概念。透過 Compstat 例子的挑戰，以及好奇創造警察局公共價值帳戶的實用性，一些同事和我在紐約市以及威斯康辛州密爾瓦基市的警政部門花了數年開發這樣的工具。【94】這努力的成果有一部分是哲學的調查，調查什麼樣的公共價值面向是公民應該期待警察局產生的。除了減少犯罪，還有什麼其他的價值是我們想要他們生產的或反映在他們運作方式上的？我們應如何組織和命名這些績效的面向？但調查也集中在如何衡量不同價值面向績效的實際問題。當前報告系統含括了我們認為有價值結果資訊之程度為何？還有什麼可以讓我們發現部門的文件，而其將透露關於機構績效重要的事情？我們需要投資在新的資料收集成果上到何種程度？

呈現在圖 1.8 是在警政上的公共價值七面向列表，我們命名為公共警政機構之公共價值帳戶的開端，我們首先回答前面提及的哲學問題。

一旦這些面向被認定為是哲學上重要的，我們必須理解它們如何清楚地衡量

——如何把抽象的理念轉變為運作的定義，以及如何開發與運作定義一致的指標。有一些績效的面向較容易利用現有的資訊系統來衡量。建立犯罪報告的措施可以相當合理地展現犯罪減少。清除率可以衡量成功要求違法者為他們罪行負責的情形。回應要求服務的次數是透露服務品質的一個重要面向。

65

	降低犯罪與受害
	將犯罪者逮捕到案
	降低恐懼與提升個人安全
	確保公共空間的禮節（有秩序的自由）
	謹慎地、有效率地且有效能地使用武力
	謹慎地、有效率地且有效能地運用財務資源
	有品質的服務／顧客滿意度

圖1.8　警政上的公共價值七面向

　　然而，我們意識到，這些東西很容易衡量的唯一原因是，多年的投資被用來使它們具可衡量的。這並不是說它們本質上容易衡量。更確切地，我們最後瞭解到報告犯罪數字並不是能具體明確表示總犯罪數量的措施——若是有未舉報犯罪及隱藏數字的情形，受害調查將可以幫助我們更加精準地判斷。我們知道清理犯罪的過程是較無章法的，而且我們不能肯定我們的措施能有效讓犯罪者為他們的罪行負責。

67

我們也瞭解到，警察的服務多樣化卻導致他們的效率因此減慢。

　　這些發現提醒我們關於公部門績效衡量的兩個關鍵事實。首先，無論某件事是簡單或難以衡量，皆大量取決於有多少成果試圖衡量其影響。有很多價值開始於抽象概念，看似很難或不可能衡量，最後被迫屈服於努力創造的指標。例如，警方認為不可能像人類天生就對犯罪有所恐懼一樣而主觀不自覺地（以及潛在非理性地）去衡量事情。但是，我們學會了如何構建這些措施，也學習到什麼樣的警察活動能幫助減少恐懼。

　　其次，在發展公共價值會計方案，我們可以採取短期或長期的觀點。如果我們採用短期的觀點，以快速開發和使用公共價值帳戶，我們將主要被限制於我們建立概念、指標和數據收集系統的價值觀。大多數時候，這種短期的帳戶將會在危急關頭給一套充滿限制且存有偏見印象的價值觀念。如果我們採取長遠的眼光，我們可以給自己空間，以建立一個更全面的帳戶系統，可以更好地表現真正的公共價值產出，但我們必須花費更多時間在發展上，並更有耐心等待結果。圖 1.9 說明了更完整的公共價值帳戶，警政部門可以利用此當作資訊系統的基礎。

　　隨著圖 1.8 發展的同時，圖 1.10 提出了關於投資順序的建議，特定的警政部門可以被發展成資訊系統環繞所推薦的公共價值帳戶。圖中的列代表公共價值的面向。行則表示警察的監督者和管理者可以收集每個價值的資訊。目標符號代表了我們最好在哪裡投資、應開發與利用資訊的判斷。

　　正如預期的那樣，在短期內，只有被命名為一般總帳的部分能輕易地被掌握。長遠來看，經過一些概念性的工作後，有更多實驗衡量的工具以及初始化數據系統的面向可以被填寫。

　　所有前面提及的衡量種類不一定對於每一個警政部門都是有用的。後來的真實世界對於帳戶方案的經驗已經顯示了，這些措施至少可以被實施並得到一些政治上的注意力。【95】但這些圖概述了一個相當重要且值得深思的方法，為像是警政部門等類型的複雜公共機構發展出一個公共帳戶方案。

66

公共價值帳戶	
集體擁有的資產之使用與相關成本	經過集體評價的社會成果之達成
財務成本	達成的使命成果
內部	降低犯罪
外部（對市民的私人安全成本）	降低恐懼
	提升值勤態度
非預期的負面結果	非預期的正面結果
警察貪汙	提供緊急醫療與社會服務
私刑正義	
	客戶滿意度
	對報案的市民（服務接收者）進行快速而有禮貌的回應
	對犯罪嫌疑人（義務人）的權益予以尊重
使用國家公權力的社會成本	正義與公平
市民／客戶不滿意度	在操作面的個人層次
對違法搜索的抱怨	• 保護個人權益
對過度執法的抱怨	• 確保市民有公正與平等的保護
武力的使用	• 將犯罪者拘捕到案
槍械的使用	在結果面的整體層次
民眾的傷亡	• 盡力協助確保社會正義的品質
	• 將犯罪者拘捕到案

圖1.9　被倡議的警政公共價值帳戶

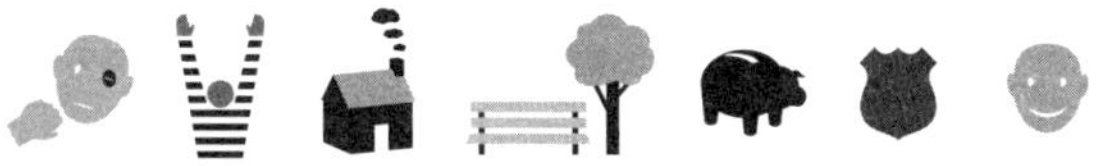

行政記錄（既有資料）							
提報的犯罪資料	⊙	–	–	⊙	–	–	–
逮捕率和肅清率	–	⊙	–	–	–	–	–
回報次數	–	–	–	–	–	–	⊙
重複的報案	–	–	⊙	⊙	–	–	–
每人支出	–	–	–	–	⊙	–	–
宣誓就職的人員	–	–	–	–	⊙	–	–
對值勤態度的抱怨	–	–	–	–	–	⊙	⊙
槍械使用／民眾傷亡	–	–	–	–	–	⊙	⊙
市民的調查（新近資料）							
有前科或被逮捕的人	–	–	–	–	–	⊙	⊙
報案人	–	–	–	–	–	–	⊙
一般人口	⊙	–	⊙	–	–	⊙	⊙
計畫性提案的評估（新近資料）	⊙	–	⊙	⊙	–	–	–

⊙ = 對於投資的高度優先排序目標

圖 1.10　警政資訊系統優先投資項目

本章總結

有了這些想法後，讓我們回到紐約市 Bratton 的案例，並細看他在紐約制訂的「底線」（或公共價值帳戶），和增加公共價值創造的成功。

尋求一個與他自己結盟的「企業式」方式來運作紐約市警察局，Bratton 承諾在第一年降低10%的犯罪率，並在接下來幾年下降30%以上。如同一位 CEO 向一群潛在的投資者和分析師所說，他訂下他的目標，保證他的表現能達到某一可以客觀評價的水平，並使自己和組織暴露在失敗的風險下，希望這會在整個紐約市警察局產生一種緊迫感。

Bratton 有很多作為值得欽佩。他欣然接受，而不是抵抗責任。他著重在判斷紐約市警察局最有價值的核心目的的責任上。他發展行政方法來產生內部責任的強烈感覺，轉化為集中精力，努力改善整個組織的績效。而且他創造了令每個職級警務人員皆得以學習到如何提高績效的組織內部條件。透過接受外部責任制，將其附加到一個重要的和可衡量的目標，並重新分配在他組織的中層管理人員責任中。這就行為上來說，Bratton 促成了對於績效的強烈要求。紐約市警察局也給予回應，彷彿其生命依賴於提高績效，就如同 Bratton 所希望的。

但 Bratton 的領導所產生的行為動力使 Bratton 獲得公共價值帳戶的權利更為重要——包括準確地識別真相和完整的價值是紐約市警察局可以而且應該產生和體現。在這裡我們可能開始有一些疑慮。

將 Compstat 原始互動與早先在圖1.8 所建議的公共價值帳戶進行比較，其可顯示 Bratton 著重公共價值創造的前兩個或大約四個面向上。他認為現存的財務控制系統關心第六個。但他並沒有太專注於第五和第七個面向上。

我們可以相信 Bratton，讓他得到最重要的面向權。但是，如前面所指出的，省略某種價值的面向會使公共機構付出相當了不起的代價在減少其他價值面向的績效上。確實，隨著時間的推移，紐約市警察局承認第六個和第七個績效面向的重要性，並將其包含於 Compstat。

如果 William Bratton 和 Compstat 的案例幫助公共管理者重視價值導向管理的觀念，那麼這是一件有價值的和值得稱道的事情。儘管定義和認識公共價值是一項挑戰，如前所述，Bratton 穩步向前並發展一個紐約市警察局生產公共價值的簡單概念，在目標之後支撐著政治上的共識，並利用它推動和引導紐約市警察局的運

作。在這裡，對公共管理者而言最寶貴的經驗教訓在於，如開發和利用類似底線的公共價值帳戶來管理公共機構等這些明顯的障礙，並非完全不能克服。

這個案例啟發了我們，但也警告了我們。公民抱怨的增加和在此章節點所討論的，一些成本的下降是為了在警方運作的風險下，開發更全面和更精確的公共價值帳戶，而且移除危險的速度太快速和太果斷，以致於無法修正什麼才是組成一個機構的公共價值的想法。該案例建議而非僅是想像，人們可以迅速跨越到清楚的、全面的方案以認識公共價值，思考如何驅使創造一個更強大的公共機構底線也許是較好的，如同一個集體學習和適應的累計過程。因為「我們人民」也許並不相當確定什麼是我們想要的，或者什麼是我們的公共機構實際上可以生產的，所以這個學習方法是必要（至少是部分必要）的。為了找到答案，我們必須持續開發和利用某種公共價值帳戶系統。

在公共價值帳戶系統中，草率且不完整的代價可能會是鉅大的。當績效措施引導一個公共機構，沒有被衡量到的價值面向可能會受到忽略。Bratton 疏於衡量使犯罪減少的成本，意味著紐約市警察局可能忽略一項事實，也就是更快速地用盡公民的自由，且或許採用了比以往更加不公平的方式進行。如此一來，其必然的結果就是抱怨會不斷增多。警察的合法性——鼓勵市民合作的這種具備本質上的價值與工具性的價值——也會下降。

因為紐約市警察局並沒有在追蹤如歧視和虐待等這些數字上做出特別的努力，所以是否有真正產生相關案例是很難說的。但在警方行動中，那些抱怨的人刺激了關於公平與限制的政治討論。隨著討論意見的匯整，警方必須設計出相關回應措施以掌握到警察本身應如何公平地及廣泛地運用公權力等相關資訊。在警政部門的範圍外，社會和公民能決定什麼是他們想要的，且他們也是對各個面向的價值衡量進行最後確認的人。

我們在特定的治安案件花了大量的時間和分析工作，因為這類治安方面的案件聚焦在一些容易被忽略但重要的公共價值面向上，像是：

1. 公共權力扮演公共機構運作中的重要角色；
2. 事實上，公共價值重要的仲裁者是集體的公民，透過民主治理（即公眾）的進程前進，而非個別客戶；
3. 公眾通常希望社會定義結果，而非個別客戶的滿意度；以及

4.在政府運作中集體重視公平，並想要政府創造正義和物質上的福祉。

但人們也許會擔心治安的案例在這方面是古怪的和獨特的，且當考慮到如何爲其他公共機構創造有用的底線時，也可能會懷疑上述這些案例事件的重要性。當我們繼續往下觀看這本書的其他案例時，我們將會對這問題進行討論。

第2章

Anthony Williams 市長和華盛頓市政府

公共價值計分卡策略

Anthony Williams 市長與績效政治學

Anthony Williams 在 1998 年 11 月當選華盛頓特區市長時，他接手的是剛從慘淡的破產情勢中重新出發的城市。[1] 儘管因受惠於 Williams 自 1995 年以來擔任其財務首長的努力，此「轄區」（當地人這麼稱呼）在過去兩年預算已達平衡——但財政窘迫的影響仍明顯。由於多年以來幾乎沒有重要資金的投入，所以該城市也就缺乏設備以持續為市民提供基本服務。該城市的勞工處於資訊系統陳舊、設備不良的環境。該城市勞動力已經大幅下降，很多市民薪資低落、缺乏訓練且反應遲鈍，也因此勞動力大幅削減。Williams 在競選宣言時強調要改善服務和課責制，此目標因而獲致選民支持認可，並贏得令人信服的勝利。

獨立、破產與恢復獨立

1973 年之前，此特區是由美國國會的一個委員會所管轄治理，該特區的所有的資金來自聯邦政府，當地政府活動也由特殊國會委員會所控制。但是當地的法治修正案賦予特區市民建立自己的政府和選舉政府官員的權利。因為他們繼續撥出資金去支應特區的稅收（主要是作為支付聯邦政府利用其土地和服務的代稅），所以 在國會立法委員會中保留了一些監督職責和權力。

在將近 20 年中，這個大部分市民為非洲裔美國人的城市，人們選擇 Marion Barry 作為特區的領導者，他是個有魅力的政治家，且更是個適當的民權領袖。但多年來 Barry 已經讓這座城市陷入嚴重的財政困難。在 1997 年時，該特區財政面

臨巨額的赤字，國會介入並給予大規模的緊急援助以緩解城市繁重的財政負擔，但是聯邦救助的代價是人民損失了自治權。在同樣的法規下所提供的資金，將市長的重要權力予以剝奪，並將該城市九個最大部門的指揮權力移轉至一個新成立的「控制委員會」（Control Board）。

Barry 抱怨聯邦政府正試圖「對該特區的公民進行再殖民化」，但聯邦國會議員將此特區的財政問題歸咎於 Barry。美國區參議院撥款委員會主席 Lauch Faircloth 指出市長未能遵守連續三年提出的政見「績效責任計畫」（performance accountability plan），並建議責任制已經超越了市長權責，他補充說：「這特區不負責任的破產例子證實了我一直以來所說的，特區的問題在於管理、管理、管理。」[2]

在「控制委員會」承擔特區的管理運營責任一年後，該特區的財政狀況已顯著改善。這種轉變的英雄之一是一個年輕的非裔美國籍技術專家，Anthony Williams。Williams 在 1993 年時第一次來到位於華盛頓特區的美國農業部擔任首席財務官（CFO）。根據《華盛頓郵報》（*Washington Post*）報導，1995 年時他被任命為哥倫比亞特區的財務部首長，在那裡他不只展現了財務技能，更整頓了這個令特區政府感到困擾的稅務部門，這個創舉讓他成為「官僚體系的傳說」（bureaucratic legend）。[3] 然而他的企業管理風格——尤其是解僱了 165 個員工，也導致了有些人認為他很「無情」。他的對手將他描繪成「他其實是喜歡電子表單而不喜歡與人們應對的人，且是一個既冷血又精於計算的管理者」。[4]

在此之前的 1998 年選舉，當時的 Williams 還是耶魯大學學生，他那時就已經當選新哈芬（New Haven）的市議員了。那時他曾描述自己是一個「常青藤數豆器」（Ivy League bean counter）和「管理怪胎」（managerial geek），在這些方面他沒有和 Marion Barry 有太大的不同。一個時事評論者將 Williams 形容為「街邊八卦的陌生人、社區活動的閒談者」。[5] 另一個評論者形容，「如果 Marion Barry 是黑勢力與街道花花公子，那 Tony Williams 就是快樂的書呆子。」[6]

僅管 Williams 身為技術官僚，然而在 1998 年夏天，在一個公民聯盟的催促下，他開始投入競選市長。[7] 9 月 15 日時，Williams 在七個候選人裡，以 50% 的得票率贏得民主黨初選。在 11 月 3 日時，他更得到超過半數的選票並打敗共和黨的對手。在他 1999 年 1 月 2 日就職典禮前夕，一些社區居民對 Williams 要讓全市繁榮的承諾表達保留的看法，但是其他人則是充滿希望的。有人說，「我們希望市

政府可以有好的運作與好的組織，並可以將應該做的事情都做好。」[8]

　　一等到就任，市長就快速提出改善影響市民生活品質的基礎服務。在就職演說中，Williams 列出了市政府需要提供的一系列「基礎服務」。他宣稱，「我們需要填補道路洞坑、打掃街道、消滅老鼠、洗去塗鴉、修復道路標誌、收集垃圾、美化公園、檢查破敗房子、管理市政記錄、疏通地下排水溝渠，以及設置911市民專線通報系統。」

　　要改善這些基礎服務還有很大的待努力空間。但在1990年中期的財政危機卻也帶來了毀滅性的打擊，重創本已搖搖欲墜的服務系統。根據 Williams 的觀點，他對控制成本的嚴謹努力已經到達了迫使「資本撤資的嚴重程度」（severe level of capital disinvestment）。大動作裁員使工人士氣低落（Williams 推薦自己擔任特區財務首長 CFO），該做法使得市政服務停留在「沒有受到現代發展趨勢和實踐的另一個世界中，並導致一種被圍困的心態產生」。Williams 說道：「機關單位之內與機關單位之間的服務傳遞是非常差的。」

　　Williams 瞭解應將一些政治資本花費在監督人員的身上。所以他說服國會恢復市長辦公室有僱用和解僱中階主管的權力。當時 William 的副市長確定了一些「快速致勝」（quick wins）的方式，希望在六個月內產生「看得見、具體的、有形的效益」。[9] 在28項改善清單中，包括增加洞維修的速度、擴大滅鼠和塗鴉清除工作，並設計一個電話號碼供查詢城市服務。William 回憶說，「我先思考一個短期行動計畫，以此做法讓每個人都專注於成果，並展現出政府其實是可以做一些事情的……。一旦進行了，人們會覺得某些事正在改變，然後我們就開始進行較長期的計畫。」[10]

　　Williams 的長期計畫焦點目標有二：1. 重建政府的基本操作。2. 建立公民對政府更大的尊重、親和與認同。他依居民的偏好構想出一個計畫，期望促進城市、居民和市府組織文化之間的「利益達成一致」（an identity of interests）。

　　Williams 和他的幕僚人員花幾年的時間，發展一個含括全市的五項策略計畫。這五項策略計畫的優先順序為：1. 建立和幫助鄰近地區。2. 強化兒童、青少年和家庭。3. 推進政府作業。4. 促進經濟發展，以及 5. 提升對民主的凝聚向心力。為達成這樣目的，市長在3,000人民參加的公民高峰會議中設定這些目標，由他們投票決定優先次序，然後再用電腦提交意見和建議。[11] 他們的意見和建議被分析並整理成五個標示「公民優先」（citizen priorities）的政策重點。城市機構被要求依五

大優先政策制定自己的計畫，並制定績效措施，以顯示出對具體目標的進展情況。Williams 將這些目標加以整合管理，藉以成為約束下轄各機關主管的合約，並以此為基礎進行每年度的檢討。

另外還有一個更具爭議性的舉動。在 1999 年秋季時，Williams 提供一個選擇給 900 個中階的市政管理者，重點在於：讓這些參與者喪失公務員保障，參加「管理監督服務」（management supervisory service, MSS），使他們像官僚制度監督者一樣依照個人表現產生基礎評價，並由此進行相對的加薪或撤職；或者讓他們留在公務員體系，並從他們的管理職位降級。[12] 超過 90% 的人選擇加入 MSS。

另還有一個著名的案例是，Williams 也仿照棒球卡為城市管理者創造「計分卡」（scorecards），Norman Dong 對此加以解釋提到，此卡的推展在一方面是涉及城市管理者的形象，另一方面則是涉及城市機構幾個具有效能的關鍵措施。第一系列計分卡只列效能目標，後續的系列則應包含實現目標的進展及一套創新的後續新目標。

監理所內部

當 Williams 要求市府行政機關中的部屬 Sheryl Hobbs Newman 擔任監理所（Department of Motor Vehicles, DMV）主任時，她起初有點猶豫。Newman 回憶說，「哦……不！我不認為這是一個好主意，那個地方是一個爛攤子。」監理所所展現的是一個過時及不可靠的電腦系統、湊合的程序，以及員工和辦公用品等基本資源短缺的情勢。若在監理所排隊等了 3 至 4 小時，民眾所可能等到的會是監理所員工的粗暴對待態度。

因為排隊等候是最大的投訴，Newman 選擇了監理所計分卡，對所有等候線如牌照和登記、檢查、停車罰款聽證會的等候線進行績效衡量。Newman 見了 Williams 和副市長 Norman Dong，敲定等候時間指標，並要求提供資金聘請新員工，及更新電腦系統。該中心的目標是發牌照及登記 80% 的案子需減少等候時間到 30 分鐘（市長辦公室首先推動 100%，但是 Newman 認為 80% 可能就很有挑戰了）。

監理所顧客服務管理的負責人 Mitchel Dennis 很欣慰地看到市長辦公室終於制定標準及挹注資源到監理所。他說，「很多時候，我自掏腰包買筆，員工也會自掏

腰包買筆、訂書針和訂書機。」【13】

　　Dennis 信任在監理所行政區工作的工作人員，他說：「如果有資源可以好好工作，他們就會想要把工作做好。」僅管如此，監理所中的資深員工還是會慎重小心地面對目標。他也說道：「一般來說，我發現政府面臨的最大問題，就是傳達想法給予第一線基層工作人員的狀況……很難說服人們事情會改變，且會變得更好。」

　　市政府開始投資新設備，最主要的是被稱為「Q-matic」的線上管理系統，這個新系統的運用與技術創新由此大幅縮短了監理所的行政處理時間。來監理所的民眾會先抽取號碼牌，好分類業務的總類及應該排隊的地點。如此一來，民眾可以稍做休息並等待電子螢幕上的號碼提示。Q-matic 線上管理系統能提供每個辦理業務準確的等待時間，當辦理人員完成業務，會按下「NEXT」的叫號按鈕，一瞬間就會出現在電子螢幕上。由於按按鈕及螢幕顯示所造成的延遲，Dennis 希望辦事人員能夠在即將處理完上一個顧客時，就提早按「NEXT」鈕。員工後來笑稱 Dennis 為「下一個」老闆（Mitchel "Next" Dennis）。

　　雖然員工可能對於 Q-matic 線上管理系統與監理所的計分卡系統目標之間的關係不清楚。但對監理所有 14 年經驗的 Dewan Sale 表示：「過去身為顧客，我需要一直看時間好知道我花了多少時間等待……老是希望辦理的速度能夠再更快速一點。」Q-matic 線上管理系統能反應減速或阻塞的實際情況，讓其他員工能協助行政人員繁重的工作量。現在監理所的員工不再常遇上激動的顧客或是擔心排隊民眾沸騰的情緒。

消費與監管事務部門內部

　　在華盛頓，消費與監管事務部（Department of Consumer and Regulatory Affairs, DCRA）負責兩大業務：1. 核准建案與土地的法規；2. 核發商業及專業執照。【14】就像前文的監理所一樣，DCRA 以服務緩慢、零散而遭人詬病。David Clark 是 Williams 在 2001 年指定 DCRA 的部門主管，他也是在 12 年之內接掌此職務的第 11 人。他舉一個案例，當你打電話到部門，根本沒有人接！在 Clark 接任前，部門已經換了更現代的辦公室、也更新了電腦、資訊軟體等設備。花了這三百萬美金，為的是讓部門能夠達成他們的改善目標，但抱怨卻有增無減。

　　Clark 發現多數的抱怨群眾可分為兩類。一類是希望有鄰避效果的群眾；另一

群則是有影響力的開發商。當他們無法快速得到允諾、或是面臨都市區域劃分的問題時……都會被當成是資源不足的困境。

　　Clark 為了回應群眾，設置了計分卡制度，打算弭平或終結制度上一般人會面臨到的產權問題，並加快核可建物、居住和商業計畫的速度。但 Clark 發現，第一線的工作人員並不十分瞭解計分卡的制度。更糟的是，中階管理者在執行計畫上沒有效率。Clark 為讓大家能重視計分卡、策略和他們應該完成的角色，他開始裁員。Clark 說，「我們放棄組織最底層的程序，」並說：「這些都是步驟；每個地方都會有換手的機會，我們將會在過程衡量與結果衡量加以建立。」Clark 也提醒員工，地區居民的意見應該也要透過市民會議的討論且送交市長辦公室公告，從而被納入計分卡之中。

　　James Aldridge 是房屋法規部門（Housing Regulation Administration, HRA）的主管，他曾因辦公室內待修復及建立的檔案數量約有十萬到百萬之間，導致轄區內產權問題繁複難處理，也因此困擾多年。計分卡的使用是讓目標明確。然而，由於計分卡的目標相當鉅大，所以 Aldridge 必須找到方法將原本十倍速的績效預算增幅轉化提升至百倍速的績效預算增長。

　　Aldridge 僱用了一些新的員工，多讓他們專注於「流程的簡化」。首先，為了有別於私人的承包商各自包辦各項業務（經常可能要花費好幾個月的處理時程），HRA 建立了一套有關承包商的輪值名冊。其次，為了減少財貨可能被損毀的時程，Aldridge 要求 DCRA 的夥伴單位「建物與土地法規部門」（Building and Land Regulation Administration）之核心官員公開出面，以提出有關危及客戶終身安全的潛在威脅。

　　Aldridge 提到，「實際上我們一週找一位核心官員陪伴我們巡視一天，去確認 30 或 40 項業務客戶，買午餐給他，把他送進車內，並且說：『我們走吧！』」為了進一步加速拆除與清理的過程，Aldridge 尋求其他公共機構的援助。戒癮計畫中提供工作訓練與安置地點，以援助庇護毒品上癮者，而美國國民兵組織與國民衛隊也負責對於計畫中的大樓進行守衛。Aldridge 與矯正署接洽，期望由此提供受戒癮計畫的客戶 1 小時 0.33 美分的戒癮費用。

　　Ronald Duke 是一位權威的戒護復健專家，他以執行的眼光來觀察，結果是對僱用承包商的速度及以個案衡量承包商的制度感到滿意。Duke 說：「我們所擁有的職權是可能傷及人民權益的。舉例來說，對一個 90 歲的老翁來說，房子是他賴以

維生的最後財產，一個拆遷命令對他而言是具有毀滅性的……，我必須聽取教訓，做好調合的角色。畢竟，這事可能會摧毀一個人的人生。」

對中心觀點的回應

第一次關於計分卡的結果報告在 2001 年 1 月出爐。大致上，這個城市達成或超越了 98 個行政目標中的 67 個，完成 68%。後來，在 2000 年更有報告顯示進步：當局達成或超越了 98 個目標中的 78 個，完成度達到 79.6%。第二輪的報告明顯指出──當局已經達到或超越了 105 個目標中的 79 個，完成度高達 75.2%。[15]

「在這個城市，我們投注相當多的時間和努力，不僅對城市設計及制度化、建構相關資訊並符合轄區的預算計畫。」Williams 回憶過去。就 John Koskiene 的觀察，這是一個非常重要的先例。作為一個績效管理系統的監督者，Koskiene 致力於克服系統的抗性，並讓機構主管專注全市的策略計畫及計分卡實施。Koskiene：「我花了很多時間進行合理的督促及推廣，好確定他們會如計畫進行。如果一個城市沒有過這樣的經驗，就要有心理準備在會議桌上收到相當多的抱怨。」

市長將計分卡及績效管理系統做結合，並有效激發市府員工更加認真看待新制度。Koskiene 提到：「很顯然，如果市長不過問或與當局一同列席，並盤問他們如何執行計分卡目標，我們不會這麼成功。」

2000 年 4 月，Williams 揭示了計分卡制度，「我們需要面臨市民們對我們進展做出評斷並接受這些不同的意見。」[16] 然而，私下他也承認成功或失敗都須負起一定的風險和成本。當目標與現實有落差時，會侵蝕對他新的行政方針的公眾信任，並會增加阻礙。

但是，Williams 鼓勵各個轄區的公共管理者設定對他們自身及機關有挑戰性的目標。他認為沒達成一個具有挑戰性的目標，好過於設一些簡單的完成標的。然而，當局訝異地發現公眾對於他們沒有達成目標時的反應。「我認為對公共管理者來說，設定一個有點難度的目標並發布，會是一件猶豫的事情。你會考慮到績效問題，能想像公眾只會關注在你沒有達成的這件事上，而不會在意你到底做了些什麼。」

Koskiene 認為，公眾是會諒解的。他指出英國地鐵系統的改革經驗。他們的當局也曾擔心公眾對於他們績效目標及成效的反應。但他們卻發現市民支持這個新政

策。這證實是有人會察覺單位的表現的，而且民眾會提供你相關資訊。以 Koskiene 的經驗來說，民眾是會擔心政府服務沒有人關注的。如果沒有人關心，那就不會有變更好的一天。對於制度嘗試做出改革會增加公眾信心。當目標沒達成，大家就能明白沒有什麼事能不計畫就成功。

81

據 Williams 觀察，「在計分卡施行過程中有另一項潛在的危機，主事者會被批評是一個大事小事都管的管理人，根本不是一個領導者……任何一個地方都比不上華盛頓這裡的媒體來得憤世嫉俗，他們看事情的角度都只偏向認定這只是一種政治手段。」

評論家說：「這是一個廣泛且有爭議的目標，他以最小的投入及對市民生活稍做瞭解罷了。」有其他言論則將目標標記為「對公共關係良好的改變」，來自一位居民向《華盛頓郵報》的意見表述，因為 Williams「要求管理者無法施行大家普遍的民意，就必須為此負責。」【17】

正反面的評論能作為公共的參考指標之一，Williams 從中尋找鼓勵的部分。他說：「人們一開始可能會輕視目標並批評他，不過，當這一年結束時，大家都在討論這個政策，媒體也對此有所報導。」

媒體報導對於計分卡的壓力雖然小了很多，Williams 更堅信在更大的市政計畫會得到轄區內居民的認同。「民意會透露出我們應該努力的目標，以及我們所一再強調的績效管理會得到認同。」他指出參加 2001 年 10 月 6 日的第二次「市民會議」的人（超過 3,500 人參與這個會議），開始施行新的策略計畫。Williams 做出結論並認為以透明、客觀且具體的方式，大家會有高度興趣參與計畫內容。

無論民眾如何表達這些目標，Koskiene 相信大家仍會關注績效表現，特別在地方層級，判斷不管地方是否有在運行，即使民眾漠不關心，為了使地方更好，仍然要做。計分卡設定的目標給予市府一些「管理反抗」的空間，讓公民能夠發聲，好傳達他們希望如何被管理。最後，Koskiene 說：「你對民眾沒有分享那麼多他們的目標，但是他們是會被優先考慮的。你要民眾告訴你他們認為最重要的事。」

82

Koskinen 寫到：「同樣地，美國國會對於城市的表現一直非常關注，並以極為審慎的眼光檢視著一些並未列在計分卡上的必要項目。也因此，國會議員們仍然非常支持，主要是因為他們對於實際上的改善成效感到非常認同與讚賞。」Koskinen 也再補充道：「但是他們之中只有具備經驗的管理者會回頭去進行檢視，並對於我們在表現系統中所做的表示讚許。」

對於計分卡所呈現的結果，Williams 宣稱此結果僅管距離完美還有很長的一段距離，但這也顯示了此一系統還是有在運作的。基本上，政府必須做很多很多的事情，如果必須做很多的事情但又沒有設立一個組織和相關系統進行處理的話，那是沒有幫助的。

如何將大眾的目光放在改善的成效而並非備忘錄上許多待完成事項，仍然是一項挑戰，在 Williams 宣布尋求連任之後，2001 年 12 月《華盛頓郵報》的一篇含糊其詞的社論中，輕度斥責在其第一次的任期之內他的行政機關的作為。「現在的行政區在哪？」其問到，「市長說其行政團隊已經累積完成了一長串的成功，某些程度上來說是正確的，但是我們認為答案應該更加複雜，其指向一貫的社會問題，不安全的街道、依舊很高的兇殺率、表現不佳的學校，並警告投票者應該更謹慎考量市長所宣稱的事蹟，並且小心判斷他在三年前提出的綱領中所完成的成就。」然而 Williams 確信他的行政團隊禁得起考驗，他宣稱這是很難被擊倒的記錄。[18]

績效評量的策略應用：
從公共價值帳戶到公共價值計分卡

Anthony Williams 的故事在許多方面酷似 Williams Bratton 的案例。在個別的案例中，一個高層的公共管理者，做出個人的承諾去改善政府的表現。[19] 而每個案例中他們公開宣布承諾，以將個人的承諾轉變為公開的可被看見的諾言，並且以個人的地位作為擔保。而在每種情況下，管理者提高效能的動力，是基於權力和他個人、公開的承諾，使其得以贏得大家的關注，並達成績效評量的呈現。

為了讓他們自己達到他人可信任以及特定和可衡量的目標，他們尋求適當的行政手段來推行，並經由他們領導的組織分擔責任。他們聯結績效管理系統和績效評量系統，以公認進度來監督他們的目標。[20] 在「Compstat 會議」這一個警政系統論壇中，選區的候選人能減少犯罪的成果，可以被評估和討論，是 Bratton 的績效管理體系核心。Williams 依賴計分卡的力量，以辨別獨立機構負責人和民眾，以及宣布他們承諾的績效目標。對此，Bratton 的轄區隊長和 Williams 的機關首長依循上述兩位長官就職時所提出承諾兌現的價值，藉以提升他們在相關局處中的工作績效。一般來說，這些結果來自於新資源、員工一直以來的專注和努力，以及新方法

83

的使用，並由此綜合出良好的績效成果。

從私部門的角度來看，上述情況中有些新穎的意涵。以客觀的績效評量來提升課責制度和促進績效是管理學很早就有的概念。唯一讓 Bratton 和 Williams 不尋常的是他們深慮和積極地在政府應用原則。

這衍生出一個重要的問題：為什麼這種管理策略部在公部門不普遍？有人會猜測，也許是一些關於民眾需求的發展和使用中的公共價值帳戶很少有課責問題！也可能是需要公共管理者創造適當的情況去從事的價值導向管理工作太大、太複雜！也或許是目前還不清楚他們的工作是在公共價值帳戶上建立有效的績效管理體系！也有可能是為了激勵公共管理者要做好這項工作。以上所有的假設或許都可以解釋為什麼開發某種公共價值帳戶，並在一個艱難、以價值為導向的管理系統中使用，需要不尋常的管理承諾和行動。

84

但有一個更深層的問題。很難給予公共機構責任去生產公共價值帳戶中的所有價值，更難的是發展出能增加組織未來價值的績效管理系統。發展近似公共部門的財務利潤，和揭示過去公共價值提高生產力的製造和壓力是一回事；而發展一個可以發掘公共機構未來創造價值潛力的公共價值帳戶則是另一回事。除此之外，開發和使用可以集中管理組織關注且願執行的前瞻性戰略行動的附加資訊系統，又是另一回事。透過公共價值帳戶的設立，公共機構過去創造價值績效一直到更廣泛的績效衡量系統都被進行記錄，這一個動態的行動過程乃有助於組織進行本身定位，並也協助組織提升了本身的未來績效。在1996年時，Kaplan 和 Norton 出版《平衡計分卡：戰略轉化為行動》（*The balanced scorecard : translating strategy into action*）一書。在這本書及隨後的工作中，作者認為私部門的管理者們在他們的環境條件中超越經濟措施，確保強健的財務業績將使公司能夠在未來維持或提高營利能力。他們提出了「平衡計分卡」作為衡量和管理系統，使管理者能夠將價值創造的前瞻性戰略付諸行動。[21]

在本章的其餘部分，我將探討在公部門中為什麼有效的績效衡量和管理比較少見。我也會仔細說明在公部門中如何創造條件，藉由公共價值帳戶引導以價值為導向的管理。但我會花大部分時間將焦點集中在闡述為什麼要前瞻性地發展出一個公共價值帳戶是很重要的，並針對「公共價值計分卡」的內涵與相關運用進行更廣泛的討論，使其可以充分發揮為公部門進行績效衡量的策略性潛力。

為什麼有效率的績效評量很少出現在公部門？

我們可以想想，無論在需求的強度或者提供系統的能力方面，為何有效的績效衡量和管理在公部門都是罕見的？如果不需要有效的績效衡量和管理的話，那麼就沒有理由期望出現這樣的事情。如果對需求的回應非常困難，又或者如果不明確的話，那麼對於答覆需求的工作者來說，即使有需求，也有可能只是提供一點點反應而已。

85

對於課責制的外部需求

一些批評政府績效的人認為，公部門缺乏課責制是政府績效的根本問題。但任何不在公部門進行管理——特別是那些習慣於管理私部門的人——有一個說法，在公部門沒有課責制。這似乎是一個明顯的錯誤。對公共管理者責任的要求似乎無處不在且從不間斷。如果有的話，好像有太多的責任：個人抱怨，當政府客戶和利益集團感到委屈時，媒體會擴大公民個人和利益集團的投訴。而透過民選的民意代表所進行的各種立法監督委員會之運作，也經常就是在要求公共機構加以負責的作為。【22】

真正的問題似乎是要求負責的形式。理想情況下，公共機構如同私人公司，將對他們隨著時間創造績效的能力負責，以提高自己的淨價值。這種責任不僅需要一個可以可靠地識別組織機構運作的重要價值，而且呼籲該機構將足夠的政治協議存入帳戶中，以確保公眾把該公共機構將被追究責任存入公共價值帳戶。雖然該機構可以回應公民及其代表提出的其他問題，但登記在公共價值帳戶中的結果承諾，將勝過許多關於組織績效的小問題。那種課責的需求會為公共管理者提供一個業務重點，並建立業務工作中的內容，藉以促使他們帶領組織加倍努力前進。

但相反來說，如前所述，對課責制的要求產生於許多不同的地方，並專注於政府許多不同的績效方面。推進公共管理者的需求積聚在四大系統的要點——有些更嚴謹、更一致，甚至有些比其他都來得持久。

86

審計系統。最常出現在責任歸屬裡被討論且令人感受到壓力最大的部分，就是審計系統。因為牽涉金錢，人民有權利知道使用預算的地方，並檢查有沒有被偷取、浪費或誤用（審計總署〔General Accounting Office, GAO〕、美國總稽核辦公室

〔Office of Inspector General, OIG〕、美國管理與預算局〔Office of Management and Budget, OMB〕都是隸屬聯邦層級，相關機構有些隸屬聯邦、有些則隸屬地方層級）。【23】問題是這些報告有可能會影響政府的聲譽，或是有時導致有些公務員入獄。這些機構的出現與審計的威脅就是透過公共機關創造出一種有力的、持續性的課責。然而，基本上這只是一種將關注的焦點集中在金錢與費用支出上的課責，且是依循於既存的政策與程序上的課責，其實並非是一種回應客戶滿意度與社會成果達成度的課責。這個責任分屬的區塊不鼓勵創新或是具組織性的學習，這會讓公務人員專注現有的政策或程序──不論結果好壞。

立法和行政部門民選官員的課責制。第二種課責制，是致力確保政府機構能夠回應民眾對於選出的代理人所抱持的期望和需求。憲法體制讓民眾能夠選出政府行政部門高層的官員，也讓選出的高官能夠指派下一層級的行政管理者來執行他們的計畫，這樣的憲法體制確立了此處討論的課責制。而同樣的憲法體制也讓民眾能夠選出立法者，立法者擁有集體權力，可以建立及監督政府機構，並分配政府經費和權限給這些機構，讓機構創造有價值的成果。在美國，由於政治制度無法保證行政或立法部門的民選官員會同意讓政府機構追求重大價值，因此待追求的價值具有何種定義，以及何種方式適合用來衡量這些價值，一直很有可能持續陷入爭議。

當政治課責歸屬於政府機構建立的明確、一致且持久的公共價值主張，民主課責便能如預期般運作。民選代理人會正式批准政府行動的目的，並在衡量系統中將其編碼歸檔，而政府管理人會利用這個系統來設定目標、監督成果及尋求改善。但是可想而知，這種政治課責制未必總是行得通。民主選舉經常造成政府內部的分歧，立法和行政部門官員對於價值和目的各執己見。另外，民選官員似乎往往缺乏時間、精力、能力或誘因去全面監督和管理政府機構。【24】如此一來，政治監督本應堪稱最強大、最根本的民主課責形式，卻變得更疲弱、變得沒那麼在乎績效，或是比我們更沒有能力讓政府機構感受到提出來的訴求。更糟的是，原可用於建立強大政治監督的精力，有時卻被浪費在極為侷限、狹隘或自私自利的考量上。

對於責任制的多元需求。課責的第三個系統是最嚴格及突出的。事實上，很難稱作系統。對於組織在不同面向表現包含了許多不同等的需求，以及某種平台和／或擴音器，使他們特別的要求被聽見。如前所述，在一個民主社會包括每一個人，公民個人和利益集團可以透過他們的權力來發聲和正式請求政府，使其可以成為高度

獨立和嚴厲苛求政府該負起責任的團體。就不必等待從民選官員那裡得到特別授權來實踐其主張。他們亦沒有必要等到他們關注的事情在選舉政見中被提出。只要他們想要，就可以自己行動，且可以迫使公共管理者和選出的代表注意到他們的需求。[25]

媒體對於傳播和擴大利害關係人及自稱課責代理人的多元需求，發揮了重要的作用。的確，民主政治特別催生了自由媒體，而自由媒體又讓社會大眾能夠知曉內情，使民眾得以向政府追究責任。[26] 媒體雖不具有直接合法的權限去要求政府機構負責，但媒體其實扮演關鍵角色，足以令民選代理人重視媒體報導的議題。[27]

但從政府管理者的角度來看，從這種紛擾的民主政治中出現的課責制度，既強大亦有問題。從一份針對甘迺迪政府學院學生所進行的非正式投票調查結果中顯示，當學生被要求針對上述三個非司法系統的相對重要性進行比較衡量時，他們幾乎都一致指出，最後的這第三個課責系統應是他們最重視的。雖然這與政府機構對人民負責的目標一致，但對於想改進產出一些嚴格的、廣泛一致的性能方面的限制是不一致的。這種課責制度過度關注在個案勝過集體事件，注重結果多於過程，關切單一價值觀多過政府業務全方位的利害攸關的價值，所以一個理想的課責系統理當是穩定運行的。

申訴制度及法律資源。課責的第四系統包括聽取和回應大眾對於政府機構之行為的抱怨。有些機構是專門且狹義的，例如：民事申訴審查委員會是專門建立來聽取民眾投訴他們從警察那邊受到的待遇。其他，如監察員辦事處，則較為廣義。越來越多的公共管理人員，尤其是像市長 Williams 建立呼叫中心，公民可以得到有關政府服務和義務的信息，登記投訴，並轉發自己的問題，要求機構做出一些匯總審查。各國政府也越來越多建立與客戶群體的正式協商機制，力圖使政府服務對於其尋求利益的適應更具回應性。[28] 在某些特殊的情況下，公民個人或各個階層民眾，可上法庭控訴他們的權利如何受到政府機構的侵害，並要求司法救濟不公。[29]

理想情況下，課責的四個系統會融合成一個連貫且引人注目的績效需求。理想情況下，他們對於課責的要求會集中在一個可以同時明確預期公共管理者產出一個使創造價值增加的記錄背景的公共價值帳戶。然而在現實世界中，這四個課責制度很少凝聚成穩定且可用的公共價值帳戶。事實上，它們大多不注重整體性。審計系

統趨向於注意控制成本和合法程序。政治系統傾向注重日常的議題。多元系統則側重激起任何利害關係人的興趣。投訴系統則注重處理個體公民不好的經驗。

　　儘管對課責制的需求很高，但這些要求並沒有累積到一個連貫的系統中，該系統將管理層的注意力集中在政府機構整體績效的持續改進上。【30】此外，課責制需求的不規則性質，往往會阻礙管理者努力創造一個連貫的課責制需求，因爲無法保證管理人員與其政治監督員談判公共價值帳戶的艱苦工作將在未來保護他們免於課責制反覆無常的需求。

更多不同種類的管理工作

　　其次，對於政府中爲何較少出現有效的績效衡量與管理這個問題，較爲嚴密合理的解釋是，想要創造出有助於這系統運作的必要條件是需要處理更多且困難的工作。典型的私部門管理者在追求目標時，可以聚焦在較爲廣泛的協議、可以展現追求目標進展的一組既有且完整的衡量與資訊管理系統，以及一個對於績效進行衡量的可課責性組織。相較之下，公共管理者必須努力創造這些條件。相關工作有如下四種不同類型，並含括相關工作意涵：

90

1. 哲學性工作：意涵是對重要的公共價值進行命名與判定使其可以被公共機構（或反映在其運作之中）達成。
2. 政治性工作：意涵是建立一個有關於價值重要面向的廣泛而穩定協議，那些價值可以促使組織得以適切運用以評估機構績效。
3. 技術性工作：意涵是探索並發展可信賴的實證方法，藉以掌握機構運作中已經被瞭解（或被反應）的名目價值之程度。
4. 管理性工作：意涵是將績效衡量系統與可以驅動公共努力以促成績效提升的績效管理系統進行連結。

　　爲了期望能精確檢視這工作確實可行，我們可以依據上述更詳細檢視工作的每一種類別。

哲學性作爲：創造一個具重大規範意涵的公共價值帳戶。建立公共價值的第一個重大挑戰是爲了替策略任務或組織任務的價值做出編碼而進行的哲學基礎探索。

雖然在民主政體中，對於公共價值最終的仲裁者是全體公眾，公共管理者也不需對此問題保持沉默。確實，我們依賴自己所選出的民意代表和政治人物，他們指定採取主要任務在確認和建立公共價值目標。然後我們也憑藉著公務員本身的知識和經驗，幫助政務官評估什麼是比較容易達成的、哪些意外產出是有可能發生，以及還有哪些創造價值的機會已經擺在他們眼前。

　　很多公共管理者喜歡把公共價值的問題當作是不言可論的、已經安排好的或是學術的議題，相較之下則較少處理公共價值帳戶之所以建立的哲學基礎。但就像第 1 章所提過的，管理一個公共機構會增加許多善良和正義的複雜問題，以及需面對許多個人或團體所該扮演的適當角色。如果 Bratton 能更慎重地看待與治安有關的哲學問題──如同他想要由紐約市警察局產生的公共價值，並視公平和經濟的使用武力為一個重要的價值問題，則紐約市警察局可能在整體的價值具體化和產生管理行動上表現較好。良好的公共管理者哲學地思考這些不使政體造成傷害和針對岌岌可危狀態下的資產進行部署，實現了價值公開的珍貴目的。用清晰易懂的方式將其簡單地寫下來，可以幫助管理者和其助理專注集中在他們的終極目標。反過來說，大眾也能因此享受到因為目標集中而將取得的進步。

政治性作為：課責的協商意涵。 在民主社會中，取得公共機關產出的具體化清晰價值，始終是一個政治和哲學的任務，他們認為應該尋求一個價值有關的政治共識以對公共產出負起責任。公共管理者需要做出某種公共價值的主張──這將顯示在公共價值帳戶右側的值列表。圍繞著公共價值主張且具有長遠發展性的政治共識，也時常遇到許多失敗。儘管 Bratton 已經從 Giuliani 市長方面取得強烈政治共識，也就是界定警察的重點任務乃為「生活品質之維護者」，然而他們一起形成的政治共識是有缺陷的，其似乎忽略了對於重要選區的策略成本：城市的弱勢群體懷疑新的犯罪控制方法的重擔，將落在他們身上。若不能連接公眾對價值進行重要定位或產生共鳴，或針對憤怒批評公共管理者忽視重要價值的問題，責成相關機構對相關公共管理者的冷漠進行負責，則公共價值的主張可能同樣會失敗。但民選官員、市場測試也讓廣大市民可以重新討論調整，當大家都同意改變初衷，開始挑剔那些他們以前認為合適的主張之時，便即可以透過認真和精心地密集談判來建構適切的公共價值帳戶。因此雖然維持一個與追求價值有關的政治協議看似無情，但卻是應持續進行的。這也就是 Williams 發起廣大公眾對華盛頓總體目標的討論的一部分理

由，就是期望由此確保華盛頓透過公共價值帳戶的運用以超越公民原有訴求及渴望，並藉以提供出更好的城市服務。

技術性作為：發展公共價值帳戶的操作性衡量做法。 哲學和政治工作非常重要，只有在公共價值概念可以在現實世界中清晰地操作、透過實證措施展現其哲學價值的實踐之時，才能擁有真正的影響力。這是在公部門裡需要創造的績效管理之技術性條件。然而，其所面臨的挑戰是針對抽象價值觀和具體業務目標進展情況進行衡量的開發、測試和調整。這是一個漫長而昂貴的過程，但若沒有藉由適切的技術手段來加以績效衡量，則不可能管理關於公共價值帳戶方面的價值表現。[31]

Bratton 和 Williams 在他們的組織中發現一些過去用於檢查價值創造表現的現行措施。但最後發現他們需要新的執行措施來取得對價值有重大影響的組織表現。當 Bratton 搬到了洛杉磯，他擴大了警政系統的功能，包括警方在少數社區管理的重點和收集數據的合法性與支持。[32] 同樣地，Williams 最終不得不尋找一些方法來衡量在華盛頓公民會議中曾經說過要提高服務和顧客滿意度的抱負。

管理性作為：績效衡量系統轉為績效管理系統。 以價值為導向的管理也需要大量的管理作為。[33] 為了讓公共價值帳戶成功帶動政府機構日常運作，公共管理者必須從事兩種不同的管理工作。一方面，他們必須投入開發能夠記錄該機構是否得以創造公共價值的衡量系統。另一方面，也必須找到辦法，使公共價值帳戶做到激發更多成就和實現組織學習的有力行動，事實上，這恰恰是第二種類型，一個績效衡量系統轉變為一個績效管理體系的管理工作。為了實現績效衡量的全部潛力，管理者必須連結得以對中層管理人員和員工進行評估與補償的績效數據，並為此建立組織績效衡量和課責制的承諾方式。他們還必須找到方法來使用績效數據，使該組織得以學習和創新，以便對話和合作。[34] 如前所述，Williams 完成了這一方面的服務交付，但他仍然有工作要做，就是找到一個管理系統使華盛頓特區政府幫助他實現五個「戰略性優先項目」。[35]

這是誰的工作？

政府因為課責的結構劃分和混亂，不參與績效管理，也是因為這裡涉及這麼多複雜的工作，而且目前還不清楚誰來承擔前面描述的工作職責。在私部門，他是很清楚的，執行長（CEO）是構建和部署績效管理系統的最終負責人。然而，在公部

門，這個責任似乎是分配給有法律規定但彼此關係不太容易釐清的單位。

誰是政府部門的管理者？最像 CEO，並且可能是最有能力承擔績效管理責任的官員，是在行政部門設置的官員（像 Bratton）、民選的行政首長（像 Williams）的官員，以及在某些情況下擔任高級管理職務（在最佳位置長時間開發和使用管理系統來維持績效管理成果）的高階公務人員。

　　不幸的是，因爲開發這些系統的工作是同時進行政治與哲學的技術和管理，這就挑戰了不同類型公職人員間的一些基本界限。在公共管理理論中，受到任用的高階管理者有權利和責任制定有關公共價值的哲學思想，並建立公眾對這些想法的支持。事務官會在他們領導的特別組織中做一些一樣的工作，但他們必須調整與那些委任人員有關的價值想法。如果建設公共價值賬戶和績效管理制度工作是必要的，事務官也有權利和責任來從事可以達成其組織目標的管理和技術工作。高階公務人員有權利和責任爲發展績效衡量和管理系統做技術和管理的工作，他們也會協助進行哲學性的工作，特別是在連結抽象與具體可衡量價值的工作上努力。

　　因此，這些公共管理者在公共價值帳戶上擁有一部分的行爲與操作權力，藉以構建公共價值帳戶及管理系統的問題。雖然他們都覺得在自己的工作範圍領域上極爲合格，但要他們進入彼此的領域會覺得有點彆扭。[36] 因此，常常沒有人進一步創建可以增加價值的生產系統。而且，只進一步的話，結果往往是僅會開發部分系統，而系統也只可能是部分有效。要創建一個可運作的系統，要麼他們必須整合成爲一個團隊一起合作、要麼必須是一個人來做。被選任出來的主管必須參與管理和技術工作，抑或者受聘人員和公務員必須冒險涉入政治領域。

民選政務官如何看待績效管理。身爲市長，Williams 主要思考自己如何作爲一位領導者。[37] 他有向每一位包括公民、納稅人及客戶等選民負起責任及說明的義務。因爲政客們熟知，他們的成功是在未來改選中贏得選舉，所以大部分都會用一些手段來幫助自己（或者，更具體一點，這種做法可以喚醒政治社群，並促成公眾出面共挺的意願）。[38] 雖然他們知道其領導的政府績效和他們的公眾支持及未來選舉有關，但身爲民選的行政首長，Williams 並不知道這種關聯是多麼強大。他們傾向於認爲，良好的績效對贏得選舉（和他們在任何情況下應該承擔的責任）是有幫助的，但他們不知道，全面更好的績效表現是改選的重要條件。政府績效對選舉很重要，這更像是在競選活動中屬於「做得好」（making good）這類績效表現，或

對某人在接觸許多市民的地區顯著改善績效的能力，以及在他們的部門領域中避免嚴重錯誤的能力。由於這些原因，民選的行政首長通常比一般私人部門的 CEO 來得更不願意投資績效衡量和管理系統的開發和運用。

受任命的事務官如何看待績效管理。 像 Bratton 這樣的事務官，往往更熟悉行政管理和他們所領導組織的日常工作及常用工具。這樣的經驗有利於開發和利用績效衡量來導引他們組織的績效。所有不同種類工作說明需面對包括界定公共價值的哲學挑戰、督導可實施公共價值帳戶的政治挑戰、衡量公共價值的技術挑戰，和為了創造公共價值而建立內部職責的管理挑戰。而許多受上級任命的事務官未能充分利用這個機會。

此外，這些管理者進行部門間職責條款的協商很可能被視為不當介入民選官員的領域。政客們在大選中獲勝，有界定公部門職責條款的權利。受任命的事務官或高階公務人員向經過民選出線的上司表達自己對公共價值的看法，也因此在做政策決斷時要冒著可能影響職務聲譽的風險，並要向民選的監督者負責。

主動創新和創建團隊。 創造公共價值帳戶和發展使用能力的問題，都使得公部門的績效管理非常困難。有一個沒有人會去進行但卻是很好的機會。理想情況下，一位勇敢的管理者主動創造一個團隊，含括三種管理人員並促成其一起合作從事制定及實施這些系統。例如，一個政務官可能會委託或授權這樣一個團隊，並將工作委派給不同的負責部門。相對地，他們將與這些高階公務人員們在他們的組織一起工作，並制定相對應的績效衡量和管理系統。最後，不論公共管理者是否採取這種方案的一部分，至少會取決於這些不同類型管理者某種程度上的激勵機制。

為什麼做這項工作？缺乏激勵個人的誘因

這個問題為我們帶來了第四個原因，在公部門發展公共價值帳戶以採價值導向的管理是不太常見的：公共管理者有能力做，但可能缺乏這樣做的動力。事實上，他們的動機可能促使他們往完全相反的方向。作為公共管理者很可能會問：「我為什麼要製造一把槍，讓別人對我開槍？」【39】

面對這個問題，公共管理者（或各種類型與領域的管理者）經常會用幾種方式應對市民的課責需求，來抵制這些要求。這些技巧都讓我們感到極為熟悉，可能包括以下任何一項：

- 設定非常含糊的目標，導致無法說明達到目標還要多久
- 設定具體和可衡量的目標和目的，但目標的水平設定很容易達到
- 設置具體而合理的目標，但沒有提供衡量目標的系統

　　看來，至少有三個原因，公共管理者應該接受課責、發展績效衡量和績效管理系統，藉以促使課責有效。不幸的是，對公共管理者來說，這些措施可能是口惠而實不至（空口答應，說得好聽的話），發展績效衡量和管理系統的潛力都沒有很強。我們已經考慮過的第一個可能的激勵是，公共管理者很容易受到公民及其代表（官方和非官方）的課責要求。然而，由於這些要求通常是狹隘和短暫的，並不會產生壓力，導致公共機構不會穩定投資在能夠明顯改善績效的系統上。【40】

　　公共管理者接受課責和衡量績效的第二個原因，是他在道德和倫理上做正確的事。公共管理者已經接受了他們的公共受託責任，並習於透過財務審計來承擔財務部分的責任。由於公眾注意的焦點和審計單位的關注，已經從財務管理和官僚的依從性轉移到創造價值的性能問題。由此，公共管理者已經開始談論如何才能對服務品質和有效的理想社會結果進行實現負責。

　　但是，對公共管理者實際行為進行觀察的人士經常會發現，公共管理者對這種一般概念上的責任比實際具體的努力更感興趣。所以很少有公共管理者願意賭上他或她的事業以實現一個特定的目標。這也是管理者很少提出一些會挑戰他們組織能力的具體績效目標的原因——特別是在如果他們的薪酬和晉升取決於實現這些績效目標的結果時。接受課責和績效的程度可能是抽象的，所以當談到具體協議的課責制表現和同意如何衡量績效時，許多公共管理者會提出異議。【41】

　　到最後，願意承擔接受外部課責的風險和深入投資的真正原因只有一個。在很長一段時間內，發展公共價值和使用一個更廣泛的績效衡量和管理系統，是這樣的：只有接受（外部）和實施（內部）課責，管理者才可以真正提高他們所領導的組織之績效。【42】這看起來可能讓人感到很奇怪！那些引領公共機構的人似乎對其組織有很大的正式權力影響。他們有強大的行政手段應用於指導和激發他們的組織績效。為什麼要挑出績效衡量和課責制作為績效管理的最有力工具呢？為什麼堅持認為外部和內部課責的組合（和他們彼此間的相同之處）很重要？答案要從以下兩者所制定的基本協議來看。一方面要看領導者和管理公共機構的人；另一方面，要看在這些機構中的工作者和謀生的人。

97

98

　　所有的組織管理人員可以憑藉他們在組織中的地位來決定給誰投資。在私營部門，主管是股東的受託人。在公部門，管理者是公民的受託人。他們工作的精髓是，管理賦予他們的資源以爲做出貢獻的人創造出價值：股東想要的是股票投資的長期收益，而市民希望公共價值能有長期產出。【43】這意味著，身處權威位置的管理者必須致力於獲取良好的績效表現，並持續改進他們所領導的機構。

　　在基本的經濟理論中，一個組織的績效可以透過以下三個途徑來改進：

1. 獲取和有效利用額外的資源
2. 更加努力工作以避免懈怠，提高工作效率
3. 透過尋找創造價值的創新來更聰明地工作

　　組織中的大多數員工，在被他們的老闆要求提高績效時，都更喜歡第一種方法：接收額外的資源來完成他們的目標。額外的資源是成功的信號，也使員工進步卻不用做太多痛苦的變化。事實上，有足夠的資源，工人可能能夠改善工作條件，甚至增加產量。【44】不幸的是，透過增加支出的改進途徑，並不總是公共機構能夠提供的。此外，當一個公共價值包括生產成本所期望的結果，該途徑可能不代表績效增益。

　　做出第二個選擇——工作更努力，還是第三個選擇——更聰明地工作，是一件很麻煩的事情。處於權威位置的管理者很可能希望自己的員工不但工作更努力，而且更聰明。經驗告訴我們，無論是「加速」和「組織變革」的舉措可能遇到來自習慣於在一個特定的方式下做事的員工們的重大阻力。【45】而當民選的代表們處於監督的位置時，他們可能會希望組織的領導人挑戰和提高整體績效，但大部分員工卻和老闆的期望大不相同。他們大多會比較偏好被認爲做得很好，而不是再要透過挑戰來提高績效。如果員工眞正想要的是從他們老闆的口中得到保證，保證現狀是好的，未來也是美好的。那就很難知道老闆還能說些什麼——例如像現有的系統有許多缺點，或有更好的方法來完成工作，或如果他們不加把勁，組織就會失敗這類的話，老闆就無法說出口。【46】

　　另一方面，許多工人可能會喜歡一個發展自己工作的機會和找到更好的實現結果的方法。【47】與管理層的激勵和獎勵相適的話，他們可能喜歡挑戰自己，嘗試新的方法，並學習新的事物。儘管事實上，卡片反應了現狀，但總是有一個可以調動

創新和改進組織的一些潛在的能量。[48]

　　但是即便員工願意給改變一個機會，一個公部門的管理者必須要發掘一些組織內部的優勢，藉以在應對發生變化與所帶來的自然抗壓性兩者間維持均衡。雖然辦公室和個人魅力會有幫助的作用，但額外的優勢不能來自他或她的辦公室裡，也不能僅僅出自於個人魅力。額外的優勢代替了組織外部強大的力量，使變更的需求更加嚴謹而客觀，而不是不可避免的個體性和隨意性。[49] 對即將上任的管理者來說，會同時面臨兩件事。當唯一已經改變的東西是管理時，該組織必須進行改變，這是一回事；當突然有一個吵鬧的暴徒、市民、政治家和納稅人，反覆討論是否需要改變，這又是另一回事。在後者的情況下，管理者需要轉變成一個現實情況的代理人角色，表現出公共意願。如果管理者代表真正對組織的外部壓力，員工可能會停止是否需要改變的相關爭論，相對之下更去尋找並瞭解如何完善滿足這些需求的指引與領導。

Bratton 和 Williams 的觀點

　　如果考慮到公共管理者面對混亂的需求時所要承擔的責任，決定開發和運用績效管理系統的管理人員所必須承擔不同的和具有挑戰性的各種工作，對這些工作由誰來完成的困惑，和缺乏調動工作的激勵機制，我們就很容易看到為什麼 Bratton 和 Williams 願意接受課責，願意嘗試生產的價值，並願意建立績效衡量和管理系統，藉以促使他們所管理的組織在這些價值下來評估績效，而這些是在公部門中比較罕見的價值。回顧相關案例，令人感到又驚又喜的是，Bratton 和 Williams 似乎克服了前人所遭遇到的障礙問題。作為民選和被任命的政府官員，他們大膽地提出構想並充分利用自己的特殊地位優勢。每一個具邊緣性的抉擇做法都可能優於原本職務上的例行性行政作業，應該都可視為對公共管理進行更有效且更具前瞻性的探索與修正。

　　關於他們努力的動機是什麼？這個問題很難確定，但他們似乎認為透過開發績效評量和管理系統來接受課責，對於其專業職責和值得投資的功能強大的工具，是一個重要的部分，這可以幫助他們提高政府績效。

　　在工作歸屬的問題上，他們都認為這是隸屬於他們自己本身的工作——儘管他們身處不同的位置。當選民選市長之後，他就從技術治理的本能轉變為在技術和管理上的績效評量。被任命的警察局長把他的績效評量系統與一個城市和一個民選市

100

長承諾的政治訴求相關聯。政治與行政之間的障礙是成功突破了——至少維持一段時間。

但 Bratton 和 Williams 的工作方法不同。他們都各自基於對於組織職務，對當中重要價值進行各自定義來推動組織繼續發展和建立管理系統，並透過更嚴格的課責制來推動組織績效的改進。Bratton 發展了 Compstat 警政系統集中區指揮官和街道第一線的基層警官，並由此提升他們對於控制犯罪的關注程度。Williams 則是為了提醒公共管理者對於績效目標的認同與依循，由此發展出了計分卡。

但在對組織在未來創造價值的位置上，Williams 又比 Bratton 走得更遠。由三個改變中可以對這一個大變化加以凸顯標註。

首先，儘管在競選活動中，Williams 強調在市政府服務改進，但他決定他需要與華盛頓特區民眾對他們的社區生活的願望和希望政府在這一願景中所發揮的作用，進行一個更持久且更詳細的討論。【50】

第二，Williams 用這個討論提醒市民想法的轉變。以前的想法是特區政府所創造的價值僅在於他可以提供給各地區機構客戶的服務品質，現在的想法是，價值是在於以廣闊的社會效益來評量特區政府的績效。他像 Bratton 那樣，把責任的焦點從特定的流程和程式轉移到可以反映公民集體生活的社會效益。但 Williams 的公共價值涵蓋了社會效益和客戶滿意度。對特區政府來說，這些成果擴展了策略願景的焦點。

第三，Williams 承認，產生廣泛的社會效益要求的是一個更廣泛和更靈活的想法，是如何把城市機構的工作與產生這些效益相結合的想法。為了特區政府機構的管理人員能協同工作，他要求他們調整其機構的任務和責任，以與特區政府的戰略性願景相切合。

這三種行為——進行政治動員、把主要責任集中在廣闊的社會成果的實現，以及調適現有的組織任務以成功促使貢獻朝更廣大的目標進行——這將 Williams 從單純的操作性領域帶入了策略性領域。

政府策略管理和公共價值帳戶

William 的努力是建立一個績效衡量與管理系統，並且能夠延伸至政治上，創造一個「公民本身與他們政府之間的利益」。辨認價值不只是在於客戶滿意度，也

在於社會達成的結果，且包含許多不同的組織。在他的多產能力概念中，他需要達到要求去為政府組織建造一個可以連結組織內部控制系統且能夠改善目前任務的績效的公共價值帳戶。他建議應該有多一點策略性，少一點關於績效衡量和管理系統的操作性運用。

102

　　在本書的其餘部分當中，筆者將著重在公共管理者能夠運用的績效衡量方法。重點在闡述績效衡量、課責和績效管理不是只有用於瞭解和從過去績效中進行學習，更可用於協助我們在未來改善政府績效能以執行更完好的管理策略。

　　筆者在上一本著作《創造公共價值：政府的策略性管理》（*Creating Public Value: Strategic Management in Government*）曾建立一個架構，政府管理者可利用此架構有策略地管理其面臨的複雜情況。[51] 架構的核心概念為，政府管理者在他們所處的特定環境裡，應負責善加運用他們受託的資產，盡可能創造最大的公共價值。該架構認為此種環境是複雜的（因為社會大眾及其代理人要求政府管理者需負責創造及守護許多不同類型的價值），也是動態的（因為社會大眾關注的價值會隨時間而變）。政府管理者為了制定所需策略，令其能夠於特定環境裡辨識可實現的最大公共價值，並作為追求公共價值時的指引方針，他們必須想像自身所處的特定環境受到兼具下列三項要素的願景影響而發生改變：

1. 政府管理者可利用其受託資產創造的公共價值所擁有的全新概念；
2. 該公共價值願景的合法性與支持來源；
3. 為了實質創造出設想的公共價值而需具備的操作性能力。

　　政府管理者會希望這三項要素都能自然而然地相輔相成，然而卻沒有過程可以保證達到這個成果。如果想實現這樣的成果，就需仰賴政府管理者努力診斷自身的政治授權環境和任務環境，構想和測試各種有關創造公共價值的策略概念，並判斷何種管理行為能在特定情況下創造最大的公共價值。為了指引此行動而建立的分析架構，可稱之為策略三角架構（圖2.1）。

103

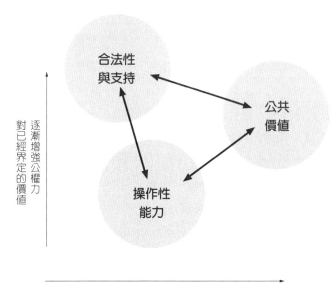

圖2.1 策略三角架構分析架構

　　圖中可看出三角形端點與二個軸的相對位置。橫軸代表政策從制定、實施到發揮影響力的方向和流動，縱軸代表三角形各端點的公共價值本身具備的權限程度。此種政府策略管理的特殊概念獲得了某種關注，為警政部門、公設辯護人部門、甚至國家藝術機構和公共電視體系的政府管理者提供了有用指引。[52]然而當這些政府管理者採用策略三角架構，他們也一再發現到，能夠讓這個架構有效發揮分析和實務作用的關鍵，在於需制定可靠的做法，才能在價值被創造出來時辨識該價值——某種像是公共價值帳戶的手段。若想知道此種做法為何有效，不妨思考一下公共價值帳戶的建立會如何在策略三角架構的各個端點發揮成效。

　　先從顯而易見的端點開始討論。顯然，公共價值帳戶的建立，可以回答有關公共價值組成成分的問題，此有助於管理屬於特定環境的特定組織。這正是建立公共價值帳戶的整體重點。但我們必須瞭解，把公共價值帳戶放在策略三角架構的脈絡裡討論，是默認了建立公共價值帳戶不應只是哲學上和技術上的算計。策略三角架構提醒了政府管理者，公共價值的定義必須取決於下列條件：有權利及責任去定義公共價值的政治授權環境是否支持公共價值，以及是否存在著某些為了創造公共價值而必須加以活化和引導的組織能力和運作能力。

104

　　這同時意味著，用於管理政府事業的公共價值概念，會跟著環境條件的變化而改變。若產生新的政治期望，或萌生新問題使得機構績效面臨挑戰、或為機構帶來創造公共價值的新契機，那麼有策略的政府管理者，或許必須調整或改良舊有的公共價值帳戶，並提出新的公共價值主張，以因應已然出現的全新現況和可能性。

　　在策略三角架構的下一個端點，用於建立和改良公共價值帳戶的管理做法，可望在建立合法性與支持上扮演重要角色。第一個原因是，公共價值帳戶能夠清楚證明政府管理者願意對其帶領的事業負起責任；第二個原因是，公共價值帳戶可以讓民眾及其代理人確認，他們對於政府機構待創造的公共價值所抱持的概念，確實符合政府機構曾經承諾欲追求的目的。

　　接著看策略三角架構的第三個端點，建立公共價值帳戶亦有助創生並指引實現成果所需的操作性能力，因為公共價值帳戶會賦予政府機構明確的追求目標，也會針對政府機構的績效提供穩定的回饋意見。獲得完善建立的公共價值帳戶，也能幫助引導和管理在這些相同機制當中橫跨組織界線的措施。

105

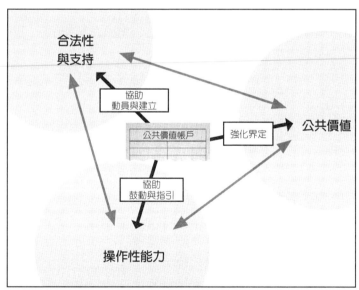

圖2.2　公共價值帳戶協助建立、整合與測試公共價值創造的策略

　　從這點來看，兼具哲學上的穩定、政治上的支持、技術上的可衡量、以及運作上的可執行等要點的公共價值帳戶，將能協助調和及整合公共價值的概念、合法性

和支持的來源、以及創造期望成果所需的操作性能力。圖 2.2 呈現公共價值帳戶如何幫助管理者建立、整合及測試公共價值創造策略。公共價值帳戶把公共價值的概念，跟合法性和支持的來源、以及創造期望成果所需的操作性能力這三者串聯起來，進而把策略三角架構從抽象構想導入特定政府管理者身處的具體現實。

106　公共價值計分卡：「平衡計分卡」在公共部門策略管理

第三種策略挑戰，是單憑公共價值帳戶不足以解決的。公共價值帳戶只納入為數不多的可用績效衡量法——專門用於衡量政府機構試圖創造的終極價值（淨值）。如第 1 章所述，有時政府機構創造的終極價值包含一些程序面向，因為這些程序面向本身就帶有價值，例如國家權威的公平使用。但是要判斷某些衡量法是否容許用於妥善建立的公共價值帳戶，採納的標準並不在於政府行動是否達到終極成果，而是這些行動在本質上是否已有其價值。正因公共價值帳戶只涵蓋這些自帶價值的績效層面，才使得公共價值帳戶運作的分析功能可比擬為私部門的財務底線。

然而，為了導引政府事業往可在未來創造公共價值的方向前進，我們可能還需其他衡量法，用於說明必須準備何種環境以創造該公共價值，並用於監督為了構築有利環境而執行的工作。舉例而言，有一種新的運作辦法可提升政府機構績效，且其成果會顯示在公共價值帳戶裡，而管理者可能欲追蹤員工是否有快速施行該辦法；或者，管理者可能想監視自己相對於某些重要監督者（例如立法委員會）的立場，並利用此種衡量法來監視所屬機構為了強化此種關係而推行的措施成效。

此種「過程衡量法」是用來追蹤管理者和政府機構在建立機構未來績效能力上的成效，而在許多人看來，把重點放在這種衡量法，等同於從價值導向的管理目標開倒車。建立績效衡量系統的整體重點，應該是要把焦點從本身不具價值的過程，轉移到本身具有價值的社會成果。

知道機構曾在過去創造多少價值，原本有其用處存在；然而，一旦長時間待在負責指導政府機構行動和發展的管理者所處的動態環境，這種用處的一部分重要性，便會轉移到機構應如何尋找自身未來定位的急迫問題。公共價值帳戶能夠一覽
107　無遺地呈現出過去曾創造的價值。有策略的公共價值主張，內容是關於政府機構如何在未來創造更多公共價值的構想。這代表了真正有價值的績效衡量和管理系統，並不會僅止於衡量機構過去的價值創造成果，而是會更進一步指出可採取何種做法

來維持或改善過去的績效，並追蹤政府機構在這些行動上的績效。

　　從公共價值帳戶到公共價值計分卡的轉變，得自 Kaplan 和 Norton 在《平衡計分卡》（*The Balanced Scorecard*）一書中簡單卻極具震撼力的觀察：財務報表固然為公司提供了有關過去績效的重要資訊，但光靠財務報表並無法幫助私部門管理者瞭解如何維持公司未來的獲利能力。[53] 要維持獲利能力，管理者需收集並利用有關公司內部績效、以及有關公司與客戶之間外部關係的額外資訊。[54] 為了統整資訊需求，以協助制定並執行未來導向的策略，Kaplan 和 Norton 建立了「平衡計分卡」，其中不僅包含有關財務績效的所有資訊，還增加了有關提升財務績效所需條件的資訊。在財務層面上，Kaplan 和 Norton 另外規劃了可支持「顧客觀點」、「企業內部流程觀點」、「學習與成長觀點」的衡量系統。上述概念的圖示說明，請見圖 2.3。

　　此書協助許多私部門管理者統整手邊資訊，以深入理解公司具備何種條件可維持或提升未來的財務績效。然而此書也在非營利組織和政治界獲得廣大迴響[55]，對這些領域而言，私部門管理大師 Kaplan 和 Norton 總算討論到他們每日揮之不去的終極困擾：財務底線不夠！公部門和非營利組織裡有些致力於捍衛公共利益的人士，從這個理由找到了增加更多底線的商業契機──為其帶來的社會和環境衝擊具體負責。[56] 不過 Kaplan 和 Norton 並沒有探討得如此深遠。《平衡計分卡》依然以財務績效作為公司成功的終極目標和衡量手段。Kaplan 和 Norton 仍建議應要監督非關財務的資訊，但僅是出於維持或提升獲利能力的目的。

108

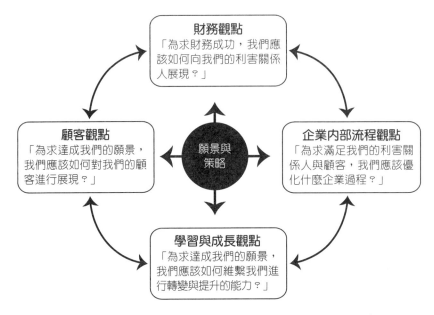

圖2.3 平衡計分卡（Kaplan and Norton, The Balanced Scorecard）

　　Kaplan 和 Norton 在之後的著作中，主張應把績效衡量系統更緊密地連結到可促進創造價值的「策略」，並證明私部門的公司在這方面的表現優於他者。【57】追蹤定期績效、和追蹤前瞻策略實施進度這兩者之間的差別，正是想像公司能夠維持穩定成長、和想像公司必須不斷改變以維持競爭（價值創造）優勢這兩者之間的差別。若是公司的策略，是要求公司革新或改變其內部流程或市場定位，那麼公司必須建立可支持績效衡量和管理的資訊系統，以追蹤變革策略的實施情形並維持公司現前運作。從這點來看，績效衡量系統就不再只是後照鏡般用來監督財務績效的工109 具，而是進一步成為管理未來績效的載具。因此績效衡量系統的建立，成了公部門的大好時機，可藉此將組織的變革理論具體化，並檢驗策略提案的假設和邏輯，以及驗證其績效。【58】

　　即使在私部門，把「底線」當作策略行動的指南仍有其缺點，由此更能明顯看出，若想打造足以驅動未來價值創造的績效衡量系統，建立一個概念上穩定及可行的公共價值帳戶，只是其中的一種門路。政府管理者還需要「平衡計分卡」來與公共價值帳戶互補，並運用平衡計分卡管理未來成果。

　　把 Kaplan 和 Norton 的見解結合策略三角架構，政府管理者的「平衡計分卡」便涵括三種不同「觀點」，而這三種觀點又與策略三角架構的三個端點緊密扣合。「公共價值觀點」利用收集而得的資訊充當公共價值帳戶代表的價值。「合法性與支持觀點」會監督政府機構與民眾、納稅人、民選代理人、及政治授權環境裡其他人士之間在維護關係和動員支持方面的績效。「操作性能力觀點」聚焦於產出過程，也就是公部門從政府經費和權限的投入、到創造出社會大眾重視的改變。圖2.4 為公共價值計分卡的概觀樣貌。每個特定類別都必須審視其在特定情境裡的關聯性，並應為其建立具體的衡量法。不過公共價值計分卡也像平衡計分卡一樣有助分散管理注意力，除了關注過去創造的有價值的成果，也關注必須建構何種環境以提升未來績效。這代表著公共價值計分卡除了重視當前的操作性能力和政治授權環境現況，更重視需採取何種投資以維持或創造支持性的政治環境及提升操作性能力。

　　本書之後篇幅的主旨，便是把這種計分卡塑造成一種普遍概念，以及一種在個別案例中皆有所助益的工具。Kaplan 和 Norton 強烈建議私部門管理者除了底線以

110

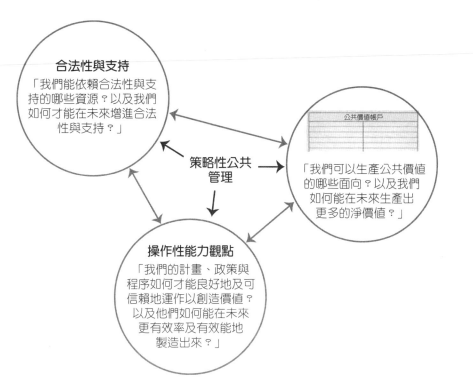

圖2.4　公共管理者的公共價值計分卡

外還要建立其他績效衡量系統，以定義並追求價值創造策略；本書亦秉持此道理，強烈建議公部門管理者採用多種衡量法，以闡明並執行前瞻性的價值創造策略。此種筆者命名為「公共價值計分卡」的架構，可將公共價值創造的抽象概念轉化為績效衡量法的具體呈現，既可監督過去的價值創造情形，又能指引為了在未來維持或創造更大價值所需的管理行動。政治方面，本書一向強調應監督政治環境，想像政治環境的建置可能會如何改造公共價值帳戶，並應採取行動令政府事業可高度回應社會大眾期望。運作能力方面，本書一向強調應以提升生產力為目標，一方面可透過運作程序上的實驗、創新及投資來達成，另一方面亦可針對產出不同成果、產品及服務的單位重新分配資源。

111

公共價值計分卡如何支持幫助策略公共管理

為理解公共價值計分卡的可能運作情形，此處將再稍微詳加探討策略三角架構、公共管理者面臨的公共價值計分卡問題，以及公共價值計分卡的建立可能透過何種方式，不僅協助管理者瞭解和定義公共價值，更找出做法來善用創造公共價值所需的政治支持和運作焦點。

發展公共價值計分卡和定義公共價值

策略三角架構中有關公共價值的重點在於，其挑戰了公共管理者在追求組織價值的過程中，對於作業行動與資源的編列、組織和控制分析作為。[59] 平衡計分卡和公共價值計分卡的差異在於，平衡計分卡需要一個能夠聚焦於財務表現的財務觀點，而公共價值計分卡則是需要公共價值帳戶去抓住公務機關製造的公共價值。大家關注的焦點在利用價值創造去度過讓組織變得越來越關心自己的這個潮流，而不是價值創造的表現。建立職責系統的公家組織更應該注意，應該將焦點放在過程而不是只在乎結果，以及應該重視組織整體穩定的發展而不是一些小事件。按照上述觀點施行的話，能夠讓組織真正聚焦本身的公共價值創造。

公共價值帳戶在哲學層面上，組織必須要將對組織而言重要的生存以及切合社會需要之價值具體化。[60] 在政治層面而言，它需要回應權威環境下的擔憂和履行它的承諾。在技術層面上，已經發展了合適的衡量。在管理層面上，則必須激發以及關注創造公共價值的結果，並且協助員工達成公共價值創造的最大值。[61]

112

　　進言之，公共價值帳戶需要被更進一步檢視。就如同在第 1 章中所提及到的，當公共價值帳戶可以與組織既存的使命有效地開展且能有記錄地完成該使命，其必須擁有某些空間去適應。在公共價值帳戶中，主要的範式（frame）可以被非預期的效應挑戰——被關注到價值特定面向的新政治焦點、或對於新面對的企業定位的新挑戰緊急狀況、或企業可以利用的新機會。觀察上述類似環境中的改變，公共管理者可以針對公共價值的既存概念與曾被使用過去進行回溯追蹤的措施提出修正做法。透過政治的支持，公共價值的倡議可以被視爲是協助鼓舞、指引與評估組織績效的新公共價值帳戶之基礎。

　　公共價值帳戶非常需要一個衡量的系統，必須包含哲學、政治、技術、管理，而且不是固定的，在不同的程度、狀況或是環境改變之下要能夠進行修改。爲了達成以上的觀點，公共價值帳戶需要有某些特性，必須要能夠簡潔且廣泛地說出公共利益以及他們所追求的正義，也必須讓機構能夠具體、明確評估他們所花費和製造的價值，也必須說明動態政治系統顧慮以及未來可能需要擔心和已經發生的事情。公共價值帳戶也必須區分價值和客戶滿意度，以及想要取得的社會成果。此處的公共價值之一般性表格部分可參閱圖2.5。

　　我們已經考量的這兩個案例顯示出聚焦在滿足客戶與達成社會成果之間的緊繃拉扯，以及公共管理者必須在兩者之間做出的策略性選擇。Bratton 和 Williams 一開始在這個關鍵性的哲學問題上採取了不同的角色觀點。Bratton 對提升紐約市警局的努力最初是集中在他針對降低犯罪的組織核心目標上達到期望的社會成果。Williams 提升地區公共機構績效的努力則是聚焦他所瞭解的是市政府增進提供給個別市民服務品質的核心使命目標（無論服務是否含括教育學生、辦理駕駛執照或是對於罪案受害者報案的回覆等）。

113

　　然而，隨著時間的推進，兩個人都朝向對方的方向角度移動。Williams 致力於建立一個可以聚焦在達成廣泛社會成果，而且也可以促成客戶滿意度的政治及組織性系統。同樣地，Bratton 最後也努力將注意力集中在曾經遭遇警察的個別民眾之個人體驗——這些與警察打過交道的人可能是尋求警方協助服務的人，也可能是被警方攔截、盤查、傳喚或者逮捕——雖然這方面的努力都是只在他離開紐約警局之後才展現出來。

公共價值帳戶	
集體擁有的資產之使用與相關成本	經過集體評價的社會成果之達成
財務成本	達成的使命成果
非預期的負面結果	非預期的正面結果
	客戶滿意度
	服務接收者
	義務人
使用國家公權力的社會成本	正義與公平
	在操作上的個人層次
	在結果上的總體層次

圖2.5　公共價值帳戶：一般性表格

114　　　　在第 1 章中對公共價值的討論特別點明了在客戶滿意度與達成集體社會渴望成果等兩種公共價值間的重要差別。當 Bratton 和 Williams 兩人開始採行公共價值帳戶以檢測兩人針對公共價值觀念的重要性，以及檢視兩種有效的公共價值帳戶其中任何一項的可能需求性時，兩人的角色行動也因此有所變動。

發展公共價值計分卡有助於建立合法性與支持

　　　　策略三角架構的第二點著重在管理者將注意力集中於，他們如何透過公共價值帳戶，來為公共價值的特定概念規劃建立及記錄衡量其合法性與支持。到目前為止，對於公共管理者來說，為他們自己、他們所領導的機構以及他們追求的目標建立合法性與支持最簡單的方法，就是接受被「公眾」（the public）認為是有助於提升價值、目的與目標的責任。這就是為什麼公共價值帳戶的發展，應該起始於已被確認的任務或是特定公共政策想要的結果。透過使自己成為特定目標的忠誠代理人，公共管理者不只由於適當扮演保護者的角色而獲得信用，也因為他們促成公眾的需求，所以更得到社會信任。

　　不幸的是，正如我們所見，「公眾」通常不會明確表達清楚且具體的看法──什麼是期望想要的或是如何對事實衡量績效。以華盛頓特區（華府）的消費與監管事務部（DCRA）為例，他們對於績效所要求的一些責任可能是著重在減少成本及精減預算。其他可能最感興趣的地方在於提升建築法規的環保規章、建築許可的辦理速度、DCRA 的消費者教育程序的品質或可達性，或簡化預算的合規。

　　我在早期的著作──《創造公共價值》中，將辨別複雜的社會角色設定、誰是負責任的公共管理者以及他們的組織等相關概念，界定為「政治授權環境」（political authorizing environment）。這些概念包含了全部的角色──那些被識別為部分不同的職能系統：金融監管機構、民選的行政官員及立法委員、主張特定關心議題的利益團體、保護公共利益的媒體，以政府法制規範中的個人（公民、投票者、納稅人），及和政府機構互動並被視為客戶的個人（同時接受服務及遵守義務）。下圖2.6 提供一個對公共管理者授權環境的不同組成成分的粗略概述：

115

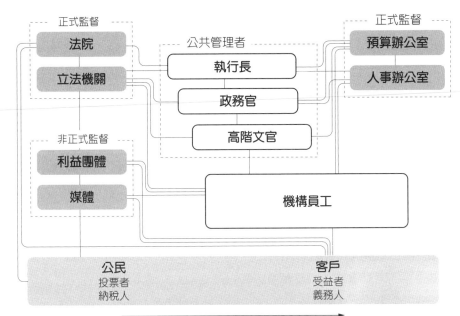

圖2.6　授權環境

　　這個圖包含了全部角色及機構──對於公共代理人職能的外部要求。要求職能的理由和授權公共行動相同，授權與職能就像是一個硬幣的兩面。授權給予合法性

116 與支持一個新的公共價值主張。職能的要求發生在推出一個倡議後以及已經開始產生影響時。公共管理者可以保持合法性與支持遵守一個主要的途徑，就是滿足需求的責任。

公共管理者可以反抗「授權環境」（authorizing environment）混亂的特性，藉由舉手拒絕行動，直到政治世界也共同行動以及給予他們清楚有條理的授權。但是，授權人保持公共價值主張以及要求他們提出改變已存在的公共價值帳戶，可能是個更好的策略行動。選擇增加或減少價值面不只是學習重視公眾及他們認為重要的代表，也是回應一個新關心的議題及吸引公眾增加合法性與支持事業的一個管道。

先前的論述解釋在授權環境下公共價值帳戶及其適應性的變化有助於建立合法性與支持。但是合法性與支持觀點可能包含衡量公共價值帳戶不直接相關的形式及內容。個人及團體的策略性的觀點在於一個政治授權環境可能透露一些可被利用及或加強的合法性與支持潛在資源。緊扣一個特定價值設定及限制組織追求價值可能是支持的核心。但支持（及限制）之核心外的基礎是其他選民代表其他價值可以被動員去擴大價值設定，包含主流的公共價值帳戶。可能其他的授權人會要求帳戶，主張支持帳戶可以被增加藉由對價值付出點關心，他們便可見明示的組織操作。

這些授權人對內容的影響可能是策略管理一個重要的部分，策略管理者可能想要有一個衡量系統，以佔有許多積極及消極的授權人在環境下機構間的關係，及記錄成功的影響可以加強那些關係。就像是平衡計分卡的消費者視角鼓勵私營部門主管持續追蹤顧客對公司產品及服務需求及滿意度，公共價值計分卡的合法性與支持

117 觀點鼓勵公共主管追蹤那些支持及授權他們的事業的人的需求及滿意度——選出合法代表、利益團體或意見領袖及隨機的市民、納稅人、客戶的樣本。

在這個研究中我們可以考慮得更遠，Williams 及 Bratton 都幸運地擁有社會及政治條件區建立廣大的選民來改善政府機構績效。紐約客已厭煩提供威脅及讓人失望的城市生活之嚴重的犯罪及普遍劣質的未成年人。華盛頓特區的居民因為最近的破產及受到劣質公共服務覺得受挫及羞辱。這意味著 Bratton 不需要克服政治限制及職位去撼動公共觀點，Williams 不需要使用他廣大的政治特權去建立選民及改革。選區為了改善績效特定的公共價值實質面已經存在了，只需要鞏固及專注在有限的數量及具體目標。

儘管 Williams 及 Bratton 使用相似的公共需求職能去建立及施壓在他們的組織，但只有一個不同處在於他們的政治方式。在 Williams 早期擔任市長的任期

內，他著重在緊急及短期的需求責任。在他擔任地區的首席財務長官時，已經表明知道有必要控制成本，而且可以做出必要的刪減。他也明白他需要改善對華盛頓特區市民的服務品質。地區的環境及 Williams 的選舉策略建立授權對於刪減預算及改善服務。為了與授權一致，Williams 著重在控制成本以及提供基礎服務給市民，稱作「快速見效」（quick wins）的目標（參見下表 2.1）：

表 2.1　Williams 的策略目標 I

	操作「快速見效」
成本控制	改善政府對市民的服務品質 • 修補坑洞 • 滅鼠 • 去除塗鴉 • 公共衛生及垃圾集中管理 • 重新集中電話線以詢問城市服務

　　但是 Williams 的任期就快要結束了，他開始建立不同的選區有不同的公共價值主張，以及對不同的行動授權。他提出一個全市的計畫程序，發展深且廣的選區參與來改善市政府整體績效。就 Williams 所說的：「我來這個城市有兩件事：重建政府的基本作業，同時建立一個更尊重、親民，及被人民所認識的政府。」他打算在城市及居民間建立一個「利益認同」（identity of interests），以及一個提升績效慾望的組織文化。此策略性目標見下表 2.2：

118

表 2.2　Williams 的策略目標 II

建立市民及政府間的「利益認同」
五種策略性的優先排序（與合法性及支持觀點聯結）： • 建立與維繫鄰里 • 鞏固孩童、少年、家庭 • 促進經濟發展 • 強化有目的及具民主的單位組織 • 促使政府順利運作（見下表）
重建政府的基本作業
促使政府工作（與操作性能力觀點聯結）： • 提升華盛頓特區公共機構的生產力 • 由華盛頓特區公共機構開始改善對市民的公共服務品質

Williams 的聲明使公共管理者開始意識到他們採取策略性方法去衡量及管理績效的緊要性。一方面，是試圖建立在公民與政府彼此間「利益認同」的公共精神目標——在公共價值計分卡終將合法性與支持觀點加以連結；另一方面，是更直接地

119

合法性與支持觀點：一般性表格

任務與公民價值表達一致（與公共價值帳戶連結）

納入潛在客戶忽視的價值（與公共價值帳戶連結）

和正式授權人相處
　當選的行政部門
　行政院法定負責人（預算、財政、人事）
　當選的立法部門
　立法院法定負責人（審計、監察）
　其他政府層級
　法院

與關鍵利益團體相處
　刺激經濟的供應商
　自利的客戶團體
　政策提倡團體
　潛在利益團體

媒體
　印刷品
　電子報
　社會

與個體相處
　一般公民
　納稅人
　客戶
　　・接受服務
　　・遵守義務

民主政治論述的事業位置
　參與政治運動
　參與現今當選政體的政治議程
　參與相關政策界

支持選區立法及公共政策提案的關鍵地位（與操作性能力一致）
　授權
　專用款

作為聯合生產者的公民參與（與操作性能力一致）

圖2.7　合法性與支持觀點：一般性表格

提高課責性以改善政府的運作績效——一個著重在公共價值計分卡中的操作性能力　120
觀點的管理性途徑。合法性與支持觀點的一般性表格呈現在上圖2.7。

　　一些收集資訊的種類及績效衡量與其他計分卡的觀點一致。種類連結合法性與
支持的公民資源，其出現在表的最高層是因為公眾意見是合法性與支持的主要及基
本的資源。當聯合生產者出現在表的最底部，聯結組織的資源流動以及公民支持性
的角色，其合法性與支持開始改變成操作性能力。

發展公共價值計分卡來激勵及引導操作性能力

　　策略三角架構的第三點是使管理者的注意力放在發展及引導操作能力來達成想
要的社會成果。將操作性能力想像成價值鏈是很有用的，它結合了公共資源的投入
（金錢與權勢）和生產系統，而生產系統包含公共政策、公共計畫、公共程序以及
跟客戶一起執行最後生產期望成果的活動，如圖2.8。

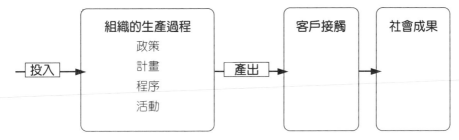

圖2.8　價值鏈

　　圖2.8 是為了使管理者將其注意力置於，在生產系統裡操作性能力的每個釋出
時刻都會產生成本和成果，這分為與客戶一起或者客戶未參與的社會成果。以公共
價值帳戶來看，客戶滿意度與社會成果是在底帳的右邊，而資源進入生產過程時則　121
是在左邊。以圖2.9 來看，公共價值鏈可以被疊加在策略三角架構的「合法性與支
持觀點」到「操作性能力觀點」的箭頭之上，還有「操作性能力觀點」到「公共價
值」的箭頭上。公共價值的意思可以被解釋為幫助產生合法性與支持。

　　流程圖可以顯示資源在生產過程直到成果的完整部署，並得以由此展示具體有
形及因果邏輯的動態過程，這是沒有什麼好感到新奇的。藉由價值鏈改善績效是需
要幹勁的，藉此才能激勵公共管理者適切使用績效衡量與績效管理系統。檢驗現有

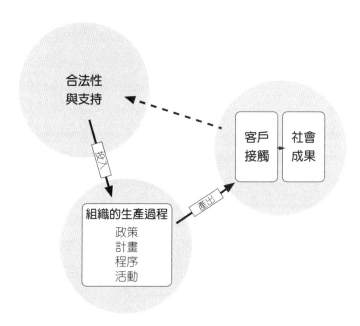

圖2.9　公共價值鏈與策略三角架構的結合

122　的價值鏈使公共管理者學習到是否以及如何重新設計操作性能力及現存的工作，使得每單位成本產生的價值增加，或是每單位成果具備的成本減少。結合價值鏈可以提升公共價值生產力的確認機會。然而，爲了揭露出價值鏈所蘊含的各種機會，我們必須要運用績效管理系統，透過系統不僅可以幫我們追蹤最後成果，還能得到過程中行動者的承諾。一個平衡的計分卡要包含組織的過程觀點、學習曲線及生產觀點，以使得個別管理者可以清楚看到財務觀點裡的成本及收入的生產過程。公共價值計分卡也需要含括操作性能力的觀點，如此可以使公共管理者將其注意力聚焦在關注如何以低成本來產出有價值成果的過程。

　　針對複雜的問題，因爲公共事業的活動與產出常常有固有的以及有幫助的價值，但是這些過程的資訊屬於不僅是操作性能力觀點還有公共價值帳戶。就如同先前所寫的，包括公共價值帳戶在內的評測都受限於固有價值而不是有幫助的價值。先前我曾經有提過，公共價值會計最重要的一點是公共將價值主要放在活動及過程的特質，而沒有放在生產的客戶滿意度與社會成果。因此許多生產過程的部分是被設計來達到客戶滿意度與社會成果的固有價值，而不是有幫助的價值。

　　當我們認爲操作性能力功能是來創造公共價值，也就是公共期望成果和個別客

戶滿意度，則其他的複雜問題就會形成。而且這兩個概念都在公共價值帳戶裡佔有一席之地。這就是當 Williams 開始於第一個概念而且於最終走向包含第二個概念時，他所發現的。當政府直接設它們為其之價值時，表達成客戶滿意度或者社會產出達成度的生產成本也直接納入公共價值帳戶。

價值鏈的覆蓋範圍是有關於操作性能力觀點與公共價值帳戶。兩者之間的連結是本書第 4 章的焦點。

除此之外，價值鏈提醒我們政府機構在生產過程中，並非獨自運作。生產公共價值的操作性能力，包括夥伴以及共同生產者，著重在於一個事實，那就是大部分的政府機構通常只代表整個生產期望結果系統的一小部分。當 Bratton 能貢獻力量給政策時，他依靠自願的市民來支持，甚至使他們自己免於欺騙。當 William 有能力使用市政機構來改善華盛頓特區的經濟發展狀況時，也依靠了私人銀行及公司的行動幫助。這暗示著，公共管理者要看其他人在生產成就背景上的努力，並且想如何使外部合作生產能達到最大優勢。我們會在第 5 章從合法性與支持觀點來探究此項目。

當價值鏈的特徵對應展現在公共價值計分卡的三個部分上時，則操作性能力觀點提醒了公共管理者應聚焦關注組織過程、政策及生產的有助性方面。經由這些機械式的過程，資產的部署能明確決定特定量的公共資金與公權力能夠產生出多少總公共價值。這些過程的知識能夠顯露出增加生產力的機會在哪裡。在產業上的運作，這是產品技師與技術專家的工作。經過一段時間，這工作似乎被限制於製造業的運作上。但是私部門很快發現這也可用在服務組織的設計原則上。公部門隨後跟上，認為能循此嚴密的過程來對公共組織產出的價值成果進行探討，最後得出其公共價值。組織用以進行調查殺人案、處理爭執、分發建築許可或者是召集陪審團的過程，就像製造業的作業技術運作流程，能被再造重整並由此生產出更有價值且更少成本的良好產品。

123

124

```
操作性能力的觀點：一般性表格

對企業的資源流（與合法性與支持聯結）
流向公共機構的財務收益：
  ·撥款
  ·跨政府間的補助金
  ·收費
法治與法規的公權力／仲裁
公共支持／民眾意見

人力資源：
  當前勞動人力狀況
    ·規模
    ·品質
    ·道德
  徵才與選拔流程
  員工的訓練與專業發展
  補償層次
  晉升機會
  對個人課責的績效衡量系統
  公共志工的投入

操作性政策、計畫與程序：
  操作性績效的品質
    ·當前程序的文件檔案化
    ·對創新測試的順服
    ·對績效記錄方法的審計能力
  組織學習
    ·對當前尚未測試的政策進行評估
    ·對創新的刺激與測試
    ·成功創新的體制化
  內部資源配置
  績效衡量與管理系統
    ·對系統的投資
    ·系統的使用

組織產出（與公共價值帳戶聯結）：
產出的數量
產出的品質
  ·生產出所需要的結果之屬性
  ·增進客戶的滿意度之屬性
  ·反映操作上的正義與公平性之屬性
```

圖2.10 操作性能力的觀點：一般性表格

為了學習優點，管理人需要其他人使用來達成成果的程序。當他們已經處理得 125
很好時，問題就只剩使用跟程序有關的資訊來確保這程序是有效的。但是許多政府
的程序並未接受過測試。因此公共管理者需要資訊來測試其是否可達成想要的結
果。他們也需要許多創新的點子跟試驗來探索什麼可以被生產。而且當他們想要一
個有價值的新程序，他們需要一些方法來監控，使程序得加以改善。

當我們知道適當的生產系統常常包含組織外的人員，上述情況就變得有些複
雜。當夥伴與共同生產者加入了這個網絡後，由於要保持這個網絡能夠凝聚團結且
朝向有價值的結果前進，所以程序的資訊就會變得更加重要。基於上述理由，公共
價值計分卡堅持發展有組織的活動與成果資訊的操作性能力觀點，就跟它的成本與
結果一樣重要。畢竟，這些程序終究是會產生成本與成果的。也因此如果我們要找
到方法來對其進行改善，我們必須要先知道我們在做什麼、以及我們需要達到什麼
樣的結果。操作性能力觀點的一般性表格可參考如圖2.10。

出現在表格上方有關合法性與支持觀點的類別項目，就是關於資源流入組織的
示意情況。表格下方則是導致最終公共價值創造的組織產出。透過此種方式，這表
格就會遵循公共價值鏈的形式進行流動（如圖2.8）。

本章總結

為提升政府績效，政府管理者實有必要建立公共價值帳戶，以便掌握公共價值
在哲學和政治上的穩定概念；亦有必要利用此套衡量法，建立可增加課責度並將政
府機構績效提升至全新高點的衡量系統。此為公部門版本的「底線」績效管理（筆
者曾於第1章討論）可望創造的前景。

然而，為了極盡所能利用可創造公共價值的一切機會，政府管理者必須學習如
何**有策略地管理**和建立範圍更廣的績效管理系統，在此系統協助下，管理者可實施 126
其設想的價值創造策略。深思熟慮的管理者，必須建立能夠注意和回應周遭環境重
大改變的強大能力：此處的改變，包括持續流入機構內部對於政治期望的改變，以
及管理者在試圖達成這些期望時面臨的實質挑戰。如欲發揮政治機構當中既有的價
值創造潛力，管理者需制定具體計畫以闡明和衡量機構創造的公共價值，為該公共

價值概念動員合法性與支持，並積極打造所需的操作性能力。此爲政府管理者的策略挑戰，而管理者對於如何融入所處的政治環境及改造自身操作性能力，必須擁有明確的構想，方足以應付這些挑戰。爲了在未來執行價值創造策略，政府管理者需要具備比公共價值帳戶更進一步的績效衡量和管理系統：公共價值計分卡。確實可以說，唯有建立和運用公共價值計分卡，政府管理者才有辦法得知如何在特定環境具體實現公共價值創造的抽象願景，也才有辦法讓政府機構在追求此願景的過程中維持眞誠正直。

對於思考如何增加其帶領事業的公共價值的管理者，把策略三角架構的抽象概念套用在一組特定環境，有助管理者在心中自行驗證其想法。但策略三角架構的抽象概念，並無法實際提供太多詳細的操作性指引。管理者若想將策略三角架構連結到本身面對的具體現實，首先必須更加清晰明確地瞭解其有意在公共價值帳戶追求的公共價值特定面向。

然而，除了公共價值帳戶以外，管理者還需要兼具合法性與支持觀點及操作性能力觀點的公共價值計分卡，爲其提供指引。合法性與支持觀點可指引管理者診斷眼前面臨的特定政治授權環境；操作性能力觀點可在整個價值鏈上指引管理者，在此價值鏈中，管理者會把手邊可用的公共資源，部署在用於創造機構產出的活動和流程，最終邁向實現社會期望成果的目標。此種操作性能力有一部分存在於機構當中，管理者握有正式的控制權，不過大部分的操作性能力或許存在於組織界線之外，亦即機構夥伴和個別共創者的能力。操作性能力觀點有助管理者聚焦於如何動員和引導這些外部行爲者及其所屬組織。

當上述觀點連結到政府管理者面臨的特定環境時，可產生許多特定的觀察結果，並能藉由多種不同方式加以運用。第一，上述觀點可用來描述政府管理者試圖在其身處環境（以及針對該環境）運作的現況，令管理者得知周遭環境的確切樣貌，並得知環境如何影響其策略期望。

第二，上述觀點可用來診斷潛在的問題領域，並將管理注意力集中在這些問題上。合法性與支持觀點可指出有哪些支持聯盟瀕臨瓦解，哪些關鍵政策即將告終，以及或許可動員哪些潛在客戶來支持重要的策略創新。操作性能力觀點可將管理注意力分散到行爲者和行動的複雜網絡中，以影響管理者力圖改變的社會條件。此種做法又將回過頭來，協助管理者構思實現期望成果所需的計畫創新和運作創新，並使得管理者重視建立必要的工作關係，以動員及協調複雜的能力網絡採取實際行動

創造期望成果。

　　第三，也是最重要的一點，上述觀點可協助管理者追蹤其實施的措施，是否有改變、以及如何改變他們認爲對於創造期望成果而言不可或缺的條件。管理者設定的目標，可以是讓授權者針對管理者的措施提供合法性與支持，也可以是建立和部署實現期望成果所需的操作性能力。在這層意義上，上述觀點的用處不僅在於可當作管理者的診斷工具，更成爲管理者在特定環境裡設定目標和管理改變的載體。這些觀點除可用來得知過去曾創造哪些公共價值（公共價值帳戶的主要任務），還能據以瞭解需採取何種管理做法來建立合法性與支持以及操作性能力，以期在未來創造更大的公共價值。

　　公共價值計分卡和公共價值帳戶的區別，在於計分卡納入了衡量法，可追蹤管理者爲其事業建立合法性與支持、以及建立和部署實現期望成果所需操作性能力而實施的措施。當公共價值的願景連結到一套衡量法，而且這套衡量法不僅可辨識機構有無創造公共價值，更可看出機構有無採取必要的政治和操作性步驟來實現此種願景，此時便開啟了眞正可促進價值創造的契機。

130

　　要建立可充分運作、且連結到創造公共價值相關策略的公共價值計分卡，似乎是一件浩大工程。但其實只要有動身前進，即使只是走了一段路而尚未抵達終點線，就已算是創造了有價值的成果，管理者應以此自勉。確實，近期一份有關公部門績效管理的國際研究發現，利用績效管理系統來管理績效，「能夠將機構實施的措施（設定成果和目標、規劃、編列預算、分配資源、管理員工、報告）連結到機構的使命及其有意實現的成果」。同一研究亦指出，致力於績效管理的政府機構，「皆擁有可在其政治系統侷限內行事游刃有餘的適應能力，擁有克服障礙的決心，並皆願意努力解決其在實施和運用績效管理時遭遇的棘手管理難題。因此，這些政府機構正在將本身從被動消極、關注內部的組織，改造成爲主動積極、關注創造更大公共價值的實體」。[62]

　　筆者將在本書後續篇幅繼續深入探討，把公共價值計分卡的構想視爲協助政府管理者創造價值的必備工具。探討方式正如筆者在一開始切入此議題的做法——以遭遇到策略性挑戰的政府管理者爲主角，並說明他們如何設法利用績效衡量和管理系統來協助執行任務。將於書中案例介紹的管理者，包括：大爲重視策略三角架構合法性與支持觀點的管理者、認眞處理公共價值定義中潛在哲學問題的管理者、極爲關注在多個不同機構當中管理複雜生產流程的管理者、面臨問題時思索如何促進

社會大眾包容和協助的管理者等。讀者閱畢本書，應能更加理解公共價值計分卡之所以有其重要性的原因、公共價值計分卡的組成成分、以及在政府的策略性管理方面可採取何種方式建立和有效利用公共價值計分卡。

131　　在本章和後續各章的最末（第6章除外，第6章的案例是僅重視績效衡量、不具備任何操作性能力可創造一般意義之社會成果的機構），筆者將針對案例討論的管理者，提出合適的公共價值計分卡。為方便讀者查找，本章所介紹公共價值計分卡的通用格式，將按照原樣同時列於本書最後作為附錄（見圖 A.1、A.2、A.3）。每位管理者的計分卡，只納入筆者認為值得該管理者重視的槓桿點類別。至於並未特別適用於該管理者職位的類別，以及管理者即使不予採計亦不至於導致重大策略危機的類別，則省略不提。但仍歡迎讀者思考案例討論之管理者對於省略不提的類別，可實行何種措施來收集該類別的資訊和衡量相關績效。在每位管理者的公共價值帳戶、合法性與支持觀點、以及操作性能力觀點的大標題下，讀者可知曉案例中已採取的行動和已實現的目標，並可得知藉由針對管理者特定事業的績效衡量而得出有關績效提升的建議和挑戰。

圖2.11 為 Anthony Williams 的公共價值計分卡。

Anthony Williams 和華盛頓特區的公共價值帳戶		128

公共價值帳戶	
集體擁有的資產之使用與相關成本	經過集體評價的社會成果之達成
財務成本	達成的使命成果
	建立並維繫鄰居
	強化兒童、年輕人與家庭
	促進經濟發展
	強化有目的及具民主的單位組織
	（創造「利益認同」）
	促使政府運行
	客戶滿意度
	提升客戶服務
	執照與許可
	信件傳遞
	緊急事件回應
	垃圾收集與清運
	其他
	創造集中化的呼叫中心
使用國家公權力的社會成本	正義與公平

圖2.11　Anthony Williams 的公共價值計分卡

129

合法性與支持的觀點
Anthony Williams和華盛頓特區的進展與規劃

使命定位與公民價值觀闡述：
舉辦市民高峰會讓民眾可以對所要追求的公共價值之面向進行命名

納入潛在客戶忽視的價值：
關注更廣泛的經濟與社會發展

與正式授權人站在一起：
民選的立法委員
- 對來自於控制委員會的逐漸成長自治權加以保障

法定的監督者
- 接受來自於聯邦與地方財政監督機構的好報告

市議會
- 在城市治理上發展出重新參與議會的策略

媒體報導：
接受有關服務提升與「計分卡」的受歡迎報導

與政體中的個人站在一起：
一般市民
- 透過市民高峰會建立「利益認同」
- 透過對於機構管理者的廣泛公開「計分卡」來強化對於政府治理的透明度

客戶
- 降低市政單位中的等候時間與提升客戶服務

支持企業的重要立法與公共政策主張之定位：
公務權力單位
- 恢復聘僱與解僱管理者的公權力

撥款
- 對於促進服務提升的基金之增長加以保障

操作性能力的觀點
Anthony Williams和華盛頓特區的進展與規劃

對企業的資源流量：

財務收入
- 促成來自於聯邦政府的撥款

合法與法定的公務權力／委任
- 提升市長辦公室的自治權
- 收回聘僱與解雇公共管理者的權力

公共支持／民意
- 促使公眾界定與追求公共價值
- 透過計分卡提升政府運作的透明度

人力資源：

專業發展
- 提升對於中階管理者的評定與課責

個人責任的績效評量系統
- 將「計分卡」的目標整合進入機構管理者的契約當中，作為年度審查的基礎
- 移除公民服務的保障，以對受制於績效資料審查的中階管理者謀求報酬與進行裁罰

公共志願者的努力
- 藉由「計分卡」來引介公共利益與相關協助以追求政府目標

操作性政策、計畫與程序：

績效評量和管理系統
- 要求單位針對市長的「策略性優先事項」進行工作任務的陳述
- 藉由「計分卡」的目標來推動組織作業與服務傳遞的創新

組織產出：

創造績效計分卡以提供每一個市政單位
發展出針對DCRA工作中每一個步驟的過程與結果之衡量
建構Q-matic線上管理系統以提供有關DMV的顧客數量、等候時間以及傳送速度之詳細資訊

第3章
John James 和明尼蘇達州稅務局
建立課責，加強合法性與提高績效

John James 和立法監督委員會

在1987年的晚期，John James 被派任到明尼蘇達州的稅務局（Department of Revenue, DOR），此組織每年擁有高達6千5百萬的預算及超過1千2百名的員工。[1] 就像其他稅務局一樣，明尼蘇達州的稅務局也同樣負責兩項重要的政府事務：第一項是替州政府徵稅，第二項則為提供專業技術性諮詢給決策者，使其能制訂財稅政策。到目前為止，多數的資金及員工都投注且致力於完成第一項事務，而大多數的職員皆以高度專業、有效和公平的方式執行這顯見不受歡迎的職務，並相信他們並不受到授權稅務局成立、撥款及審查相關業務之議會委員會的尊重。

立法監督

州議會撥款委員會是聽取稅務局報告的主要議院監督委員會，其負責預算審查和審計43個不同的該會「帳戶」（accounts）——包括自然資源部、最高法院和州立動物園。州議會撥款委員會主要透過聽證會授權給受監督的該會為期兩年的預算來完成預算的施行與監督職責。

州議會撥款委員會的主席 Phyllis Kahn 認為，她所帶領的委員會是整個立法機關最嚴謹以及勤奮的。平均而言，其成員相較於議院中的其他同事擁有較高的學歷且投入較長的時間。該會還發展出一種不尋常的團體意識。部分議員加入的原因是不滿於議員同仁們在審議議事時總是缺乏理想性與所表現出的輕蔑態度。在預算短缺的時期，委員會認為因為政府所管控的機構並未直接提供商品與服務給明尼蘇達

州的客戶，所以會對政府機構不對稱的管轄權進行縮減。

　　該會的成員向來拒絕依據黨派投票，藉以樹立他們在立法機關的獨立超然地位。他們喜歡訴說一位來自聖保羅的民主黨眾議員 Tom Osthoff 的故事。Osthoff 被眾議院議長 Rober Vanasek 指派到該會，期望他能將更多的黨派意見帶入該會的投票過程中。但 Osthoff 卻沒有依循這些指示，他還是採用過去他曾被派往改革小組任職的作風，而該會也持續以無黨派的方法來進行預算編制和監督。

　　也許是因爲其獨立的精神，撥款委員會以嚴苛（有些人稱厭惡）的聽證會而獲得聲譽。對於許多該會成員而言，這是一種驕傲（Osthoff 在一次傳喚機關代表應訊作爲證人時曾喊說：「新鮮的肉！把他們端上來！」）。Kahn 比較該會和其他委員會的風氣，前者傾向於將自己視爲其機關的擁護者。

　　該會的聽證會常常涉及到兩個不同層面的衝突。一方面爲，成員之間的衝突。另一方面的衝突，則是成員們認爲嚴苛的監督就是要求自己採取質疑的態度來面對早於州議會成立前就已經到來的機關代表們。他們堅信明尼蘇達州的公民和納稅人期待其能去除政府的浪費以確保高品質的服務。爲此，他們必須變得強悍以及避免被其審查的機關拉攏過去。議員們認爲若是當稅務局表明要求預算增加，否則的話將會導致政府稅收大幅度縮減時，議員自身其實就是遭受到一種官僚訛詐。

　　這樣的動態性已持續很久，使聽證會像是一個程式化的競賽。關於稅務局需要多少資金維持或提高其績效的實質討論在公開程序上被犧牲，州議員嘲弄稅務局的代表在回應上試圖盡可能少揭露運作。受挫的州議員之後將會採取更激進的攻擊。最終，衝突將會結束，但並非因對於其面臨的問題有共同的理解而規劃處理已商定的議題，僅是因爲沒有時間。雙方退回原處等待兩年後的下一次碰面。

　　州議員認爲此進程是有益處的，但 James 和其下屬卻並不這麼認爲。他們決心將這種持續長久且動態性的拖延作法進行改變。正如副局長 Babak Armajani 所說：「在稅務局，我們決定更改對話的形式——單方面的。」爲施行此新方針，James 做出三個重要步驟。

　　第一，他僱用了 Connie Rae Nelson，前州議會的財政分析師，作爲稅務局的管理助理專員。Nelson 擁有關於州議員會如何思辯和運作的內部知識，此外，她與在立法機關的前老闆也仍然保持良好的工作關係。

　　第二，James、Armajani 和 Nelson 在動議中擬定一個稱爲「投資／剝離」（invest／divest）的（當地）創新策略，作爲他們自己內部預算編制過程的關鍵要

素。[2] 此過程呼籲中層管理人員提交裁減年度預算 5% 的提案，儘管事實上稅務局並沒有下達明確的指示來減少其成本。「投資／剝離」亦要求管理者發展改進稅務局運作的提案，以獲得政府和立法機關批准。雖然稅務局能保留此進程並隱匿可能的成本減縮，但 James 願意冒著「投資／剝離」的透明度使機關受益。

　　第三，也許是最重要的，機關如何思考預算競賽規則的具體化概念必須改變。稅務局展示兩張投影片來向其職員和監督者解釋其新的方案。相關部分請參閱表 3.1。

　　立法機關的預算監督聽證會在 1989 年 3 月中開始，局長 James 比眾議員 Phyllis Kahn 和州議會更早出庭。James 開始坦率地發表聲明：「我們聽聞某些我們認為像黑洞的事——你拋出大量的資金，而你並不太知道它往哪裡去。以及聽聞我們並不負責產出〔和〕某些傳言以——『給予我們這些金資金否則你將會失去更多』這樣的字眼認為我們從事勒索。我們關心這件事。現在我們想要做的，坦白地說，是將我曾經描述到的過去狀況加以移除，從此進入一個完全不同的未來。」

表 3.1　舊預算競賽與新預算競賽

舊預算競賽	新預算競賽
• 對上層管理者、議員和立法機關盡可能提供較少資訊。 • 勝利意味著比其他單位能獲取更多的資金。 • 盡量花光機關預算，否則下年度會被刪減。 • 在任何情況下，永遠不要放棄你已得到的。 • 新的創新計畫需要新的資金。	贏家將會是如下： • 藉由自己所能得到的資源來獲取最大收益的管理者。 • 即使沒有額外的資源仍會創新的管理者。 • 向可衡量的結果負責之管理者。 • 會自願優先提供資金在其他領域的管理者。 • 不斷檢討能帶來最高效益的活動且放棄為顧客帶來最少效益活動之管理者。

　　接下來他闡述了關於稅務局自行設想的任務，以使稅收制度「公平、高效、穩定、具競爭性和可理解的」。接著，為讓州議員感到驚喜並產生興趣，他製作有關新、舊預算競賽的投影片。他還解釋了投資／剝離進程，但也強調工作尚未完整。

　　儘管這很大膽開放，聽證會很快就陷入「舊的預算競賽」。州議員在稅務局的預算中找到 130 個「幽靈」職位——有資金分配，但都沒有填滿。資金用於提供部

分不預期增加經營成本的緩衝。該會也非常「氣憤」得知稅務局估計 5 萬通撥打的
電話沒有得到答覆。州議員也批評稅務局此提案中，太快採購兩套大型的電腦系統
上花費且支出過多額外的資金。在檢視稅務局預算增加17.4%的請求後，州議會投
票決定增加到11%，裁減具體計畫活動，例如第二套電腦系統。州議會對稅務局基
礎並無做任何改變，並允許 750 萬元的新費用。

　　而從監督稅務局的其他立法監督委員會的回應，州參議院財務小組委員會的答
覆是相當不同的。參議院委員會，對於減少潛在整體預算赤字感到緊迫，相較眾議
院所建議的幾乎少1,500萬元。

　　參眾兩院撥款聯席委員會決議，建議（兩年）1 億3,100 萬元，增加8.3% 預
算。預算法案包含兩年的基本預算削減120 萬元。令人意外的是，州長這時候卻否
決了基本預算的削減。

　　稅務局對於州長的否決感到高興，但對於這種新預算進程方案的結果感到困
惑。稅務局官員認為他們有誠意努力做出改變；削減成本以及進行裁員。但現在看
來似乎仍然還是在進行舊的預算競賽。Nelson 指出舊的預算競賽仍困擾著此進程
的關鍵特點是：不清楚哪些控制成本和達成結果的做法可以讓議會委員會滿意，以
令其提供給予稅務局更多資金運用。就此而言，對於績效表現良好的機關或個別管
理者來說，都令其無所適從。

回到正軌：聯合重點放在績效

　　Armajani 和 Nelson 思考如何向前邁進，認為有件事是顯而易見：州議員們似
乎無法真正理解稅務局試圖實現的目標，相對之下卻更專注於稅務局解釋其稅入與
控制成本而非達成結果的能力。此外，州議員也似乎不太暸解稅務局的成本以及最
終結果之間的關係，也不相信該機關所闡述的相關事情。

　　Armajani 和 Nelson 認為在下一場預算聽證會之前，舉辦一場注重績效的「監
督聽證會」以提高委員會對於稅務局的運作是有價值的，如果他們被允許增加預算
和消費支出。州議會同意在下個冬天或春天籌劃一場聽證會。

　　Armajani 想要這個過程能成為一個模範，第一個步驟有助於開始一個關於立
法該會和行政在預算聽證會內涵之外的責任對談，他繼續說：「我遠大的目標是提
出一個完整的政府互相影響的新型態，我們都為相同的人——明尼蘇達州的市民工

作，我們擁有共同的目標就是服務他們，所以我認為一個目標能讓我們脫離我們是不同立場的概念。我並不是指要去抵制將行政機構與立法機構進行審慎區分的憲法，而是認為我們應該逐步且圓滿地克服困境，並且提供民眾們較好的服務。」

然而，對於第一次的會議，Armajani 對他的期望保持一個謹慎和實際的態度。他想要改變稅務局解釋的方式：

（他們必須要瞭解的是）他們不知道如何運作一個組織，我們的意見是他們應該忠於策略和政策，並且讓我們對管理負責，而不是告訴我們如何管理，因為他們對這方面一無所知。他們認為如果能控制收入就是代表工作做得好。但我們嘗試要做的卻是讓他們控制支出。我們告訴他們：「不要告訴我買了多少電腦、或我們在旅行中的花費、或商量如何使用資金、或是否培訓人員。我們認為你應該要做的，是讓我們告訴你我們生產什麼。你知道多少人納稅、多少人對於他們的問題想要有答案、多少人在償還債務、追蹤多少人欠稅並募集。『結果』才是市民想要的，而那正是政府應該要控制的。」如果你觀察預算建立的過程，沒有一個是關於「結果」的。

Armajani 同時探討國會議員在監督過程的行為：「我認為大部分的他們是誠懇、誠實，關心明尼蘇達州的好議員。（但是）他們在審議過程中卻表現出令人難以置信的粗魯、無禮、不友善，我們無法理解，因為我們認為他們是老闆，而我們也嘗試和他們解釋義務。我們將他們認為是我們局處的指導者。」

Armajani 的聽證會目標非常簡單，「（我想）一個關於討論他們需求的聽證會，同時希望議員能聽聽其他人的想法，因為勢必會有利益的衝突。其中一位委員希望我們有效率，另一位則是希望我們公平，但效率和公平有時無法同時兼顧。」他同時有一個關於績效衡量聽證會和下次預算聽證會應該如何呈現的清晰藍圖。「我們聆聽後回去，到了明年我會說：『好吧，去年你這麼說所以我們現在思考看看，我們計畫和評估預算，這就是我們的建議。』我認為他們確實欣賞這種做法，而我認為這就是政府工作應該運作的方式。」

為了準備聽證會，稅務局發展出下列各項「重要結果」為判斷其績效的標準：

• 交易過程需要速度與正確性。

138

- 市民和他們選出的民意代表要對完整的稅務系統和稅務局有信心。
- 稅法需被遵守。
- 個人工作單位的顧客對服務感到滿意。
- 中央政府及地方的稅務政策和稅務局的任務一致。
- 稅務局有效運用資源以達成結果。
- 稅務組織準備好實行任務及策略，員工對工作感到滿意。
- 納稅者和受僱者可以獲得他們想要的資訊。

在過去幾週前導的監督聽證會，州議會和稅務局繼續緊急對談關於代議事項、內容和會議的形式。最後，Phyllis Kahn 用一封附信來解釋下列會議的待議事項：

139

稅務局已經接受自身自我價值以及實行重新安排優先權的策略，投資／剝離策略企圖緊急檢查該會和其任務，在要求額外的資金之前只要指揮內部資源去執行最高優先的事項。這個價值是用來區分該會的強勢和弱勢，州議會希望看到成效，並提供方法區分衡量評估目的未來預算之結果。簡言之，是一個企圖從只重視收入變成強調結果的監督過程。

州議會的議員 Kevin Kajer 藉由敘述活動的主要目的來為會議提出引言：「注意接下來的 2 小時，委員們希望稅務局做什麼，以及我們如何判斷成效。」Kahn 接著補充提到，「我們不確定是否能以最好的方式處理稅收撥付。」她接著介紹被觀察的稅務局代表，「我們確實感謝」他對管理方向的重新調整——即使稅務局在 1989 年的聽證會後都還是不這麼認為。她說在那次會議中，她體認到，「儘管事實是我們有時會建立一個相對的系統，稅務局的管理是州政府財政管理當中相當重要的一部分。不管未來發生任何事情，我們都希望我們的關係都能好好維持，以找到對這個州最好的解決方式。」接下來被安排主持會議的州議員 Ron Nickerson，也訂定了晚上的議程：

- 發展一個機關評價過程
- 發展一個可移轉到其他機關的過程
- 發展有意義的績效衡量方法
- 啟動持續的對話機制

　　州議會和稅務局接著召開會議，分別討論每一方從會議中浮現的問題，接下來的半小時：稅務局的代表嘗試如協調者的要求，然而州議會成員開始為這個點辯論，接著快速翻動至他們的主題，在他們之間常常嘲笑和低語。但是，每一派的利害關係在當晚的過程中變得清晰。

　　Nelson 描述稅務局的願景給她先前在州議會的同事：　　　　　　　　　　140

> 我們希望行政部門和立法部門擁有一個更健全、更開放以及最坦誠的工作關係。我們認為你會想要改善機關的績效但卻不必給我們更多的資金，我們希望改善與你們的對話機制，如此區分資金循環更對得起作為監督者的你們，我們想要討論改進獎勵和激勵方法來改善績效而不是只用資金來衡量。對你們的獎勵和對我們的一樣好，我們需要一個對談來分享關於我們為什麼存在的公共目的以及我們要保有什麼結果來對你們的期待負責。

　　James 又說：「我們有一些關於如何和你們有更好的互動關係的想法。」他接著提出一些派系描述機關的運作，他有點悲哀地推斷：「我們沒有被任何選民喜歡，如果你們不喜歡我們，那還有誰會？」當夜晚緩慢降臨，儘管州議會主席努力將討論回歸議題，州議會內的利害關係人開始主導議程，成員似乎很高興有機會告訴局外人瞭解其運作的負擔：時間固定的兼職委員長期短缺、欠缺對政府機關和州議會的工作評價，以及少數成員的挫敗。

　　偶爾，委員會抓住給予稅務局的機會去發展考慮到中央的議題，例如：如同 Nelson 所預見，州議會認為她在稅務局存在的重要性是能建立信任。Nelson 無關緊要地表明：「這些人是有能力、可靠的、誠實的、正直的公民，就像你曾說過你相信我也是如此的。不要再談我了，談談有關於你想要從稅務局這個單位得到什麼，你如何知道是否得到真實的資訊，以及如何知道是否能持續不斷地繼續對談。」稅務局的代表在體認到州議會認為稅務局是最誠實和運作最好的機關時感到高興和驚訝，然而這並不意味著：「一旦有人給你一個理由去相信事情已經不是以誠實的方式進行，就幾乎不可能去改正。最重要的是，我們應該做什麼去防止其發　　141
生。讓我失禮地說：在稅務局獲得一定的信心之後，當我發現你有 100 個配額的職位與少於 100 位的職員，你認為我能保留多少熱情，你真的認為能灌輸我大量的熱情嗎？」

　　州議會的主席傳訊息給稅務局：我們如何相信你們給的資訊，即使我們相信，資訊要如何幫助我們做出一個負責任的預算決策。Kahn 提出關於投資上區分縮減支出的特點的信件，而 James 承諾那將與較好的資料──即將問世的──可以做出這樣的計算。代表人談及稅務局沒有回答 5 萬納稅人的電話問題是難以寬恕的。

　　再晚一點的時候，州議員 Rick Krueger 提出一個不一樣的問題：應該如何解讀來自於稅務局但程序上有問題的真實報告？

> Krueger ：「讓我們來討論我所關心且你做不好的特定領域。你告訴我什麼？告訴我說我們曾經花費更多的金錢……因為我們要加強我們在這一個領域的努力？……這意味著如果你要在這領域中做好，相對地，我們需要減少在這領域的基金？」
>
> Armajani ：「我猜我不認為有必要告訴你我們在哪裡搞砸了，這意味著你必須花費更多的金錢……你必須關注你想從我們這邊得到什麼。以及如果你沒有從我們這邊拿到你想要的，你之後應該會說，不論是『這些合適的人來提供這項服務？』或是『我們真的想要投資？』」
>
> Krueger ：「你告訴我這是我想從你那邊得到的。我甚至不知道這個問題。」

　　該晚主席並沒有達到他們主要的目標：完成稅務局預達成的兩項結果清單──一個是州議會的，另一個是稅務局的，稅務局列出一個行政團隊之前已經進行好幾個月內部討論後所擬出的清單。州議會的清單重點則有些不同。如同州議員跟稅務局成員所說道的顧慮一樣，Nickerson 記錄下來州議會所期望達成的結果清單，上面寫著：

- 增加資源到何種程度才會造成收益遞減？
- 降低未繳稅的百分比。
- 確立何種類型的稅收不需要報告。
- 不僅依循文件而是立法的指導原則。
- 納稅人沒有怨言。
- 盡可能有效的組織部門。
- 對政治過程的敏銳度。

- 以準確的訊息回覆電話。
- 發展以一致性、誠實以及公平為基礎的財稅政策。
- 提供所有州議員取得平等的資訊。
- 從當地政府與稅務專家的投入。
- 對於預算過程的相關方案評估。

散會時，稅務局的官員心情沉重。許多官員認為州議會已經抱持著原則聽取其自己所關注的，而較少在聽稅務局在說什麼。期望落空，州議員可以行使委員會的職責運作。

隔天早晨，州議會的成員與稅務局的領導團隊重新開始會議。這一次，不是分成兩個群體，而是大家聚在一起。當天的目標是檢視兩個群體間是否有共通處可以施行。

為了讓討論進行，州議會的協調者 Nickerson 與 Kajer「配對」稅務局的「重要成果」清單與州議員的清單。會議進行得很順利。因為清單上職員無法配對的項目，參與者深入探討並發現關聯性。例如州議會清單的第一項（在什麼時候增加資源＝收益遞減？）似乎與稅務局清單上的第六項（稅務局有效運用資源以達成結果）一致。

協調者也要求稅務局執行州議會的結果清單並在每一個項目上給予簡短報告。在隨後的討論中發現州議會成員大多是在恭維機關。在棘手的「幽靈」（ghost）職位議題上，眾議員 Ron Abrams 不顧稅務局的反擊說：「財政部所建立的預算基本上沒有無意義的……你們之所以打擊 John James 以及稅務局，基本上都是為了財政部的問題。我認為 John 會提出誠實的預算。」眾議員 Dave Bishop 的讚揚是最直率的：「我認為我是代表其他州議會的成員來說明，在所有我們辦理的機關中，我們比起其他任何機關可能是最相信稅務局，並得到更多開誠布公的對話與回應。」

在這部分，稅務局表示與州議會成員同感。在稅務局支出與其交付額外稅收給州政府的能力關係的持續議題上，James 表示：「我們可以很正經地告訴你——因為這是真的，如果你給我們更多的人，我們會帶來更多的資金。我認為這是真的，比起其他層級我們只是在低階層，但是，我並不責怪你們不相信我們，因為首先，我們以前曾經搞砸過，第二，我們從未真正連結整個稅務局的活動」。

在協調者的指導下，小組一致從州眾議會的清單中選擇可以運用於稅務局與其

他機關的結果。這些「結果」如下所述：[3]

- 在什麼時候增加資源產生收益遞減？
- 不僅依循文件而是立法的指導原則。
- 盡可能有效組織部門。
- 以準確的訊息回覆電話。

小組也討論哪些剩餘的成果修正是稅務局權力範圍內。James 表示他第一個意圖描述衡量議題。績效激勵機制的問題還鼓動了很多爭論。雖然州議會成員像 Osthoff 憐憫地爭論「對機關而言，當沒有預算來提供獎勵時是相當困難的」；James 提出異議「我們致力於產生結果即使我們沒有得到更多的資金」；Armajani 表示同意並補充「你們低估讚美字眼的影響力」。

如同會議結論，協調者快速地復審五個項目，從討論中判斷，州議會期望稅務局皆達成工作以改善他們的關係：

- 持續性地探討目的。
- 藉由稅務局的定期循環性更新改善溝通和資訊流。
- 試著更努力瞭解州議員的想法。
- 提供可信的資訊。
- 維持在治理下的兩個部會間的健康且開放的關係。

面對民主課責的問題

John James，就像大部分的公共管理者一樣，面對堅持、急迫的課責需求。推而廣之，民主社會中的公民多認為對公務機關進行課責是件好事。這顯示出公民期望政府是「為人民服務」（for the people）的「民享」政府，以及反應民眾們對於效率、公平與代表性公共管理的渴求。但是，如同第2章所述，好東西可以有很多。當課責的需求是來自許多不可預測的言論和不協調的聲浪，或者有些群眾不能參與關於績效改善的建設性談話，當此之時，他們就會企圖從管理者身上轉移且破

壞承諾，由他們來擔負創造價值的任務。公共管理者可以（以及某程度應該）尋求建立他們的合法性以及支持。但是爲了實施課責，課責性的需要必須持續不斷地關注在價值創造的最重要面向：理想的狀況即爲衡量技巧性的協商公共價值。課責過程應持續維持確保公務機關在現行活動中增加其生產力，以及更能夠回應新的政治期望與新的操作風險。但爲了以這個方式組織課責需求，公共管理者必須投入發展有關於責任的協商會議和一個合適的課責形式。如果會議中的任何人肆意抨擊任何政治成員或機關定位，或惡意促使管理者回答對於次要事件而非整體績效價值的創造，那該課責過程無效。

145

James 的授權課責

James 一開始是向建立其機關與任命他的明尼蘇達州公務員來完成交辦的任務——也就是，有效率的、公平且有用地徵收欠稅並且在稅務政策上提供專家建議。與此同時，許多人要求他及其所屬機關負責，在 James 授權環境下，主政官員負責監督其運作以及授權其預算。不幸的是，課責座談會議有嚴重缺陷。鮮少呈現尊重、信任，以及沒有眞正的機會使兩個派系達成有關於州議員希望稅務局完成的協議。這也意味著當爭議出現時，很難解決結構性問題。稅務局的領導階層也建立在不適當的課責形式。從他們的觀點來看，州議員監督必須專注在組織的最後時期而不是過程，或是抱怨稅務局追求其目標的彈性與創新。

稅務局的領導階層非常希望他們與最重要的監督者有更策略性的正向關係，一方面藉由增加自身單位的透明度來建立本身與立法監督者的信任；另一方面專注於減少成本。那就是投資／剝離背後的驅動力——一系列促成節省成本與有效機關運作的努力。在回應州議員對稅務局應提供資訊與績效的需求之時，稅務局也相對地期盼兩件事：第一，他們希望與立法監督者有更尊重的對談。第二，他們希望對話專注於從收入控制移轉到績效的追蹤。簡言之，他們希望一起共事以發展一套能兼具他們與立法監督者承諾的公共價值帳戶。

146

價值的面向：James 的公共價值帳戶雛形

在政府的活動中，稅收是少數可以被簡易且精確計算的經濟項目。我們可以推測在財務方面的代理成本，以及如果納入州政府我們可以用金額計算該機關運作的

財務投資報酬，這樣的計算會使鉅大的利益項目呈現出來。然而，這個推算掩蓋了州政府的公權力在實質上產生投資報酬的程度。公權力的利用使稅務局負有確保稅收程序公平的責任與義務，並促使納稅人的納稅是盡可能得以負擔的。

由於稅務局要強加義務在明尼蘇達州的公民身上，這是一個艱難的代理。事實上，這很容易引起公民們的不滿及抱怨。當納稅者認為被冒犯而普遍不情願納稅時，他們會向稅務局或是州議員抱怨投訴。至少獲得大部分眾議院撥款委員會的支持對 James 來說特別重要。James 知道他無法贏其納稅顧客之間的選舉；他只希望他的立法監督者可以顧及這些公民及納稅者的利益，以及支持他的機關在把這些稅務負擔加諸在納稅者身上時，能盡可能公平、有效、有效率。

James 也知道假如當選的民意代表不支持稅務局，則納稅者繳稅的意願可能會降低，因此他懇求：「如果你們不愛我們，還有誰呢？」明尼蘇達州的納稅者越抗拒，稅務局在稅收的效率及效能上可能就越低。由於稅務局若要達到理想的結果，仰賴於納稅者自願的貢獻，他們稅收裡每一筆支出金額的程度隨著州議員及公民判斷稅務局的效能及公平而不同。

147　　　James 也知道無論任何時候政府只要有壓力要縮小規模，稅務局以最少成本下執行稅收的壓力就越大。自從 James 和他的團隊相信如果授予資源及動力使他們的分法更加精煉，他們就會變得更有效率、效能，然而，他們似乎明白預算必須增加，但事實上，明尼蘇達州的州議員想要減少 James 的預算，即使代價是州的稅收會減少。

關注於成本的焦點常常聚焦於公共管理者相對於民選代表所認知的價值差異。公共管理者常說他們投入在控制支出，以及找出創新的方法以更有效率及效能地完成工作。然而，隨之而來的麻煩是，當他們成功發展出創新的方法增加了生產值，對財務支出的槓桿就更受關注，公共管理者可能是對機構花費更多，但也可能是有意義的削減預算。機關管理者認為當他們發展出提高生產力的方法時，應該像私人部門一樣得到資金上的獎勵。民選代表，另一方面來說，他們傾向要更有智慧地分配這些增加的稅收，例如一個機關節省下來的資金可以轉移至緊急需要或是回饋給公民及納稅者（退稅）。這是許多公共管理者長期以來在公共價值課責上的盲點。

圖3.1 呈現出明尼蘇達州稅務局建構的公共價值帳戶概況。

事實是 James 可以稱作績效帳戶尊重價值的每一個面向——完全公平的收稅，提供優秀顧客服務以及縮減成本——創造一個明顯管理問題。這並不能確定他是否

能同時改善其在公共價值的績效。事實上，一開始，這看起來就似乎顯示在他所追求的價值之間應該存在有顯著的交易。（在本章的後面，我將詳細討論更多有關價值交易的問題。）在關於積極努力與徵收更多的稅方面，稅務局冒風險激怒公民，以及增加追蹤欠稅的成本。但假如稅務局專注於使客戶滿意，則會導致無法有效地增稅或是增加運作成本等風險。的確，這項明確的問題似乎受到州議員們的關心。

John James 和明尼蘇達稅務局的公共價值帳戶	148

公共價值帳戶	
集體擁有的資產之使用與相關成本	經過集體評價的社會成果之達成
財務成本	達成的使命成果
內部（行政成本）	徵集給國家的稅款
外部（對市民付出的稅款徵收成本）	提供建議給政策制定者
欠國家未付收益	
非預期的負面結果	非預期的正面結果
高效生產和消費的扭曲（無謂損失）	鼓勵對社會有建設性的活動
	客戶滿意度
	提供正確資訊
	促進合規性
	調和納稅人稅收負擔
使用國家公權力的社會成本	正義與公平
政府的侵擾	維護個人權益
認為賦稅徵收有被濫用與不公正現象的感知	公平地徵收總額稅負

圖3.1　John James 和明尼蘇達稅務局的公共價值帳戶

149　他們欲知增加稅務局支出以及增加稅收的關係。他們期望在減少成本與抱怨的同時，也能徵收到更多賦稅收入。

憲法結構和公眾課責的常見進程

　　理想情況下，民選議員和行政人員會優先考慮這些基本的績效目標後，再引導 James 並給予一些空間，讓他藉由創新與實驗的方式去探討如何改善在所有價值面向上的績效。為了這些目的，他希望他的立法監督者能夠分享管理稅務局績效表現的負擔，就像一個經驗豐富的領導者可以（1）代表稅務局擁有者（明尼蘇達州的人民）的利益，（2）針對應該指導操作的公共價值之面向進行界定，（3）提供穩定的壓力以改善績效，以及（4）分享策略性決策制定與其中所隱含的風險，藉以提升不確定與變動環境中的績效表現。【4】

　　他實際面對的課責是非常不同的。憲法上，James 合法課責至少有三個獨立機關：州長辦公室、州參議院、州議會。這三個機關必須在立法上簽字，以及授權及資金運作。並且這三個機關擁有職權及責任去指導和監督稅務局使用公帑和職能。除了這些官方監督者，大多數課責的自我任命之代理人，都認為建議 James 和對他要求課責是合法的。

　　行為者的分歧主張和價值面向的多元化是他們所關注的焦點，然而若是有些機關將上述主張與價值進行排序或整合使成為一個連貫的整體，則上述的分歧與多元應不會成為問題。當立法程序將主張進行整合和排序至某種程度時，將這些程序匯聚建構成為有用的課責架構的合法性能力通常會出現四個關鍵的弱點。

　　首先，州議員和政府行政人員常常藉由掩蓋衝突以處理互相衝突的目標——例如提高機關目標抽象的層次以隱蔽牴觸的目標，或針對重要的價值面向進行命名——即便沒有任何跡象顯示應該把這架面向視為更重要。

150　第二，因為立法會在特定的政治時刻通過，所以通常具體化的政治協議會更可能在那個時刻通過。但世界永不停息。非預期效應發生、新技術出現、政治抱負和價值改變，以及新設立的選區為機關所帶來的壓力等。立法過程會持續給予壓力，且政治交易會持續在檯面下流動。

　　第三，由於執行階段可能遇到未解決的衝突，或由於世界持續改變而導致法規對於公共管理者和機關的課責需求。此外，一個具衝突性議案造成的政治風波可能會搞砸初步的協議，而非預期效應也可能會吸引新的選民。基於上述這些理由，所

以應該在進行立法制定的時候就對課責進行整合的作為，最終卻沒有能產生出持久而連貫的課責規範。

　　這些是眾所周知的。但是第四個問題是不被廣泛承認的：當立法機關可以啟動正式且合法的課責條款，他們無法保護機關免於其他有興趣的利害關係人所提出的課責要求。如第 2 章所提到的，幾乎任何民主社會裡的行為者皆可以針對公共機關展露出特定面向的績效表現以對其進行課責，且這些行為者並不感覺道德上或事實上有義務整合他們的主張，而是會將主張都留給公共管理者讓他們來進行排序。[5]

　　我的同事與我一起進行研究，以確定我們為了治安發展的特定公共價值帳戶是否得以在政治授權環境中適切運作。事實上，我們檢驗重要授權人對價值面向的關注焦點與程度。為了回答這個問題，我們必須收集如下實證數據：（1）誰是公共警察重要的授權者，以及（2）哪些治安績效的特定面向是與警察有關的。

　　結果呈現於圖 3.2。這張圖的橫列描述紐約市警察局正式的與非正式的監督者。而直欄則是定義警察績效的價值面向。矩陣中的小方格使用一個眼睛圖像，藉以呈現出有關特定課責代理人是否專注於特定的價值面向的實證性觀察。透過這個表格，我們可以看到有些監督者傾向於專責進行他們的監督工作。他們當中的大多數人主要都專注於一個或兩個績效面向。

152

　　眼睛圖像也可反映監督者審查的強度及穩定性。較深色的眼睛，表示較強烈的關注及施壓。有睫毛的眼睛則表示斷斷續續且閃爍不定的關注，而沒有睫毛則表示穩定的注視。

　　這張圖給了一個相當清楚的授權環境描述，或是一個疏忽及課責的系統，其為斷續的且不連貫的。有一個解決這個問題的方式是決定在監督者擁有最高的合法性、道德性、或切實的能力之間，要求課責以及專注在最引人注目的監督者，其所關心的價值面向。第二，相當不同的方式是藉由包含很多多變監督者所關心的價值面向，進而試著整合多樣的授權環境。

　　由此，James 可以藉由專注於課責條款解決他與法制委員會設定的課責問題，除了能含括廣大且多樣的各組利害關係人和監督者間的需求外，更能切合更高的合法性、道德性以及實質權力。但因為有關於各局處與重要價值面向的未解決衝突都呈現於法制委員會之中，所以這個方式可能無法幫助解決所有問題。最後，James 最好的選擇為建立一個公共價值帳戶，包含許多價值面向——足夠的面向讓他可以切合哲學上的合理性，藉以含括大部分的基礎且不會有太多意想不到的成果；另外，在政治層面上，使他可以針對重要政治行為者所關注的焦點問題適切回應。

151

正式的監督： **長期持續**						
聯邦政府	—	—	—	—	—	—
州長	—	—	◉	◉	◉	◉
州的立法機關	—	—	◉	◉	◉	◉
市長	◉	—	◉	◉	⟨◉⟩	◉
運作機關	—	—	◉	◉	—	◉
管理及預算機關	—	—	—	◎	—	—
刑事司法協調員	—	—	◉	—	—	—
法學該會／評議會	—	—	—	—	◎	◎
調查機關	—	—	—	—	◎	◎
市議會	◉	—	—	◉	—	◉
社區委員會	◎	—	◎	—	—	—
民事申訴審查委員會	—	—	—	—	◉	—
警察委員會	—	◉	◉	◉	◉	◉
正式的監督： **特殊委任**						
莫倫佣金委託	—	—	—	—	⟨◉⟩	—
Gighenti 頂高佣金	⟨◉⟩	⟨◉⟩	—	—	⟨◉⟩	⟨◎⟩
非正式的監督： **公民與非民選代表／議員**						
電子媒體	—	⟨◉⟩	⟨◉⟩	—	—	—
平面媒體	—	⟨◉⟩	⟨◉⟩	—	—	—
公民預算委員會	—	—	—	◉	—	—
美國公民自由聯盟	—	—	—	—	◉	—
警察工會	—	—	—	—	—	—
專業政策聯盟	—	—	—	—	◎	—
社會團體	◎	—	—	—	—	—
非正式的監督： **刑事司法的合作夥伴**						
法庭	—	◉	—	—	—	—
地區律師	—	◉	—	—	—	—

◉＝持續性的強力監督　　◎＝持續性的低度監督
⟨◉⟩＝間斷性的強力監督　　⟨◎⟩＝間斷性的低度監督

圖3.2　紐約市警察局的監督

劃清公共部門裡政治及運作間的界線

如第 2 章所建議，一個議題頻繁地出現如州議員和機關管理者致力於談判課責條款，公共管理者爲求對於法制上的微觀管理（micremanagement）進行抗衡，將常常花費大量時間，試著繪製和強制劃分明顯的線以區隔政策問題（合適的立法監督對象）與運作問題（公共管理者的責任）。[6] 儘管公共管理者已盡了最大努力，然而，這界線依然固執且模糊地維持著。這是眞實的部分，因爲州議會常分配固有的價值於進程和期望的結果。州議會想要知道稅務局如何公平地利用合法權利和如何成功收取稅收。但即使這不是眞的，州議員似乎依然隨意審議機關績效的任何層面，從廣度性與策略性一直到以往傳聞與當前瑣事。還有，在少數的公共場合中，州議員時常專注特定的議題，如對他們的關鍵政治選舉人相當重要的議題，而非在改善績效。

面對在監督方面似乎沒有紀律，且對提高組織整體績效不感興趣的監督者，公共管理者時常表現少於充分合作和信任的反應。爲了保護某些程度的專業自主性和運作控制（專業上的自尊），許多公共管理者選擇在與立法監督者的關係中維持冷淡，以及在運作及結果的解釋上展現皮笑肉不笑。的確，站在身爲人類的基本角度上來看，James 的動機爲改變課責條款及適應立法需求，對於稅務局的大多數課責似乎令他感覺到專業上的受挫折，並產生受辱感。當專業致力於好的績效表現，他希望能在另一方面與專業人員合作，並分享他的承諾。

James 很快認清先前所描述到的「老舊」預算及課責系統之情境。這是多麼鼓舞人心的情況。然而，James 和其員工一點也不認爲這系統是不可變的。這也許是由特定憲政體制所產生出的結果，但這不是必然的結果。James 認爲他可以與州議員合作，藉以發展新的論壇和新的課責形式，如此的話將可使績效更被適切衡量，且更有效幫助稅務局與其他公共機關改善他們的績效及對市民的需求進行回應。他認爲可以影響公務機關的課責條款的程序及實質內涵，這會讓他和其他公務機關得以有效管理，並爲這些機關建立起所需的合法性與支持，從而創造出公共價值。

診斷與評量課責性關係之分析模型

用來幫助公共管理者適當地與州議員及公眾協商、溝通，此架構對於用來瞭解、領導、改進課責性系統是有用的。此分析架構可以用來當作建造合法性與透視

公共價值計分卡的指導方針。透視公共價值計分卡，讓管理者有系統地透過問題來看待不同的有責性行動者。此在第2章節有所解釋。

課責的合法性、道德性與實務性關係

課責可以描述成兩個或以上行動者之間的關係。[7] 在此關係中：行動者（A）可以對於行動者（B）指揮、要求。最低程度，（A）可以要求（B）提供有關於（B）的行為和表現的資訊（州議會撥款委員會可以要求稅收部提供活動與表現的資訊）。但這通常只是一系列較為實質要求的序幕：A 要求 B 對於 A 感到興趣的事務做出更為積極的回應（州議會可以要求稅收部門做出某些行動，這些行動乃是稅收部門依據自己認定的重要構面發展而可以促使單位自我提升績效的行動）。

此課責關係一定程度上建立在合法架構。明尼蘇達州法制委員會在法律上可以迫使 James 出席聽證會，令他報告其如何使用大眾資金與職權。此關係也建立在倫理上。明尼蘇達州議員和 James 同意一件事：州議員擁有倫理權力要求 James 出席與證詞。州議員與稅務局都共同為明尼蘇達州居民工作。對於 James 來說扮演一個公共願景與長期利益的誠信受託者是他的榮譽與職責。相對來說，州議員也有倫理職責，他們應該代表人民的利益與對抗貪汙，再來也應該幫助代理人藉由定義如何組成一個好的工作。最後，在現實上，當州議員想要砍預算時，James 可以藉由挫敗州議員的合法諮詢，或威脅稅收大量減少，促使州議員行事困難；州議會可以藉由增加負擔、刪減預算及限縮 James 追討未納稅人的職權，使他日子不好過。

就原本來說，一般似乎認為在立法會議與 James 之間的課責關係是單向式運行的方式，立法者對管理者提出要求。這應該無庸置疑且就是關係的合法性結構。但是關係的道德性與實務性層面則提出建議，認為某些程度的互助式存在的。確實沒錯，這個案例中的核心問題考量的是立法者與機構首長可以認知到，他們之間的相互依賴性與共同目的以及透過彼此間的課責來進行行動的程度。這種情況就好比是透過稅務局的工作，使得公部門同事們彼此分享責任以提升公共利益。他們具有正式的理由來這麼做；沒有人能夠忽略自己在執行公共意志時個人所受到的受託責任以及所應扮演的被期待角色。但這當中也存在具有一個關於行為衝擊的問題。在一個正式的論壇中曾提到一個論點，就是應該促成他們彼此間的課責，藉此提供更多的機會，由此提升政府在一般事務運作上的績效，也提升稅務局在特別事務方面的績效。也就是說，公眾期望公共監督者與管理者找出方法以更好地展現對立性的課

責結構，並且聯合起來進行運作，藉以提升政府績效。

　　稅務局與州議會間的課責關係包含在預算文件，此文件清楚說明立法機關會提供多少資金給代理人使用。此文件提供許多有關於投入與成本的資訊，但沒有說代理人應該產出公共價值。雖然此文件合併工作量來衡量組織的產出，但未清楚指出某種價值：明尼蘇達州居民想要看到稅務局的成果反映出來。舉例來說，儘管稅務局使納稅人簡單且便利地知道如何繳稅，但此文件並沒有提到明尼蘇達州居民能分配的利益是公平的。

156

　　這種形式的課責對於指引稅務局員工強化工作技能與提升工作知識是沒有助益的。這只是將焦點聚集在強調避免貪汙或瀆職，而不是找出積極的方法來促使稅務局達成單位目標。這就彷彿稅務局存在的目的並非是去達成結果，而只是花費公帑預算來處理原本既有的文書工作而已。到目前為止對於公共機構來說，預算切合規範是好的目標，這表達出好的規劃並保障政府公帑沒有被盜取或被挪移不當濫用。但是，這也導致了較為負面的情況發生，好比說稅務局無法在既有的作業環境中，進行業務創新或對於非預期的改變加以良好因應，也導致單位員工無法在實務上培養感知，藉以為民眾創造價值。

課責的代理人模型

　　研究課責性關係的經濟及政治學者透過「代理人理論」（principal-agent theory）來探究相關關係。[8] 依據代理人理論，行動者之間是由一連串法制性、倫理性與實務性的關係所組成。在此過程中，委託人由契約明確規範代理人應該做什麼事情；相對地，委託人要在最終給予代理人相對報酬。

　　代理人模型有兩個困境。[9] 第一，代理人與委託人的利益未必完全連結，代理人會有自己另外的利益及優先性。第二，代理人比委託人有更多專業的資訊來完成委託人的目標。事實上，大多的情況，代理人都有較優越的知識，當代理人有不同的目標，代理人可以使用委託人的費用達成他的利益。

　　有種方法可以解決此問題。[10] 書寫一個表現協定帶進誘因使代理人及委託人利益連結。委託人定義目的、建議如何達到的方法及提供給代理人附隨他們表現的獎勵。理想上，此種協定可以驅使代理人找到最好的機會完成委託人的目標及傳達價值給委託人。

157

　　公共政策及管理教授 Herman "Dutch" Leonard 建議所有的代理人關係至少都應

該由以下四個要素組成：[11]

1. 委託人要知道哪個代理人是可被課責的。
2. 代理人具體的課責性：就各個面向來監督及評量代理人的表現。
3. 發展清楚、具體的衡量方式來監督及評量代理人表現。
4. 一套獎賞規則，使代理人可以被激勵以取得依循規則的獲益，這套規則也要能明確區分出何謂好或壞的績效表現。

Leonard 的「課責原則」之最後三個特徵也可以被視為與機構的規則結合在一起的契約。

　　這種課責的形式認知且堅持在規則與代理人之間極為重要的不對稱關係。因為規則創造了這個關係並投注了資本，它們擁有了合法性、道德性與實際上的權力，它們不僅定義出運行中的關係之目的，並針對應該生產什麼進行價值上的判斷。代理人沒有立場來界定委託機關的目的或價值。至於規則也無須尋求代理人的同意，其可自由地對目的進行改變，或者也可以單方面自行決定中止與代理人的關係。

158　　　對於代理人來說，尤其是那些與委託人建立起關係，不僅是為了個人報酬，而且也共享其委託人的渴望去達成某些特定的社會結果，這份關係可能無法滿足他們；就委託人的部分來說，或許想要一些空間來利用代理人確切的渴望以獲得協助。假如委託人可以倚仗代理人的忠誠（不論是委託人或是其目的），從代理人獲得更佳的效能表現會變得相對容易。監督的負擔、激勵系統的建立等等，對於委託人而言，都會更加輕鬆，而工作關係也能變為達成共同任務的滿足感及愉悅感之源頭，而非由懷疑及不信任感所造成之鬥爭。假設，另一方面，委託人無法完全信任代理人，此時委託人會將代理人視為被管轄及控制的參與者，而非共享事業中的夥伴來對待。[12]

　　在民主理論的政府課責制中，有著關於委託代理理論的具體應用。在公務機關中，「公眾」（the public）是相對於政府機關的委託人。公眾有權利表達何事值得做、檢視機關的行為、決定事物是否繼續進行、提出建議及鼓勵改善。[13]而這些運行政府機關的人，需要對其效能表現能否回應公眾的目標負有責任，他們被期待運用其才能和能量找出最有效率和效能的途徑，達成公眾所要求的結果。

　　傳統公共行政研究者熱衷於運用代理人理論。[14]然而，這會遇到實際上的困

難，也就是難以找到一些具體方式，讓公眾清楚而具體地表達出對於公共機構的要求。[15] 傳統上的解決辦法乃是將定義公共價值的任務交付給政府的立法與行政分支機構中的民選代表。[16] 這些民選代表被期望發展一致性的政策命令。這些政策命令定義出公共機關的目標。相對地，機關管理者則負責去對如何有效率及有效能地實現目標進行深刻的瞭解。

攸關公務機關的課責制問題主要含括一個清晰及簡單的概念，即是一個單一、一貫的委託人無法亙久不變。事實上，若試圖使用 Leonard 的條件來在公部門建立一個適合委託代理的關係，則可能會出現一些危機。試述以下：

159

- 公共機關有課責性，諸如合法性、道德性及可行性，對於許多不同的參與者，還未有一個途徑是能夠包含整體所需，以及沒有執行眾多複雜要求的簡單原則可依循。
- 對於課責的實質條款是龐大、且多樣的，造成需要權衡這些競值的必要。
- 就許多價值的重要面向來說，可能幾乎不存在著有用且可獲得的績效資訊。由於少數經過良好發展的方法只能顯示出有關績效的潛在價值，所以採行這些方法並加以運用，可能會冒著令機關整體績效失真呈現的風險。
- 公務人員法被設計用以保護公共管理者以防杜不當政治力介入影響，造成難以根據績效表現雇用、解僱或是調整薪酬水平。然而，關於用來激勵公共代理人的上述條款，確依然是不夠清晰的。公共機關的監督者更多傾向於增加或減少整體預算，而非回應效能來調整薪資管理，然問題可能持續，當公共機關倒下，預算裁減似乎只讓事情變得更糟。因此，對於有經驗的公共管理者來說，預算裁減的威脅時常是被閒置的。[17]

未完成的契約及強化工作關係的需要

事實論述在公部門，對於如委託代理這類性質的課責性崩毀相對快速，顯現不論其在理論中似乎是如此合意，我們可能無法在實際執行上完全依賴。[18] 但是，即便沒有關於委託代理形式課責經驗的困難，仍有些重要理由使我們偏好於不同、更多互惠形式的課責。

委託與代理關係是有問題的。問題的根源在委託與代理雙方的權力不對稱。委託人不僅是唯一的價值仲裁者，亦是位在定義業績表現基礎的契約書寫者。當然代

理人是有權能夠拒絕此契約，但有大量的權力來自於委託人，其能提出契約接受或捨棄的基礎上。委託代理理論也假設是發散而非收斂利益，以及建立於不信任與懷疑、而非信任與互相誠信。市民尋求有效控制這些無法依賴的官僚階層可能滿足此類關係，但若他們即使如此，此時只有透過更加緊密的契約來管理此關係一案。

倘若契約是由委託及代理雙方共同完成（此概念為雙方互相及確切具體指出委託人的目標及價值，而代理人的執行可以為他們帶來最好的滿足），且模型假設人為理性最大化（即指委託人瞭解他們的目標及價值，且代理人於契約條款中回應他們自身利益），那這些安排將會更臻完善。問題則在於契約從不以此完成，而人們始終有些複雜的心理。委託人從來無法控制代理人做什麼，而代理人有委託人想要的資訊，不單只有達成可建立之目標的最佳方法，或許還有能追求新的、更好之目標的機會。代理人回應他們被對待的方式以及他們被信任的程度，有些時候是好的，有些則不。委託人有被限制的能力去獎勵及懲罰他們的代理人，而這些獎勵及懲罰的過程可能會發展成各種不可預期的結果。最終，若是工作關係始終持續受困於契約文字中，有些額外價值創造的重要機會將喪失。

這些意見的涵意為當委託管理形式的課責可以運作，透過工作關係來擔保產品水準程度，在某些情況下，有些其他形式的課責能夠勝過此種形式。我們能夠稱其為「為達成共同目標之雙方課責」，此類會在委託（人們或是他們所選出的代表）及代理（公共機關）間造成不太明顯的區別。在這個概念中，合法監督者、公共機關對於完成重要的公共目標擁有共同及個別的責任。公眾會瞭解這些法律和執行該會的能力，並提出公共目標為何、哪些優先權他們能獲得、並尋求更有效率及效能的方法去達成這些結果的想法。對多數來說，這可能代表公共機關地位的升高，以及公眾和其代表地位的降低，而這可能聽起來是不適合及危險的。雖然這是稅務局嘗試創造的一種關係，且提供以換取地位的改變逐漸透明化、逐漸聚焦於成本控制，以及以長遠的眼光來改善效能表現。

摸索走向改進

政權互相課責的抽象想法建立於市民、選舉代表、公共執行者的關係上，透過一個聚焦在公共機關目標和企圖（管理者和監督者相同的認知十分重要）對於公共價值帳戶的共享承諾，給予我們欲達成目標之景象，但也表示出現實與理想的差

距。取代連貫一致的委託，我們有的是分裂的委託；取代發展完全、與效能相稱措施的堅持建立，我們有的是少許難以相較、部分發展的想法；取代可靠連結效能表現所附隨的獎勵，我們有的是不依據效能的虛弱獎勵系統；取代令人敬仰的座談會，使委託及代理雙方滿足信任以處理、建立其雙方關係的契約不完整性，我們有的是委託方比起協助代理方表現更好，似乎有更多興趣在羞辱代理方。

　　取得進展的重點可能不在於試圖對於課責的結構進行大幅修改。各式各樣的委託人都各自有著對於公共價值創造的問題與想法，這情況在民主政府的憲政結構中是具有法制化規範的。然而，爲了搭起現實與理想間的橋樑，監督者和管理者應該透過實務經驗開始省思及實踐，由此以適切管理彼此雙方的衝突。

診斷授權環境

　　公共管理者開始執行他們政治授權環境的清單。於此份研究，我和同事落實公共治安監督者所展示、鑽研組織文件和媒體檔案，能顯示他們在過去要求機關爲自身行爲及結果負責、他們主張的本質，及聚焦於某些特別的價值方面。透過這些資訊，管理者可以描繪景像如同我們爲自身機關發展治安管制一般。然而似乎不需要透過簡單的歷史分析，即有三項引人注目的理由促使我們去做，從部分合法性和公共價值計分卡的支持觀點下手。

授權環境闡釋目前效能表現。首先從歷史中瞭解，施壓於公共機關時，可以幫助管理者瞭解目前的效能表現，「組織」如同大多數的事物，適應著外部環境。隨著時間推移，其效能表現傾向反應於對其要求，因此特定機關所被觀察到的行爲，可能反映了外部參與者對其價值要求的平衡。

　　當授權環境崛起一股新的勢力——當選區能夠對公共機關提出合法、實際、或道德注目的要求於考慮執行的新價值，或強調舊價值已褪下屏幕——擾亂著現有平衡的壓力。若此勢力擁有足夠的強度及續航力，將改變機關的效能表現；反之，若爲虛弱或是短期，則仍會崩落於對於效能表現及課責，這種慣常要求的無情力量下。

現今授權環境的基準評估。第二，細看課責制的結構能提供公共管理者和其他關心的參與者，有機會反思課責結構的品質——是否有權力授予機關運作的合法性，並保持他專注於創造公共價值。現有課責結構的品質至少可以抗衡兩種不同的

162

標準。

　　首先是有程序上的問題。在建立課責結構的過程中已經被詢問過的關於機關運作的合法權益程度。[19] 如果某些選民被忽視和／或其他選民似乎有一種不相稱的角色，就此而言應該可以認為，機關表現與選民利益更為均衡的話，應可以提高機關運作的回應能力和合法性。[20]

　　還有一個實質上的問題，也就是有關於課責系統對於價值的特定面向之認可與捍衛程度，以及其是否具備適切性。[21] 在 James 的案例中，如果授權環境中沒有人關心控制成本、追回拖欠的稅金、稅務局施行的公正、或是稅務局展現對個人權利的注重，那麼人們可能會推斷出稅務局的課責結構是有實質上的不平衡，而因此削弱稅務局的回應性和合法性。[22]

想像一個不同且更合法的授權環境。第三，是從事課責需求細部分析的最重要理由，公共管理者能夠使用他們對授權環境的細部知識來管理，使他們的單位更好。如果管理者想要追求被忽視的或不夠強調的價值方面，可以增加該價值方面的產量，透過發展：（1）績效衡量標準；（2）選區感興趣於監視表現，和注重於這方面的價值。我們觀察到，如果管理者無法掌握外部的課責來增強表現，便不能順利運作組織，但管理者同樣也能幫助塑造額外的需求，不只是界定特別的價值方向來推算，而是透過識別和動員潛在的政治選區（民）對此感興趣。實際上，他們可以透過向關心的外部團體宣傳他們機關在該地區的表現，藉以創造推力去創新和增進特殊價值。

　　類似的機會存在於注意授權環境中代表性不足的聲音（而不是被忽略的價值）。市長 Williams 努力協調有關華盛頓特區策略目標的討論，市長面對與各轄區的市民企圖重建的課責結構，包括：（1）有關公共目標的討論，新的聲音可以使公共管理者意識到新價值產生的價值；（2）或可能為被忽略的價值方面帶來新的重點。但即使沒有新的價值觀湧現，討論還是有助於增加整體公共管理者所喜好的合法性與支持力量。在一定程度上，鼓舞公眾支持的士氣、激發想像力，可以動員公民協助公共機關實現其目標。納入新的聲音意見這一個動作，可以顯著地提高績效表現。

診斷授權環境的複雜性和多變性

一個授權環境詳細的實證分析，也可以幫助管理者瞭解複雜和動態的環境是怎麼回事。從過去得知清楚且與課責結構相關的配置，可以幫助管理者做出關於未來的預測。此外，也可以幫助他們找出辦法，以適應和管理大家所需的求課責制度。

授權環境的複雜性。有兩個重要的研究揭示了授權環境的複雜性。第一個是對不同價值方面感興趣的授權人總數。有越多的價值觀參與，授權環境就會越複雜。如果有人本來想讓 James 做的唯一一件事情是收稅，那他的授權環境將更加簡單和更連貫。一旦他需要考慮到客戶滿意度、降低成本，則他的授權環境將會變得更加複雜（因為這樣的話，若他要創造公共價值帳戶，他就需要對有關授權環境的議題並做出回應）；

第二個重要的發現是有關於既有的授權人，也就是探究這些人的利益所具有的高度專業化和差異化程度。試想一下如下的兩種不同世界：（1）第一種世界上有三個授權人，每一個關注 James 的某方面表現，彷彿那是唯一要緊的方面；（2）第二種世界上有三種授權人，每一個關注所有三個方面的機關性能。第一種世界的問題是，那些呼籲 James 可能沒有意識到，他們所珍視的價值，可能必須與競爭的價值對抗交易。第二種世界是可取的，因為更容易使 James 與他的監督者對話，並接受實現價值的所有三方面之共同責任。

監督者是否願意停止堅持使用單一面向的關注，相對地採取多方面與多面向價值觀點來作為機關業績的充分代表性，這對 James 來說是個重要的問題。如果可以的話，James 已經為他的組織構建一個連貫任務的機會。如果他們不能，James 和他的機關仍將偏弱勢的攻擊偽裝成對機關表現一般的攻擊。

165

授權環境的多變性。授權環境的複雜性，反映於參與者和利益的數量和種類；它的多變性是關於課責變化需求之頻率和速度。

有時候，因為社會和政治條件的變化，公共價值必須從整體價值方面增加或減少，這在授權環境中扮演重要角色，和管理者可能希望掌握公共價值帳戶。例如，對於多年警察機關忽視於減少恐懼，和對犯罪受害者提供優質服務的擔憂。最終，警方令人震驚地瞭解到許多的資金是花在私人保安，多過於公共維安，且有更多的私人保鑣數量勝過於警察，這些問題得到了上述進行評估的議程。[23] 同樣地，對於警察腐敗的擔憂往往會出現，並在計算警察表現的 20 年間隔消失。[24]

其他時間的重點為授權環境給予建立價值移動的方面，和公共管理者必須做好準備，以調整相應的計費方案。例如，明尼蘇達州的民選官員變得斤斤計較控制州政府的總體成本時，稅務局不得不設法降低成本，即使這樣會減少收稅的效能。

政府機關在正式的監管辦事處建立監督員的穩定，但這些辦事處的現況改變。且在授權環境中，許多自我任命的課責代理機關此起彼落更具多變性。任何公民或團體可以在任何時候指出機關績效表現的某些方面問題。

課責的「深層結構」？ 課責結構簡單且穩定的理想和州議會課責制的現實形成鮮明對比，不斷變化的表面也可能具有欺騙性。退一步採取稍遠的觀點，公共管理者可能會發現一個隱密和穩定的核心。也許有深刻、不變的公共價值結構管理著某一公共機關的績效表現。[25] 例如，針對幾個城市所進行的持續性警政治安績效報告中，所展現出的治安績效之公眾評價的焦點，仍是相對有限和穩定；只是偶爾才會有新的價值被引用來對警方行動進行評價。[26]

更常見的是各個方面對警察表現相對重視程度的變化。當紐約市警察局被強烈地注重在控制腐敗，並沒有停止對減少犯罪和捕捉罪犯的交代。這只是說，在邊際上，減少腐敗的相對重要性上升。[27] 當紐約市警察局的重點是減少犯罪和失序，這並沒有停止當侵入公民的私人生活時需盡量減少使用武力、依法行事、公正地，但同樣地，這些目標的相對重要性轉移。[28]

這些變化可能對應於政治情緒和期望的改變，或是公民生活中客觀條件的改變。他們可能是漸進的（授權環境的焦點可預測性地從不重要的方向轉移往更重要的方向）或週期性的（強調價值被第二個價值取代，又再次更換強調第一個價值）。但是往往偏重於不同的價值變化時，整套用於評估一個機關的效能表現價值可能並沒有隨時間而改變。一個負責任的公共管理者可以忽略偶爾的微小變動，轉而關注那些不斷提高性能表現的核心價值，以課責需求的實證分析揭示。

如果課責的深層結構定義於下賭注給機關業務不朽的價值觀，即是為那些想要建立公共價值帳戶和注重公共機關的好消息。他們可以用不朽的價值觀簡單打造帳戶。在任何給定之時刻，一個或其他價值可能突出於公共價值帳戶，但將很少出現一個全新的價值。策略導向的管理者甚至可能能夠引領帳戶，抗衡公眾的關注波動。實際上，公共價值帳戶可以提供一個更加一致、全面的焦點，呼應每個人理解的價值生產組合。[29]

　　如果授權環境的診斷確實揭示了一個非常複雜多變的授權環境，這個診斷可以幫助管理者從策略上思考如何協調相互衝突的需求，並適當地變動做出反應。

回應授權環境的複雜性

　　在回應授權環境的複雜性的時候，管理者面臨了幾個問題。首先，管理者要試著在一個單一的公共價值帳戶裡協調授權者的各種績效預期。第二，管理者不得不承認，在統計各項公共價值面向的帳戶裡，有一定的上限要維持，不能無上限地什麼都放到公共價值帳戶裡。第三，在績效衡量方面，管理者會希望只用單一的評估方法做評估，因為太多的評估會降低他們專注在組織和工作的能力，但單一的評估通常很難被實現，所以，在回應授權環境複雜性時要面臨的第三個問題是，當管理者不能僅僅因為財務績效表現良好被認可時，那他們應該要怎麼做，才能在以經驗和質量的評估中被認可？

社會效用函數。如果管理者想要改善在多重價值面向的績效，那原則上，管理者可以與監督者協商建構一個「社會福利函數」，尤其是給每個和其他價值相關的價值特別的權重。[30] 如此一來會產生不相稱、難以量化的價值，若要令其相稱，必須明確指定管理者願意在何種比例下，用某個價值的增加來換取另一個價值的減少；舉例而言，明尼蘇達州議會告知 James，州議會願意花更多錢和接受更多民眾投訴，來換取收稅增加的結果。

　　埃森哲公共服務價值研究院（Accenture Institute for Public Service Value）在《公共價值揭密》（*Unlocking Public Value*）一書中，主張應加權成果相關績效的衡量法，以清楚界定策略優先事項。[31] 由於優先事項會隨時間改變，故權重亦應隨之而變，在這當中的構想，是此種加權過程可讓「政府機構有機會把指標資料整合起來，變成一種『完全成果分數』」——此種構想很接近極難形容的政府機構績效「底線」。[32]

　　當然，政府體系實際上幾乎不可能建構明確的社會效用函數。就連負責為《公共價值揭密》規劃詳盡加權和篩選過程的設計師，都承認「加權過程中激發的思維和縝密考量」，比起取得「完全成果分數」還來得更加重要。[33] 因此並沒有一種可讓民眾和政府管理者皆大歡喜的方式，來彙整特定政府機構或政府單位的績效，至於有關價值不相稱的難題，其中的得失權衡也淪為無解。這種情形或許可能會排

除任何一致可靠的公共價值創造管理做法。但假如我們能夠習慣以價值的多重面向來管理政府機構——假如我們能夠同意列出所有重要的價值，並認真看待這些價值——那麼或許有機會提升我們辨識和管理公共價值創造的能力。像是圖中，原本三角形比圓形還重，但因為圓形被很多人認為很重要，所以我們就給他加權，讓三角形和圓形變得相稱。但授權者就會反對這樣的加權，因為他們認為每一個價值面向都是無法衡量的，不能這樣被交易。但如果管理者可以習慣用多重價值面向管理公共機關、並嚴肅看待所有重要價值，那也許管理者認知和管理創作性公共價值的能力就會增強。

以多重價值工作。講到以多重價值工作的時候，公共管理者和監督者都抱持反對的立場，因為公共管理者不想被多樣的績效衡量方法壓得喘不過氣。[34] 而監督者認為，以多重價值工作會變成公共管理者可以躲在後面的屏障，因為公共管理者會只完成其中幾項就說他已經完成工作了。但雖然他們二者都反對，但以多重價值工作還是有一些優點的。

　　首先，就最低限度來說，展現出願意切合課責要求的情況乃是透露出一個強烈的訊息，也就是管理者願意表現出負責任感以及具備回應性。管理者只要表示同意某些價值，那他們就可以吸引到那個價值的支持者支持他們，而且管理者不一定要做出承諾。能夠對於擁有合法性、道德性與實務性權力的立法監督委員他們所提出針對公共管理者的要求表示認同，不僅是深具價值意義的，且也是必須的。選擇對於授權環境中其他需求加以接受配合要依靠行動者與他們所提出要求的相對合法性、道德性與實務性權力。有時候，對於課責要求加以接受配合所要付出的努力，實在是要比相對地進行抵抗所付出的力氣還要來得少。

　　其次，承諾對於授權環境所認可的任何價值面向進行衡量，都會驅使公共管理者發揮創意藉以尋求有用的與便利的衡量指標。而在尋找的期間中，管理者也會學到他們機關目前收集到的資訊，並開始考慮如何將那些資訊盡可能地寫進可以滿足對於課責要求的報告之中。[35]

　　第三，藉由接受對所有被提名的價值面向課責，管理者可以將對他們是否盡責的籠統討論，轉移成討論哪一個價值面向他們應該被課責的相關問題。立法監督者通常藉由批評公共機構中經常可見的「缺乏課責」議題來進行簡單的政治評分。對於政治人物來說，這確實會能協助公共管理者提高他們的機關績效。如果公共管理

者藉由詢問他們應該生產與衡量哪些價值的新面向，來回應上述批評，那麼公共對話可能就會由對於課責層次的程序議題移轉到對於價值取捨的實質關心。

　　第四，公共管理者可以使用這種基本的課責制度，同時對政治衝突進行含括並加以凸顯。舉例來說，對一個尋求增加收入並願意花費另外的基金在稅務局上以得到他們的政治派別來說，用收入集合來衡量公共價值生產是正確的。相反地，對另一個尋求將政府支出最小化和減少徵稅花費的政治派別而言，他們會希望將花費在稅務局方面的支出降到最低。所以在講到公共價值帳戶時，就可能會造成每一個派別被迫對公共價值做出取捨，並在這些方面去向對方做出承諾或拒絕，也因此政治衝突就由此產生。【36】

170

　　最後一個優點是，公共管理者會去承擔那些被公眾認為重要的責任，而且如果沒有和公眾討論過，公共管理者也不能隨便縮減其中任何一項。

　　對單一底線的偏好勝於多重指標，這種思維是可以理解的。但此處再次提醒，經營得當的企業，不會只仰賴單一底線。【37】企業高階主管處在「資料豐富」的環境裡，周遭滿滿皆是有關成本、過程、產出（質與量）、客戶及許多其他關於經營環境特點的資訊。【38】這樣的龐大資料庫有助診斷和學習。相較於企業管理，以多種成果衡量法取代財務底線，固然會對政府管理構成更複雜的挑戰；然而事實擺在眼前，管理績效最佳的公司，會運用包括內部運作和外部經營環境的多種衡量法，作為執行價值創造策略的指引，這讓政府管理者再也無法認為建立同樣擁有豐富資訊的環境會危及他們的焦點目標和效能。

尋找生產的可能性邊界。批評者會反對總是在價值間權衡，例如：警察為了成功控制犯罪率，會使用更多的公權力來執行，就是在公權力和犯罪率兩個價值間做取捨。另外一個例子，稅務局為了增加稅收，就花費更多的資金去強制執行徵稅，也是在這兩個價值間做權衡。而這樣的取捨是普遍性存在於授權環境中的。所以在取捨的過程中就可以找到相關的生產可能曲線，我們就能知道哪些組合是可以做到、哪些是不行的。然而，在什麼時候又要用什麼樣的生產組合？公共管理者能知道的唯一方法就是嘗試每個不同的方法，然後觀察結果，從中得知。

　　在經濟理論中，「生產可能曲線」是指在現有生產技術下，使用所有資源生產時，兩項或更多價值的最大可能的生產組合，且在平面圖上所形成之曲線（例如：降低犯罪與維護人權自由、協助納稅人與追討欠稅款項等）。【39】設想的情形中，

171

這些價值會在許多不同的組合裡創造出來，但是生產可能曲線上的各個點，代表可利用某個資源創造出來的最大價值。在生產可能曲線上會面臨這樣的選擇：哪一項價值的追求，值得以犧牲另一項價值作為代價？不過，如果政府機構的績效位於生產可能曲線當中的某處，那麼政府機構就不必回答這個問題。位於生產可能曲線當中，就表示以技術而言有機會創造比這兩種價值更多的價值。當然，政府機構一般而言並不清楚自身在生產可能曲線上的定位。若想得知定位，唯一辦法是嘗試不同做法，並觀察其成果。【40】

在政治性的對話中通常指出，一般人民常常面臨取捨之間的痛苦決定。但沒有特別的原因可以說明公共機構能比一般人更能趨近達到於生產可能曲線之上。【41】的確，對於公共機構來說，想要接近於生產可能曲線確實是非常不可能達到的。

觀察私部門和生產可能曲線之間的關係。因為私部門擁有持續的競爭和積極的利害關係人提供資源給組織，因此增加了創造價值也可以推動生產可能性曲線，所以私部門組織通常可做出很好的生產可能曲線。【42】但即使如此，私部門的生產還是常常落在生產可能線之內，而不是在於線上。相較之下再來觀察公共機構和價值革新之間的關係。因為公共機構不能面對太多的競爭而且只有少少的動機，所以公共機構創造出的價值革新通常是少的。也許公共管理者會假設他們同時在很多不同的範圍去努力改善組織績效，但書面報告的經驗告訴他們這是錯的。他們應該不要在探索他們的選擇前就假設他們面對的是「困難的選擇」。因此在公共機構中的公共管理者，其管理績效真正的挑戰並不是價值判斷力，而是用力量與授權去尋找經驗和利用革新，以改善總體的績效。【43】

當公共機構想要去遵循他期望生產與需求某些有關當下所追求的價值是否值得去追尋的指引，從而達到生產可能曲線的這種不可能情況時，我們可以藉由一種依循價值的盤算而進行價值創造的完整衡量方法，促成謹慎而嚴正的政治對話。但是當公部門期待授權環境的價值判斷力之時，政治過程通常有所轉變且退化成為大聲地嚷嚷與不斷地爭吵。政治人物總是急忙地抓住有利於自己的價值而且堅持這些價值是最重要的，也不討論他可能在某種程度上的損失。在公共討論中保持（所有）重要的價值，可以幫助在授權環境中的人瞭解一些是，就是他們要增加與調整哪項無法同時接受的價值中其中一個比較重要的價值。政府的新聞報導可能只是要求大眾對於一個價值的忠誠度，但是公共利益是需要大眾一致的認定才行的。【44】

想要審慎思考績效的哪些面向對於某個政府機構的公共價值概念真正具有重要

性，其中問題出在需耗費大量時間和動用傑出的政治技能。即使擁有足夠的時間和技能，管理者可能仍得殷殷期盼政府環境願意遵守紀律，並重視這些深思熟慮的結果。就算是最優秀的政府管理者，我們也不清楚他們能否在任何時間點集結到必備的時間、技能和政治經費等要件，更不用說能否始終維持這樣的機運。但只要對於課責的要求依然存在，或許就值得政府管理者投入這些作為。為了讓可行之事確實付諸實踐，管理者或許必須單方面地採取有違傳統認知和實務的行動。James 及其在稅務局的代理人，就為我們示範了這種行動的可能樣貌，其中也包括缺點在內。

對授權環境的多變性做出回應

　　根據前面所說，公共管理者在面對複雜的授權環境要做出反應本身就是一個挑戰。那什麼是公共管理者面對授權環境時的更大挑戰呢？就是要面對授權環境的多變性，並要求事件的參與者重視績效的重要性，所以公共管理者如何在隨時間變化的授權環境裡協商談判，將是個更大的挑戰。

對變動的授權環境接受或抗拒。在授權環境方面，公共管理者不應只是一味拒絕與抗拒新的需求或改變，應該先認定新需求是否合法與符合道德和有實際作為，並把重點放在如何做出怎樣的決策判斷力。假如新的要求威脅到了一個部門早就建立起來的價值策略，那麼管理者和負責人也許就會選擇拒絕或抗拒新的需求。[45] 基於有關於這個工作的上述說明，那麼所需要面對的就考量重點就在於是否要將有關績效的新面向之課責需求視為遲來且應該被排除的論點。就此而言，紐約市警局就是使用這個策略去回應特定的績效命令與需求。所以 James 雖然預期到警政事務面臨到需降低成本的要求，但他還是在稅務局的部門事務上增加預算，並擴大開支。

　　然而，為了再度實施先前曾採行的要點，而非反射性地抗拒新需求，管理者可以替新需求思考其法律、道德和實務上的基礎，並且有策略地判斷回應的方式和力道。如果新提出的價值面向造成威脅，使得機構偏離既定策略，那麼管理者和監督者或許可選擇直接捨棄新需求，將其視為分散注意力的冗物。然而，如果新需求與機構追求的策略方向一致，管理者和監督者或許應大方接納新需求，將其視為工作助力，利用來自此新需求對於課責制的影響力，擴大他們改善機構運作的成果。Bratton 和 James 兩人都很有策略地回應了特定的績效需求—— Bratton 的回應方式是把警政貪瀆看作是與謀殺、強暴和搶劫同等的犯罪，James 的回應方式則是建立

投資／撤資的過程。

為遭忽視的價值面向建立支持者。政府管理者亦可運用其授權環境的複雜和變動狀態，動員有助其追求特定價值的支持者。管理者詳盡列出了攸關機構運作的價值，但仍可能發現到，清單上有幾項價值並沒有在管理者的授權環境對應到與其相關的成員。假如管理者的機構在創造這些遭忽視的價值時，沒有取得特別突出的成果，觀察到的注意力真空情形或許說明了其原因。不過從這種真空情形也可看出，管理者實施的政治工作中有哪些成分具有策略用途。從哲學角度來看，假如政治授權者沒有注意到某個重要的公共價值面向，那麼有策略的政府管理者可以提出這個價值面向來獲取關注，並制定實現此價值的衡量法，期望建立重視追求該價值的支持者。此種做法或許可填補政治上的真空，並令公共價值的觀感更加完整。

上述關於如何應付授權環境複雜和變動狀態的構想，認為政府管理者不應受制於此種令人困惑的迂迴曲折環境。事實上，政治監督的複雜和多變，為策略領導造就了重要機會。正如 James 採取的行動，政府管理者或許應能藉由課責制條款的協商，來幫助社會大眾（以及社會大眾的諸多正式／非正式代理人）道出自身的期許和盼望。若管理者能抱持開放心態進入其授權環境、仔細傾聽對話、注意社會大眾似乎較關注的公共價值面向、以及在提議的公共價值帳戶中單純把這些資訊回饋到授權環境，或許管理者的這些作為將有助監督者彙整一組特定的價值面向，將其納入完整的公共價值帳戶之中。另外，當政府管理者確實發現周遭授權環境存在著缺口——重要的價值面向遭到忽視，利害關係人的心聲被埋沒——此時管理者可以替遭忽視的價值喚起注意力，或擴大放送未獲充分表述的意見，藉此努力修正問題。這些行動並不違背民主治理原則，反而強化了指引機構追求創造公共價值的民主過程所擁有的本質。

利用公共價值主張來從事及管理授權環境

政府管理者對授權環境的回應，無論是任其自主發展或者試圖影響其走向，若能擁有列出一組尚待機構創造之價值的公共價值主張，則此種主張便可作為統整政治監督和課責制的有力工具。如第 2 章所述，提出一組特定價值並對價值創造過程加以衡量，有助在授權環境裡催生出有關如何定義價值績效的討論。若政府管理者

將授權環境的成分，融入在有明確指出管理者應遵守何種課責條款的具體提案，那麼政府管理者可以得到兩種有價值的成果。

首先，示範承諾使課責制與受託責任連貫。有些列四個原則：

- 接受而非逃避責任；
- 完全接受對民眾的受託責任；
- 透過績效衡量讓課責制更容易且更有效率；
- 利用所被分配的資源來盡可能創造民眾所預期的結果。

175

這樣可以自動增加公共管理者從其授權環境中享受合法性及支持。

第二，讓監督者間進行實質性的交談，來瞭解民眾真正想要的是什麼。他們必須決定接受或是拒絕公共價值主張。如果他們不喜歡，必須指出公共價值帳戶的哪一點他們不贊成，並提出解決方案。他們必須瞭解各自對於公共價值不同觀點的先對重要性，面對並解決彼此間的衝突。這樣有助打造對於監督者間或是監督者與管理者間的互相諒解與更連貫的協議。

最後，精心設計的公共價值帳戶可能會成功讓授權環境堅持公共價值的概念。若是行政與立法雙方的監督者致力於特定的公共價值主張，管理者就有可能獲得難得的機會——推動那些特定的價值以及在公共價值帳戶繪出他們的成功與失敗，而不必擔心政治授權者在課責制的需求上做出突然的改變而使他們前功盡棄。

績效與成本控制的激勵機制

明尼蘇達州從很早以前就面臨到一個一直沒有辦法被解決的問題，那就是立法機關如何透過編列預算的過程中創造誘因，以提高管理的績效。如上所述，公共管理者與其上司常常面對不正當的激勵機制：若他們無法達到所要求的結果，管理者與其組織將會得到更多資金以達到之前未達到的目標。當他們達到目標，資源往往就會被轉移至其他更需要的區域。延續這個觀點會產生出一個令人感到困擾的論述，也就是公帑應該流向需求（透過存在於期望與實際社會條件間的某些落差來進行需求衡量），而非只是完成被預期的目標。如果學校沒有達成，就很難在沒有損害到弱勢學生的情況下達成降低自己的預算的目標。相對地，如果學校成功了，就很難在沒有造成收入更不公平的情況下增加預算。因此，顯然來說，較差的績效會

176

獲得更多預算的回饋獲益，而好的績效則相反地會得到懲罰，並獲取到較少的預算挹注。

如果立法機關企圖利用資源的分配來激勵管理者提升績效，那絕對是一個很嚴重的問題。就算最終目的是成本的縮減，但是立法機關可以透過編排預算的過程中分開對於個別管理者的獎勵及懲罰，以及更具體的說明對管理者的規範。

在大部分的人事制度，管理階層的薪資是與所管理的代理人規模成正比。事實是增加預算會比減少更容易維持員工的工作風氣及員工間的合作，讓很多公共管理者相信他們的目標是要提高被分配給代理人的資源。[46] 如果立法機關修改以上機制，不是只求依據成本效能分析或精簡成本的觀點來進行預算的增減，而是透過達成具有價值的績效成果之增加程度來提高薪資，如此一來管理者必定會以提升績效成果來做為回應。[47]

透過績效的增加或是成本的降低來獎勵管理者的做法，其實在私部門已經非常常見了。以一家電子公司為例，管理者不只會因為績效的增加而被獎勵，清算或出售其表現不佳的部門也會被獎勵。[48] 與其與表現不好的下屬遭受同樣的命運，不如透過替公司節省開支，降低成本，讓公司有更多的資源可以投資在更有利的投資來讓自己升職。

177 在公部門，管理者往往與自己的組織狀況（好或壞）相連接。這讓他們非常注重他們所帶領的代理人的「成就」。[49] 為了解決這個困境，立法機關可以獎勵提高表現的管理者，同時他們減少資助代理人／機關；懲罰表現不佳的管理者，即使他們給不合格的代理人／機關額外的資助。

因為成本控制是管理績效最重要的一個部分，所以獎勵制度必須考慮成本問題。公眾是透過公共代理人有沒有達成所要求的結果來評估他們的績效。比起公共價值帳戶左手邊（成本的產出），我們更注重的是右手邊（產出的結果）。預算編列的過程會讓成本受到控制及讓公共管理者最大化公共價值的產出，而該產出會受公共支出以及公權力的使用所影響。

但是有的時候，公眾會尖銳地觀察公共價值帳戶的左手邊（成本），並要求真正的成本減少而並非成本限制。有時這麼做只是意識型態的問題——確信小政府可以創造出更好、更公正的社會。這些關注會在政府的赤字增加的時候更備受矚目。在這樣的狀況下，公眾與其所選的代表往往會要求政府官員利用最少的成本來達到標準水準的表現（甚至是更低）。有時候甚至會不在乎產出，一味要求成本的減

少。從以上可以發現成本的減少似乎就是公共價值產出的衡量標準了。

原則上，我們應該讓公共管理者對成本的減少以及期望結果的達成負起責任。我們對公共管理者的要求，應該是發掘提高價值成果的可能性並同時減少成本，其實就是所謂的生產可能曲線，讓我們可以更好地判斷什麼是值得執行的，以及如何在各個政府活動中分配資源。事實上，在現實中我們常常無法讓公共管理者受成本控制的約束；然而這種要求公共管理者應對公眾利益的需求上感到責任的觀點，也只是如同私部門的個人活動中的做法，在不超出預算的情況下達到生產收益而已。

當政府管理者對他們的組織加以嚴密的界定，認為在不管成本的前提上可以進行承諾且產出既有的產出規模，這種情況幾乎是不可能做得到的。當管理者的命運與他們組織的命運被區隔開來時，以及當授權環境已經強調成本降低並將其視為是公共價值創造的一種重要形式時，前述的情況則應該是容易的，但它會是困難的。對於建立管理者的誘因來說，我們將成本與公共價值的相關構面進行謹慎而細心的維繫是重要的、將管理者的報酬成功地與機構或部門的績效進行連結也是重要的，至於將成本降低視為珍貴的目標亦是重要的——不管是關於達成生產力的提升之目標、維持政府對財政的課責而不超出財政限制，並盡可能地保障個人的選擇與自由權益。

178

本章總結

就像大多數的公共管理者一樣，James 面對到的是來自如同漩渦般的政治權威環境之課責需求。然而，不像大多數的公共管理者，他依循 Bratton 和 Williams 的做法，擁抱而非抵制來自於外界環境的課責需求。他期望透過這樣的行動做法，讓他不只能增加本身機構的支持及合法性，且能找到重要的能量來源以改善他的組織績效——即使可能會由此需讓自己將降低組織成本列為提升績效與創造公共價值的重要面向，也在所不惜。

但是 James 的努力超出 Bratton，在重要的討論關於藉由組織生產重要性的價值裡，他力求參予他的政治授權，並探討組織該如何被評量，和 James 對於績效和課責性該如何執行、合法性與擴大公共需求。經過兩年的努力，在追求行政機構與立法監督者之間，確實增加了對彼此的尊重感與信任度。而這些努力也讓他們更為

密切地達成了對機構彼此間如何互動與課責等條款的共識。

　　為了瞭解他們彼此間的密切程度，我們可以由表3.2中看出他們經過慎思討論後所發展出來的結果，這些也就是有關於如何對稅務局進行適切課責並進行績效評估的相關條款之價值構面，以及如何針對上述面向議題進行策略性的組織分析——

179　**表3.2　由稅務局與立法機關所命名的公共價值面向之比較**

立法機關的價值面向	稅務局的價值面向
合法性與支持	
• 政治管道是有感知的。 • 對所有的州議員提供搜尋資訊的公平管道。 • 不只是字面上，且能擴展到立法意旨的內涵。 • 基於一致性、誠實與公平發展完善的賦稅政策。 • 從地方政府與賦稅專家處搜尋投入。	• 公民以及其民選代表對賦稅系統與稅務局是具有信心的。 • 國家與地方收益政策是與稅務局的使命和諧共存的。
公共價值	
• 未徵集的賦稅百分比率。 • 界定哪種收入的類別未列入報告。 • 納稅人沒有提出抱怨。	• 對徵稅法規表達順服認同。
操作性能力	
• 哪個程度可以增加資源＝降低收益。 • 可以很有效率地對部門進行組織。 • 對於預算過程可以進行計畫評估。 • 藉由精確的資訊回應電話。	• 徵稅機關準備好實行使命與策略，且員工對於工作都完滿處理。 • 稅務局對於使用本身的資源去達成這些成果是具有效率且有效能的。 • 上級部門（如人力資源與資訊科技等）的內部稅務局「顧客」對於這些內部單位的服務是感到滿意的。 • 交易的推展是既快速又精確的。 • 納稅人與員工可以立即取得他們所需要的資訊。

關於組織這部分的分析其實就是如同第 2 章所引介的策略三角架構所提到的。在州議員與機關的看法中有所不同。可預見的是，州議員非常重視對政治和政治人物及其關注的回應；機關則是較關注自己的任務和運作。有趣的是，政治人物提供較多具體內容在描述他們想要機關生產而非執行的公共價值。而且雙方都沒有強調降低成本爲一項重要目標，即使有關降低成本的擔憂的重要組成部分是當時一般政治家的背景，和在雙邊關係上的重要關注。

　　表 3.2 顯示有關課責關係的其他有趣方面。即使對話在表面上是有關稅務局可以產生的價值，只有一些提名的關注可以自然適應公共價值的帳戶。州議員和該機構的許多關注點更加巧妙地融入公共價值計分卡的其他部分。從操作性能力的角度來看，存在對衡量流程的擔憂。（例如，稅務局關注的重點是「稅務組織準備執行其任務和策略，而其員工則在履行自身工作」，委員會的重點是「將計畫評估與預算流程聯結起來」。）也有關於從合法性與支持的角度來看的擔憂。（例如，稅務局的重點是確保「公民和他們選出的代表在稅制系統及稅務局的誠信上有信心」，以及委員會希望確保稅務局「對政治過程敏感」和「不只是遵循字面上，還要遵守立法指令的意圖。」）

　　這些價值觀進入州議會對稅務局課責的條款部分，因爲這是由州議會和稅務局部分認知且理解爲工具性價值生產最終值的結果；但因爲這兩個機關和州議員認爲合法性與支持和操作性能力觀點有些項目有內在價值，所以似乎至少有某些對於合法性與支持和操作性能力觀點的顧慮是列在名單上的。這也代表其中的一些價值觀也有可能會被公共價值帳戶所衡量。（圖 3.3 顯示公共價值計分卡如何含括各方關注的想法。）

　　不幸的是，就在針對稅務局的公共價值帳戶和公共價值計分卡的架構進行嚴正地協調時，他們都退縮回去了。他們在即將同意的最後時刻所討論出來的最終條款，與先前在會議桌上每一方所提出且認同條款相較起來，是更不完整、更不全面，也是更不令對方感到信服的。在幾乎所有的工作都進行後看到這些具有約束力的協議之可能成果後，他們無法放棄使他們自己做出承諾。到頭來，州議員不願受到這些協議的約束，也放棄他們原先想要支持議案的權利。稅務局的管理者再次展現出是否可能獲得進展的憂慮，也對於如果無法生產的話他們最後要被如何對待展現憂心。就在權利對立的邊緣，協議破裂了！具備憲法條文基礎的結構性條件被提出來仔細衡量，隨著時間的推展，反而是一般性事務取而代之被提出用以處理這些

182

183

條件，至於懸掛於民選政客與機關管理者眼前的誘因，卻聯合起來成為決定這整個協議的主要關鍵。

　　儘管如此，這種努力還是值得學習及效法的。James 和他的團隊重新呈現一種願意改善民主課責系統品質的大膽管理行動。就此而言，管理者寧願追求也不願從對他們的民主監督課責中撤退，並積極推動課責行動。他們這樣做，恢復自己身為熟練且專業之公共管理者的部分自尊，也因如此，他們相信自己可以靠著幫助監督人員，讓自己如同原先期望一般，變得更加口齒伶俐和行動精確。而且他們希望藉由這麼做，可以創造出一個更清楚和更持久的任務，讓他們得以用來製作行動依據，更由此協助他們並引導自己，從而強化對於組織的努力。如果沒有藉由這些行動的進行，更多傳送給公民的有用民主力量以及他們選擇出的民意代表對於政府機關的課責，都可能是浪費的。而關於什麼應該被精確地計算以產生出來這個問題，公眾之間從來沒有連貫性或具體化的一致看法，且亦未能引介公共管理者及其員工經由共同努力以創造出公共價值。

　　如果稅務局和州議員能進行密切合作，就能產生出如同圖3.3 所顯示之一個完整的公共價值計分卡。

公共價值帳戶		180

公共價值帳戶	
集體擁有的資產之使用與相關成本	經過集體評價的社會成果之達成
財務成本	達成的使命成果
內部（行政成本）	徵集給國家的稅款
外部（對市民付出的稅款徵收成本）	提供建議給政策制定者
欠國家未付收益	
非預期的負面結果	非預期的正面結果
高效生產和消費的扭曲（無謂損失）	鼓勵對社會有建設性的活動
	客戶滿意度
	提供正確資訊
	促進合規性
	調和納稅人稅收負擔
使用國家公權力的社會成本	正義與公平
政府的侵擾	維護個人權益
認為賦稅徵收有被濫用與不公正現象的感知	公平地徵收總額稅負

圖 3.3　John James 和明尼蘇達稅務局的公共價值計分卡

181

合法性與支持的觀點
John James和明尼蘇達稅務局的進展與規劃

使命定位與公民價值觀闡述：
在納稅系統的公平性上建立公民信任

與正式授權人站在一起：
　民選的行政首長
　　• 包含統治者的支持
　民選的立法委員
　　• 加強跟白宮眾議院小組委員會之間的關係
　　• 在表現和問題上提供更信賴、正確和持續性的支持
　　• 確保來自參議院小組委員會的支持
　其他政府層級
　　• 尋求地方政府的投入
　　• 確保國家和地方稅收政策是一致與使命

與主要利益團體站在一起：
　發展和稅務會計師與報稅的關係

媒體報導：
　檢視媒體報導來識別價值觀和挑戰

與政體中的個人站在一起：
　一般公民
　　• 調查公民對於稅和納稅的態度
　　• 開展有關納稅的宣傳活動
　納稅人／客戶
　　• 調查客戶的經驗和滿意度

在民主的政治對話中的企業定位：
　區別效率、公平、響應稅收徵收的稅務負擔

作為共同生產者的公民參與：
幫助公民履行義務的責任

操作性能力的觀點
John James和明尼蘇達稅務局的進展與規劃

對企業的資源流量：

財務收入

- 從白宮眾議院小組委員會的安全預算增加推薦
- 確保來自參議院小組委員會的支持

公共支持／民意

- 構建調查和營銷工作能力

人力資源：

勞動力

- 調查員工的滿意度評估
- 加強該會開銷單位和運營單位的工作關係

個人責任的績效評量系統

- 發起「投資／撤資」為重點中層管理人員的效率和成本效益

操作性政策、計畫與程序：

組織學習

- 發展估計稅收的方法
- 制定和完善稅收的測試方法
- 發展計算運營創新的可能回報的方法
- 涉及項目評估預算程序

內部資源分配

- 發起「投資／撤資」來改善資源分配
- 增加在支持可靠的納稅人上的花費？

績效評量和管理系統

- 發展對欠稅者徵稅的類似Compstat系統
- 發展調查一般公民的系統
- 發展調查客戶經驗的系統

組織產出：

產出的質量

- 確保責任和提供給納稅人的精確資訊
- 確保顧客交易的合宜性、時效性與精確性
- 維繫顧客服務的一致性

第4章

Jeannette Tamayo、Toby Herr 和契機計畫
結合價值鏈衡量績效

Jeannette Tamayo、Toby Herr 與伊利諾州的績效承包

1990 年，Jeannette Tamayo 被派任到伊利諾州公共援助部門的就業培訓科擔任科主任。[1] 該部門負責開發、管理及改善政府績效以幫助受補助戶，讓他們能自力更生不用接受補助。這一個計畫被稱爲「契機計畫」（Project Chance），主要是用來使受補助戶能夠終止對這些福利的依賴。[2] 大部分的個案是有關於契機計畫的意見提供、支持、培訓及鼓勵服務客戶獨立的社會服務機構。Tamayo 認爲她的任務是要處理、整頓並保證社會服務的提供者能在契機計畫服務提供之後得到薪水。她的老闆，Robert Wright，是公共援助部的副主任，觀察到：「契機計畫已經缺乏合理策略到不知道如何使用金錢的地步；僱用及培訓契約被認可，往往是因爲有人說了部門的主任或主管，讓他們認爲這是一個很好的方案；一旦這些契約成立將會一次又一次地續約。」

Tamayo 用來解決這個制度的策略是將契機計畫外包給承包商，並且規定當預定程序完成時應該支付多少錢。[3] 她提出了一個標準而制式規範的「提案需求建議書」（request for proposal, RFP），規定契機計畫的用途就是要努力達成目標，並在這個基礎上支付承包商工作的金額。

媒合計畫組織

在眾多承包商中達到提案需求建議書的是 Toby Herr，她也是「媒合計畫」（Project Match）組織的執行長。媒合計畫組織起始於 1985 年，Herr 相信福利受助人

（特別是長期的受助人）需要援助及促使他們改變生活。[4] 就她的觀點而言，標準的就業培訓及安置專案應有針對性的重點，至少要關注到窮人。這些專案顯示，當客戶找到工作，這個專案會就此**結束**。然而 Herr 懷疑這只是個開始。正式的評估和傳聞證據都顯示培訓和安置的專案無法迅速使大部分的人直接進入自給自足的狀態。[5] 對於許多人來說，持續做一份工作跟找到工作具有一樣大的挑戰，而 Herr 解釋說：「所有的注意力及幫助都會擺在找到工作之前，找到工作後就會結束。這些專案做了非常複雜的評估，他們追蹤人們的教育和受訓記錄，作職業發展與就業訓練，並教他們寫履歷和面試的技巧，讓他們能夠有能力找工作。我們不知道人們為何及何時會失去工作，又或者我們應該如何改善；我們也不知道為什麼人們會留住工作，且我們如何從持續工作的人們中學習如何保住工作。」

對於 Herr 來說，這似乎對她長期服務的福利客戶而言特別荒謬。對於他們，Herr 懷疑「社會支持和個人的行為因素」至少和「閱讀能力與技術技能」一樣重要，而且在「處理之後的安置危險期或停滯期」也跟「幫助他們在第一時間找到工作」一樣重要。但是，由於專案將客戶安置後就停止，他們沒有辦法知道這個假設是不是真的，即使這是真的，也不知道怎麼改善。Herr 決定一探究竟，她構想媒合計畫組織是一個社會服務計畫及研究中心的組合，強調現實和長遠的考量，設法幫助人們擺脫社福扶助。

州政府提供媒合計畫組織客戶工作的初步經費（計畫的研究細項多半由基金會補助），是來自契機計畫的示範補助款，當時契機計畫也在尋求其他有新意的點子——尤其是關於如何處理最窮困客戶的問題。在 Tamayo 赴任前擔任科主任的 Randy Valenti 解釋道：「媒合計畫組織吸引我們的地方，在於這是一項以當地為主的計畫，可以讓我們知道我們是否能在這群生活極艱困的人民極需幫助時，適時雪中送炭，甚至在之後延續這股救助的力量。」

媒合計畫組織的基礎業務建立在一個惡名昭彰的 Cabrini-Green 住屋專案的社區衛生服務中心。Cabrini-Green 是一個非常失敗的美國住房形象建造計畫：其位在芝加哥北側，集破舊孤立的高樓、危險、毒品和幫派於一身。媒合計畫組織的客戶大部分來自於 Cabrini-Green 住屋專案：99% 是非裔美國人，77% 是女性，95% 為單身，72% 為雙親，25 歲含以下佔60%，超過三分之一沒有完成高中學業，60% 是在福利政策下長大，三分之二正在接受援助，且在過去的至少四年中，有80% 的居民在參加媒合計畫組織時正在接受援助，且有一半的人口是沒有過工作經驗

186

的。[6]

　　Herr 主導一個工作小組，當中含括一位負責招募應徵的作業以推展媒合計畫組織中的計畫的「工作發展者」（job developer），這小組當中也包含三個社工及一個辦公人員。Herr 也聘用了 Lynn Olson 擔任研究主任，讓其負責管理一個含括兩位「西北大學都市事物與政策研究中心」（Northwestern's Center for Urban Affairs and Policy Research）研究員的研究小組。

　　媒合計畫組織有嚴格的規定，其中一項是：客戶**永遠**是第一。Herr 說：

　　如果一個客戶可以放下所有事情參與，那麼媒合計畫組織就是一個可以讓人們覺得重要並且受到歡迎的地方。我想要提供像家庭般的支持，我們將會在你住院時到醫院拜訪，我們將會在你父親過世時寄卡片給你，我們將會參加你的畢業典禮，我們將會參與你的結婚典禮，我們永遠會陪伴著你。如果你參與了媒合計畫組織並且得到了一份工作，而每件事情都很順利，還可能獲得提拔：我們將會每個月打一次電話給你做檢查。如果你只是沒通過美國高中同等學力測驗 GED 考試，你想要每個禮拜的下午都來拜訪並發一發牢騷，那也沒有關係。假使你花了兩天時間得到第一份工作，並且你需要很多幫忙來維持這份工作，那你也可以來找我們，我們一直都會在。

　　所有的個案都會被記錄，並且會經過媒合計畫組織人員透過電腦追蹤系統來追蹤個案。Herr 說：「每個客戶都會建檔，這個檔案會追蹤一個月內他或她的進度，比如說：選課、參與課業或輟學、遭受失敗或畢業日期；獲得、開始、維持和失去工作等等；不論媒合計畫組織或客戶是否得到安置、薪水是否升遷、接觸的人，或是他們的電話號碼，甚至更多，都會被記錄在這份文件內。」媒合計畫組織還保有一份紙本文件，記錄著辦公室和實地考察的性質及內容。這是一個特別的系統。Olson 解釋說：

187

　　大部分的個案資料系統已經被設置在服務的單位，你必須報告這個月服務的客戶人數與這個月客戶就業的人數。若你只是想試著追蹤這些人們的過去，那麼這些資訊並非是有幫助的資訊。我們專注於過去與結果。[7] 我們鮮少參與其他專案並檢視過去那些服務過的個案。我們的追蹤系統這麼告訴我們，

但這讓我們在調整這個日常專案時有著重大影響。

媒合計畫組織的所有客戶都是志願者。最初，大多數都是透過當地健康診所或是其他社會服務機構轉介，經過一段時間後，參與者是由人們口耳相傳而來的。到1990年，這個方案的實行已經有400多人參與。所有的客戶都必須參加一個為期三天的研討會，其中包含目標設定的練習和其個人就業經歷及抱負的小組談話，這裡明顯看出許多人會傾向不要訓練而有完整的工作和自給自足能力。媒合計畫組織的工作人員已經準備好要實行這項計畫，但是他們驚訝地發現自己不確定該怎麼面對那些似乎**做好**準備的人，因為有許多客戶他們不想要受訓，而只想要工作。Herr 說：「我可以馬上看出來『某項技能』不能實際應用。」另一位社工，Warrine Pace 則補充說明：「有許多人曾接受一些毫無用處的培訓。我最後再說一句，你知道的，也許你需要先有一份工作。」

接下來有件事衝擊到 Herr 跟她的員工。媒合計畫組織可以讓客戶找到工作，但是大部分的客戶隨即就失去了工作。有些工作會失去是因為缺乏技能，但也存在著其他的問題。有些員工經常遲到；有些不懂得如果生病可以打通電話請假；有些人不懂為什麼他們要有個老闆存在。社工 Meg Santschi 說：「我有一個客戶，她第一份工作被解僱了，但我認為是她自己在工作三天後辭職的。我曾問 Michelle 發生什麼事？她則回答：『有位女士告訴我應該做什麼事，但是**其他人都沒有**跟我說。』」

對 Herr 來說，這些早期研究結果的含意是很清楚的，媒合計畫組織就是需要一個廣大、彈性的策略來幫助那些尚未準備好工作或者是自給自足的人。必須做好客戶失敗的準備，並有方法抓住他們讓他們步上正軌，必須使參與社會及心理的議題和技能一樣。另一些重要且艱難的工作，則是在第一步的安置**之後**所要進行的後續工作。Herr 說：「這對我們的客戶來說是一個很長時間、很困難的轉型期。一個計畫必須面對且回應，否則就只是在空轉輪子罷了。」她不斷改變有別於傳統培訓——安置的觀念，她想要有個新形象、新比喻來執行，最後她運用了「梯形圖和比例尺」（the ladder and the scale）。

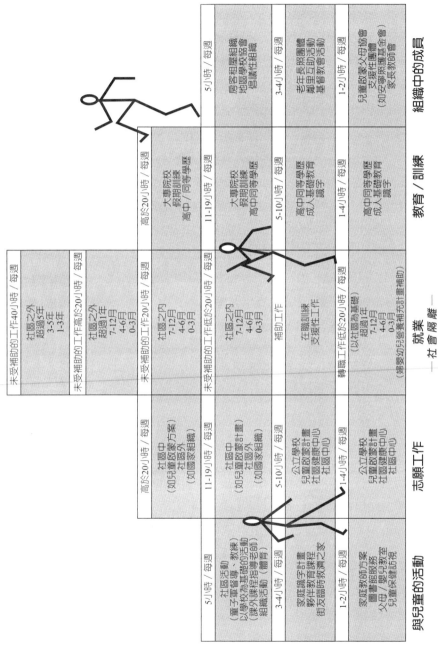

圖 4.1　梯形圖和比例尺圖

Copyright © 1991 Project Match-Families in Transition Association; reprinted with permission.

梯形圖和比例尺

梯形圖與比例尺提供了福利客戶通往自給自足途徑的示意圖（見圖4.1）。在「比例尺」認知到有不同獨立性的種類，而在「梯形圖」認知到在每個特定領域的進展是不同階段的。在頂部可能是全職且穩定的工作，在中間區域可能是一些培訓計畫或者是兼職工作，而在底部的則是一些還沒準備好要工作但是必須要離開家裡的人。一開始就要求自給自足也許會太過分，但依據梯形圖，他可以知道本身**所處**的落點位置——知道如何被計畫提升——就不會認為對他而言是太多過分的要求。Herr 的對象含括 Cabrimi-Green 的居民，這乃是個位於美國伊利諾伊州芝加哥近北區的芝加哥房屋管理局所設置的公共住房項目，主要是由 Frances Cabrini Rowhouse 和 William Green Homes 所組成。依循上述，Herr 相信許多 Cabrimi-Green 的居民一開始會有一段時間處在梯形圖的底部，但是梯形圖提供了一個極具意義的進步依據，可藉此依據來協助客戶到達新的階層，並且避免他們往下階層掉落。

1991 年 Herr 與 Robert Halpern 以及 Aimee Conrad 共同撰寫了「關鍵變革」（Changing What Counts），文章認為許多長期看似不好、微小的進步確實是顯著的成就，這應該得到認可並且獎勵。[8] Herr 說，媒合計畫組織的構思在於為那些接受幫助的人們「建構未來」（construct a future），使他們開始堅信自己準備好了。

媒合計畫組織努力讓客戶們在梯形圖上向上移動。Herr 解釋說：「我採用輸入大量資料的方式取代一次就評定的方法，逐漸脫離依賴就是**改變**的過程，當他們這麼做的時候就會有改變。」他們有個想法，希望用任何可以遵循的基本路徑的方式來幫助客戶，使他們的轉型期完全消失。媒合計畫組織像一個工作商店，在每個客戶需要的時候，為他們提供專案服務。

客戶將有一趟艱難的旅行路程。[9] 社工發現，他們之中許多人處在沉重的壓力下，這些壓力在於他們的家庭或朋友並未改善他們的生活。原因是相當物質現實的：客戶是家庭中單一的經濟支柱，或是因獲得工作而致使社會補助減少。或是小孩、朋友和男朋友不滿的外部因素。像一個客戶的母親是一個吸毒者，整夜不停對女兒施虐。而另一位客戶，從夜班值勤完回來後必須照顧孩子整天。

工作本身往往不如客戶的預期，有些人擁有不切實際的期望。Santschi 說：「好幾次，當客戶們進入一個培訓計畫，他們說擁有這些技能，生活就會變得更美

妙,他們過度理想化,認為自己的生活會變得跟有錢人一樣好,但是他們沒有想到賺這筆錢應有的實際過程。」Santschi 指出,「當他們不工作,他們可以得到援助支援,那他們就會覺得自己是命運的主人,他們有一定程度的自主權。」因此有些人做得很好,有的退出,有的被開除。Olson 研究了 180 個媒合計畫組織個案發現「快速升高」的失業率。【10】40% 在三個月內失業,57% 在半年內,70% 在一年之內失業。【11】

　　媒合計畫組織想要更成功地幫助客戶處理失業的方法。這種方法,只是陪他們經歷首次的失敗。失去他們的第一份工作,通常給了客戶一個清楚明確的經驗。媒合計畫組織努力幫助客戶專注於積極探討他們的痛苦經歷,整理出他們需要改進的部分,並繼續前進。Pace 開始經營重返職場工作坊。Olson 研究團隊成員之一的 Linnea Berg 說:「她真的很能激勵人心。好,老闆有種族歧視是吧。你下次打算怎麼做?你能為這份工作帶來什麼貢獻?你可能會遇到奧客,也可能會領到低薪。我來跟你說該做些什麼來擺脫這些煩人的事情。」

　　媒合計畫組織還嘗試為客戶準備他們在成功路上不可避免會遇到的障礙。「在遇過了這麼多的人,我學會了預見有什麼問題是會發生的。」Santschi 說。「與他們一起合作探究他們以前沒發現的問題,這也就是一個探索性的問題。」

　　媒合計畫組織給予的心理支持,和媒合計畫組織提供的其他功能一樣重要。媒合計畫組織辦公室、以及媒合計畫組織發行的刊物《獨立》(*The Independence*)所關注的,是每個班級的入學和畢業情形、每位志工的職位、每份新的工作、每份繼續待下去的工作、以及每一丁點的小進展。這麼做的目的,是為了表揚成功事蹟,並營造一種撐下去就是力量的氛圍。

　　當上述都沒有用的時候,社工人員仍然可以為客戶提供一點粗淺的智慧。「人們總是承認生活很艱難,」Santschi 說,「讓他們感覺到無論情況如何,他們都可以振作,這是至關重要的。」

　　媒合計畫組織的個案工作是複雜且微妙的。社工預期每月一次跟每個客戶談話(在適當情況下也與他的僱主談話),平時透過電話,評估客戶的狀態、進度圖表,並更新追蹤系統。如果客戶做得還不夠好,社工會跟客戶進行更頻繁的對話,或讓客戶和監督人員進行面對面的會議,並進行公共援助與健康的處遇。社工們會在各種機會下強調受輔導者的責任與義務。

　　社工努力教導客戶變得可靠和負責任,他們希望客戶與這個計畫繼續連繫。

191

192   大多數的客戶害怕回電和持續的預約。「他們極少會按時來。」Santschi 說。媒合計畫組織容忍這樣的行爲。「我會讓他們知道，我一直期待他們在應該來的時候出現，」Santschi 說，「而且，我會繼續下去。」

  不是每個人都可以適應這些。「在某些個案，我們並沒有充分要求客戶。」另一個社工 Greg Goldman 說，「沒有人說過，『你這樣做了，或是沒有這麼做，會造成怎麼樣的結果。』……這就是媒合計畫組織模式讓我仍然感覺有點彆扭的地方。與此同時，我眞的覺得現在這些情況形成更多不同的經驗，如果你要留住某些客戶，這就是必須做的，但少了一點點雙向溝通。」

績效與課責

  到了 1990 年時，公共援助部的就業和培訓部門由 Tamayo 領導，她想將媒合計畫組織和其他的福利工作計畫放在同一個績效基準上看看。

  Tamayo 嘉許媒合計畫組織對客戶的用心付出，也能發現契機計畫網絡裡的其他承包商從 Herr 的計畫中汲取了一些重要的觀念。不過 Tamayo 認爲，是時候嚴肅看待「課責性」（accountability）了。Tamayo 及其部門員工希望確保媒合計畫組織並沒有受到特殊待遇。

  契機計畫的管理者 Liz Hersh 解釋說：

如何設定績效是進退兩難的窘境，讓你可以與這些可能用五年時間取得實質進展的人一起工作。基本上我認爲媒合計畫組織是個很好的組織，我喜歡其深耕社區這一點，這是長遠的方法。我認爲 Toby 試圖記錄這些人眞實的經歷是個很重要的貢獻……但問題是，他們沒有爲這些人設定夠高的期望，組織非常善於讓人們參加，但是或許並沒有很好的幫助這些人們變得獨立。我認爲贊助媒合計畫直到最後的部分應該是合理的，但爲了公平起見，我們也應堅持看到她所進行的某些工作結果。

  Herr 並不認爲《生活技能提案需求建議書》（Life Skills Request for Proposal）是公平的，其由公共援助部頒布給所有尋求契機計畫資金援助的承包商，內容似乎有悖於 Herr 對於這個計畫、工作價值的想法。第一點，提案需求建議書只計算

193

教育和職業方案及全職工作的有效安置。梯形圖底層的成效並不會被登記。第二，提案需求建議書需要一個「行動計畫／就業計畫」的步驟及程序，在客戶從登記註冊到安置結束期間使用。但這沒有規範到媒合計畫組織認為很重要的部分：彈性空間和在實做中學習。第三，提案需求建議書指出國家只支付全職工作客戶前兩個月的追蹤費用。並沒有讓這些人一直待在計畫裡，或是在失去工作後又重新註冊。最後，建議書並沒有規範那麼多方面的問題，通常媒合計畫組織提供因客戶而異的服務。Herr 認為要適應新的模式，她也擔心她的方法和她特別的福利人口分布，會讓她看起來像是一個非常高成本的承包商。

　　一些參與過契機計畫的官員回憶起 Herr，她很少是有原則性的，比起反對更常妥協，「因為過去的經驗，媒合計畫組織期望在任何情況下都可以獲得一份合約。」承包營運負責人 Jan Valukas 說。Herr 在 1990 年 5 月 7 日聽聞 Tamayo 的新規定，在 5 月 18 日收到正式的提案需求建議書。在 6 月 1 日，Herr 寫了一封信給 Tamayo，解釋為什麼「我們不能改變公共援助部與我們的合約關係（基於績效的合約下營運）」，然而 Tamayo 依舊無動於衷。Herr 發現她的信沒有回音，懇求討論並回答未回答的問題。公共援助部承包工作人員只會重申 Tamayo 的立場：基於績效否則就解約。

　　Tamayo 對於嚴格當責相當重視，而媒合計畫組織努力為客戶量身調整服務，Herr 和 Pace 有意把這兩件事情結合起來，於是她們坐下來談，開始根據媒合計畫組織參與者到目前為止所發生的事情，為所有參與者擬定計畫，並設定未來半年或一年內的關鍵里程碑。儘管這項舉動是因外在事件而強加實施於媒合計畫組織上，不過仍然「讓我們能夠確切關注到每個人的當前動態，以及這些人的下一步動向，」Herr 說，「我覺得因為這件事，使得我們現在的工作成效更佳。」不過這麼做也很花時間且程序繁瑣，而且跟媒合計畫組織基本原則牴觸的地方在於，計畫擬定時並未和參與者共同協商。Olson 說：「沒時間和參與者一一討論了。」

194

　　現在還不清楚這個計畫作為一個課責制度的工具，無論是對項目或是客戶，有著或將有什麼樣的狀況。如果客戶偏離計畫或是談好的目標太遠，媒合計畫組織會再重新開始，或許會從梯形圖更低的階級開始。這個方案的承諾是長期的，維持靈活的完整服務，因此很難想像要如何與短期的具體績效衡量相容。

　　契機計畫裡沒有一個人真的希望終止與媒合計畫組織的契約。Herr 有希望找到一種方式來滿足自己和公共援助的目標。「媒合計畫組織可以弄清楚一些東西。」

Valukas 說，「我認爲我們可以想出一些可以接受的辦法，也許一個獨特的模式能夠在其他地方轉移。我很想把其中一些長期的理念融入以績效爲基礎的契約。我認爲這是可能的，如果我能找到一些有好點子的人願意和我一起工作。」

但 Tamayo 對於與媒合計畫組織妥協的興趣不大，並且更加複雜的局面是，西北大學（Herr 以前工作的地方，且贊助媒合計畫組織營運）斷然拒絕簽署一份基於績效的合約。Herr 繼續尋找一些共同點。「我知道我們必須被課責，我認爲我們所做的這些事務眞的不是沒有道理的，有些東西可以讓我們重新思考，如何提供這些福利工作服務。我希望可以看到更多長期計畫的使用辦法，使用梯形圖或使用我們的追蹤系統，會使他們眞正知道這些人發生了什麼事。但是如果資助者不認爲這種方法可以被課責，那上述情況就無法再持續發展下去了！」

Herr 失望不已，並對組織的未來憂心忡忡，最後她找上了公共援助部的協同副主任 Beth Langen。Langen 觀察 Herr 的組織營運，說道：「很明顯地，假如我們眞的想發揮影響力，我們應該把眼光放長遠。……Toby 和這項計畫令我印象深刻。而且她確實提出了維持課責機制的替代方案。我會回去找 Garry（Garry Veicht，公共援助部副主任）並跟他說：『這項計畫是有意義的。』」Langen、Herr 和契機計畫的當地主管機關都不曉得之後發生了什麼，不過媒合計畫組織的合約基本上仍以原始模式續約了。至少在接下來一年內，媒合計畫組織安全了。[12]

195

決定用什麼來衡量以及依循什麼樣的價值鏈

Tamayo 試圖使用和 William Bratton、Anthony Williams 及 John James 相同的價值導向的管理原則，他們曾用於改善其企業的績效。具體來說，她的工作是：

- 伊利諾州的公民希望透過契機計畫的產物，給予公共價值一個明確的操作定義。
- 發展出可以記錄價值是否可以被生產的量測方法，以及記錄價值可被生產的程度之衡量措施。
- 使用該衡量系統來保證那些領公俸的人所做的工作可以被課責。

　　Tamayo 從她的工作定位區分了兩個特點。第一，Tamayo 曾是個中層管理職位的公務員，既不是推舉出來的管理人，如 Williams，也不是獲政治任命的公共管理者，如 Bratton 或 James。基於這樣的因素，她更傾向於制定工作的績效衡量方法，並對她自己所領導或管轄下的單位提出更多技術性要求，而不是去面對學術性或政治性的挑戰——儘管學術性和政治性的部分也是問題重重。

　　第二，Tamayo 並沒有直接管轄這些她力求管理績效的單位。當 Bratton、Williams 和 James 監督這麼多的公務員，Tamayo 透過服務合約監督承包商。這個反映對公共服務廣泛民營化的全國性的趨勢，這促使了一種想法，比起政府僱員，政府機構可以更有效地對競爭政府合約的私人承包商苛求績效。

　　一般來說，民眾授權給政府使用納稅人的錢來追求一些公共目的，而政府會建立公共機構來實現這個目的。目的是讓各機構考慮主要著重於控管內部的流程管理的手段，像是財務控管防止不實、浪費、濫用公共支出；遵守審查，以確保該機構運作公平，使用專業現成的範例等等。對於工作量也放些注意力在直接的組織輸出上。但傳統的系統一般沒有注意重要的公共價值：社會期望成果以及客戶滿意度，這些機構的建立只是為了生產。

　　許多批評政府所依賴的施政措施未能為公營企業創造價值。相反地，民眾片面依賴政府所提供的解決方案，但機構卻無法滿足所有的民眾。更糟的是，該系統似乎停滯不前，生產力不是維持，就是下降。相對於私營公司的有效率、影響力和穩定的生產能力，公營企業顯得成本高、效率低，而且難以改變。[13]

　　為了改善，批評政府的人建議政府成為買家，而不是生產者。[14] 作為買家，政府可以利用私營企業來追求公共目的。私營企業可以追求有別於被政策與法規拘束之成果。而且，從長遠來看，政府可以受益於競爭壓力，刺激私人承包商提高生產力。[15]

　　為了使所有的工作符合契機計畫，Tamayo 不得不轉向績效契約制度，在承包下產生特殊的公共價值，而不是國家認可的追求價值。她寫的合同將根本上改變承包商像 Toby Herr 和媒合計畫組織評估和支付的方式。

　　本章指出，以往用於評定公共機構課責程度的過程導向績效衡量法，其對於公共機構工作價值的衡量能力，或是帶來實驗、創新和提高生產力機會的能力，是有其侷限的。這些考量使得 Tamayo 不再仰賴傳統模式，改以簽約外包方式來取得社會期望成果。但 Tamayo 的故事也顯示，想要定義以工代賑計畫的終極公共價

196

197

值，並不如表面看起來的容易。此外，我們會發現即使計畫管理者重視的是取得成果，仍有許多理由表明亦應衡量價值鏈上的所有過程。有些過程蘊含著內在價值（intrinsic value），例如成果；而其他過程之所以值得衡量，是因為這些過程有助展露提高生產力的機會，並指引創新方向，帶領我們往生產可能曲線（production possibility frontier）更近一步。以公共價值計分卡的操作性能力觀點來看，這些後期過程的衡量是相當重要的，能夠更可靠地引導 Tamayo 這類的管理者邁向創造公共價值的目標。

沿著價值鏈衡量

筆者在第2章曾以流程圖的方式介紹價值鏈概念。在此流程圖之中，公共資產（稅金和稅捐機關）透過一套特定的政策、計畫或活動（見圖2.8），轉換為具有公共價值的成果。圖4.2 是該圖的翻版，並附上價值鏈左側的**成本和活動**，以及價值鏈右側的**價值成果**（此處以客戶滿意度及社會成果實現情形的某種綜合體來表示）。圖4.2 亦顯示價值鏈的衡量關鍵點：對投入的控制、政策的合規情形、產出的生產情形（以數量和品質來衡量）、客戶與組織交流時的滿意度、以及是否成功實現社會期望成果。

198

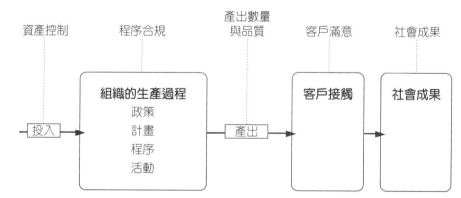

圖4.2　結合公共價值鏈進行的衡量

政府推動以績效為基礎的簽約行動已經逐漸展開，並開始重視於對實施過程的

觀察指標。這種趨勢修正公共部門的依賴責任制，只專注於價值鏈（輸入、過程和輸出）的左側，而不是上鏈（客戶滿意度和社會成果）的右側的問題。我們歡迎壓力對於發展成果的功能，因為它能導致許多公共管理者開始淡化對左側施政過程的重視。此外，沒有施政過程，公共機構不能探索生產方法，瞭解什麼可行，以及如何創新來提高生產力。事實上，績效措施的運行會**結合價值鏈**，成本、通過流程、通過輸出，到客戶滿意度，最終到社會成果，發展公共價值計分卡的操作性能力是很重要的。所以當我們在確認那些著重於歷史塵封過程的不良且陳舊系統時，提醒我們在成果衡量與績效契約的新世界中，有關它們是什麼以及它們是否可能持續具有重要性，應該也可能都是有用的。【16】

衡量和控制成本

在公共價值帳戶，必須設置預期的結果，表明公共機構是否增加或減少其公共價值的公共資金和用途。正如我們所看到的，在財政危機的時刻，降低成本成為公共價值的重要方向。降低成本也可以成為創造公共價值的重要途徑，任何公營企業努力增加淨值，最大限度地降低成本方式是必不可少的。如果公共機構可以降低成本，而不影響輸出、客戶滿意度，或可取得的社會成果的數量和質量，那麼他們可以僅僅透過省錢增加公共價值。但是從操作性能力來看，嘗試和真正投入的稅款、帳和勞動力的單位，進入運營，提供公共管理者數據，幫助他們瞭解不同活動的相對成本和程序（或在 Tamayo 的情況下，有不同的承包商）。這種基於活動的成本核算以提高組織績效是非常重要的，有以下幾個原因。【17】

成本核算，以提高效率和效能。首先，打破成本成立特定的組織單位，負責管理（例如，在紐約市警察局專用區、華盛頓特區，或在明尼蘇達州地區稅收辦公室內的部門），並比對結果的單位成本，這些單位達到可以建立強大的內部課責機制。如果每個中層管理者必須考慮自己單位的成本和產出，他們將響應以降低成本的壓力、增加產出，或兩者兼具。

連接成本和性能數據，以組織單位具有類似職責（如警區和收入徵收辦公室）加強這種激勵的效果。使得相對同質的產品和服務的生產者的比較，如果大家都在生產蘋果，我們就不必擔心蘋果和橘子的相對價值。那些生產較少「蘋果」（apples）的人會比同行人感到強烈的壓力，進而改善。這反過來又激發了低生產

199

單位向高生產的單位學習，不僅透過競爭，同時也透過學習提高效率。

　　然而，當公共管理者必須看看整個產生性質不同價值的組織單位，事情就變得更加複雜。他們必須權衡分局巡邏經營與兇殺案調查組的相對價值，稅務諮詢服務與公平有效的審計制度，或者像 Anthony Williams 設想的監理所與乾淨安全園區等。但透過類似方法對待本質上相同的組織的競爭，如 Bratton 與 James 等管理者可以生產出某些得以超越 Tamayo 藉由構築供給者間競爭生產出的較佳作業。

衡量成本提高配置效率。 打破成本和產出甚至不同組織單位的能力，使公共管理者瞭解在何種程度上他們的組織已經有效地分配資源在不同類型的活動和不同的產品線。從事多種活動的組織可以有兩種不同的方式，將生產效率提高。首先，可以在一項或多項活動中發現並利用生產率的提高，而無需改變不同活動之間的資源分配（運營生產率的提高）。其次，可以注意到一項活動比其他活動有價值，並將其他活動的資源重新分配給更有價值的活動（分配生產率的提高）。

　　舉例來說，明尼蘇達州稅務局將資源分配至街道辦事處，藉以尋找那些可能是刻意或疏忽而最終逃漏稅的民眾。稅務局將資源分配給更小的單位，期望也能由此提供給那些未繳稅的納稅人有關申報的資訊。James 本來可以要求街道辦事處削減成本，並希望他們找到可以促使工作任務變得更有效率或效能的方法，或者他也可投資資訊服務以減少只因為個人疏失而忽略誠實繳稅的漏稅民眾數量。[18]

　　這些類型的資源配置選擇，不能只在個別公共機構內部活動，且要在較大型的政府單位內之各公共機構間進行。事實上，普通的政府預算過程依賴一定的能力和跨公共機構估計各種活動的公共價值。[19]無論在一個組織或較大的政府單位中，連接成本與特定活動以產出的公共價值之績效衡量和管理系統，都是理解這兩種生產力獲益成果的主要關鍵。

201　　當一個組織在許多業務單位基本上做同樣的事情時，運作上提高生產力是特別重要的；當一個組織從事各種或大或小不同的活動，使資源配置生產力是重要的。但資源配置生產力往往因為活動的價值不容易比較，如果不同的活動是互補的形式，以同樣的目標，它可能是憑經驗可以判斷的程度，也就是說，稅務局的信息化辦公可以減輕其稅收代徵單位的負擔。但是，如果一個組織被設計於生產完全不同的事物，例如，在哥倫比亞特區政府，一方面運行一個學校系統，一方面又是一個經濟發展辦公室。如此，則不同的單位更難知道是否資源配置收益是可能的。

對作業進行記錄和監測：合規審計

　　當計算成本，公部門有完善的制度為合規審計（又譯為「順服審計」）（compliance auditing）。[20] 正如其名稱所暗示的，績效衡量是為求獲取有關公共機構活動是否符合官方政策和程序之程度的資訊。確實，令人望之生懼的官僚性「繁文縟節」（red tape），其主要目的是用以確保有關公共機構活動得以切合官方政策和程序。[21] 一般而言，合規性的衡量，比客戶滿意度或社會成果實現情形等價值的衡量更為便宜，且更為容易。合規性衡量亦可針對機構的過程和活動提出有用的說明。合規性衡量雖無直抵實現終極價值之處的價值鏈終點，但在某些情況下，這類衡量能夠幫助、也的確幫助了公共機構管理者提高其機構創造的價值，因此應以公共價值計分卡的操作性能力觀點加以追蹤。

合規審計保證避免詐騙、浪費及濫用。當成本控管避免合適的公共資源挪用在私人目的上，合規審計避免了失敗集中於以嘗試正確的方法以達到想要的效果上。舉例來說，在明尼蘇達的案例中，州議員不贊成莫須有的部分出現在稅務局預算上，因為他們覺得部分的稅務局在偷錢，他們贊成是因為那些改變及效率的方法處理預算的不確定性。

202

合規審計促進效率和效能？在統一標準的政策和程序下，理論上合規審計能有助於確保公共機構在執行上的效率和效益。在萬無一失的政策和程序的管理下，管理者無需擔心意外的發生，只需確定每個人都確實在軌道上，確實執行就可保障期望的結果。既然政策和程序簡單無比，便沒有必要再深入監督價值鏈後端的價值；管理者只需要確保人人皆有遵守規則即可。政策和程序在可靠的執行下，即保證能夠實現欲達成的成果；然而，若現行政策和程序並非最有效率和效益者，那麼堅持合規審計將注定組織只能取得平庸的績效，並把組織困在「永遠失敗」的工作法中。[22]

　　現實中，僅有少部分的公共政策能通過效率和效益的考驗。如第 3 章所說，部分個案中的政府只測試了小範圍的政策和程序，以達到預期的效果，甚至可能不確定現行政策或程序是否已確實產生預期的效果，或已採行了較具效益的方法。

合規審計確保一致性和公正性。即便不確定現存的政策是最佳的方案，合規審計還是能做到一定程度的公平。公平是一個模糊的概念，但是還是有個「相同事件應

相同處理」的基本原則。【23】若公共機構對事情有一致的標準處理方式，則合規審計可以幫助保證一致性。【24】即便不見得是最有效的方法，但至少是一致的，而不是武斷性的或反覆無常的。

以合規審計作為藍圖再造規範。最後一個使用合規審計的原因是準確性，其描述了一些在操作技術上的細節。其鼓勵管理人員作業檢查，並提供一個操作改善的基準。而這是再造規範的第一步。【25】在商業製造上，理論的生產值往往和實際上有所差距。只有觀察、努力和回饋能使實際產值符合（或超過）理論值。

　　合規審計也能使用在公共機構上。組織的政策便是藍圖，管理者可以審視機構的表現是否有如預期以及如何改進。若公共機構的管理者與其監督者能好好使用合規審計，這些績效指標便能成為學習和創新的工具。但若是他們為此限制了改進的想法，那合規審計只會成為一個擾人的問題。

衡量輸出的數量和質量

　　下一個在價值鏈上要探討的是輸出行動，這個連接機構和客戶端的行為正在慢慢轉變。【26】公共價值慢慢被大家所重視。提供整體公眾利益的服務和義務影響了客戶當前和未來的選擇，公共機構也著手處理例如蓋水壩、清理河川、設置生態保護區等環境資源變換的社會議題。

衡量輸出的數量。衡量公共機構的工作量是政府的主要工作，大多數機構以「工作負荷」來表示他們需要做多少工作，以及為此需支付多少錢。警政單位追蹤警察接聽電話的數目，監理所單位計數並發牌照，稅務局機構則計算其審計案量。這些數字有助於審計師估算生產力。若警方接聽電話的量（工作量）與增加的員工成一個比例，那就會構成警方表現的一個曲線。增量的需求和生產力可以用來證明需要增加預算。【27】

衡量產出的品質。除了數量外，公共機構也必須注意到生產的**品質**。為了業績的評價和管理，有幾個數值被用來評量產出的質量。

　　首先，市民往往是重視組織的本質產出。舉例來說，對方並沒有違反客戶的隱私權，或是對客戶施加壓力。若公眾重視內在價值，那這些價值應被記錄起來，並持續關注對待客戶是否公正。

其次，組織輸出的某些功能是生產公共價值的關鍵。若某機構的公共價值是使人們快樂或是減輕他們的負擔，那麼這些公共價值便會提升客戶的滿意度，以及對公共價值計分卡是很重要的。[28]

進一步針對價值鏈進行討論，則吾人也有必要記錄有助於實踐社會成果的組織性產出。舉例來說，Herr 相信爲了讓媒合計畫組織成功，個案客戶需由受幫助轉爲獨立，不僅鼓勵這些人提供相關訊息，也將這些建立起來的關係轉變爲前進的力量。若無確保基本產出（往來的客戶）中的品質，媒合計畫組織將不會這麼成功。

使用產出指標創造職責和學問。對管理者而言，要創造出得以兼顧質量地衡量產出的指標，是個很大的挑戰。只有完美的產出指標才能成爲比較生產力向上或向下的工具。對生產力之獲益及損失進行深入瞭解是重要的，但經由績效讓管理者分析生產相同產出的不同組織單位中的差異，也是一樣重要。觀察產品數量和質量的變化有助於找出提高績效的方式。[29]

由於產出比起價值鏈後端的價值更直接受到管理控制，因此對中階管理者而言，相較於運用令中階管理者對最終結果當責的績效管理系統，採取令其對產出之質與量當責的績效管理系統，似乎往往更爲公平，畢竟最終結果經常未受到直接的管理控制。

由於產出之數據比客戶滿意度及社會成果等更容易收集得到，而在產出數據早已被記錄的情況下也無需額外開銷去調查滿意度。比起滿意度調查只能在未來得到確認的成果資料，產出數據更加即時。因此，管理者可以更常及更早藉由相對精確的產出數據中得到工作績效的回饋。

基於上述各種理由，公共機構管理者實有必要制定並運用產出的衡量法——包括針對公共價值帳戶及公共價值計分卡操作性能力觀點的衡量。此種衡量法經常具有關鍵作用，有助制定可提升公共機構績效並提倡學習的績效管理系統。雖然此種衡量法或許仍不足以帶領組織邁向創造公共價值的目標，但仍屬必要之舉。

衡量客戶滿意度與社會成果

如同投入、過程與產出衡量得以被有效運用藉以管理與提升公共機構的績效，公共機構生產的最終價值無法在組織之內被發掘呈現出來。公共價值帳戶要求公共管理者進行績效衡量，除期望得以獲取個別客戶滿意度外，並促使機關能成功生產

205

206

出切合公眾期望的社會成果。

作為個人客戶滿意度與社會期望成果的公共價值。撇開公共組織單位地域間區別來評論效益的衡量，則可由兩面向進行討論。如第 1 章所提到的「顧客」滿意度概念，以及實現社會理想是兩件截然不同的事。我們必須問，誰必須裁定公共價值且該如何定量？一方面而言，價值的判定是單獨的，在於個人的主觀判斷，可視為**「個別顧客的滿意度」**（satification of individual "customers"）。【30】而另方面來說，則是將焦點集中在**「公開性的社會期望成果」**（publicly desired social outcomes），集體公眾不一定會將個別「客戶」的滿意度當作期望的成果。【31】

弔詭的是，當前有關如何提升公共管理的對話，經常把這兩種關於如何理解和衡量公共價值的迥異觀念，視為彷彿可以彼此代換。事實上，如第 1 章所述，「顧客」滿意度及實現社會期望成果的概念，正代表著**「誰來裁決公共價值」**這則問題兩種截然不同的解答，因此也同時回答了什麼是公共價值的組成要素、以及可以用什麼方式來衡量公共價值。個人滿意度方面，公共價值的裁決者，是看似受到某種公共運作所影響的**每個個體**。價值存在於個別、主觀的判斷中；整體評價就是個別的滿意與不滿意的總和。至於社會期望成果方面，公共價值的裁決者，則是透過（有瑕疵的）代議民主制流程，而變得能清楚表達公共政策目的的**集體大眾**。【32】

集合眾人的公共價值會取決於不同的角色。作為政府機構，他們會希望能訪問到各個客戶並且給予公平的對待；作為納稅人，他們評估政府所收的稅金是否值得。然而，當我們將集體事務視為是公共價值的仲裁時，我們就應由公共價值的複雜面向來看，這當中包括了個人的福利、公眾公益的事業，以及實現社會公平正義等複雜問題。

衡量個別民眾與客戶的滿意度。從哲學角度來看，一旦把個別「顧客滿意度」當成創造公共價值的重要元素，便將對待個別客戶——這項價值經常遭到忽略——放到備受矚目的位置。對客戶滿意度加以重視，恐會搶走眾人對社會期望成果的注意力，導致公共價值的觀感遭到扭曲；儘管如此，客戶滿意度在實務上仍十分有幫助，能夠鼓勵公共機構管理者基於個別滿意度的成效來重新思考經營手法，並促使管理者開發用來衡量客戶滿意度和民眾滿意度的工具。

的確，坊間興起了蓬勃發展的民調產業，這些公司推出五花八門的問卷，詢問個別客戶有關他們與公共機構交流的經驗。公共機構的因應之道，則是將公共機構

的過程和產出重新調整成更加「友善客戶」。不論政府是在發放福利、提供服務還是履行義務，只要把交流經驗盡可能變得便利、尊重客戶及簡易好辦，就是一種創造價值的行動。公共機構也學會向個別民眾調查其對政府活動的滿意度，把問題發送給母體中的一般樣本，以尋求在決定公共政策事項、或者監督及評論政府績效時的建議或參與。

衡量所需的社會成果。相較於瞭解個別民眾所想要的價值，若想要評估公共組織績效則可以整體性地針對公眾所界定的期望進行評估。這常展現在組織的使命報告書或公共機構的成立宣言當中。但是，有時候公眾的期望會與組織的使命有所差異。

有時市民的訴求會超過公共機關的工作範圍，他們期望的是更高層級的整合。例如，Williams 尋求的是一套發展華盛頓特區的方案，他以管理者的身分促進機構的提升。而大部分的情況下，公共機關的成立往往只是配合其應有的職務。

在其他情況中，公共目的可以經由特定政策與計畫的期望成果，藉以呈現出來。事實上，公共機構可以視爲是建立在政策與計畫的累積，這些政策與計畫一個個產生，並且轉移給與之相關的組織執行。在契機計畫的個案中，社會期望政府使用公共資產，幫助福利政策的客戶達到經濟和社會的獨立，但這並不是一個特定公共組織的任務、使命，而是伊利諾州社會服務部門所提出的特別方案。

自 1960 年以來，政府監督機構以及私人和非營利組織提供了無數的項目評估，以服務滿足政府政策與計畫的評估需求，甚至許多公共機構都有自己的政策評估辦公室。

評估方案團體任務是盡量確認這些政策或方案能夠達到理想社會成果。這意味著程序評估人員必須確定預期成果符合特定政策或項目，以發展的經驗對策確定該目標實現的程度，並確定觀察到的變化是否來自該政策或方案。這使他們在一個策略被重現時，能夠做出一個政策可能產生影響的估計。

這些評估團體期望這些努力能對我們採用並成功實施特定的政策做出貢獻。可惜的是並沒有。部分原因是政策和方案評價過於昂貴，以致於只有一小部分的組織政策和方案會受到計畫評估。項目評估也沒有特別有利於管理人員，因爲他們專注於最終成果，而這需要時間來產生。在評估完成前，管理人員早已經表明了採取或拋棄一套新的策略。

208

209 ## 衡量整體組織效益

　　政策與計畫評估試圖提供公共管理者一系列的績效指標以利於其運用在績效管理系統中，讓他們組織的表現隨時間改善。其鼓勵管理人員憑經驗衡量社會結果，使管理者更有策略地管理整個組織，而不是阻止管理者探討特定活動的影響。因為策略性的管理並不意味行動計畫的完善或有好的結果，而是意味開發並執行一個合理的理論，並面對巨大的不確定，直到有足夠的證據證明原有的計畫已經走進一個錯誤的方向。就此而言，我們需要含括對**所有**組織性努力的衡量，這也可以被使用以作為激勵、指引以及促成管理者對於生產公共價值的工作得以快速進行學習。這當中有一些空間是對於政策與計畫進行較為嚴謹的評估，但也有一些空間是提供以針對政策與計畫採取較不那麼嚴格形式的評估，這就如同重要的研究與發展努力結果的呈現一般，管理者經由採行新政策與活動以切合政治與經濟的現實。

　　令人感到訝異的是，雖然公眾對於政府課責的要求不斷提升，但專注於評估政府整體業績的產業卻一直都沒有出現。但是在 Bowsher 領導之下的審計總署之經驗則顯示出某些無法預期的情事：不僅在發展出適切的方法以進行評估的方面遭遇瓶頸，而且對於這方面工作的需求也遭受非預期中的冷淡對待。

　　身為美國審計長，Bowsher 肩負著對於公共組織進行課責的任務。審計總署有責任對於聯邦計畫進行財務審計，藉以確保公帑確實運用在國會授權許可的活動，並確保公共管理者採用經過同意的方法來執行策略規劃、人力資源管理乃至等採購案件等行政作為。審計總署也執行政策與方案的評估。但是，因為 Bowsher 曾經任職於私人企業的管理者，所以他注意到其他人所沒處理的事務，也就是應該隨著時間的變動來針對公部門組織的一般性管理業務進行動態性的審查檢視。循此，他決心修正這種情況。

　　他要求他的員工對衛生和人類服務部以及司法部五到十年內的表現檢討。執行
210 這些管理審核的團隊發現很難建立適當的標準來審核組織的整體表現，因為其複雜的計畫與方案。同時，他們也不清楚如何獲取關於價值創造的數據。

　　不僅如此，就算工作人員完成了這項艱鉅的工作，也沒有人有興趣閱讀這些報告。總統和工作人員都沒有興趣，因為他們沒有真正看到總統的工作與管理政府部門的績效有關。他們更感興趣的是政策的制定和實施；國會也不是很感興趣。上述人員或單位都只著重在具體的政策和方案，而不是政府機構的價值。

　　這個案例對於那些希望發展和使用績效衡量及管理系統去審核並帶動整個組

織，而較少注重個別政策和制訂程序的人，帶來了相關教訓。爲了使他們的努力是有實用性的，他們必須把重點放在衡量和管理績效方面，並且與社會產生共鳴。如此一來，這不僅包括了組織任務的價值層次也包括其他層次。例如，Bratton 個案顯示了減少犯罪並不是唯一一個居民對於紐約市警察局所希望的社會效果；Williams 個案顯示改善後的服務提供情形究竟會如何影響華盛頓特區更廣泛的社會條件，以及華盛頓特區的公共機構可以如何努力達成市長辦公室（與民眾協商後）制定的策略優先項目；James 個案顯示，關於何種衡量法可決定明尼蘇達州稅務部創造的公共價值方面，州議員對此抱持的看法，能夠如何與 James 及其團隊對此抱持的看法達成一致；Tamayo 個案則顯示 Tamayo 應該向其承包者要求產出何種終極公共價值。

以工代賑計畫的公共價值

　　任何著重於產出社會期望成果的公共承包體系，必須要具備承包商所產出公共價值可供衡量的概念。此體系若無技術上穩定客觀的價值成果衡量法，便無法運作。但重要的是，衡量法也必須符合哲學和政治上的標準。而麻煩之處就在於此。管理者針對待改善的價值而欲解決政治和哲學衝突時，幾乎一定會面臨某些困難。爲了趕著制定出可用的衡量法，管理者往往忽略了先釐清哪些價值有待透過公共計畫來加以改善。當管理者將制定衡量法視爲單純的技術問題時，便喪失了從社會和政治層面瞭解大眾期待達成何種事項的機會，並因此犧牲了某些能力而無法得知哪些事項才是眞正可能做得到的。

以工代賑計畫中，何種行爲應視爲創造公共價值？

　　此個案的核心，是一件由明顯屬於技術層面的討論所肇始的爭議，討論的內容是關於何種方法適合用來衡量 Tamayo（透過契機計畫合約而需對創造價值負責的官員）和 Herr（廣大承包商網絡的其中一名承包商）在以工代賑計畫中的成果。Tamayo 很積極制定一套簡單且普遍適用的衡量法，以關注並激勵承包商網絡。若 Tamayo 能把衡量法制定完成，她面臨的許多問題將會迎刃而解。Tamayo 會看起來像一名堅定務實、績效導向的管理者，向承包商要求並獲取可創造價值的績效。Tamayo 也會令人感覺她對承包商一視同仁，因爲每個承包商都遵照相同的標準。

211

Tamayo 還能善加發揮她對承包商的影響力，她不僅可以僅憑績效表現來決定支付多少酬勞給承包商，更能夠在服務提供者之間做出簡易、客觀的比較。

　　另一方面，Herr 對 Tamayo 提議的衡量法存有疑慮。其中一部分疑慮或許來自於 Tamayo 所選的衡量法恐導致媒合計畫組織難以成功實行——讓媒合計畫組織大致上看起來變成像個成本高、績效低的計畫執行單位。Herr 另外還有一個疑慮，也就是認為對於契機計畫宣稱將創造的公共價值而言，Tamayo 提議的價值衡量法並不可靠。

以工代賑計畫的兩種價值成果概念。Tamayo 在她的提案需求建議書中，致力推行一種用來衡量承包商所創造價值的特定做法：教育相關機構的就業人數，或者維持兩個月以上的工作。Herr 對於公共價值創造的概念有所不同，稍微複雜一點，但仍然可供衡量：個別客戶努力實現經濟和社會獨立、且維持一段或多或少時間的移動情形。

　　Herr 的公共價值創造版本，取材自她對下列事情的個人認知：福利客戶如何經歷和度過（一般情況下）從領取以工代賑就業期間、以及（特殊情況下）遇到重大阻礙有待克服時的轉型期。Herr 對梯形圖和比例尺的構想，具體呈現了其心目中的過程、以及她企圖創造的價值是何種樣貌。Herr 的衡量系統並非任意設下應達成何種成就等級，亦非任意指定應維持多久時間，而是持續監督客戶狀態，以精準追蹤客戶在梯形圖往上或往下的任何動態，以及客戶的進步或退步表現可維持多久。

　　在 Tamayo 看來，她認為 Herr 的立場對福利客戶和以工代賑提供者而言都太軟弱、太寬容。Tamayo 希望給這兩種對象設下高一點的標準，並因此限縮了價值創造達到梯形圖和比例尺特定位階、以及在該處停留一段指定期間的操作性定義。表4.1 呈現出 Tamayo 和 Herr 兩種不同的概念及其之間的關聯。可以注意到 Herr 的構想包括、但不限於 Tamayo 的概念。

表 4.1　以工代賑計畫中的兩種衡量公共價值的觀念

Tamayo		Herr	
支持經濟獨立的成功設置		社會獨立與經濟自主的改善	
就業率（持續兩個月）	是／否	衡量社會發展層級的狀態	每一層級所花費時間
教育與訓練（持續兩個月）	是／否	與小孩的活動	低到高
		自願性工作	低到高
		就業率	低到高
		教育與訓練	低到高
		組織成員	低到高

Tamayo 的衡量之政治訴求。由一段尋常的政治對話中，更可看出 Herr 與 Tamayo 對於有關公共價值的適切操作性定義之區別。這段對話是有關誰的定義是「較為嚴謹」（tougher），而另一人的定義則是「較為平實」（commonsense）——雖然如果要建構一個有用的公共價值帳戶是要針對準則性的議題進行討論。但是經由密切的檢視，我們應該可以清楚辨別有關於「較為嚴謹」與「較為平實」等之相對概念。

關於「嚴謹性」（toughness）而言，由於 Tamayo 認為直到參與者上升到足夠高的階梯上——如上升到受教育或得到工作職務之時——才能認知到公共價值創造，所以她認為自己的價值主張比 Herr 更為精確。但是 Herr 可能回應認為由於她將焦點集中在客戶的長期狀態情況，所以這樣的價值主張較 Tamayo 更為嚴謹。她從她自己的研究中瞭解到，對於社會福利的依賴是一種慢性而持續發展的狀態，所以這給予自己好的理由來設定一個長達三個月安置期來檢視客戶進展的長期價值。Herr 的系統持續將客戶留置，這情況一延續直到經過三個月的就職或教育**之後**，以協助客戶得以持續朝向獨立自主發展。

關於「平實性」（practicality）而言，無疑地，Tamayo 的價值觀念較容易藉由使用既存的全國資料系統來加以執行。判定一個客戶是否已經註冊了某項教育計畫或已經取得一項工作滿兩個月了，這是相對簡便的方式。Herr 的投資投注在發展階梯、規模以及回應性的資訊系統等相關概念上，然而，這顯示原本似乎較為不切實際的想法，在現實中卻其實是相當可行的。因此，這兩種價值主張都可能由政治性和哲學性論述進行轉化，成為現實性（技術性與管理性）的主張而留存下來。

當然，最後就這個問題而言，重點不在於哪一個系統較為嚴謹，而是哪一個概

213

念可以運作得較好，且是伊利諾州居民較期望透過契機計畫達成的政治與哲學價值。就技術層次來說，Herr 的方法可以做到 Tamayo 系統所可以達成的一切，並還多做了一些。除了在學校和工作為期三個月的實習，Herr 可以注意到客戶短期就業安置中的成長，因此對客戶和公眾仍然具有價值（這取決於公眾對此計畫價值的角度而定）。她的系統對長期客戶如何朝向獨立自主的整個過程進行追蹤，直到所有有關計畫價值的問題都已解決，這整個追蹤的時程不只是設定在三個月的計畫執行過程中，也可能針對客戶離開後的短暫期間進行追蹤瞭解。剩下的問題是，如果 Herr 的系統能做到 Tamayo 的系統所能做到的一切，甚至可能達到更多，那為什麼 Tamayo 不接受 Herr 的規劃想法呢？

214

這個答案可能是因為在政治方面，Tamayo 的方法能運作得更好，這是一個比較直接的想法，既可以達成讓客戶離開福利照顧的公共目標，並保持產生這樣的結果。但是這個答案可能不完全令人滿意，如果 Tamayo 瞭解轉型到經濟和社會獨立的過程，那麼她對成功的定義就不符合以工代賑計畫的一個重要的真理。

關於以工代賑轉變的不同假設。但是，對於應該如何做才能為以工代賑計畫的公共價值提出最好解釋這一個問題，Tamayo 和 Herr 都企圖提出一個深入本質的假設。Tamayo 幫助人們從福利到獨立的隱式模型，似乎視福利依賴是一種急性疾病。這裡有一個問題：客戶端處在福利當中。這個狀態是用相對短期的，且一次性的干預去解決問題。客戶端也許會更好或者是相反。任何事都有好或不好。

相對地，Herr 的模型視社會福利依賴像慢性疾病。這裡有一個問題：客戶端處在福利中。當客戶端努力調節，州政府的干預（媒合計畫組織）是對於持續性的問題給予協助與鼓勵。問題改善但並沒有消失。的確，問題或許會再次惡化，特別是當援助被撤銷。有了持續性的協助，客戶端會適度超前當前的經濟和社會獨立。

這些關於過程非常不同的意見，都能使這些個別的客戶端自經濟上自給，然後這些公共基金和權力可以在這個路徑上被使用來幫助他們，也意味這些問題的成本和收益。表面上第一個模型相較第二個比較不那麼貴。納稅人付錢給一個干預和持續性的效果。也許恰恰是因為這個理由，Tamayo 想要可以急性治癒的項目，而不

215

是一個慢性會復發的條件。如果她必須報告伊利諾州的居民選擇的代議式民主，這種社會福利的協助轉變的真實過程較接近第二個模型，也許她必須擔心他們會乾脆停止支持這計畫，也許那個計畫對於伊利諾州的居民和納稅人來說看起來太貴、太

靠不住、太長期。[33]

　　但是如果 Herr 關於過度過程是對的，那麼當 Tamayo 的過程模型和她的認知價值創造系統發生時將可能失敗，如果在經濟獨立的路上有很多陷阱和失誤，那有很多 Tamayo 認爲治癒的客戶將會在未來用另一種治療方式出現，而復發將不會被記錄在虧損上。同時，客戶額外的治療費用也將不會被記錄在額外的治療成本上。爲了防止將錯誤歸咎於低成本而復發的客戶，Tamayo 必須保持每個人持續治療的記錄，好讓她可以檢查過去在計畫中聲稱成功治療的個體，以及他們的額外成本。另外，看似成功治癒的一千個急性病患，其中的一百人可能會回來持續地管理他們的慢性病。

　　因此，Tamayo 的認知公共價值創造的方法，可能高估了給一個人工作兩個月的價值。兩個月的就業並不等於依賴的結束，反而更可能是客戶端在短期內返回以尋求鼓勵或協助，或直接放棄。Herr 建議媒合計畫的價值並不是很大，一個人的狀態永久改變（並不很常發生），而在於更小的動作，朝向更準確的公共價值創造，對僅僅關注於以工代賑計畫的公共價值需要更悲觀的看法。

超越功利的社會成果：以工代賑計畫的義務主義問題

　　上述的討論集中在於如何衡量以工代賑方案上的價值討論。爲了使客戶更看重這些狀態的變化，增加他們幸福和物質福利，也要計算透過任何功利創造的價值。但是，依然再說一次，公共項目價值的仲裁並不是簡單命令性的廢除。公衆可能更重視及滿意在個人福利項目成功的客戶。

減少未來的福利成本。首先市民們有一個明確的目標，減少福利成本是爲了減少在未來的稅收。納稅人投資以工代賑的項目，不僅僅增加了幸福、尊嚴和他們同胞們的自主權。除此之外，避免花費其他同胞未來福利的代價。透過這種計算以工代賑的項目，在於減少未來福利的支出。比較其他方面的公共價值，這是相對直接的表達並衡量通過估計程序，該程序使客戶能移出福利名單，並避免未來福利支出的估計。這是很簡單的以工代賑方案的社會功利演算，並且似乎和 Tamayo 的做法緊密結合，在她的目標看來是減少福利成爲永久性的做法，這樣的程序也可以減少公民和納稅人的錢。

　　當然，如果 Tamayo 專注於節約納稅人的錢，支付承包商進行教育實習，似乎

沒有什麼意義。從短期來看，在教育計畫的福利客戶只會更多而非更便宜，因爲客戶繼續獲得福利金，並使用公共資金用於教育。從這個意義上講，Tamayo 似乎承認 Herr 的觀點，認爲公衆可能要對於邁向獨立就業的過渡階段進行付費。但社會的核心功利想法是支付現在的錢，所以依然不會有付錢給未來。

以工代賑成爲社會正義的工具。 相比之下，Herr 似乎以更少的功利主義眼光看待以工代賑系統。這並不意味著她不關心成本或者是她計畫的實際效果。如果她可以降低成本而不犧牲寶貴結果，或找到更堅實的辦法推進媒合計畫的客戶端對經濟和社會的獨立，她會這麼做，畢竟她是一個管理者，但是，對 Herr 來說，以工代賑計畫就好比媒合計畫一樣，提供了超出他們本身所能降低社會福利公共支出能力的價值。Herr 認爲使用公共資產，以幫助個人成爲社會和經濟上的獨立，創建一個更加公正的一種方式和一個更繁榮的社會。她的正義觀包括要給予陷入一種依賴狀態的個人工作的方式，以及經濟、社會和政治獨立的機會。她認爲公共價值就是機會正義的問題，以及實際的好處。這種道義的角度，創造了競爭框架來激發市民的訴求和以工代賑計畫合法的支出。

結合功利主義與義務論兩個觀點來看待以工代賑計畫，會產生其他兩個關鍵性的議題。其一，以工代賑計畫的公共價值應該如何被衡量？其二，Herr 的特別計畫如何被視爲一個較大系統中的一項要素而被衡量？

處理最貧窮者的特別信用貸款？ 由 Herr 看來，她的客戶代表福利依賴人口中最核心的部分，她的實踐經驗表明她有相關差異，無論是客戶的質量和數量都需要實現獨立的幫助。作爲正義的事，Herr 認爲，服務應該提供給所有符合資格要求的人，即是幫助的水平應調整成每個人的需要，或許，這是特別優惠去幫助那些似乎都需要得到幫助的人，而她也去做了。這一策略決策在她的計畫中，公共價值帳戶會有更高的每人平均成本，並減少在實習教育計畫和工作。這就提出了一個問題，有沒有與任何額外或特殊的公共價值是幫助最底層的人？

公衆可能想藉由一個特殊價值以促成長期接受社會福利服務之客戶達成獨立自主，這應該有幾個原因——有些可能是實務性或功利性，而有些可能則是有關正義與公平的理由。第一種（功利性）原因必須要確保國家由承包商方面取得金錢上的利益。績效契約保證國家將給付給承包商們可以達成計畫目標平均成本約略相當的收益。如果承包商可以找到一種比安置一般社福群體客戶更爲簡便的方式，那麼他

們就可以賺取超越成本的利益。他們挑選接受社福服務客戶的能力取決於國家對於提供以工代賑的公平機會給予社福客戶的理想。【34】

第二個原因，如果核心客戶需要更多的幫助，當他們達到預期的效果時，與他們一起工作的承包商獲得更多報酬。

為協助實質核心客戶而進行額外費用支付的第三個原因，其焦點較不是在於不同客戶的總成本，而較多著重在成功協助不同種類客戶乃將取得的是更多且不同的社會利益。Tamayo 可能已經決定要為實質核心客戶付出更多，這不只是因為幫助這些客戶將付出較高的成本，也是由於為這些人進行安置的可能得到的公共價值會更高。經由成功協助實質核心客戶所取得的利益可能會近似於功利主義者所使用的一些論述用語，諸如是取得來自於最基層個人的較高快樂感（客戶滿意度），或是可視之為取得了減少未來社福開支、降低犯罪率以及毒品濫用等的多項廣泛社會成果。

但也有社會正義與公平的想法，這也將引導公民和他們的代表，看看做同樣的事情，底層的人又比那些相對富裕的人會得到更大的公共價值。

所有這些爭論的核心焦點都是有關下面的想法，也就是契機計畫的公共價值有時候是高於離開福利救助計畫的人數。這當中有關個人客戶權利的顧慮、有關計畫操作中涉及到的正義與公平顧慮，也有著涉及協助伊利諾州創造出更為公正社會的關切程度。經由對實質核心客戶的更多付出，Tamayo 似乎已經意識到她所承諾保護並促成的公共價值不只含括了功利主義，也包含了下列有關義務論的相關概念：（1）契機計畫應該給予不同情境背景的客戶一個公平的成功機會，以及（2）契機計畫應成為一種提升經濟與社會最底層者達成獨立自主的正義美德與特定願景。圖 4.3 即展現了有關契機計畫中的公共價值帳戶內涵，並強化了先前表 4.1 中所提到的公共價值概念。

服務或義務的相遇？無論是以工代賑方案，應在功利或道義論來評價取決於大量的公民是如何看待的程序，從而減輕他們個人納稅的方式，或作為一種方式來創建一個更加公正的社會的兩端。但其也取決於程序本身的性質。如果程序大量使用公共權力，那麼公共價值帳戶應包括道義主義和功利價值觀。因此，人們必須考慮福利的客戶和契機計畫的簽約社工們之間的相遇是否是一個服務或義務的遭遇。

最初遭遇似乎主要是一個服務接觸。該客戶端主動尋求將他們受益作為個人的服務。他們似乎並沒有成為典型的「客戶」，唯一的辦法就是向他們提供的服務是

219

220

Jeannette Tamayo 與契機計畫的公共價帳戶

公共價值帳戶	
集體擁有的資產之使用與相關成本	經過集體評價的社會成果之達成
財務成本	達成的使命成果
內部（行政成本）	將享受福利的客戶推動轉為
外部（對客戶的成本）	• 經濟上獨立
	• 心理上獨立
	• 社會上獨立
	降低納稅人未來福利的成本
非預期的負面結果	非預期的正面結果
對待客戶由方案設計轉為進行協助	將文化規範移轉為獨立
拓展福利依存度	
	客戶滿意度
	尊重客戶
	切合客戶需求
	著重客戶渴望
使用國家公權力的社會成本	正義與公平
將服務進行合理化	確保個人權利
	強調義務公平
	對所有享用福利客戶提供管道
	提供額外協助給最有需要的客戶（？）

圖4.3　Jeannette Tamayo 與契機計畫的公共價值帳戶

免費的。但是經仔細檢查，人們可以看到國家公權力如何開始連接到這個交易和義務所提供的服務。社工們必須詢問客戶經濟狀況、工作經歷、家庭背景等。這些問題有助於確定哪些機構可能最好做些什麼來幫助客戶，但也被設計來確定客戶端是否有資格在公眾的費用接受服務。

關於資格適切與否的這種想法，其實包含了正義與效率的概念。公眾想確認服務不僅能傳送給可以使用服務的人，也想確保服務能正式地被**賦予**給那些人。探求服務使用者適格與否不僅是有關如何有效追求目標的需求與能力問題，其也是一個關於誰能**合法宣稱**自己可以享用這些服務的問題。

一旦客戶對計畫有所承諾，他們會由服務中獲得利益，但是他們也會被迫盡可能地切合計畫的目標，並且盡力配合社工之特殊期望。這些社工不只提供服務，也持續協助他們的客戶朝向經濟上的獨立（或至少朝向一個由國家所允許的「安置」）。客戶選擇讓他們自己參與社工的生活，藉以促使客戶較不繁重，而國家公權力也不凸顯運用。但是當整體公眾對於參與計畫客戶的進展感到沒耐心的時候，對於客戶的壓力可能就會由此提升，而所有的企業可能朝向著重義務多於對服務的重視。如果客戶沒有獲得足夠的進展，國家可以拒絕讓這些客戶持續參與計畫，或如果客戶未能與以工代賑計畫進行好的合作，國家也可以刪減客戶的整體利益。

221

這些觀察表明社福工作者與客戶之間的交會乃是服務與義務的互動。公帑給付於服務而公權力單位對此進行合理回應，且這之間創造出與某些公共觀點切合一致的義務，相關觀點乃是有關效率、效益以及公平等方法傳送以工代賑服務的公共觀點。如同第 1 章中的圖 1.7 所描述，這意指契機計畫的價值將可在兩方面被確認，其一是就物質利益（如服務接收者）與權力義務（如義務人）等方面被**個人客戶**所確認，其二則是就社會福利（如功利主義考量）與社會正義（如義務論考量）等方面被**集體公眾**所確認。完整的公共價值帳戶必須對這些績效的所有構面都完整地進行確認。

界定和衡量公共價值的政治權變措施的代價

Tamayo 對於契機計畫的公共價值主張可能是政治上的權變措施。一個特定的價值主張的政治支持與建設一個強大的公共價值帳戶無關，但這種權宜之計優勢是有代價的。

首先，其排除了重新確認創造契機計畫原先預期創造的價值是比其事實上可能

顯現出來最後價值的更為困難。其次，其預防了公眾、民眾代表以及公共管理者免於爭論其實際上想要的，並免於考量許多有關於一個正義的社會中，究竟應該或是否願意為那些已經成為依賴福利過活的人提供服務的義務論理念問題。第三，透過將對社會福利的依賴視為是一種可以藉由單純的干預作為而被治癒的急性疾病，Tamayo 的價值倡議並沒有鼓勵契機計畫的承包商學習到移轉在實際上是如何發生、以及他們能做什麼以促成移轉。就這方面來說，經由對有關公共計畫結果與手段之既有（但有所缺陷）的瞭解，可以讓公眾免於再花精神學習什麼是渴望的，以及什麼又是可以做到的。

　　如果公眾接受 Tamayo 的衡量，福利依賴隱含概念是可用一次性干預來解決嚴重問題，一個已經模糊的政府績效系統很難在第一時間發現什麼是理想的和什麼是可能的。但是，這並不讓 Tamayo 脫鉤。在這種情況下，以更具戰略性、價值為導向的方法可能會幫助她建立一個更好的、反映是什麼伊利諾州公眾確實想完成的公共價值帳戶，可以幫助大家瞭解在這個領域可以做到什麼。

契機計畫的操作性能力觀點

　　在第 2 章中，我介紹了公共價值計分卡，可以使公共管理者來管理他們的組織策略，主要是藉此著眼於不斷變化的和必要的環境條件，以維持或改善過去的管理行為，並可致力於為當前創造公共價值（呈現在公共價值帳戶中）。我還介紹了價值鏈的概念，將其視為一種可將管理注意力集中在正在生產（或不生產）所需社會結果的核心操作過程之分析概念。我（在本章稍早前）利用了價值鏈來對他們所關注的不同類型績效指標進行區別。我注意到，當前的諸多壓力促使公共管理者開發出可以識別有關客戶滿意度以及預期社會成果的衡量系統。而當促成管理公共價值創造能力提升之際，創造成果的衡量並沒有因此降低對有效的績效與管理系統的過程衡量之需求。不只是為了瞭解 Tamayo 想要達成的成果，也為了想瞭解她所依賴（操作性能力觀點）的過程，接下來我依循 Tamayo 的觀點來對價值鏈的議題進行思考。

契機計畫的價值鏈

　　價值鏈的基本概念為：管理者在一個組織裡，在其具體政策、方案和程序中部

署資產，以產生特定的產出和（理想情況下）社會價值成果的過程。然而契機計畫不是一個單一系統，它由各承包商的網絡關係來組成。與此「網絡」相比，即可理解 Tamayo 所帶領的組織其規模和範圍是非常小的。圖4.4 畫出相關 Tamayo 組織的價值鏈，在該列的開頭，從權力環境中獲取公共資金和權力，並透過如 Herr 的提供者一同部署這些集體所有的資產。

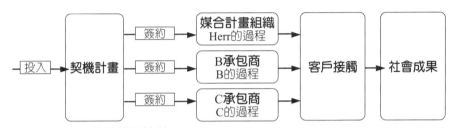

圖4.4　Tamayo 的公共價值鏈

　　然後承包商用國家的錢和權力聘請並支付員工薪水，並提供服務（以及施加的義務）給客戶。究竟承包商是如何根據設計一個方案、程序來使用他們的員工製造客戶期望的效果？這些特殊的政策和程序所代表的操作方法或「一種單獨以工代賑計畫」的技術，[35] 都是專有的，由提供者所持有，或是公共領域和不同提供者之間的專業性對話的一部分。客戶反應他們的遭遇給提供者和社工，然後決定要做或不做來使他們的生活有顯著的變化。客戶走向自給自足的程度表示證明其選擇能支持契機計畫的公共價值。

簽訂績效契約以控制網絡中的生產。在契機計畫的初期，Tamayo 的績效契約之前，承包商會先執行合同規定的行動或功能，而不是產出或結果之後。該條款可能是為廣泛的「提供以工代賑服務給符合資格的客戶」，很少提及要使用的手段、交付結果的性質，或客戶送達的數目。或者，該合同可能已經描述了一些必須符合──那些在程序中工作的資格，或與客戶接觸的頻率，例如計畫中運作的要求。

　　Tamayo 的轉變，從承包**活動**到承包**成果**，簽約的目的是要改變伊利諾州（與定義權值委託人）和承包商（追求委託人的目的代理商）之間的合同形式，如前面所指出的這種轉變重要原因有兩個。首先，因為結果構成要生產的最終目標價值，州政府得到承包直接生產他想要的東西。第二，放寬方法的限制，國家給承包商空間創新和試驗生產過程，使其能夠更好地工作。在一般情況下或針對特定的客戶群

體時，州政府都希望不管是要激發組織更大的努力、鼓勵工作創新的理念，或對特定的客戶群量身訂製方案來說，最終都能透過績效契約的採用以促使提升整體系統的績效。

在承包等級中設計生產系統。雖然 Tamayo 可以承受而可以漠視她承包使用的特定操作辦法，合同成敗在於他們的方法對實現合同規定的成果的基礎上。每個承包商爲了在過程中能更精細，將公共資金運用在顧問、工作執行者與和客戶員工和教育機構的連繫上。如果他們的方法，使他們能夠可靠地實現合同目標、低成本，並與許多各式各樣的客戶合作，他們將繼續接受公衆的資產。只有那些有方法僅是偶爾有效、只有有關某些客戶，或是只有具備較高成本的才可能將被摒除於這系統之外。即使有優於平均水平的業績，像 Herr 相對高成本的供應商可能會降低至Tamayo 的成果，以提高系統的整體性能。

225

兩種不同的創新。在生產過程中做改變被稱爲「創新」，創新可以或大或小。在任何一個全部或局部中有新的感覺。是用於產生或輸出的過程中變化以產生所需的結果的實際輸出變化的過程。每一個創新，顧名思義在特定情況下未經測試，帶有風險和不確定性。參數和數據指出，創新可以提高性能必須證明發展和不確定性的成本。

至少兩種不同種的創新可以用來提高性能。第一種是行政相關系統的變化（例如，組織結構、人力資源管理、預算編制或性能衡量）。第二種改變基本的操作程序，具體在組織中部署的勞動力和要素，以產生特定的輸出方式。

在績效契約制的改變中，Tamayo 對計畫可能性推出了顯著的行政創新。爲了運作這種改變，她爲了承包商的表現性能不得不制定措施和績效支付的新方法。她希望，承包商將透過降低成本和／或增加數量和產出品質提高性能來做出這些改變。而且，這些變化在實驗中所帶來的機遇和激勵措施和組織和過程中顯示有良好的效果，她的行政創新會產生計畫性的創新，對她來說是一個很好的機會。但是，如果承包商不以改進的設計來應對機會和激勵措施，那麼行政創新將不會產生所需的計畫變更。而且，如果行政系統不能識別已經改進的性能，來幫助提高使用改進的方法（透過傳播創新，或增加爲組織專業方法的支持），那麼行政的變化不一定會移動至價值鏈中一個理想的方向。

例如，Williams Bratton 依靠行政創新化（Compstat）創造機遇和激勵中層管理

人員找到更有效減少犯罪的手段。【36】若是分局隊長的回應，是採取運作上和實務 226
上的創新，那麼紐約市警察局就能學到如何提升績效。但 Bratton 案例也可看作是
爲了在治安層面引進實務創新所採取的努力——期望藉由取締輕微違法行爲以控制
犯罪及減少恐懼。若是 Bratton 主要採取的介入方式，是由上而下的實務創新，而
Compstat 只是用來確保紐約市警察局有在辦理這項策略的一種手段，那麼我們對
於 Compstat 如何發揮作用以提升績效，便會得到相當不同的詮釋：Compstat 並非
利用成果目標來激發分局隊長思考更佳的犯罪控制辦法，而是一種行政控制系統，
用來確保分局確實有遵守規定政策和程序。【37】

　　同樣地，在契機計畫的這個案例上，Tamayo 的提案需求建議書不僅促使 Herr
思考產出期望成果的新方式，更使得 Herr 必須按照 Tamayo 偏好的方法行事。
Tamayo 的提案需求建議書要求必須有「行動計畫」以驅使每位客戶達成期望目
標。此法似乎符合 Herr 對客戶的個別著眼點考量，然而爲每位客戶一一撰寫計
畫，卻顯得無此必要，這麼做不僅耗費金錢，而且可能對 Herr 帶來損害。媒合計
畫組織的組織工作者一直有在爲客戶制定和更新計畫；撰寫計畫代表工作量增加，
而且喪失一些彈性來適應客戶環境或動機上的變化。另外，媒合計畫組織員工都有
在支持客戶取得進展——並不是讓客戶達成可能超出他們現有能力的任意目標。
即使 Tamayo 的要求似乎相對屬於中性，並無明確規定需用何種做法來達成指定目
標，但是仍然對承包商構成程序上的負擔，恐將增加成本，削弱績效，並減少創新
的自由度。

合作夥伴和共同生產者的重要作用。 在既有組織**之內**取得生產過程的利益是相對
簡單的事情，但在組織**之外**也存在有許多影響組織成功的活動與行動者。就契機計
畫來說，其不僅包含了承包商，也存在有潛在的教育者與客戶僱主。除此之外，如
同媒合計畫的社工們所提到的，客戶的家人可能會極大地協助或嚴重地影響到這些
客戶自我獨立自主的能力。這個生產公共價值的「過程」——同時得以與時俱進且
也含括了社會行動者——適切地擴展，也因此這種擴展乃超越了組織的產出。

　　圖4.4 呈現出完全內含於單一組織的價值鏈（參見圖2.8）和完全外包出去的價
值鏈兩者間的差異。圖4.5 則是更爲概化的圖表，顯示出伴隨著其他行爲者（合作
夥伴和共創者）來促成實現社會成果的公共機構。圖4.5 明確認同一項事實：對許
多公共機構而言，價值創造所必備的操作性能力，是存在於組織界線之外的。有時

這種助力存在於個別民眾願意為了實現公共機構目標而提供運作上的支援，因此舉例來說，若是沒有願意提供資訊的民眾，警方也無法破案和逮捕嫌犯。有時這種必要的外部能力存在於與公共機構簽約提供服務的獨立經營組織，例如 Tamayo 仰賴私人的以工代賑組織。

227

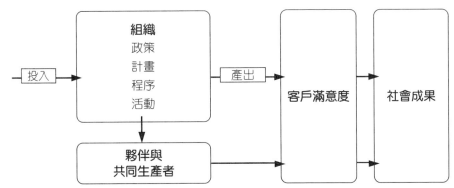

圖4.5　與夥伴的公共價值鏈

　　圖4.6 較詳細呈現出，公共機構如何與身為合作夥伴的其他組織一同透過客戶的有效參與來創造期望結果。此種交流可能是服務上的交流（客戶收受自己用得到的資訊、福利或服務）、義務上的交流（透過州政府的直接權威，或必須遵守社會規範的非正式壓力，客戶或多或少負有強制性的義務），或者最常見的，上述兩種交流的某種綜合體。

　　在契機計畫當中，公共機構夥伴如媒合計畫組織為客戶持續提供來自個案工作

228 者的建議、鼓勵和敦促，並將客戶轉介給可提供幫助的人（組織產出）。客戶可能會討厭或喜歡此種經驗（客戶滿意度）。但契機計畫能否達成最終目標，必須取決於客戶能不能以及願不願意將契機計畫承包商的建議和轉介變成個人的獨立自主（社會期望成果）。只有當客戶感覺他們所需的動機和支持已經變成經濟上的獨立時，才算是創造了公共價值。在這層意義上，客戶是社會成果（公共價值）的「共創者」。這項原則尤其適用於既施加義務也提供服務的公共機構。除非明尼蘇達州的民眾願意配合，否則 James 無法從他們身上收取半毛稅金──不管是自願的，還是強制的。

　　當公共機構必須依靠客戶來創造價值成果，公共機構管理者就必須瞭解組織界線以外的地方發生了什麼事。找出能夠讓客戶參與創造期望成果的辦法，是過程與

計畫設計中的必要環節。

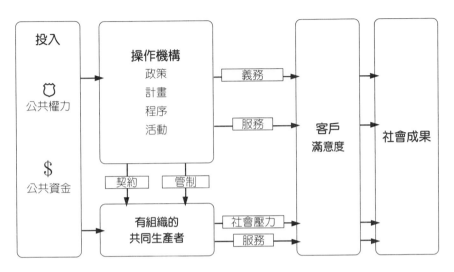

圖4.6　與有組織共同生產者的公共價值鏈

異質性的客戶群和對自己有利的選擇。異質性的客戶群和對自己有利的選擇。如果客戶扮演核心角色且達成被要求的結果，這過程將使公部門（或其承包商）去招募和選擇其客戶，並且成為一個重要的決策根據。正如我們之前所提到的，如果一個以工代賑過程可以篩選出較無動力或較無技巧的參與者，那麼我們就可以盡可能做更多的規劃與歷程並以最少的負擔和能力去執行，從而挑選出合格的候選人以及將重心放在比較劣勢的客戶上。

　　同樣地，這代表 Tamayo（1）在思考承包商的可能成本時，必須考慮到客戶的差異；（2）必須正視「系統的整體目標為何」的哲學問題。假使這個目標屬於功利主義性質，也就是盡可能花州政府最少的錢，盡可能把多一點客戶撤出福利名單，那麼簽約以便辦理專門找出哪些客戶最適合使用其服務的計畫，這種做法是合理的。基本上，成功的計畫會向州政府宣傳兩項重要內涵：（1）協助客戶從領取福利轉型為上班就業的能力；（2）找出哪些人最有機會輕易實現此種轉型的分類能力。然而，假使這個目標屬於義務論性質，也就是為所有符合資格的客戶提供公平的管道，或是為最弱勢的客戶提供額外援助，讓每個個體都擁有平等的機會來取得程度相似的進展，那麼如果還允許承包商揀選享有最多資源的客戶，便是錯誤之舉。

　　就承包商而言，他們必須決定如何在一個異質的需求市場找到自身定位。承包

229

商究竟該選擇關注最窮困的客戶，還是鎖定生活條件相對較佳的族群，在某種程度上取決於承包商對下面這幾項課題的看法：公共價值的組成成分、組織本身的使命、以及承包商如何理解與評估自身能力。不過 Tamayo 決定想看到什麼成果，以及 Tamayo 願意支付多少酬勞，這些要素也會影響到承包商的選擇。

只要 Tamayo 認爲以工代賑計畫的每個客戶都差不多，而且無視客戶對於共同創造契機計畫期望成果上所扮演的角色，Tamayo 就不必面對某一類型客戶是否比另一類型客戶更值得提升其獨立性的哲學問題，也不必思考如何在她的績效衡量系統辨識客戶群差異的運作問題。只有在 Tamayo 察覺到不同類型客戶需要不同協助才能達成相似程度的獨立性，她才必須正視這兩項問題。

230　　　Herr 爲了媒合計畫組織努力訂定辦法和計畫，處理極窮困客戶的問題——這類客戶幾無工作經驗，而且領了好幾年（有時領了好幾代）的福利。基本上，Herr 的做法與精挑細選背道而馳：她直接走向極窮困客戶中狀況最糟者。爲了協助這類客戶群，Herr 依照客戶個人需求，辦理高度量身訂作、持續度高、回應度高的個案工作。這些辦法管理不易，但 Herr 建立了資訊系統、員工系統，並營造出讓她能夠管理這套複雜過程的組織文化，使得這些辦法長期下來變得較易管理。此種個人化且複雜的系統，通常是幫助窮困客戶取得進展的必要手段，但這些辦法也可能在所有福利客戶上行得通，而且就廣大客戶群的成本及成效方面，這些辦法也都有競爭力。

然而，假定 Herr 的辦法是專門針對極窮困客戶打造的，而且 Herr 的平均成本高於服務其他客戶群的承包商，那麼 Tamayo 就要負責決定是否辨識客戶群當中的差異，以及是否付更多錢來協助極窮困客戶。[38] 在討論的案例中，Tamayo 沒有考慮到所服務客戶群的個別特點，結果爲指定成果開出均一的價碼。這暗示了 Tamayo 所提的指定成果，是相對完整地描繪出民眾期望契機計畫所能創造的公共價值，使得唯一眞正要緊的問題，變成是以工代賑計畫可以在多省錢的情況下找出目標客戶，並將其移出福利名單。

Tamayo 其實可以改爲決定給最窮困客戶的成功個案支付較高酬勞，如此一來不僅承認了解決不同類型福利客戶的問題需花費不同金額的成本，或許更承認了協助最弱勢個體可帶來附加價值，創造可貴的社會正義。假如 Tamayo 能夠這麼做，她除了可以增加承包商酬勞體系的公平性外，她還可以讓承包商不會有誘因去精挑細選客戶。如此一來，承包系統將能有效激發創新，而且創新的層面在於降低協助

各類福利客戶取得轉型的成本，而不僅是幫承包商找出最容易處理的客戶。　231

認識到研究、實驗的價值、創新

身爲契機計畫的管理者，Tamayo 負責改善長遠效率以工代賑系統中的有效性和公平性。在某種程度上，她可以依靠績效契約所產生的激勵機制來鼓勵承包商尋找和利用可提高生產率的創新。……承包商可以將其創新視爲專有技術，拒絕與他人或政府共享，並且不要試圖擴大市場，而是要利用生產力的提高，爲自己的利益留在特定的市場領域。

Tamayo 的另一項選擇是採取一個更爲靈活的途徑，以鼓勵特定種類的研發活動，同時運用慈善捐款與政府基金來支持能設計用以提升以工代賑績效表現的實驗與創新做法，並將這些研究基金廣爲散布運用在所有相關的領域之中。她不只是等候個別的承包商來開發創新並等之後建構市場來讓這些廠商取得更多的利潤，她也能運用她的機構來贊助這個有關生產可能曲線領域的探索，並由此學習瞭解如何提升其績效。【39】

公共價值計分卡或許促使 Tamayo 用不同角度看待 Herr 的行動，此種計分卡契合 Tamayo 對操作性能力觀點的重視，而且在建立操作性能力方面，尤其關注實驗和學習發揮的作用。媒合計畫組織跟其他承包商不一樣，除了因爲媒合計畫組織制定特殊措施來處理最窮困的福利客戶，還因爲媒合計畫組織有投入研究，積極創造能夠在未來提升系統整體績效的成果。由此層面觀之，Herr 的計畫可說是支持提升契機計畫長期生產力的研發計畫中的一個環節。

基於公共價值計分卡的操作性能力觀點，加入可支持創新、實驗和學習的投資和行動，此種做法帶出了幾則值得 Tamayo 和大眾思考的重要問題：第一，Herr 執　232
行的研究是否眞的存在相關的公共價值；第二，研究經費是否該由政府支付；第三，Herr 的計畫是否即爲最理想的執行方式。

Herr 在新成立的契機計畫所領的初始經費，雖然是以「示範補助款」名義取得，但是計畫在研究方面的經費，卻主要來自基金會補助以及西北大學的物品或服務捐贈，而非公部門經費。可想而知，Tamayo 大概已認同媒合計畫組織的研究角色，才會持續透過示範補助款來支付媒合計畫組織經費，不過這麼做會產生三個問題：第一，Tamayo 本來期盼系統的所有承包商都能簽訂績效契約，並且受惠於標準化的競爭性招標流程，然而前述的研究經費支付做法卻不利 Tamayo 的此種構

想；第二，產生出系統帶有政治循私主義且缺乏紀律的印象，有損 Tamayo 管理的採購系統的成效及公平性；第三，若持續支持示範補助款，會令人以為契機計畫經過六年運作仍不曉得自身實際所做之事。難道 Tamayo 的監督者沒有想到實驗期已經結束，而開始進入必須盡力減少計畫成本和改善成果的階段嗎？

衡量需要進行研究、創新和實驗。 Tamayo 懷疑她的監督員是否會看到公共價值，支持重新研究，因為公眾及其代表缺乏關於研究與發展（Research and Developmemt，簡稱為 R&D）的公共部門的價值業務，儘管政府經常支持很多創造價值的基礎研究，且事實發達的意見不同。[40] 事實上，政府支持的研究，即使在商業企業將有可能成為首批使用研究結果，如發展出救命藥、高產作物、快速電腦以及巨大收益，支持研究公共之事的政府可能也會被視為是公共企業家。[41] 儘管如此，大多數公共管理者仍不願做。[42]

如前所述，從很多方面來看，Tamayo 的競爭性採購系統是用於支持高度的研究、實驗和創新。這種競爭性採購系統給了所有承包商制定創新做法的誘因，讓承包商設法用比競爭者更低的成本去產出高於 Tamayo 期望的成果。供應商或許有管道取得一些私人資金來實現他們的構想。理想而言，競爭性採購和私人融資的結合，將能產出許多重要的產品與過程創新。但就如先前所提，我們並不清楚這種專營概念會如何在公共支出主導的市場上傳播開來。

假如 Tamayo（或許和私人基金會合作）在以工代賑計畫中，對於制定可創造價值的創新做法需負起部分責任，她實際上將會認清有一部分的支出應該要用在替研發構想建立「風險組合」（risk portfolio）。當然，在這樣一個預期政府機構早已明白有何最佳方法可實現期望成果的世界，若還要為了探討生產可能曲線而投入心力去建立風險組合，實在不合情理。但是，萬一政府官員確實不曉得實現特定目標的最佳方法呢？假使政府機構的實務從未受過實證檢驗呢？假使只要政府機構試圖訂定替代方案，就能輕易改善這些實務呢？

要回答應該要建立多大的風險組合的這個問題，大部分政府機構想必會備感壓力，雖然許多政府機構可能會提出各種先導計畫、示範補助款等等或許可構成風險組合的初步項目。發達的工業化經濟體，平均而言會把全部資源的3% 花費在研發上。有些著重技術創新的經濟領域，研發所佔的支出比例可高達30%。[43] 政府管理者需決定應投資多少錢在創新上時，可參考以下四點略有不同的準則：

一、若是民眾不滿意政府機構的績效，那麼政府管理者應把更多資源轉移到創新行動上，方屬明智之舉。失敗無法用一而再再而三的失敗來彌補；必須試著開闢新路線。

二、若是政府機構面臨新的任務，便應把更多資源分配給創新。遇到新問題時，通常要嘗試數種方案，才能找出可行且有效率的解決辦法，即使在狀況極佳時也不例外。

三、若是屬於該政府機構管轄的民眾、或者政府機構試圖解決的問題，其性質非常歧異（異質）或變化快速（動態），那麼政府機構或許該為不同的民眾及情況來制定特殊的解決辦法。政府管理者面對的環境愈是異質、愈是動態，或許就會想投資愈多錢在研發上。

234

四、此項考量是有關技術上和實務上的變動。技術上的變動，有時能夠引出或促成實務上的重要變動。辨識學習障礙或情緒問題的診斷能力一旦提升，或許可讓幼稚園教師比以往更有效回應學童間的差異。有助維護 ATM 及其使用者之安全的裝置，或許可在技術上解答如何遏止 ATM 搶案猖獗的難題。某個領域的重要創新，未必全部來自該領域。有許多創新是從其他領域借用靈感並改造因應，或是以全新技術應用之姿出現在其他場合，發揮不同用途。

許多（或許甚至大部分）政府機構在研發上投資不足。這些政府機構長久以來的運作模式，顯得像是標準化的生產線公司，始終面對著穩定、同質的狀況。或許這種模式是為了滿足課責和一致性的要求，這是政府機構的優點所在，但無論原因為何，政府機構往往抗拒小幅度更動其運作方法。儘管政府機構常被視為無能，常浮現新問題，面臨高度異質且快速變化的運作任務，身處在一個知識和技術日新月異的世界，但政府機構依然故步自封。

Jeannette Tamayo 在某種程度上都遇到上述所有狀況，這也代表她確實可從實驗中得到收穫。在為了提升契機計畫長期績效而需投入的研發方面，Herr 或許不是唯一、甚至不算是表現最好的供應商，但 Tamayo 若能在策略中加入些許研發項目，相信會是明智之舉，如此可確保其事業獲得長期、持續的改善，也能達到短期的經營效率。

不同的種類的 R & D。如果 Tamayo 要建立學習和創新化到系統中，她將不得不考慮什麼樣的研發力度將是最有價值的。對於她來說，Herr 已經從事至少具備四

種的研究，Tamayo 可能會發現有價值的：（1）問題／市場調查（2）材料和過程的研究和生產工程（3）程式設計和評估研究（4）管理研究。

首先，經過數個小時密切的觀察和個別的注意，Herr 和她的員工收集到很多關於解決問題的資訊，並且有些是關於個別客戶構成的問題也都有解決方案。他們研究問題的元素以及客戶的角色。他們分析人類的細節以工代賑轉型時期，和學習**開始**而非結束於一個工作的介紹。他們發現外部的人類關係中有——家庭、朋友和值得學習的榜樣——這些皆扮演著支持或破壞的轉型角色。因為媒合計畫組織含括廣泛而鉅大的方案，所以其和客戶維持著長遠而持續的關係網絡，這促使得以辨認及預料全系列計畫與組織情境，並有助於在適切因應個別客戶可能會面臨到的具體問題。

對於很多社會學家、人類學家和經濟行為學家而言，這些工作看起來很像社會科學研究福利依賴問題。但這些努力在私部門裡類似於「行銷研究」（market research）。為了使媒合計畫更加有用、相關且能互相連接，Herr 從其組織外部來看，發現客戶所看到及使用的服務和建立起「以客戶為導向的員工文化」。[44]「市場」（market）是被投資的而不是由個人花錢買服務的方式來組合成消費者市場，但是具有需求的個人或公眾所共同組成的市場，可以透過政府作用，嘗試做出回應。

Herr 企圖解決的問題之詳細知識，以及她希望招募個人以解決問題導致了第二種應用研究——由於缺乏較為適切的用語，所以這種研究在此只好被描述為物質與程序研究。這個實質與程序研究的目標乃是在於藉由持續運作來產生特別結果，以發展出對物質的瞭解，除此之外，這個目標也是期望發展出對於物質可以被涉入且運作，以達成被期待結果之方法的瞭解。

很明顯地，把以工代賑計畫的個別客戶說成生產過程的「原料」不僅不中聽，而且在經驗上也無法精準傳達意涵，因為這些個體都是獨立的人，各自有其目的。不過從工具觀點來看，當 Herr 仔細探討客戶為了達成獨立自主而奮鬥的行為時，她除了是把客戶當成「人」在研究，也是在觀看客戶有哪些個別的動機和能力構成了她必須一同合作的研究對象，以試圖幫助客戶達成她、客戶和集體大眾所期望的轉型。

就像 Herr 的企業有著「行銷研究」的成分，其研究中這種「材料」層面乍看就像基本的社會科學研究，研究的是客戶的性格，以及當客戶試圖進入主流經濟時遇到的問題。Herr 想瞭解假如她完全沒有介入將發生什麼事，她也在尋找有哪些

重要的因果因素，使得過程對於客戶及其計畫而言變得不確定、緩慢且花費金錢。

不過，Herr 和社會科學家的研究目的還是有著重大區別。Herr 之所以制定研究計畫，是爲了解決實際上的問題，而不是爲了解開智力上的難題。Herr 並不想探討人類社會的本質，不想探討形塑經濟運作的法則，也無意探討政府針對被社經力量推開的個體所做的反應有何本質。Herr 重視的是從各種因素中，尋找有哪些因素塑造了客戶的前景走向，她可以把這些因素當成某種施力點，用來幫助一些邊緣化的個體找出進入經濟體系的路徑。【45】讓 Herr 感興趣的原因變數，除了那些能夠解釋成果變異最大之處的變數（社會科學研究通常以此爲標的），還包括那些**能夠讓她採取改變來改善成果**的變數。由於 Herr 特別重視開立處方，而非找出一般性的因果解釋，因此 Herr 的表現比較像是試圖在特定狀況下創造特定成果的工程師，反而比較不像試圖理解社會行爲普遍原則的社會科學家。【46】

Herr 進行的第三種研究，可稱之爲計畫設計與評估研究。通常這類研究會緊接著在材料與過程研究之後進行。計畫設計研究企圖運用從材料與過程研究中發現的施力點，來規劃可望成功的介入做法；評估研究則欲得知經過審慎規劃的介入做法是否眞能奏效。

在計畫設計上，Herr 似乎進行了一場由她對於待解決問題的理解所引導之下的腦力激盪。她的問題研究、行銷研究和材料研究，產生許多珍貴見解，幫助她擬定出可能有效的介入做法。她認爲個案工作者必須先仔細診斷客戶目前的狀況，以便訂定用於衡量個別進展的基準，並且讓客戶參與診斷自身狀況及規劃未來的共同過程。Herr 對於轉型過程得來不易的理解，使她構想出一種看起來跟標準方法或任何類型的標準生產過程相當不同的介入做法：密集、長期、高度彈性的客戶參與。

237

一旦 Herr 對於可望在客戶身上奏效的介入做法產生特別的構想，她就必須透過計畫評估的正規過程，更加嚴謹地驗證這種介入做法的效力。從計畫評估的層面來看，Herr 的研究具備的明顯長處稍有敗筆。一方面，她的研究未能精準指出伊利諾州民眾希望產出的成果（這是一項值得好好思考的問題，但假如伊利諾州民眾並未對此加以思考，那麼或許還可容許 Herr 的失策）。【47】然而，Herr 的做法失敗的另一個原因，是她沒有以實驗性質來辦理這項計畫。對於社會科學家，以及對於有信心獲得相同成果而想複製 Herr 做法的人來說，沒有採取實驗做法是個很嚴重的問題。但 Herr 的寬鬆標準或許不會受到太多譴責，因爲這樣的信心付出了很高

的代價，而且也並非總是值得抱持這樣的信心。

　　假如公共機構必須對自身的做法很有信心、擁有充裕的研究經費、而且有辦法等待很長一段時間來找出改善做法，那麼這樣的公共機構是負擔得起系統性的實驗路線的；但是，假如公共機構不必如此有信心、或極為缺乏研發經費、或需要快速採取行動來改善績效，那麼這樣的公共機構或許適合走一條更快、更務實、但可能沒那麼確定的路線來建立改善的績效。

　　最後，Herr 研究了績效衡量與管理系統的制定，以用於指引機構運作和觀察價值成果。筆者在第 2 章指出，在公營事業的績效衡量與管理上，其策略取向的一個重點，就是假設制定這些體系很花費時間。我們不該期待組織中早已存在著管理者所需使用的績效衡量法。這些衡量法可能全部有待制定──有時得重頭開始。

　　「梯形圖與比例尺」可以說是 Herr 最重要的介入做法，從中呈現出 Herr 的公共價值主張，以及對應的電腦追蹤系統，用於引導並控制該計畫的複雜運作。這個系統讓一小群員工能夠和一大群客戶維持聯繫；讓個案工作者有個管道來思考及記錄客戶的進展，並理解何時需採取介入做法，以及需採取何種介入做法；此系統還讓媒合計畫組織能以活動和客戶聯繫的形式來查看實際產生的結果。這些特點都幫助 Herr 維持了某種程度的行政管理控制，以及滿足外部當責針對活動和產出的要求；並提供了必要資料以供追蹤計畫運作情形和已實現成果之間的關聯性。

　　梯形圖與比例尺令 Herr 提出了用於評估媒合計畫組織的另一種做法──也提出了計畫所創造公共價值的另一種概念。伊利諾州民眾原本希冀藉由契機計畫解決問題，卻擺脫不了問題的急性病模式，直到 Herr 規劃梯形圖之後情況才有所改善。這樣的模式可說是無法發現社會大眾真正想透過以工代賑計畫來創造的價值。無論 Tamayo 接受與否，梯形圖確實為民眾提供了以工代賑計畫的另一種公共價值主張。因此 Herr 除了在建立用於辨認公共價值的概念和工具上，還有在用於解決社會大眾最棘手、最令人苦惱問題的做法上，都堪稱是位創新者。

本章總結

　　本章以「契機計畫」管理者 Jeannette Tamayo 的案例作為開端──「契機計畫」是一項協助伊利諾州客戶從領取福利轉型為上班就業的以工代賑創新計畫。契

機計畫的案例顯示出，創造和監督自身生產系統的公共機構，以及仰賴私人服務提　239
供者網絡（這些服務提供者由公共承包系統調動及支助，依特定成果領取報酬）的
公共機構，這兩種公共機構存在著一些根本上的差異。但契機計畫和目前為止討論
的其他案例有個重要的共同點。如果 Tamayo 想要有策略地運作計畫，她會需要建
立公共價值帳戶，以辨認和衡量社會大眾明確或暗中委託該計畫來實現的所有重要
價值；她會需要合法性與支持觀點，以追蹤計畫運作時所處的政治現況；她也需要
操作性能力觀點，以協助鞏固計畫在提升生產力方面的能力。

　　Tamayo 必須建立公共價值的概念。這個概念不僅要在技術上和管理上行得
通，也必須在哲學上和政治上合理。Tamayo 和其中一名承包商之間有關合約條款
的衝突，似乎圍繞在技術和管理層面，但實際上是直指哲學和政治層面的核心，是
有關以工代賑服務的最終結局和適當做法。Tamayo 主要從集體的、功利主義的角
度來看待問題：她的任務是盡可能少花一點的錢，來盡可能把多一點客戶撤出福利
名單。客戶有無撤出福利名單，是 Tamayo 視為成功與否的指標，她希望透過將把
這項指標作為成果來簽約外包，以此激發承包者設計出穩健、快速且有效實現該結
果的過程。Herr 則主要站在義務論的立場來看待工作，她認為計畫目標應該是讓
所有福利客戶得到最好的機會來克服他們對福利的依賴。Herr 也認為這過程本來
就是緩慢進行的，而且只會有斷斷續續的成功。

　　Tamayo 與 Herr 沒有找到合適的平台來讓兩人在民選官員的協助之下，發表及
化解彼此的意見歧異。她們被困在承包商 / 發包商的層級。如此一來，制定出的衡
量系統，只能辨認契機計畫所能創造的一部分公共價值，並且為以工代賑計畫帶來
誘因，讓以工代賑計畫精心選出對本身成果有利的客戶，而不是協助每一位請求服
務的客戶——包括已經看似絕望的個案。Tamayo 堅持採取有瑕疵但能獲得政治支
持的衡量系統，卻扼殺了伊利諾州民眾的機會，使得民眾無法參與討論及定義他們
期望契機計畫創造的公共價值；同時 Tamayo 也扼殺了自己的機會，未能為契機計　242
畫制定出適當的管理系統，使得公共機構和社會大眾無法根據公共價值的各種定義
來探討實質產出的成果。

　　契機計畫沒有創造適合的公共價值帳戶，雪上加霜的是，操作性能力觀點有著
瑕疵，似乎未能辨認出客戶及其家人擁有多少創造期望成果所需的操作性能力。
Herr 的研究明顯指出，這些行為者以期望成果共創者的身分，在價值鏈裡扮演不
可或缺的角色。從操作性能力觀點來看，這件事有三個意義：第一，在試圖為契機

計畫承包商打造一個公平競爭的環境時，重點該放在必須建立並運用客戶本身為計畫帶來的私人能力——否則服務提供者會從尋找有什麼方法可以協助客戶順利轉型，變成在策劃有什麼方法可以讓服務提供者找出最容易扶助的客戶，如此便能輕鬆超越 Tamayo 所設的標準。第二，計畫必須找出可以因應客戶動機和參與度問題的做法，並協助客戶清理私人生活上的障礙，以追求獨立自主。第三，為了確保所有客戶都有進步的機會，或許有必要針對最窮困客戶制定特殊計畫，根據不同的基礎來運作並支付酬勞。

除了需處理客戶異質性的課題外，契機計畫還必須瞭解到計畫仍處在探討生產可能曲線的起點，而非終點。把績效外包到有競爭力的市場，有助減少成本，至於減少成本的做法，短期而言是讓某個服務提供者比另一個提供者更有競爭優勢，長期而言是刺激服務提供者制定出創新的作業方式。假如 Tamayo 已先明白自己正處於這段探索過程的起點，或許她就會稍微更重視減低長期成本的可能性，以及更重視透過可協助整體客戶群或特定客戶區塊的創新做法來提升績效。Tamayo 或許會簽訂支持研究、實驗、創新、以及短期運作績效的契約。或許 Tamayo 會特別關注投入研究的服務提供者，且其研究是有利整體市場，而非僅有利個別提供者。

243　　　這些意見顯示出，當新的成果導向管理遇上舊的過程導向管理，兩種觀念的碰撞下，喪失了重要的價值創造機會。看似屬於技術層面的績效衡量法爭論，其實可以再細分為更廣泛的政治和哲學層面討論，除了討論契機計畫之中岌岌可危的公共價值，也討論應如何衡量有關這些公共價值的績效。

為了讓契機計畫達到最佳的整體績效，究竟是該忽略還是考慮福利客戶的個體差異，這會影響到幫助客戶進行改變所花費的成本，也會影響到執行契機計畫所帶來的好處（就功利主義和義務論而言的好處），這則問題也值得深思。至於州政府在打造以工代賑產業方面，是否能因外包系統讓公私部門有了誘因及管道來支助創新及研究經費，而獲得更佳的長期利益，此問題也依然無解。由此觀點來看，Tamayo 對於績效外包和快速採用特定衡量法的單純構想所付出的努力，可能已削減而非增加了契機計畫的公共價值。此外，並不是提倡辨識和創造公共價值的系統沒有發揮作用，而是關於如何運用這些系統的簡化構想往往會造成傷害而非帶來助益。

圖4.7 為 Tamayo 可能期望採用的公共價值計分卡完整樣貌。

Jeannette Tamayo 與契機計畫的公共價值帳戶

240

公共價值帳戶	
集體擁有的資產之使用與相關成本	經過集體評價的社會成果之達成
財務成本	達成的使命成果
內部（行政成本）	將享受福利的客戶推動轉為
外部（對客戶的成本）	・經濟上獨立
	・心理上獨立
	・社會上獨立
	降低納稅人未來福利的成本
非預期的負面結果	非預期的正面結果
對待客戶由方案設計轉為進行	將文化規範移轉為獨立
助協	
拓展福利依存度	
	客戶滿意度
	尊重客戶
	切合客戶需求
	著重客戶渴望
使用國家公權力的社會成本	正義與公平
將服務進行合理化	確保個人權利
	強調義務公平
	對所有享用福利客戶提供管道
	提供額外協助給最有需要的客戶（？）

圖 4.7 Jeannette Tamayo 與契機計畫的公共價值計分卡

241

合法性與支持的觀點
Jeannette Tamayo 與契機計畫的進展與規劃

使命定位與公民價值觀闡述：
　組織聚焦於提供客戶獨立的機會
　發展與公民渴望一致價值的衡量措施

納入潛在客戶忽視的價值：
　在支持、權利的保護以及給與福利客戶的義務間尋求均衡
　提供額外的幫助給予最需要的客戶

與正式授權者站在一起：
　在執行的分支機構間的情況檢視
　　• 透過理性化的簽約系統以「保證」承包商的績效
　　• 對契機計畫的成本效能分析提供證明

與主要利害關係團體站在一起：
　有責任地且公平地對待承包者
　將計畫的成本效能分析呈現給納稅人看
　將對客戶權利的尊重與對客戶的公平機會展現給福利倡議者觀看

媒體報導：
　檢視媒體報導來識別潛藏的價值與明確的批評

與政體中的個人站在一起：
　一般公民與納稅人
　　• 促使民眾願意透過審議式的調查檢視以工代賑計畫
　客戶
　　• 調查客戶與契約廠商的經驗

在民主的政治對話中的企業定位：
　提供有關成本與績效的精確資訊，以讓公眾瞭解需權衡的價值

作為共同生產者的公民參與：
　協助客戶同儕團體發展讓他們自主獨立的計畫

操作性能力的觀點
Jeannette Tamayo與契機計畫的進展與規劃

對企業的資源流量：
　藉由切合對課責性的需求來維繫政府資源的可持續流動
　藉由校正對投資者的目標來維繫對夥伴的合宜資源能持續流動
　透過對價值與能力進行廣泛公眾討論來建立公共支持

操作性政策、計畫與程序：
　組織學習（對於網絡提供者）
　　• 探究客戶人數的異質性
　　• 重新找出區別客戶群體的不同方法
　　• 尋找切合所有客戶群體的強有力方法
　　• 調整與實驗梯形圖及比例尺以作為促成解析價值創造的方法
　內部資源分配
　　• 利用簽約系統以將資源移轉成為「高度績效」
　績效評量和管理系統
　　• 運用簽約系統以創造出衡量績效的正式標準
　　• 發展措施以區別出邊際不利益與實質核心
　　• 發展與使用梯形圖及比例尺，以作為促成解析價值創造的方法

組織產出：
　確保所有的客戶都可以被尊重地對待
　確保對客戶的支持與權益間能達到適切的均衡

第 5 章

Diana Gale 和固體廢棄物公用事業
以公開透明的方式將改革合法化，並動員市民和客戶以利共同生產

Diana Gale 與垃圾政策大改造

1987 年 1 月，Diana Gale 成為西雅圖市固體廢棄物公用事業部主管。[1] 有別於以往，她不僅是第一位被指派的女性，也是第一位沒有工程背景的主管。頂著都市計畫的博士光環，以及熟悉政策分析與都市政策的優秀能力，她的任務是設計一個新的系統，來處理城市與周邊環境中，每天所產生的兩萬噸固體廢棄物。

Gale 的新系統，是為了減少經濟和環境成本的固體廢棄物管理而設計，新系統需要公務員和承包商改變處理垃圾的方式，當然，也需要居民一起配合。某些改變非常大，比如說：居民要將不同型態的垃圾放到不同的垃圾桶中（如可回收類和庭園垃圾）；其他較小的改變（有時也許會讓居民忘記），如：垃圾桶被要求放置在離人行道三英尺遠的地方。

另外，西雅圖市重新設計了垃圾回收服務的收費方式。居民早已習慣讓他們的垃圾直接從後院被清運，但現在對於垃圾回收這項服務，他們必須付額外的金錢。西雅圖市針對庭院廢棄物、庭院服務，甚至是較大型的金屬容器，建立了不同的收費方式。居民必須考量自身需求、經濟來源，以及願意承擔的工作份量，決定所需要的垃圾回收服務的方式和程度。

但這些事情對 Gale 來講非常棘手，因為她以前沒有經歷過如此大型的營運機構，Gale 的前一份工作是市議會的分析師主管，雖然她曾經處理複雜的政策發展過程，但沒有經歷過這種與市民生活息息相關的營運機構。無論如何，Gale 決心要領導這些民眾和她的組織，一起度過這些重大的改變。

背景：西雅圖市的固體廢棄物危機

　　西雅圖在進步的時代中開展的公用事業，是悠久、光榮傳統的一部分，植基於優勢技術與專業的公共服務。城市的工程部門向固體廢物公用事業提出，人們普遍認爲管理固體廢棄物主要是一個技術問題。繳稅的居民提供公用事業所有的財務支持。西雅圖市議會訂定了垃圾清運的收費標準，向來收費低且穩定實行多年，但嚴格來說，西雅圖固體廢棄物公用事業並不是由收稅而組成的公共獨佔事業，實際上，所有的居民都依靠公用事業安全地、合法地、高效率地來處理他們的垃圾。這個新系統廉價地、方便地、幾乎是透明公開地營運。西雅圖的居民並不需要太費心，因爲公務員們會幫他們把事情做好。

　　然而，在1985年的感恩節，於中途島垃圾掩埋場的甲烷氣體外洩，迫使11個家庭撤離家園，晚間新聞播送他們帶著半生不熟的烤雞，逃向汽車旅館的這一幕景象，透露出西雅圖的固體廢棄物管理系統已達極限。在眾多世代間，西雅圖人第一次嚴正重視垃圾所帶來的問題。

　　然而，甲烷外洩製造了立即且不可預見的危機，在市政府工作的公務員意識到，這只是西雅圖垃圾處理系統持續惡化的一個徵兆。在1980年代初期，西雅圖市長期依靠的兩個垃圾掩埋場已達最大容量，並且加蓋關閉，在此轉型期間，西雅圖市與周圍的國王郡（King County）簽訂暫時性的條約，但不是擁有這個廠址的永久使用權、也不保證未來的使用價格不會調整。因此，西雅圖市需要一個永久的、迅速的方法，來解決不斷成長的固體廢棄物問題。

246

一個嶄新的計畫

　　當然，固體廢棄物公用事業的技術官僚，不是沒有處理垃圾的永久性計畫，在甲烷氣體外洩的同時，有個先驅者提議要建造市有的「轉垃圾爲能量」的計畫（基本上是焚化爐）。關心建造成本的納稅者、關心燃燒以噸計量的垃圾後會產生的影響的環境主義者，齊聚一堂集思廣益。1987年10月，在西雅圖市議會的指示下，公用事業開始了深度的研究。

　　在9月底，公用事業的結論是：用一整套正確的方案和財政誘因，西雅圖市可以回收多達60%的垃圾，其餘不送焚化爐，而是透過鐵路，送往位於奧勒岡州東

部的農地和乾旱的垃圾掩埋場，這個方式改進了焚化爐的計畫，因為成本更低，更保護環境，以及社區內爭議較少（否則必須為焚燒爐找一個新廠址）。然而，為了使計畫能夠施行，這個城市必須實現前所未有的固體廢棄物回收利用的水平，這意味著，清運垃圾者以及居民將必須對處理垃圾的習慣做一個重大的改變，實際上，新計畫將要求西雅圖居民不僅要注意垃圾回收，並支付更高的價格，但也要致力於思考，如何使清運、處理垃圾的過程更加順利。

　　為了減少失敗的機會，政策規劃者將政策執行分為兩個階段：第一階段，固體廢棄物公用事業要求西雅圖居民報名參加免費的路邊回收的志願計畫；第二階段更加雄心勃勃，所有居民將被要求從清單中選擇特定的垃圾清運等級，每個等級都有不同的價格和各自的限制，以及有著不同的需求，對居民而言，他們必須將垃圾整理成方便清運和回收的形式。

　　在新計畫下，固體廢棄物公用事業以及納稅居民間的基本協議改變了許多，居　　247
民必須選擇負擔得起的服務種類，而且，為了從回收物品中獲得利益，在處理與分類垃圾時，他們必須變得更主動。而堅持續用舊系統的居民（不把可回收的物品和私人垃圾分類）則必須付出額外的費用。願意把垃圾分類成可回收物和庭院垃圾的人，以及把他們的垃圾拿到人行道上的垃圾桶上丟棄者，可以支付較少的金額。這個階段加重了居民的負擔，並於 1989 年 1 月生效。

Diana Gale 的策略算計

　　Gale 花兩年的時間指導她的代理人和西雅圖市的居民來適應這個複雜的改變，對許多人來說，缺乏行政實務經驗的 Gale 似乎是推行政策上的障礙，但是 Gale 很快明白，她眼前有兩個重要的任務要處理：第一，她必須使用她的行政權力和政策工具，幫助員工和立下契約的居民履行一系列的變化，但是，缺乏行政經驗和技術專長可能會是個大問題。另一方面，她必須找出方法幫助成千上萬的西雅圖居民理解、接受新系統的相關的利率和費用，同時動員居民將他們的垃圾分類，並使居民成為西雅圖固體廢棄物公用事業不可或缺的夥伴。依 Gale 以往的工作經驗，這種政治或社會動員的任務，對她來說可謂得心應手。

　　Gale 非常重視第二個任務，因為她知道很難使居民花心思在垃圾上、知道施行政策會遭遇許多阻礙、也知道她要求西雅圖市民付更多金額，但卻較以往得到

更少，在 Gale 要求居民接受新的負擔時，必須得到居民的寬容與耐心來支持該政策。為了滿足政治動員的挑戰，Gale 必須對不同階級的居民，予以不同的對話方式。為了管理授權使政策創新的居民，她需要說帖讓居民瞭解：為什麼他們會被要求接受新系統帶來的負擔。而這套說詞必須很簡單，並得到具說服力影響者的背書、使居民普遍瞭解、以及不厭煩地重複居民所支持的關鍵。

Gale 需要詳細的資訊，以便同時向西雅圖居民解釋，在新的回收系統中，身為有效率的共同生產者，需要做什麼；以及藉由追蹤簽署者，建立實現契約的動力。如果她能證明大多數居民都支持該計畫，那麼那些不支持的公民可能不會被認為是依循的規範，而會被認為是問題的源頭。

最後，為了證明她對改造西雅圖的固體廢棄物收集及處理系統的努力，她需要以客戶的身分向居民說明一切。而 Gale 需要聆聽和回應個別投訴的系統，然後用那些被投訴的項目，發現並解決系統中較大的缺陷。關於城市動員居民，以面對不確定現實、資訊和透明度的故事，栩栩如生，十足引人注目，而創造大家一起努力的公眾意識，則是 Gale 成功的祕訣。

固體廢棄物公用事業沒有向居民行銷新政策和計畫、或是獲得合作者支持的傳統，僅有過處理抱怨時的經驗。像這種的大規模公關活動，若不透過公用事業提供訊息，讓 Gale 擁有支配權，將造成無法負擔、可能引起大眾懷疑的局面。有鑑於此，Gale 不得不加強公用事業的行銷活動，使用會被媒體注意的行銷技巧。

Gale 先前與媒體交手的經驗告訴她：透過媒體將消息傳遞出去是不容易的任務。她說：「當你是個公僕，你非常容易受責難，因為你彌平了民眾對政府的蔑視。基本上，在報導中，媒體對政府大多持負面態度，而且媒體會放大錯誤，使你遭受批評。這很容易引發對公僕的負面感受，不管你的工作多麼具有公共服務的精神。」儘管如此，Gale 知道她別無選擇，只能接受媒體（雖然可能無法控制），因為沒有別的工具可以提供免費的宣傳，並有機會使公民做 Gale 需要他們幫忙做的工作。Gale 的難題之一是創造垃圾回收的議題，如此，個人可能會採取一些動作，即便是不好的事情，使公僕們痛苦，但卻可能幫助 Gale 達到目標。

發展公共關係活動及能力

在公用事業、回收活動開始運作的幾個月內，Gale 聘用一間顧問公司，透過

市民焦點團體，針對回收計畫和公用事業的公眾形象做市調。而她同時也聘請了公關公司來協助發展策略，以探求有關處理方式的民意走向。這兩家公司都認為，公用事業需要改進公眾形象。顧問建議 Gale 選顏色，為公用事業做一個有個性的形象標誌。為此，Gale 和市長、市議會商量，聘請 Ginny Stevenson 當全職的公關專家，Stevenson 的工作就是與記者們發展親切而緊密的關係。

　　Gale 不敢相信，所有的一切都在 Stevenson 的掌握之中。如果公用事業中所有最高決策官員都是開放、知識淵博的，Gale 認為他們都可以為公用事業的努力成為重要的代言人。為了協助她的副手們習慣與媒體打交道，她邀請他們花兩天的時間，受兩位前電視新聞主持人的指導，以學習「如何幫助我們處理困難、有爭議的問題」為目標。為了援助這個課程，Elgin Syferd 公關公司提供針對性的問題，幫助官員學習：無論受到什麼挑釁，都不要辯駁。Gale 和 Elgin Syferd 公關公司的目的是：不要讓媒體變成敵人，希望他們成為我的們朋友，如此，官員才不會成為媒體報導下的受害者，反過來能掌握媒體。

回收垃圾的活動

250

　　1987 年的秋天，已經奠定與媒體良好的合作關係，Gale 進行了一系列的提議，使大眾向「自願的路邊回收計畫」改變。她認為第一階段的回收計畫，不僅是個重要的目標，同時也協助公用事業獲得公眾認同，以及達成與公眾長期合作的目標。Gale 說：「我們不會天真地以為公眾會從我們這裡購買焚化爐或其他東西，而為了使我們提議、製造的服務被大量傳遞，我們知道我們必須贏，『贏』是可以回收的，我們（從市場調查）知道回收是個受歡迎的主意，因為這與環境主義連結在一起，而且如果我們能表現出我們正在積極地做這件事，我們會獲得信譽，減少一些壓力，在某種意義上，你可以說，我們希望把希望投資在民意的銀行中。」

　　固體廢棄物公用事業開始為路邊回收計畫安排活動，比如：長期付費的廣告、無所不在的新聞報導、政治上的對話、創造西雅圖的公民文化。宣布回收計畫特色前幾個月，公用事業和 150 名關鍵的決策者（企業、社區領袖、媒體），召開了一系列的圓桌會議，以利制定固體廢棄物政策的內容。Stevenson 說：「我們想要向外延伸，並且有一個公開的過程，只要居民知道這件事，我們就不認為它是問題了。」

一旦回收計畫完成詳細規劃，公用事業採取攻勢，向媒體解釋計畫內容，拿著背景剪報給記者，並提供細節資訊以及回答一些雜七雜八的問題，比如：當各家庭拿到他們的新回收桶時，是否能接受新回收桶的材料等等。官員強調，根據新方案，將回收物品分類收好，將不會收額外的費用。居民隨著垃圾桶的廢棄物被清運而收費（以桶計費），這意味著家庭將會使垃圾減量，同時也能省下一筆錢。

251 Gale 和其他公用事業的高層拜訪了兩家報社的編輯委員會。Gale 說：「你總是會想要控制發布的新聞，所以開始執行政策之前，我們拜訪了編輯委員會。」Gale 拜訪了西雅圖的電台脫口秀，自嘲並泰然接受「垃圾女神」的綽號。由於這些努力，回收計畫變得受歡迎，這使得包括 Gale 在內的三名官員，被記者大肆報導，她滿意地回憶起在《西雅圖郵報》的往昔，並說：「這就是我！不是一個灰頭土臉的官僚，而是活生生的人。」

為了滿足他們更大的策略目的，Gale 和 Stevenson 知道他們必須延續垃圾的故事。Stevenson 說：「我們想要延續故事，不僅因為這是一個好故事，而且每個故事使回收計畫的簽署者增加。」某次「媒體事件」宣布回收塑膠製品，關於回收計畫，公用事業製造了一系列視覺上有趣、附解釋的材料，值得注意的是 Recyclettes 的標誌，他將瓶、罐、報紙回收到垃圾桶的綠色路線擬人化。公用事業發現最有力的工具是回收監測（recycling watch），在每日新聞中特別報導西雅圖家庭參與志願計畫的百分比。當居民回收率達到50%時，市長親自送垃圾桶到第50%的那個家庭。這兩個主要的報紙挪了版面來報導這個重要的里程碑，當新聞報導促使更多居民報名參加計畫，公用事業開始請官員和回收計畫的合約者到街頭和社區去宣傳。

Gale 開始獲得西雅圖居民的注意，更重要的是，她必須得到居民的承諾與勞動。1989 年 1 月，路邊回收計畫開始後的 11 個月，《NBC 晚間新聞》為西雅圖做了專題報導，聲稱這是美國的垃圾回收之首，鞏固西雅圖的地位。對 Gale 的公共信譽而言，這是一個偶然的累積，然而，在 Gale 真正需要時，恰巧來到。兩個月前，固體廢棄物公用事業已經開始賺錢。

新的垃圾利率與服務

252 Stevenson 和 Gale 得到了他們想要的第一階段勝利，他們加強了固體廢棄物公用事業的公眾形象和聲譽，並在使西雅圖居民參與解決固體廢棄物的危機上，有了

重大進展，即使這樣的過程中，花費了官員們許多氣力。但是 Gale 現在面對了更大的挑戰：如何使大眾接受第二階段的計畫——新的垃圾利率與服務。在第二階段中，現行的納稅人必須在給定的價格中，挑選他們各自想要的服務水平，他們必須估計有多少東西是可回收的、和不可回收的，以決定他們是否要將垃圾拖到人行道，或者支付 40% 的價金。運送垃圾的私人承包商會提供官方的垃圾桶，樹葉、草屑、和其他庭院垃圾必須挑出來另外計費。居民若有不符垃圾桶大小的垃圾，則可以買一個「垃圾標籤貼紙」，貼在塑膠垃圾桶上（可於當地便利商店購買）。第二階段有許多新規則要學習、考量新費率，以及做出新選擇。

在實施日之前，公用事業的官員再次向媒體簡報，並將簽署的卡片做成如海報大小的樣子，以便家戶挑選各自想要的利率。公用事業承諾將發送解釋政策的郵件，以及在報紙上刊登廣告。由於這些努力可能不夠完整，公用事業另外發起了新的宣傳。在一系列的公眾訊息服務廣告中，Gale 敦請西雅圖居民要有耐心，而這句話成了第二階段的政策口號。Gale 公開承認，前六個月，系統不可能全能地運作，抱怨必定如雪花般地飛來，但我們期待民眾的抱怨，被投訴並不代表計畫有什麼問題。在記者會上，她被要求向西雅圖居民解釋政策。公用事業同時也告知市府官員（市長辦公室和西雅圖市議會的官員），並給予資料，以便解釋基本的問題和應對抱怨的方式，因為他們認為官員們很有可能會收到抱怨新系統的信和電話。

儘管如此，在多個場合，災難似乎一觸即發。政治上的分歧，特別是有關於新利率的設計，阻礙了簽署的數量。居民收到卡片後，僅有不到一星期的時間，可以選擇利率並且寄回。對客戶而言，他們不完全瞭解政策，比如：是否該為庭院廢棄物繳費。在 1988 年 11 月 15 日，三萬通電話塞爆了公用事業的客服專線，記者又開始報導公用事業的新聞，某位《西雅圖時報》的專欄作家指出：在第一年內，理論上不可能成功。這無疑是把該政策送入地獄。

公用事業盡可能地公開回應，Gale 總結了她的政策以處理批評：「沒有防禦就是最好的防禦，盡力做得更好就對了。」而公用事業也放寬了簽署的時程。公用事業的領導者體悟到，即使新聞不斷提供客戶有關新系統的負面報導，他們仍不能對於批評感到沮喪。在《郵報》上，一個標題為「民眾真的很困惑」的故事，用那些湧入抱怨專線的內容，報導了許多詳細的 Q&A。

不幸的是，簽署的問題才只是個開端，1989 年 1 月 1 日，當新利率和服務開始實施時，爆發了大量新的問題。就如同公用事業的官員所期待的，大量關於新政策

253

的解釋文章，又出現在每日的城市新聞上。《西雅圖時報》寫著：「西雅圖正向舊的一年告別，成爲垃圾回收計畫的領導城市，並以新利率、回收服務迎接新的一年。」儘管有著詳細的解釋和有利的環境，但是仍有許多操作上的問題。承包商漫不經心地分配正式的垃圾桶，讓居民不能確定他們該做什麼，才能讓他們的垃圾被清運。許多被聘僱的移民工人，不能辨識以英文寫成的垃圾清運路線，以致於他們無法在指定的時間出現在對的地點。收垃圾的日子一再改變，數以千計的居民再也不能確定，應該於何時把垃圾往外丟。錯過第一階段計畫的一大群居民，突然簽署加入計畫，也使得沒有足夠的垃圾桶可以使用。成千上萬的問題和投訴不斷湧入，市長和官員們對於回應民衆的抱怨，承受某種額外的負擔，儘管如此，還是無法阻擋抱怨的洪流。

254

屋漏偏逢連夜雨，這回大自然也拒絕合作，暴風雪在 2 月和 3 月時使城市停止運作，阻礙了垃圾清運。隨著春天到來，居民將庭院垃圾往外倒，但數量卻意外地多，而這個混亂於 1989 年 4 月達到顛峰，Gale 前往某位承包商的家中，要求運送垃圾桶的權宜之計，另方面，公用事業要求市議會提供緊急資金以協助擴增電話系統。此作爲引起了兩種截然不同的新聞頭條：「該市採取行動以減少清運垃圾的抱怨」；「花費 198,000 美元清運垃圾」。公用事業繼續在每週的公告中，對所有應該知道這件事的員工，提供執行進度的相關事實。Stevenson 將訊息保持固定的頻率發送給媒體，Gale 解釋：「Ginny 的責任之一就是提出好東西給媒體，你不能保證自己永遠有好消息或者掩蓋錯誤，但是你可以持續給媒體故事，那麼你就能稍微有個喘息的空間，而且他們會願意出席你的記者會。」

然而，可能因爲某個或其他原因，一系列關於約三百戶居民（其中多是老人或身障者）致力於使垃圾被清運但卻失敗的新聞，嚴重打擊了公用事業。Gale 主動提出一個名爲「帳戶執行」（account executive）的計畫，派出一些官員親自調查 20 組左右的樣本。公用事業在那些有付費但卻被忽略的個案中查出原因：垃圾清運者看不懂英文路線圖。爰此，公用事業迅速地創造了一條彩色的路線圖。

因爲其他住戶被以各式各樣的原因忽略，Gale 的策略是改進公用事業回應個人抱怨的能力，但有時候，媒體回應得更加迅速。1989 年 7 月的《時代》雜誌中，一篇文章名爲：「持續發臭：家戶與城市的垃圾大戰」，訴說一位居民的垃圾被忽略七個星期，且聲稱曾向公用事業通報約 20 次（但實際上有通聯記錄的僅有兩通）。公用事業立即著手調查，而《時代》雜誌也繼續報導此事，指出這位婦人的

垃圾沒有被清運，是因為沒有使用正式的垃圾桶。然而，Gale 明知是對方錯誤，但她不僅沒有責難這位婦人，反而還告訴記者：「發生這件事，真的很遺憾。」因為垃圾的問題被解決了，該名抱怨的婦女說：「我想要開心地跳起來。」公用事業也補償了她垃圾沒被清運的損失。　255

　　不到兩個星期，Queen Anne News 的某位記者在報導中寫道：「儘管該政策推行的前期，在簽署上遇到許多困難，但西雅圖的新垃圾政策和回收計畫正受到 Queen Anne 和 Magnolia 居民的支持。」一個星期左右後，在國際城市聯盟的回收會議上，西雅圖宣布了第十萬個簽署的家戶。看起來，公用事業的公關惡夢結束了，但 Gale 和工作人員仍然保持警惕，不過她們的焦慮也開始減輕了。

市民的反擊

　　1989 年 5 月，一則批評尖銳的專欄文章，令公用事業開始防禦，使得 Gale 和其他人開始相信，公眾或許會跟他們站在同一陣線。因為電話持續湧進，公用事業設計了一套自動系統以替代真人來分配基本訊息、記錄抱怨、自動將電話排序。《時代》雜誌的專欄作家 Don Hannula 抱怨：「哈囉，固體廢棄物公用事業，請問我可以和真人說話嗎？……邪惡的魔鬼。知道他們在做什麼嗎？他們趕走了辦公室裡的人，沒人在那裡，徒留電話答錄機，因為系統上了軌道，它每天處理 1,500 到 4,000 通的電話，但一天之中，卻有 500 則投訴被吃掉。這竟然是人們耐心等待，並將他們的抱怨留話在錄音機的結果？請問您們如何說服我它是有效率的系統？那只是在描述公用事業的好處而已，實際上，根本是個垃圾！」

　　第二天，《時代》雜誌刊登了某位居民的回覆：「《時代》持續報導人們對於垃圾回收服務改變所遭遇的困境，對於過去一年來徹底的改變，這些困境是無可避免的，我想，在種情況下，服務已經做得非常好。如果人們想要擁有與真人有意義的對話，我希望他們可以打給固體廢棄物公用事業以外的人。若在這段時間裡，他們忘記清運垃圾，我願意和電話答錄機對話。」　256

公部門行銷和合法性、支持性動員，以及共同生產

　　身為西雅圖固體廢棄物公用事業的主管，Gale 必須面對的問題是：隨著穩定湧入的固體廢物，當地的垃圾掩埋場已達最大量，看不到盡頭。同樣面對急迫狀況的，還有固體廢棄物公用事業內的專業人士，他們引起了與垃圾相關的公共關係危機，使得公用事業的問題更加充滿政治性。被迫放棄家園的居民以及帶著半熟感恩節火雞逃難的影像，喚醒居民團結起來，改變城市的面貌，且拜甲烷洩氣所賜，使得討論多年仍無法推行的政策得以完成。

　　拜此次危機所賜，該市投入了數年時間來研究和規劃，提出一個具有顯著創新的方法，藉由公用事業的協助，西雅圖市得以掌控垃圾問題。這個創新使固體廢棄物公用事業找到方法，達成前所未有的回收水平。為了瞭解 Gale 面對的挑戰，可以使用策略三角架構來檢視她的處境（如同檢視別的個案一樣）。

　　就 Gale 尋求產生公共價值的觀點而言，這個工作顯得相對簡單。為求健康和美觀，她的下屬們必須以方便、誘使納稅人負擔得起的方式，處理西雅圖市民每天所產生的兩萬噸固體廢棄物，以及保護市民和自然環境，最重要的是，必須盡力為政府降低成本。而這套系統必須顧及受益者和受害者之間的公平性，在多種價值中，權衡顯得更為重要，但是回收計畫的工程師認為，回收計畫所帶來的價值比建造焚化爐還高。唯一要擔心的是，大眾還不能完全感受到該政策的影響。

257　　關於合法性與支持，Gale 必須使她原本所要執行的工作有所改變，她唯一要做的事就是找出改變的方式。在這方面，她的處境與 William Bratton 和 Anthony Williams 很相似，然而，Bratton 和 Williams 是在政治活動進行後，且在各自關注的議題上贏得勝利後，才掌握權力。Gale 面對的公民尚未完全瞭解該政策，且對於支持與否有所保留。這尤其是個大問題，因為 Gale 最初成功的方式，就在於公民的容忍和支持，同時也是公民為理想而參與的結果。

　　就操作性能力而言，在某些基本方法的運用上，Gale 的情況和 Jeannette Tamayo 相似。如同 Tamayo，Gale 營運一個機構，將創造價值的工作授權給私人承包商，而她負責確保各個承包商的績效，使此機構能穩定地改進績效，像產業般順暢地運作。又如 Tamayo，Gale 的成功是依靠承包商的客戶參與計畫，而達到預期的結果。在 Tamayo 和 Gale 之間的重要區別是：Gale 尋求西雅圖公民的參與，然而 Tamayo 則只聚焦在一小部分。除此之外，Gale 試著馬上計畫出一個創新的、

由上而下的績效管理系統，而不是等待承包商的漸進步驟。

　　最終，兩個重要的事實說明了 Gale 所面對的挑戰。首先，她管理的公共企業，和轄區的每個居民，有定期而頻繁的交易，表示她所領導的機構，對個人生活的品質，有著重大、立即、且顯而易見的影響。如果沒有固體廢棄物公用事業的協助，沒有家戶或企業可以長久生存，如果沒有這些協助，比如錯過回收垃圾的時間、或者垃圾滿溢，居民會注意以及抱怨。在這些方面，表示 Gale 已經掌握公共管理的另一種方式。

　　其次，Gale 在她的核心營運系統中，有了重大創新。[2] 在處理系統的後端，當地的掩埋場逐漸被填滿、關閉，甚至有毒氣體外洩，於是該市開始匆忙地為西雅圖不斷成長的垃圾山，找尋可負擔的、與環境為友的新家。而在系統的前端，Gale 必須說服西雅圖的居民和企業，為管理各自的垃圾，承擔更多責任。[3] 她利用社會、政治壓力與經濟誘因，鼓勵回收。[4] Gale 同時也要求系統標準化，以便回收者正確地照著路線清運垃圾，且能在不同的價錢下，提供西雅圖人不同的服務。

　　重大的改變通常會威脅到系統的可信度、運作的流暢度，但事實證明，Gale 的創新，需要數百萬的居民和企業改變他們（原本那種會使風險顯著上升）的行為。的確，創新會增加客戶的負擔，這也是 Gale 所面臨的第三個挑戰，但如果 Gale 能說服西雅圖的居民和企業，接受她加諸於他們身上的負擔，則她會成功；倘若不能，則將招致失敗。對於創新，必須要做的事就是：向人民承諾，政府將以更低的價格提供更好的服務，不過，如何執行創新使好處分散於大眾但卻讓客戶難以發覺（降低經濟成本和環境衝擊）；或者，必須付出代價但卻容易被大眾注意（分類自己的垃圾，為服務額外支付補貼金額），這又是另一回事了。

　　因此，Gale 在許多方面失敗。Gale 推行的政策，似乎不可能提高客戶滿意度，也不會讓西雅圖居民，因為 Gale 為他們處理生活中無感的固體廢棄物危機，就給予鼓勵。看起來，整個新系統倚靠的是：大量心懷不滿的個人，如此，很可能會停止運作。在居民和企業身上強加的新負擔，可能使得謹慎應對固體廢棄物危機的系統容易被摧毀，但事實並非如此。

　　Gale 成功的原因似乎在於：她選擇處理她與西雅圖居民的關係，更具體地說，是她處理了公眾關係，包含給予資訊以及舉辦活動，讓居民瞭解並接納新系統的需求。[5] Gale 知道，她堅持為西雅圖居民追求的公共價值，不能缺少合法性與支持。

　　一個解釋的說法是：Gale 之所以成功，主要是藉由「請耐心等待」這句話，

258

259

來降低居民對政府的期望。但我們也可說，Gale 成功使居民參與處理垃圾的問題，並動員居民協助政策的推行，並讓居民把自己視為政府的夥伴，以共同達成目標。居民學到如何貢獻己力、如何忍受挫折、如何減少抱怨，而非討厭這項糟糕透頂的服務。總之，在勸告居民「請耐心等待」時，Gale 要求居民們不僅要體諒固體廢棄物公用事業，也要具備公民應有的思考和行動，完整審視剛起步的公共政策。

這在政治與公共行政上是不證自明的，怎能輕易要求一個具備獨立思考的公眾容忍政府降低服務品質並提高挫折忍受度？根據經驗，常見的假定是：政府為求公眾利益，縮減服務或要求居民做出更多貢獻，公民會在民調上表示他們的不滿而拒絕。然而，Gale 似乎成功說服居民，為達成公共目標，不僅要接受服務品質的降低，還要承擔更多責任。有鑑於在許多公共管理中的挑戰，總使公民遭受損失，所以，為了居民的健康和福利，應動員他們承擔更多責任，在此，Gale 的經驗或許有廣泛的共鳴和應用。其他公共管理者可以從 Gale 身上學到的啟示是：當調整固體廢棄物的管理方式時，Gale 不僅只靠著她的機構和承包商，尚有其他西雅圖的政治社群，來收集有關的資訊，因為她必須知道有多少居民簽署了回收計畫書，以及使用這些資訊來說服更多人這麼做。Gale 要知道她的溝通策略是否奏效，以及帶來什麼影響。因此，必須使用她的績效資訊系統使她的夥伴（數以百、千計的西雅圖居民，以及少數清運垃圾的私人承包商）參與政策，比如故事中所提及的：他們試著共同完成政策、如何做得更好、誰不負責任。而 Gale 也必須追蹤和匯集抱怨，並在公用事業沒有達到設定的目標時，大方承認錯誤。她的績效資訊系統必須為機構和整個社群，提供一個廣大、容易理解、且持續為大眾解惑的平台。關於公用事業的政策選擇，以及如何使一般民眾注意到 Gale 正在做的改變，必須提供一個精確描述而引人入勝的故事。

因為這種複雜的溝通挑戰不常被視為一個公共管理者的重要責任（即使這常常變成判斷一位管理者是否傑出的重要表現），Gale 沒有太多已經證實而確定是好的、且關於如何進行的知識，因此，在資訊系統中，她並不能發揮所有的能力，但這個案例指出：更嚴格的公共價值計分卡可能成為推動公共參與的工具，在複雜任務中調整並（或）犧牲部分個體。這種表現和衡量在面對各種公共教育、公共健康和公共安全，如同處理固體廢棄物一般。公共價值計分卡藉由支持 Gale 在政治和運作面的努力，可以容忍這些挑戰，如同關於聯合企業（joint enterprise）的產出資訊。

瞭解 Gale 的策略算計：策略三角架構的箭頭

　　透過策略三角架構和公共價值計分卡的觀點，可以清楚瞭解爲什麼 Gale 如此在乎公關策略、如何發展與管理策略，以及績效衡量如何支持她的努力，使西雅圖社區居民配合固體廢棄物的政策。這也有助於我們從「合法性與支持」與「操作性能力」的觀點深入瞭解，因爲 Gale 的公關策略就是在西雅圖居民之間，同時建立「合法性與支持」（請居民忍耐政策執行上的困惑與錯誤）與「操作性能力」（透過指導和激勵，使公民在這個過程中成爲積極的參與者）。　　261

　　如第 2 章所言，策略三角架構的一個主要特點是：對管理者而言，他不僅注重公共價值的最後產出，同時也注重允許生產公共價值的條件（就是從更廣泛的政治授權環境與足夠的操作性能力中，取得合法性與支持，以達成他們想要的結果）。管理者往往想要脫離**行政**與**運作**面，只掌控**政治**的那一端，但策略三角架構的第二個核心概念，是用箭頭連接三個端點，顯示出三個區域是互相連結、密不可分的。爲了分析與診斷，可以分開檢視每個區域。我們可以透過政治價值的計算，發現不同的政治價值的概念，我們可以採取廣泛且獨立的觀點，來看合法性與支持下政治授權的環境，以及瞭解政治力量可能會被動員作爲廣泛策略的一部分，以提高價值創造的績效表現。我們可以從操作性能力的觀點來評估過程、政策和夥伴關係，以及思考如何改進整體的生產過程。但也只有在戰略整合這三個區域後（公共價值的論點可以動員合法性、支持，以及足夠的操作性能力來創造價值），才能真正算是成功運作。

　　連接三角形端點的必要性，已經隱藏在本書許多案例中。一方面，是在第 3 章與第 4 章的案例中，關注「公共價值的概念」以及「合法性與支持的政治基礎」之間的連結；另一方面，則是「公共價值與發展的概念」以及「操作性能力的培養」之間的連結。

在合法性、支持和操作性能力之間的重要連結

　　然而，第 3 章與第 4 章只關注策略三角架構中的其中兩側，我們嚴重忽略了**「合法性政治動員」**與**「建立操作性能力」**之間的**關鍵連結**。依 Gale 的案例，僅關注某個特定的連結，指出了當代公共管理上的一大缺失。[6] 對許多公共管理者而言，建立合法性、支持與營運能力之間的連結，在授權環境中爲公共機構及其使命　　262

有效宣傳，期望為機構產生更多符合期望的資源供給。【7】這個概念假定：參與授權環境的目標是為了使機構獲得更多的資源；就課責性而言，遇到政治管理上的挑戰時，忽略規範和實務上的重要性；使公共機構藉由政治理想而結盟，而非強加組成公共價值的特別觀點。【8】要確保結盟在公共價值計分卡中，位居合法性與支持觀點的核心功能。

　　但在資產從授權環境流向公共機構的背後，有個「建立合法性與支持」以及「創造操作性能力」的連結。請記住，策略三角架構不僅簡單注重**組織**能力，同時也關注整體的**操作性**能力。若欲達成超出既定範圍的結果，必須倚靠公共管理者找到鼓舞與導引外部機構產生出貢獻的方法。【9】

　　管理者有三個機制可用來形塑超越組織範圍的活動。公共機構可以：（1）透過贈與和合約購買運作上之所需；（2）運用公權力要求或強迫私人行為者對公共目的做出貢獻；（3）依賴公共精神使私人機構體認自己的責任，並在無償或被命令的情形下，有所作為。

　　在「懲罰個人以對公共目的有所貢獻」、「要求他們履行公共目的的責任」、「呼籲他們為公共目標做出貢獻」三者間做出區別是有益的。實際上，這些不同意味著：激勵個人的方法通常是併行的。我們與非營利組織簽訂契約，希望從組織中獲取額外的績效，達成計畫的目標。我們付錢請人民加入軍隊（有時候徵召他們去打仗），但卻一廂情願地認為他們是基於愛國的理由而加入軍隊。我們要求居民納稅以及揪出亂丟垃圾的人，但卻希望強而有力的社會規範能夠使個人納稅，以及避免運用強制力來糾正亂丟垃圾的行為。我們付五分錢（nickel）請居民交還空瓶，但卻希望支付款是提醒他們作為公民應盡的責任。當公共機構試著使大量成員在生產過程中，變成自動自發的個體，而非團體時，所有的一切變得特別重要。這也是公共管理上十分常見的一部分。政府必須說服個人繫緊安全帶、接種疫苗、戒菸，也必須使人民自願遵守稅法、遏止亂丟垃圾、說服個人防範森林火災等。在這些情況下，公共管理者需要在授權環境下建立合法性與支持，而不僅是簡單地保護資源、給予個人和組織議價的空間、給予個人道德權力以動員各種社會運動或政治活動，使數以百萬計的公民為公共目標而努力。【10】

　　而 Gale 面對的正好是這個挑戰。她的案例不證自明，建立政治活動，使為數眾多的公民和客戶以一起創造公共價值的身分自居，表示必要的管理策略在她的機構裡奏效，實現建立操作性能力的任務。當這個工作採取了政治動員，而可能因此

會被視爲建立合法性與支持的過程時，就應該清楚地告訴大衆：在分布甚廣的人群中，如此超乎組織能力範圍的努力，也可以被視爲建立操作性能力的努力。

在策略三角架構裡的個人以及各自對於政府的不同關係

爲了更加瞭解合法性動員和支持在建立營運能力（在分散獨立個體中所需的操作性能力）以傳送服務中所扮演的關鍵角色，退後一步，看個人在策略三角架構中的意象和概念，是有所助益的。

圖 5.1 重現了圖 2.6 中所指出之授權環境的意象。當這個圖表被介紹，原本是想顯示衆多不同社會角色對於公共組織績效的興趣，以及在正式或非正式的位置要求公共管理者對於績效負責。在「具有慾望和動機的個人爲集體行動提供能量，變成有組織的社會行動者」和「社會行動者的價値觀對社會條件整體評估所形成的基礎」之間，它並不是區分得很清楚，而圖 5.1 正試圖對這兩種社會行動者描繪出更清楚的區別。圖 5.1 最底下是由個人組成而不是集體行動者。

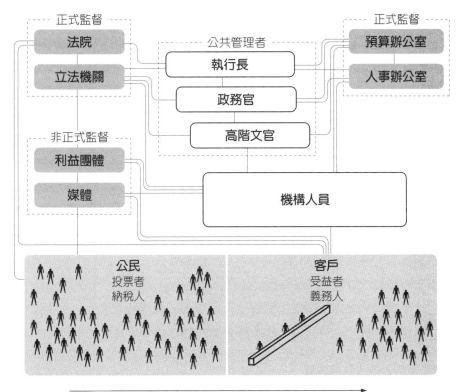

圖 5.1　個人層面的授權環境

265　　　　圖5.1 同時也根據不同的法律、道德和實際上的立場，區分不同的個別行動者，並要求機構為各自的績效負責，以及評判所產出的價值。左下角圖中的個人（我們通常描述為公民、納稅人、投票者等）**授權**並**金援**政府企業。他們對於稅制的決定以及約束自己達成既定目標，提供公共代理人足夠的合法性與支持以維持自身。而右側的個人，是公共機構的客戶（包括受益者和義務人），一般而言，個人相較於代理人，對公共價值的課責和仲裁性皆較少。再者，個別公民考慮自己的情形並共同研商，以定義他們想要共同創造的公共價值，比如專注在權利上的保護、服務需求、滿足個別客戶的慾望。但公共價值最終的仲裁必定總是或多或少的個別公民想法的集合，而非客戶的感受。

　　　　當個人（對政府有不同的立場）可以從各自對於公共價值的仲裁者被區分，就表示同時也能就個別在政府生產過程中的角色做出區隔。圖5.2 描繪連結操作性能力與生產公共價值的價值鏈，顯示出個人、群體和組織的集合，如同客戶般，是一個潛在的重要夥伴和公共價值的共同生產者。

266

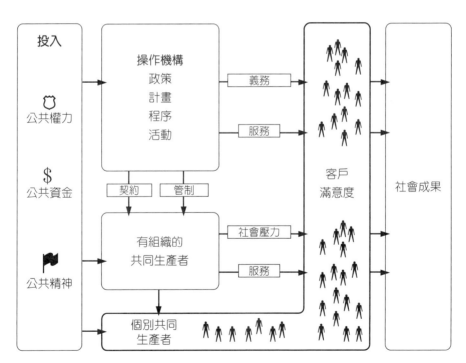

圖5.2　與個人的公共價值鏈

在公共企業中衡量公民的滿意度、支持度、參與度

　　表5.1 顯示出一個簡單的方法來思考，複雜的角色在不同的位置和心態，最終會變成公共管理者的策略算計。個人身為公民、投票者和納稅人，顯示在公共管理者的授權環境中，個人是公共價值中的重要仲裁者。個人在夥伴、共同生產者和客戶（包括受益者和義務人）的角色中，顯示一個重要的生產過程，那就是連結公共資產以達成創造公共價值的結果。

　　如果個別公民的支持和參與對於公共管理者是重要的策略，例如合法性、支持、操作性能力和公共價值計分卡之於 Gale，那麼就會變成是衡量個人支持程度，並設法增加的重要途徑。原始的方法是依賴調查，如同在第 4 章所看到的，公共機構似乎有增加調查的趨勢，以瞭解公民和客戶對於政府運作的滿意度。

表5.1　為政府效力的個人差異化角色　　　　　　　　　　267

	提供合法性與支持 以發展公共價值倡議	創造操作性能力 以作為公共價值的 共同生產者	作為公共價值的 仲裁者
公市	***		***
投票者	***		***
納稅人	***		*
夥伴／自願者	*	***	
客戶（受益者）	*	**	*
客戶（義務人）	*	**	*

附註：* 代表不同類別個人在為政府效力時的相對權重

　　直到最近，進行許多個人對政府滿意度的研究，但在公民和客戶，以及不同類型的客戶間（服務對象和義務者），缺乏重要的關聯和區別。問卷在總人口中抽出隨機樣本，被視為相似的問卷，詢問政府客戶有關於他們與公共機構接觸的經歷，而不同種類的調查確實滿足個人兩種不同的調查資格。前者基本上將自己視為公民（也許是納稅者），但不是客戶；而後者要求個人作為政府客戶，必須要有經驗。

　　最近一些調查師針對不同身分的個人，指出公民與客戶以及發展手段的區別，例如：埃森哲研究院（the Accenture Institute）對公共服務價值所做的調查，他是為了提升公共服務傳遞、政策、政府治理的績效而存在的發展中心，埃森哲研究院

召開座談會，要求居住在世界各地的居民分別以公民、納稅人、服務使用者（客戶）的角度來感受對該政府的滿意度。在客戶的角色中，個人想輕鬆獲得高品質、客製化的服務；而公民的角色中，他們更加關注平等獲得服務，並實現廣泛的社會成果。在公民和客戶的身分之間，兩者的反應可謂天差地遠。[11]

政治科學家也已經發展出審議式民調的藝術，用其誘發出公民而非客戶的價值。這種方法始於傳統的民意調查，也就是詢問個人對於公共政策的意見，但隨後他（1）提供受訪者仔細的政策資訊，以及（2）給他們機會與其他居民討論。而在此案例中也一樣，個人的觀點會隨著與其他人討論、詳細考慮後而改變。

事實上，可以透過相對較小的干預措施，鼓勵個人朝向**公民**而非**客戶**的身分前進，這些具有社會意識的公民或是自私的客戶，應該是政策決定指導上的重點，以及何時與是否努力的實際問題，以確定個人對於政府的滿意度。

如同第1章中所曾提過強調的，許多公共機構的客戶收到的是義務和責任，而不是服務，為了使個人對整體社會有貢獻，政府運用收稅以及合法的授權，使民眾停止使用藥物、分類他們的回收物、繳納稅款、找到適合的工作。因為義務涉及到要求客戶做他們不願意做的事，但我們的目標不是使客戶高興，而是就稅額、軍隊擴張，做出最小花費成本的承諾與保證。不過弔詭的是，正因為如此，政府應該更關注與滿足義務人。管制和執法機構瞭解到，他們工作中很重要的一部分就是提供建議和協助，鼓勵義務人遵守自己的本分，因此，許多關稅徵收機關努力為願意履行自身義務的人提供高水平的服務。他們瞭解到，當義務人被以禮貌、尊重以及公平對待時，承諾自然會增加，政府的合法性，很大一部分取決於個人經驗的有無，以及公共機構運用權力施加責任，正是因為這些原因，比如警政部門調查拘留、傳訊、被逮捕之人。然而警察不能期望在那些位置上的個人**喜歡**這樣的經驗，但他們可以讓這些人有公平和尊重的經歷，盡可能地降低成本，維護政府的合法性以及保護個人的權利。

使個人成為公民、納稅者、共同生產者以及客戶

為了成就這個具野心的計畫，Gale 不把她的注意力限定在那些佔據了正式的監督位置或已經組織成利益團體的人，她必須參與這些西雅圖居民，並應對具有不同的身分的個人，比如授權者、客戶以及共同生產者。

值得注意的是，對於西雅圖固體廢棄物此類的公營企業，具有幾個民營企業的

特點，例如：它是由用戶支付，而不是由一般的稅收費用支付。根據合約，私人企業為城市收垃圾，但這顯然是在廣泛的公共架構裡，為自己的垃圾支付費用的個人和私人垃圾管理企業間的商業交易。法令要求公民找到一些有效的方法，來處理他們的垃圾，以及禁止以前允許的行為，比如堆積、燃燒垃圾，或是傾倒在別人的私有土地上。公用事業透過合約控制私人供應商，讓服務維持在特定的水平上。而市議會不像市場設置費率，支付公用事業而非供應商，允許民選公職人員透過交叉補貼來處理一些公平的問題，比如針對企業設定高一點的價格，針對低收入的居民收取較低的價格。因此，西雅圖公民以一部分客戶的身分（包括受益者和義務人）參與固體廢棄物的治理與運作；另一部分是被授權公民的角色，以公權力和金錢為回收和其他固體廢棄物管理服務創造需求和供給，以及管控系統的財務狀況。

　　Gale 知道她應該將西雅圖的個人視為授權者，一般而言，她知道自己身為公用事業管理者，應該對公民、投票者、納稅者負責。身為投票者，他們曾經擁有的好處散盡，因此可能會運用他們的權力，在民調中表達出無奈。身為公民，他們可能會擔心系統是否已經準備妥適，而不僅是在不同範圍中的利害關係人中取得適當平衡，以及確保每個人都恪遵本分。他們甚至可能會關注到，該系統鼓勵公共精神的發展，使西雅圖人感到驕傲以及對公民素養有所提升的重要公共目的。

　　說到公民，Gale 的公關任務就是在更大的敘事脈絡下，繼續向大眾提出她正在進行的改變。她必須提醒公民整體的內容：性質、規模，以及他們嘗試共同解決的急迫性問題；為什麼最初的提議是最好的選擇；建立政策的合法性過程；以及他們執行政策時，可能會面對到的成功與問題。為了達成公民想要的高品質服務，Gale 必須要能說出所有客戶的經驗，以及對特定的服務實例提出回應。她必須要能夠大致上地談論系統的成本和不便，以及安撫人們，成本會持續保持在低水平，並且公平地分布在所有人口中。從本質上而言，她必須扮演政策中的公共價值倡導者，讓原本僅是公民的個人，同時兼具公民及客戶的雙重身分。

　　對她的客戶和納稅者而言，Gale 必須考慮公用事業每日的具體交易，她必須對新關係做出簡單、可預測、可理解的變革，也必須關心和同情客戶關係，新客戶被期待要做得更多，並且支付更多金錢以得到更多服務。她必須追蹤客戶的滿意度，同時也要理解一般客戶的經驗，傾聽與回應最不幸的經歷，並道歉且提出解決方法，防止未來發生類似的事情。

　　最後，她的共同生產者願意參與新系統，是成功的關鍵性因素，Gale 必須思

270

考如何激勵並告知，以便讓他們有效率地參與生產的過程，因此，Gale 必須提供簡單又完整的資訊，並確定所需設備都已準備就緒，以便掌握共同生產者。

使大眾有存在感

　　像所有的管理者般，Gale 面對公民時，似乎被不同的立場和利益與她建立的固體廢棄物管理系統分開。好消息是，這些不同的立場與利益，並沒有在群體間創造明顯的差異，而是在每一個人！多數的西雅圖個人同時是納稅者、共同生產者、投票者、主動的授權者，Gale 因而有機會利用這個事實，在群體和個人的心中創造更廣大的公共意識，以利公眾認識該系統的價值，並且勇於承擔責任。

　　以 Gale 用草根傳播策略來鼓勵採用該方案的觀點觀之，猜測她可能是跟隨美國哲學家 John Dewey 的指導。Dewey 對公眾存在和本性的調查中，他認為只有藉由讓不直接參與的個人辨認出私下互動的結果，才能讓公眾瞭解並為自己的利益努力。[12] Dewey 承認有許多因素會威脅並侵蝕公眾，許多因素都涉及個人習慣的思維與行動方式，並且與特定的利益有關。根據 Dewey 的說法，唯一可以幫助個人改變（體悟到他們是互相依賴的群體，以及與其他人之間的道德、法律權利和義務）的方法，就是辯論、討論和說服的方法與條件的改善。[13] Dewey 似乎邀請任何公民或任何被授權的人，領導公眾擁抱自己的角色，但是他並沒有具體指出誰應該為這次辯論負責。最後，Dewey 認為為了使公民成為活躍、有彈性、穩定，以及對複雜且廣大的世界負責任，而不是成為呆滯、口齒不清、平淡的人，必須具備當地社區做為媒介。[14] 因此，儘管人們把 Gale 的公關策略視為簡單的努力，在轉型期間降低客戶的期待，但就固體廢棄物管理系統而言，我們也可以看到她正在努力改善溝通，幫助社區裡的個人變成公民，瞭解並扮演好自己的角色。

　　這張管理願景圖看似是無可救藥的烏托邦，然而令人驚訝的是，Gale 竟然讓它得以實現。在多數情形下，西雅圖的公民願意配合計畫，而沒有把 Gale 攆出辦公室。公民們喜歡回收計畫，甚至願意遵守強加在身上的新負擔、新納稅比率。再者，當一位公民願意為固體廢棄物政策挺身而出，承認「在那樣的情形之下，服務已經做得很好」，Gale 終於有理由相信：她至少贏得一位公民的心。

與私部門的比較：行銷與公共關係

私部門執行長可能會將 Gale 所面對的情況視為行銷問題。[15] 她有一套新的政策和方案想要推銷給公眾，但卻不知道民眾是否買單。但無論如何，身為公共管理者，Gale 僅能採取這種觀點。

行銷的困境

公部門在推行行銷的概念時，向來有些焦慮。[16] 即使是在私部門，行銷時常被視為固有的操控和欺騙。[17] 某種程度上，市場機制毫無規範性，僅依賴個人依照各自的利益做出理性的選擇；行銷技巧則是利用人性的弱點而設計，行銷技巧似乎削弱了市場機制的正當性，應該確保資源的效率及效能，以滿足真正需要的個人。[18]

當技巧被傳入公部門中，更是罪大惡極。在自由社會中，規範性之於公共行動，取決於個人能否為了目標約束自己做出理性的選擇，達成理想中的目標。但在評估被提出的公共政策上，公民發現自己往往處於劣勢的位置，比起設計政策者，公民擁有較少的專業知識以及資訊。因此，總是無法精確地看到決策的過程，反而是容易受到宣傳的影響，比如關於特定政策的必要性、政策效益、或是缺乏選擇性的恐嚇等。[19] 公民對於答應政府提出的選擇感到恐慌。如果政府變身成為技巧純熟的行銷者，公民能夠選擇的質量可能會受影響，以及民主本身，可能也是妥協下的產物。

行銷是傾聽與回應，而非操弄

如同前所提及，行銷的目標是為了使個人對「原本不想要或不需要的東西」產生需求，同理可證，企業在意的是獲取利潤，而政府在意的是維持權力，並說服市民去做政府想要市民做的事。

但私部門的行銷，更重要的目的並非在於說服個人去買他們不想要的東西，而是找出他們確實想要的東西。[20] 許多行銷努力被設計成為個人慾望的高忠誠接受器，而非僅是大肆宣揚，告訴消費者他們應該買什麼。

如果說行銷的目標是傾聽與回應，而非告知與說服，則許多道德事務都將市場化。與其允許有力的生產組織強加意願在個人身上，倒不如讓市場成為個人向組織

溝通需求的管道，不僅能反應產品的優缺，並能滿足個人的需求。

在公部門中，行銷的概念是傾聽，而非主張從根本上大量諮詢市民（他們想要政府爲他們做些什麼）。因爲這項重要功能是成爲民主政府的開端，所以有大量的爭論解釋爲何必須這麼做，且政府應該更頻繁地承受壓力、在細節上更加注意、設置比投票亭更親密的人際關係網絡。【21】如果 Dewey 的想法是正確的，一旦被視爲公民諮詢，公部門行銷的概念應該是讓大眾有存在感，並闡述他們的想法。

行銷策略

爲了回應廣大的客戶需求，許多行銷技巧因應而生。私部門行銷人員找出許多方法分隔市場，那就是：體認個體之間的多樣性，以及在多樣化的市場區隔中，設計出不同的訊息、產品和服務。【22】行銷人員也必須找出特別的資訊和產品，以幫助他們做出不同的市場區隔。【23】同時，他們透過多樣化的產品，發展出品牌認同以及讓客戶瞭解該公司。【24】

這種行銷方式已經成爲私部門重要的手法，這些策略已經協助品牌被視爲公司的主要資產，同樣地，公司的產品、服務，以及生產過程，也必須確保一致性的品質。公司開始將衡量這些行銷策略作爲例行公事。【25】的確，正是因爲如此的績效資訊使客戶們對「Kaplan 和 Norton 的平衡計分卡」讚譽有加。【26】基於這些原因，私部門的管理者長期投資成熟的市場行銷活動、追求衡量他們努力的結果，以及建立資訊系統，以便能持續監控他們和客戶的關係。

相同地，我認爲在這本書中，公共管理者應該針對他們想像中的行銷和公民參與採取嚴格的形式，以及運用公共價值計分卡中的合法性與支持觀點來記錄：(1) 被用來加強與正式授權者間關係的行動；(2) 在利益團體中的非正式授權者；(3) 多數從事公開活動的公民個人、投票者、納稅者。如同前所提及，許多公共機構因爲承受壓力而變得更客戶導向，且已經習慣調查他們的客戶。但他們不確定該如何監測與管理他們與客戶義務之間的關係，特別是授權者，比如國會委員會或利益團體，或是同時兼具授權者、客戶和共同生產者身分的公民。

公關與行銷的衡平

私部門對顧客的行銷概念有別於公共關係中的相關活動。【27】私部門行銷首要關注於顧客；公共關係則關注在廣泛組織中的利害關係人，包括潛在的投資者、地

方社區、政府，以及政治與社會社群。【28】公共關係的策略目標是：不要去學習顧客和潛在顧客想要的，而是為公司建立一套從忍受（最差）到廣泛熱情和支持（最佳）的系統，在民意中擁有一個好聲譽，會使「運作上更順暢」。【29】你的公司在世界裡營運時的一舉一動，一方面將受到嚴密的監控以及一般的猜疑；另一方面，則是讓所有人感覺你的公司正在做公益。

如同行銷，學會辨認企業想要與特定的社會行動者維持良好關係是重要的。公共關係中，比如政客、地方社區領袖、潛在的批評者，以及身居要位的特定個人、組織和代理人，他們可能會贊成或阻擋特定種類的授權，或是公開支持或反對倡議。由此可見，多數的行動者與企業很可能有持續且頻繁的交易。　275

已經有越來越多的企業開始依賴相對簡單的績效衡量系統，來追蹤他們與顧客，以及可能影響公司運作的利害關係人之間的關係。這些系統常常被描述為「帳戶管理系統」（account management systems）。【30】這套系統一開始是因為管理公司的行銷活動而產生的。首先，公司辨認出他們想要銷售的特定對象，而銷售人員被賦予責任，盡可能加強與這些關鍵人物之間的關係。原則上，相同的系統可以被用來管理那些可能對公司營運有重要影響的潛在利害關係人，而在所有情況下，目的是為公司的特定行動建立合法性與支持，或是整體聲譽。

支持行銷與公關活動的績效衡量系統

當行銷與公共關係的功能變成私部門設計與執行的基礎，績效衡量和管理系統被用來監控這些功能，如同生產過程及金融交易。因而，行銷和公關功能所主導的績效衡量和管理系統，被納入更廣泛的績效衡量和績效管理系統，以利公司執行價值創造的策略。這些系統允許他們檢視他們過去、現在與未來顧客的定位，也是現行策略地位的關鍵指標，以及未來他們為利害關係人獲取利潤的能力，同時，亦可證明過往的行銷活動是多麼成功。管理系統使行銷部門為建立公司的品牌打下基礎，並改進潛在顧客的地位，而他們同時也根據公司的合約做廣告，以利特定事物　276
造成轟動。

近來，私人公司開始收集有關於績效應用於特定公關努力的資訊，以利確保管理者和利害關係人為獲取利潤盡力。多數有關這方面的資訊，聚焦在公司營運中，多數利害關係人創造的社會網絡。有些理由可以解釋為什麼這些人會做出公開聲明，以及評判有關公司的社會績效和顧客，而公司的創立、維持以及衡量這些顧客

的目的，乃是在日益複雜的環境中，提供他們更廣泛的合法性。

公部門的行銷與公關

　　這樣看來，行銷與公共關係似乎更符合倫理，且比起剛出現時，對公共管理者來說更加實用。對公共管理者而言，看到行銷的基本任務是非常重要的，且公共關係並非強加意願在客戶和授權者身上，而是拉近與他們之間的距離，以得知他們樂於見到公共機構有何作用，比如傾聽、諮詢、瞭解，而非說話、支配及欺騙。【31】為了建立回應性更高的組織，公共管理者必須仰賴同情、充分尊重的參與，而非精心設計或是防衛的理由。

　　這個主意有兩個不同的功能，一是關注在個別顧客上；二是集體利害關係人關注組織的行為，以及組織塑造產品的能力，這似乎和上述想法產生共鳴，那就是公共管理者應該擁有處理個別的共同生產者、客戶以及授權者者兩者之間的策略。

向個別的共同生產者及客戶行銷

277　　針對客戶的「行銷活動」目標，可能只是用來提供如何獲得公共服務的相關資訊，但這類的行銷活動，同時也能提醒潛在客戶在某種條件和需求下獲得服務，比如有資格獲取利益或是必須提供文件以證明符合申請福利的資格。而行銷活動也被設計成為用來提醒個人盡自己的義務，以及提供資訊以利他們完成應盡的義務。

　　在這種情形下，公共機構常常淪為家父長式的爭論，也就是個人應該聽從內心的聲音，成為更好的自己，比如說吃得更健康、開車更加小心、與他人好好相處。【32】其他時候，他們爭論個人應該盡某種義務，因為那是公民職責的一部分，且把義務做公平、有效的分配，以達成身為個人以及公民的社會責任。【33】在這種情況下，嘗試把他們自己和正向抱負相連結，這麼一來，公民願意盡義務，也或許能鼓起熱情，對公共利益做出更好的貢獻（視公民精神的多寡而定）。

與授權者和公民的公共關係

　　對廣泛組織中利害關係人的溝通策略目標（或說是公關活動），是為公共機構培養人民對支持和合法性的基本態度。至少，公關策略尋求利害關係人對機構現行營運和未來計畫的忍受度，如果可能，機構會希望利害關係人認為他是積極、有能

力，且能使組織避免在所做的事情上遭受莫名的傷害。藉由開創與維持良好的審議、諮詢過程，機構可以致力於獲得更多的支持，未雨綢繆，得以預測和回應。理想情況下，機構希望他的公關策略能對組織未來將完成的事確保穩定的支持度，以及為組織價值和能力帶來信心。

　　在一般情況下，當公共管理者看出他們的授權環境，他們傾向把注意力集中在相對較少數，但與有正式權力決定方向、提供資源、透過官方管道使管理者為績效負責的那些官員身上。同理可證，Gale 會檢視官僚鏈中工程部門及西雅圖首長的指揮。身處她與行政部門的監督者之間，Gale 會看到許多監督財務和個人工作的官員和員工。除此之外，Gale 還必須注意設置固體廢棄物回收的費率的市議會。許多公共管理者為政治管理所做的努力受到關注，並以此少數且勤勞的代理人進入管理關係。

　　但有經驗的政府管理者也瞭解到，以最實用的目的而言，政治授權環境裡包含著為數更多的社會與政治行為者——在某種意義上，這些行為者組成了各種「市場區隔」。這些行為者有很多是以利益團體的形態組成，它們運用本身的政治資源（規模、法律地位、專業、媒體聯絡人、對於欲保護之價值的整體訴求等），透過遊說和其他倡議形式來促進自身利益。要在多元主義式政治下的種種利益團體之間遊走，是政治管理經常遭遇的挑戰。

　　不過在這件特別的案例中，正如我們觀察到的，Gale 將面臨的政治監督，範圍會比一般型態的審查來得更為廣遠。由於許多個別民眾會參與新系統的實施，因此政治監督的範圍也將從政策命令的成形一路延伸到實施時期，這會讓 Gale 處於各種大大小小、正式及非正式公共論壇的密集公開審查之中。

　　這項事實使得授權環境裡「媒體」和「基層民意」的相對重要性大幅提高，雖然這兩個地方有時會遭到忽略。

　　當然，媒體總是會出現在民主治理的環境，而媒體喜歡針對任何似乎會影響大眾利益的事件大作文章，這種由媒體帶來的隱含威脅，讓媒體找到理由去給各類型的民選官員和政府高官製造問題。另外，媒體不僅把自身的潛在影響力用在挑起問題，更用在塑造民眾觀看問題和政府官員回應問題的方式。其實公共政策領域發生的許多事情並不值得媒體關注，但 Gale 依然確信媒體會在固體廢棄物計畫的實施上「見縫插針」。

　　同樣地，基層民眾總是具備著造就某項政策成功與否的潛在可能性。然而，由

278

279

於這項政策一樣不僅仰賴基層民眾配合，更需要他們協助執行其他事項，因此基層民眾的參與不可或缺。

簡言之，Gale 在其授權環境的管理上，會比平常更帶有「政治」意涵，因為她必須更深更廣地觸及西雅圖的政治社群。Gale 不必跟民選官員交換內部訊息，或跟利益團體協商複雜的交易；不過 Gale 會需要參與持續且廣泛的公共討論，探討其計畫可能有效實施的做法。因此，Gale 必須比大部分政府管理者更關注西雅圖的媒體和基層民意。她必須弄清楚如何管理公用事業和授權環境關鍵成員之間的關係，以及如何監督她的機構在關係管理上的績效。

公部門的行銷和公共關係：自由媒體的角色

若要在政府機構為這些溝通功能賦予立場和影響力，也就是將公共關係和行銷劃分出來，視為具有策略重要性的活動，通常需要成立特殊部門及建立特殊專才。不幸地，這種做法也通常所費不貲，而且在政治上不受歡迎。因此許多政府管理者只剩下一種策略可用：與自由媒體互動，以促成其公關目標。政府管理者無法支付自身的行銷和公關費用。

身為政府管理者的 Gale，她在實務上較值得關注之處在於：（1）Gale 在強大的行銷和公關活動當中，立即掌握了關鍵策略重要性；（2）Gale 大膽地為公用事業建構其管理行銷和公關活動的能力，她的做法是僱用全職公關專員，並讓員工善用眼前的免費宣傳機會。

為了打造自身的公關能力，Gale 花費了一些政治資本，取得經費和公關公司簽約，公關公司會評估公用事業目前相對於大眾的立場，並擬定計畫來為公用事業打造品牌，以及激發大眾對公用事業的信心。其他必要經費是花在執行顧問的建議事項，重新包裝固體廢棄物公用事業的品牌形象，僱用 Stevenson 擔任全職的公關管理者，以及設計和列印表格及發給大眾的信件來向民眾通知即將推行的改變。雖然 Gale 可以監督並控制這項公關行銷活動的細節，但她並不確定西雅圖民眾或媒體對於她採取這項活動、或對於活動所呈現的特殊形式，是否會有良好的回應。

無論 Gale 自身的公關活動成效如何，她明白自己還是必須制定某種策略，以便管理她和自由媒體之間的關係，以及運用媒體關注力來推廣她的目標，也就是讓西雅圖民眾瞭解她下令推行的措施，並實際採取支持行動。理想而言，媒體會把公用事業的變動情形放在頭版，傳達一種在建構西雅圖集體回應能力上的急迫感與成

就感，並提供詳細精確的資訊，向民眾告知需採取哪些可以有效參與的行動。

在如此精心安排規劃下，Gale 真正需要的還是有助她實現公用事業目標的報導——正面或負面的報導都好。在西雅圖這個社群是否成功實現期望成果的故事裡，她需要媒體報導有參與的民眾。從這個角度來看，負面報導往往跟正面報導同樣有幫助，只要報導內容是關於公用事業和市民齊心協力處理共同問題就好。公用事業的任務，是擔任最認真負責的民眾，為西雅圖民眾服務，與民眾一同打拚，並盡可能積極、有能力地做好份內的工作，努力實現成果。

為了幫助傳達這樣的訊息，Gale 決定先不要利用她新獲得的公關能力把所有公關焦點集中在公用事業、並把組織其他部分排除在媒體報導之外；Gale 反而利用這種能力把公關活動拓展和分散到組織各處。透過公關能力，Gale 可確保她的關鍵管理者已經準備好和媒體對話、願意和媒體對話、甚至迫不及待想和媒體對話。她判斷，假如組織裡從高階主管到第一線員工的每個成員，能夠瞭解到自己對所有利害關係人和客戶的行為——並非只有對媒體的行為——都是整體公關策略的一部分，那麼將可顯著提升公關策略的成效。這項策略不僅保證將有更多個體投入與客戶和利害關係人為了強化合法性與支持而進行的交流，更保證了一旦記者和利害關係人發現政府機構處處皆秉持此種心態，那麼有關問題的共同原因、急迫性、善意作為和回應性的整體訊息，將能更確實地獲得表述。

281

同樣為了達到上述目標，Gale 樹立起個人形象，將自己塑造成渴望把事情做好、不會為了保護自己或機構工作而採取防衛態度的人。她透過發言和行動來傳達這樣的訊息：每一份民眾投訴、還有每一則負面報導，都是重要的議題，並可趁機評論和改善系統的整體績效。Gale 試著透過行動來訴說一則故事，故事內容是關於她在固體廢棄物新管理系統的實施管控上有意建立的關係：社區在這個議題裡是一個共同體，而 Gale 和她的機構會盡全力守護和促進這當中攸關的普遍公共價值，同時盡可能減少不可避免的錯誤，並盡速修正這些錯誤；如果能夠維持這樣的行動，西雅圖很快就會擁有一個令人引以為傲的世界級固體廢棄物管理系統。大家只需要「保持耐心」，踴躍參與，盡力而為！

利用公關績效衡量法創造公共價值

一旦政府管理者認同溝通部門的策略重要性，管理者顯然需要制定績效衡量法

來追蹤溝通工作，接著再將此衡量法整合到政府機構廣大的績效管理系統內。這是公共價值計分卡納入合法性與支持觀點的主要原因之一。第 3 章的 John James 案例說明了與立法部門的關鍵監督機構建立更強大、實質上更一致的關係，是相當重要的；然而 Gale 的案例則顯示這樣的概念還需繼續拓展到多大程度，尤其是當政府機構在努力動員一群客戶投入志願性的共創行動之時。合法性與支持觀點或許能夠幫助 James 瞭解，雖然美國國務院的眾議院撥款委員會（House Appropriations Committee）部門可能是他授權環境裡唯一最重要的角色，但很多其他社會行為者——這些行為者皆受惠於 James 同樣給予法制委員會的密切關注——都有資格質問 James、給 James 下指導棋、或為 James 提供合法性與支持。

同樣地，假如 James 清楚認識到自己在動員眾多明尼蘇達州民眾繳稅時也遇到了策略難題，他或許會擴大他的合法性與支持觀點，採取用於動員民眾繳稅的行銷活動，做法是詳細說明民眾需做之事，並讓大家知道守法納稅的民眾比例很高及／或持續增加，納稅人就不會認為其他人都沒有繳稅、所以自己也不必繳稅。

動員政府機構合法性與支持的原則

如果把這兩個案例合起來看，我們會如何決定該採取何種潛在價值和實用手段，用於建立公共價值計分卡的合法性與支持觀點呢？ Gale 著重於管理公用事業的公關活動，這讓她得到了一些重要的策略性獎勵：即使發生一組可預期的事故，Gale 仍然成功維持住基層民眾授權公用事業固體廢棄物管理過程進行重大改變；Gale 在客戶當中建立了改變成真所需的共創能力；而且 Gale 甚至說不定建立了某種公民責任感、成就感和美德。為了得到這些好處，Gale 必須將公部門行銷的幾點關鍵原則謹記在心，所有政府管理者採取類似行動時都應據以辦理：

- 政府管理者在動員合法性與支持時，必須因應兩種頗有差異的對象：授權者和客戶。如果想要向這兩種對象成功傳達訊息，並成功鼓勵他們好好扮演在定義和創造公共價值上的適當角色，通常需要政府管理者協助個體開始整合自身作為「民眾」和「政府機構的客戶」這兩種角色。
- 授權環境裡固然包括各種具有正式地位的影響力人物，不過對於那些本身對政府機構未有太大影響力的民眾和客戶，也務必傾聽他們的聲音。客戶調查和客戶管理系統有助減緩政治人物和既有利益團體的強大勢力。

- 政府機構的客戶，包括受益者（beneficiary）和義務人（obligatee）。傳達給這兩類客戶的行銷訊息應有所區別，但行銷訊息要擁有目標一致的重點，以促使所有客戶產生更貼近民眾立場的思維。

- 無論客戶接受的是服務、義務、還是服務和義務的某種綜合體，他們都是共創社會成果的重要角色。客戶的積極配合和行動，往往是讓政府管理者負責創造的社會成果得以實現的必備條件。行銷活動必須聚焦在激勵和促進客戶為了公益而奉獻。

- 政府機構需要授權者和客戶協助滿足兩種頗為不同的需求：一方面，政府機構需要他們容忍、支持及授權政府機構採取的行動；另一方面，政府機構需要他們積極參與改善社會條件。行銷策略的重點除了需放在特定對象上，還必須著重在政府機構對於不同對象的特定需求。

- 為了從利害關係人和客戶建立支持和運作能力而採取的溝通策略，不應訴諸描述、指導和堅持主張，而應奠基在傾聽、協商和詳細討論。若無把握這項原則，溝通便顯得如同政令宣傳，不僅道德上令人無法接受，實務上也成效不彰。

- 應成立某種有組織性質的基礎設施，專門負責制定和執行成功的溝通策略，並負責確保具備績效衡量法，用於追蹤政府機構與利害關係人和客戶的關係現狀，以及追蹤特定溝通活動的影響力。

政府機構的客戶管理系統

　　除了這些大原則外，政府管理者或許要能提升他們從集體授權者建立合法性與支持的能力，做法是建立正式的客戶管理系統，這個系統會列出政府管理者有意維持關係的特定社會行為者，分配維持上述關係的責任給指定的組織單位，並監督關係現狀。如果動員合法性與支持是一項重要的環節，有助於建立把工作做好的運作能力、以及理解哪項工作應擺在優先順位，而且如果所需的合法性與支持是來自有特定利益的特定行為者，那麼確實是該列出這些行為者的名單，並管理政府機構和這些行為者的關係。

　　Gale 或許沒有充分投入客戶管理系統的建立，而且她的確沒有像 James 那麼努力和特定的立法授權者建立關係。不過，Gale 確實花了很多時間在和媒體界的關鍵人士打好關係。她也建立了不具防衛性地快速回應個別「恐怖故事」的能力，

284

把每則故事視為有效點出績效問題的指標，盡快解決問題，並把這些故事當作提升機構平均績效的基礎。為了展現組織解決問題的承諾，Gale 制定了「客戶專員計畫」，指派公用事業主管組成團隊，親自抽樣調查客戶投訴。Gale 對這些個別故事的回應集結而成的記錄，成了重要的敘事成分，讓民眾相信她和她的機構都有恪盡職責，努力改善。

事態愈來愈明顯呈現出，Gale 問題的一部分出在個別的承包商，以及承包商是否有能力達到民眾登記報名活動的服務水準。對此，Gale 並沒有仰賴官僚體系裡的合約課責機制來提升承包商績效，而是親自拜訪承包商，請求承包商務必在期限內分配垃圾桶，並將承包商的承諾公布在「新垃圾服務每週布告欄」。當相關人員沒有做到他們在一般公開活動以及特定合約義務裡應盡的職責，Gale 會特別點名這些人。沒有哪個私人承包商想被當成阻礙活動成功的絆腳石，而且這項活動是許多人辛苦奉獻的成果。為了因應努力適應新系統並在新系統裡扮演好個人角色的民眾提出的抱怨，Gale 也調整了自己規定的期限和政策。

285　　當然，組織把大量注意力放在關鍵利害關係人這樣的「客戶」上，是有風險的。以維持組織存續及增加預算為目標的政府機構，是有辦法利用客戶管理系統，找出能夠在機構現有活動中幫助維持組織存續的小型聯盟；如此一來，正當的民主課責機制便無用武之地，而準確辨識及創造公共價值的可能性也蕩然無存。這樣的機構不僅未能創造某些面向的公共價值，更無法參與審議過程（deliberative process），而審議過程能帶領機構邁向精準的價值定位，並有助創生願意協助追求此種價值的民眾。

不過只有在政府機構將其客戶管理系統保密、並把客戶管理系統用於上述狹隘目的時，才有可能產生風險。如果政府機構公開它們辨識及管理的各種客戶，以及公開它們和各種客戶之間的關係，社會大眾的其他成員就可以在客戶範圍似乎太狹窄、客戶性質太趨於自利的時候挺身而出，改變客戶組成。有在關注政府機構行動、但覺得沒有充分參與到商討過程的個別民眾，可以要求政府機構將他們視為客戶。其他民眾、或民眾利益的代理人（記者、公民協會等）可以檢視政府機構的客戶，並在重要利害關係人似乎從客戶名單當中遺漏時大膽為他們發聲。雖然我們通常以為，保護政府機構不受外部影響力波及，是為了大眾利益著想，但是若能公開可向政府機構提出要求的行為者，便能增加及均衡政府機構應對其負責的利害關係人數量。這麼做能夠讓目前大多隱而未見的事項昭然若揭，並讓目前大多處於非正

式狀態的事項獲得得正式身分。

　　同樣地，如果政府機構不只利用客戶管理系統來鞏固對機構現有活動的支持，更把客戶管理系統當成一種手段，用來把機構的課責範圍變得更廣泛、更明確，並用來精心安排有關機構目的、績效以及民眾需求類型的審議過程，那麼客戶管理系統便能同時強化機構的民主課責制度和績效。而客戶管理系統也和許多管理手段一樣，產生的成果是好是壞，端看其使用方法而定。即使可能遭到誤用，但政府機構不該因此放棄實驗客戶管理系統或其他從私部門領域借用及調整的管理系統。

追求連勝：公開承諾的相互強化過程

286

　　最後一點值得注意的是，關於個別民眾如何回應其面臨的新挑戰和負擔，政府機構對此撰寫及使用的資訊，除了可以在某些行銷活動中作為成功的記錄，更可望成為造就成功的強大手段。政府機構首先號召民眾志願投入奉獻，接著追蹤個別民眾紛紛參與此項號召的比例，在這樣的過程裡，存在著某種非常驚人的力量。民眾並不希望自己被當成好吃懶做或坐享其成的人。一旦出現有待完成的公共任務，而且已經有些人加入行動，其他人也會跟上腳步，以免因為沒有完成該盡的工作而遭恥笑。登記報名的民眾愈多，其他人也會愈發感到有義務把工作做好，這個流程會變得愈來愈明朗，必須加入行動的社會壓力也會愈來愈大。

　　參加回收活動的住戶數量增加，Gale 對於此事加以表揚，這正是策略性運用上述機制的完美範例。把有登記報名回收活動的民眾做成報表每日公布，這種做法除了為 Gale 提供了用來說服民眾參與活動的成功記錄，更成為呼籲更多民眾共襄盛舉的助力。這種將參與者登記列冊加以公開的方式，讓大家能夠明顯看出有哪些住戶為回收盡一份心力。尚未跟上回收步伐的住戶開始注意到這個情況，並開始要求政府提供他們回收桶。

　　這種行銷活動利用了「社會規範」的理論和「規範形成」的過程。[34] 以慈善募款為例，研究發現，雖然民眾預期那些收入高於特定門檻的人，應該要把他們一部分的錢以慈善捐款的形式回饋社會（規範），但因普遍缺乏這些人實際採取行動的資訊，結果影響了其他人的捐款意向。此種情形導致有些人提出志願性公開登記捐款的方案，亦即追蹤民眾捐款佔收入的比例，從而使規範強化和變得更加明確。[35]

　　民眾可能會堅持他們擁有自主權，但是人類有一種強大的驅動力，驅使自己成

為規範的一部分。提供準確的資訊，常會改變規範帶給人的觀感，如此一來又扭轉了規範本身。當研究者糾正高中生和大學生對於同儕濫用毒品酒精普遍程度被誇大的觀感時，研究者發現，提供毒品酒精濫用情形的準確資訊，能夠使未濫用毒品酒精的多數人擁有更大的力量，對抗濫用毒品酒精的少數人。[36] 這就好比規範原本是由少數人訂定的，直到資料顯示規範有著截然不同的真相，才扭轉局面。

因此，為了拉攏社會大眾，Gale 把固體廢棄物的新策略，連結到回收方面已有充分記錄的社會大眾支持行動。她把登記報名且有效參與新策略之舉，塑造成身為一位公民的重要作為。為了動員合法性及建立操作性能力，Gale 巧妙運用了回收行動登記報名情形的衡量法，用來創造民眾參與回收的動機，並向民眾施加必須登記報名的壓力。Gale 會表揚活動達到的里程碑，但並非表揚公用事業及其管理者的成就，而是表揚基層民眾對於回收的付出，以及這些行動展現的公民素質。Gale 將回收活動的登記報名情形，當成用來改變社區規範的一種手段，這種做法就像是社區福利基金組織（Community Chest）公布有哪些社區成員熱心捐款，像是美國紅十字會利用眾人可見的溫度計來顯示有哪些社區參與紅十字會的捐血活動，也使得 Gale 像是正在努力動員一群潛在捐款者的募款人士。當 Gale 能夠證明很多民眾都為了社區奉獻心力，那些尚未身體力行的民眾，就會愈來愈無法若無其事地作壁上觀。

本章總結

傳統而言，我們對政府資助的公關和媒體宣傳活動有所懷疑，因為我們會擔心，這種努力無非是要達成宣傳目的，或者，這些公關活動是將民意隔絕於政府運作之外。但 Gale 的個案說明了：一個精心策劃的公關活動，在支持政策的運作上扮演了很重要的角色，而不是取代民主治理。

要製造一個有效的溝通策略，必須設計一個能使大眾瞭解並採取符合自身利益的方式，因此，Gale 必須參與四個關鍵區塊，分別是：在 Gale 和固體廢棄物公用事業之上，擁有正式權力的政府官員、現存的利益團體透過眾所皆知的管道去影響官員、媒體、草根居民（同時也是授權者、納稅人、受惠者、在各界貢獻的志工）。

為了能夠產生公共價值，Gale 需要從每一個政策中，得到居民持續的容忍

或支持。如果沒有了支持，她的政策將會缺乏正當性、合法性和實踐的基礎，而 Gale 也會失去堅持的動力。然而，Gale 需要比授權和支持更重要的東西：她需要採取對固體廢棄物公用事業有實際貢獻的行動。

民主社會中，強加責任在公民、客戶上，往往招致反效果。多數公民寧願扮演客戶，特別是可以從政策運作上獲取自身利益的受益者。然而，政府不僅只是服務傳遞、滿足個別客戶而已，其於提供服務的同時，也對個人加諸責任。政府通常需要接收服務以及承擔重責大任的人，來協助達成實現公共價值的成果。 290

為了使這些努力有代價、以及讓複雜的系統確實運作以獲致預期的成果，公共管理者必須針對各種身分，運用不同方式，向組成社會的各種身分溝通，包含：公民、納稅人、義務人、集體價值結果中的個別共同生產者。公眾壓力能有效刺激個人為了公共目的而貢獻，僅在能說服個人承擔責任或大眾有共同努力的機會時，那樣才得以成功。使政府利用公眾壓力和影響力的唯一合法途徑，無論是正式授權或非正式的規勸，就是解釋為什麼它是必要的，以及表現出公正、公平、效率和效益。這也有助於讓抵制政策的人瞭解，許多人已經接受承擔新責任的必要性，抵抗政策的人反倒成為問題來源，而不是解決方案。

Gale 瞭解到：成功不僅是因為努力建立並維持合法性、使政策得到西雅圖居民的支持而已，還包括在政治授權的環境中，所建立的合法性使大眾變得加緊密、負責任，而非對她直接負責的政治菁英和有著多重身分的居民（如：授權者、客戶、共同生產者）。使資訊自由公開只是 Gale 與大眾溝通的一個小策略而已，她必須維持溝通管道暢通，無論是公用事業與媒體間，或是公用事業與民眾之間。藉由製造公眾談話的主題，和針對不同角色給予不同的話語，Gale 幫助西雅圖的**居民** 291 成為管理固體廢棄物的**一分子**。唯有透過思考和行動，Gale 才能成功地讓居民參與由大眾一起創造的政策（將人民視為授權者）、為人民需求而創造（將人民視為客戶）、屬於人民的政策（將人民視為共同生產者）。

Gale 的行動使我們瞭解如何開發和使用公共價值計分卡，焦點關注在建立基層公民和客戶的合法性與支持，她彌補了我們在想法上的不足，比如公部門藉由運用策略管理，使我們專注在建造有效率的公共關係、針對不同的身分（授權者、納稅人、共同生產者、具公共企業精神的客戶）進行不同方式的行銷活動，她提醒我們，成功完成這些任務，不僅可以維持合法性、支持冒險的事業，還可以有效動員分散各地的力量，產生想要的結果。圖5.3 顯示公共價值計分卡如何幫助 Gale 的

行動，以及同樣擁有合法性與支持的行動如何顯示其經營能力，並且產生重要的結果。

Diana Gale 與西雅圖固體廢棄物事業的公共價值帳戶	
公共價值帳戶	
集體擁有的資產之使用與相關成本	經過集體評價的社會成果之達成
財務成本	達成的使命成果
內部（行政成本）	值得信賴地、簡便地與安全地
外部（對付費者）	管理固體廢棄物
	保護自然環境
	客戶滿意度
	提供不同層次的服務選擇
使用國家公權力的社會成本	正義與公平
合作生產對市民造成負擔	確保市民公平均等的管道
	確保公平合理的定價

圖5.3　Diana Gale 與西雅圖固體廢棄物公用事業之公共價值計分卡

合法性與支持的觀點
Diana Gale 與西雅圖固體廢棄物事業的進展與規劃

使命定位與公民價值觀闡述：
　　組織使命緊密聚焦於長期低成本與極為環保的廢棄物處理

納入潛在客戶忽視的價值：
　　在短期間內容忍不可避免的服務問題
　　在長期間中回覆對服務的便利性與可信賴性的需求

與正式授權者站在一起：
　　維持對既有政策的支持與對問題的容忍

與主要利害關係團體站在一起：
　　與環保人士一起維持對政策的支持
　　承包商持續進行回應

媒體報導：
　　創造對行銷與媒體參與的內部能力
　　建構與媒體的關係

與政體中的個人站在一起：
　　一般公民
　　　• 透過行銷競爭活動建立對政策的瞭解
　　客戶
　　　• 創造出系統來對客戶的需求與抱怨進行回應
　　地方稅納稅人（尤指房屋主）
　　　• 提供不同層次的服務選擇

作為共同生產者的公民參與：
　　客戶對固體事業廢棄物的共同生產進行有效參與

操作性能力的觀點
Diana Gale與西雅圖固體廢棄物事業的進展與規劃

對企業的資源流量：

財務收益

- 保障市議會給員工電話系統的緊急基金

公眾支持／民眾意見

- 促成公眾對回收計畫的熱忱

人力資源：

訓練／專業發展

- 建立員工的媒體關係能力
- 授權給員工能與公眾及媒體的接觸參與

公共志願者的努力

- 促使客戶參與對固體廢棄物管理的共同生產

操作性政策、計畫與程序：

作業績效的品質

- 透過抱怨／媒體快速地回應界定出操作性問題

組織學習

- 創造出分裝容器的系統以及執行新費率方案及規劃新路程

績效衡量與管理系統

- 針對快速增加參與的回收簽到進行監測
- 創造出「帳戶執行計畫」以解決問題個案
- 對抱怨系統進行精簡化
- 對駕駛的績效表現進行公開透明化

組織產出：

產出的數量

- 增加回收的可信賴性

產出的品質

- 增加回收的便利性

第6章

Duncan Wyse、Jeff Tyrens 和進步委員會
協助政府展望與製造公共價值

Duncan Wyse、Jeff Tyrens 以及奧勒岡標竿

1995 年 7 月，奧勒岡州進步委員會（Progress Board）邀請 Jeff Tyrens 從馬里蘭州住家搭機去面試主管的職位。[1] 進步委員會於 1989 年建立，是為了將各種州公共政策目標轉換為一系列可衡量的標竿。Duncan Wyse 是進步委員會的創辦主任，在面臨重大政治爭議與衝突情形下，已經經營企業達十年。截至 1995 年，他感到自己經營有成，因此辭職轉而成為奧勒岡州商會主席，留下職位空缺。

在抵達奧勒岡州參加會議時，Tryens 才發現由於一項已寫成法律的「落日」條款，進步委員會即將在兩年內失去基金，這筆基金於 1989 年用來成立機構。在 1995 年年末會期，共和黨在州議會中居多數，他決定讓委員會解散。進步委員會與奧勒岡標竿當時本來可能消失，在會期初期例行行動中，議會不允許機構接下來兩年的預算。[2] 民主黨州長 John Kitzhaber 有效撤銷議會的決定，透過行政命令重新批准委員會，給予兩年的暫緩。聯合籌款委員會的共和黨聯合主席 Bob Repine 回想：「我建議 Tyrens 不要賣掉在馬里蘭的房子。」

奧勒岡標竿的由來

奧勒岡標竿是一組委員會的概念與具體衡量單位，希望能讓州的經濟、社會與環境有健康的狀態。各項委員會概念（例如「傑出人士」或「傑出生活品質」）伴隨一系列衡量單位，這些衡量單位被認為是州在特定價值概念上進步的有效指標。各項指標伴隨著一系列短期與長期目標，這些目標說明州在該指標上所希望的進步程度。

此衡量系統是民主黨州長 Neil Goldschmidt 的全面性、富有活力的策略規劃舉措的副產品，稱之為「奧勒岡閃耀」（Oregon Shines），是為了 1980 年代初期與中期經濟蕭條而進行。經濟蕭條影響了全國，對於奧勒岡及其森林產品業打擊更大。「奧勒岡閃耀」是委員會與企業團體以及州的其他經濟人士所協商的成果，以決定企業與政府對於復甦經濟所能做的努力。

奧勒岡閃耀

州長 Goldschmidt 接洽住在加州的政策分析師 Wyse，要求他回到家鄉奧勒岡州並領導「奧勒岡閃耀」規劃舉措。Wyse 及其同僚成立了 16 個委員會，這些委員會一起由 180 名企業、勞工、教育及政府領袖所組成。一個委員會團體檢視了影響所有州企業的問題，而另一個團體則注意對奧勒岡最大或最快速成長產業而言非常重要的問題。各委員會直接向州長報告其最初結果，然後回頭修改其提議。最終委員會報告是某項策略計畫的基礎，該計畫於經濟發展部門與州長辦公室制定。

1989 年 5 月，最終的「奧勒岡閃耀」報告結論是，奧勒岡正面臨重要的交叉路。憑藉合適的調查與政策選擇，奧勒岡可成為國際經濟上高科技、高工資的一份子，甚至可同時保有健康的自然環境，並且支持公共服務。為了邁向積極的方向，報告最終決定，奧勒岡需要從事一些事項：

294

- 增加勞動力技能，在 2000 年前「明顯成為美國最佳勞動力，並且在 2010 年前與世界相當」；
- 保有州的自然環境與暢通無阻的社區，並使其「吸引能夠提升經濟的人群與企業」；
- 培養「國際觀，使奧勒岡州人對於全球化商業特別精通」；
- 控制在奧勒岡經商的費用，特別是勞工賠償標準、失業保險以及能源費用領域；以及
- 投資能吸引企業到本州的公共設施與服務。

然而，「奧勒岡閃耀」居民規劃部分的一項經常性的問題是如何實施全面性範圍的計畫。為了避免報告塵封於書架上的風險，Wyse 及其共同規劃者提倡建立特別實體作為州策略遠景的管理者：「進步委員會」。

建立奧勒岡進步委員會

在其建立者眼中，進步委員會的主要要求是將「奧勒岡閃耀」的策略遠景轉換成一組特定目標、或是標竿，並且監督州在目標上的進步程度。委員會幾乎沒有職員，在兩年一次的州預算編列程序中沒有正式職責，實際上「本身沒有權力」，Wyse 表示。其影響來自其成員的名聲、作為州的社會行動者對於抽象目標與具體目標中所說明的遠景的接受程度、以及州長擁有並仰賴其功能以領導管理的程度。即使「奧勒岡閃耀」的最樂觀支持者，也認為持續制定標竿以及在邁向繁榮的路上賦予並指導奧勒岡政體的標竿之有效使用，其生存或停止是根據州長的積極支持與參與。Wyse 的首要任務則是說服州長成為進步委員會的活躍主席。

在稍早內部會議中，Goldschmidt 同意此想法，但是表示不是非常信服或有興趣。然而，當「奧勒岡閃耀」的報告公開發行，Goldschmidt 突然面臨許多關於「接下來會怎麼樣」的問題，於是他熱心推動進步委員會與標竿，並決定建立企業成為州的法定機構。由於 Goldschmidt 是民主黨員，而民主黨員大幅度控制眾議院與參議院，說服州立法機關贊同此想法是相當容易的事。1989 年夏天，立法機關投票讓委員會立即成立，於 1991 年提出一組標竿經由立法機關許可，並且每兩年提出進步報告，至 1995 年夏天。

進步委員會籌備運作不久後，Goldschmidt 於 1990 年決定不參加重選。對於進步委員會的現任執行主席 Wyse 而言，這是一項重大災難。「奧勒岡閃耀」與進步委員會被視為等同 Goldschmidt，進步委員會是一個未成熟的組織，才剛開始將「奧勒岡閃耀」轉換成一組標竿。Wyse 回憶最初情況：「我想我們完蛋了。」

委員會成員提供援助。「這就是委員會的力量——我們有合適的人選。」Wyse 表示。兩名共和黨委員會成員聯繫主要的共和黨州長候選人，即總檢察長 Dave Frohnmayer。委員會中傑出的民主黨員 Ed Whitelaw 聯繫民主黨候選人，即國務卿 Barbara Roberts。Frohnmayer 與 Roberts 兩人承諾若選上會全力支持這項成果。

建立標竿

1990 年 11 月，Roberts 被選為州長，為了向兩黨示好，即快速指派 Frohnmayer 至進步委員會。該年 1 月，進步委員會成立了 6 個主導委員會以制定最初標竿名單。這些建議於大約有 500 人參加的 12 個州會議中公布。當年年末，州長 Goldschmidt

296　邀請州長當選人 Roberts 參加進步委員會的最後兩次月會，然後請委員會將其提議送至立法機關。「我認為他是想保留傳統，」Roberts 回憶，「官員對於政府有很多很棒的想法，因為每位政治人物似乎都想要擁有他們的傳統。這是我的點子。」Roberts 發現要拒絕這種趨勢非常容易，因為「我明白其價值，特別是長遠看來。而且——我認為比起經由我曾參與的任何政府程序，我（透過標竿評價的措施）可能會有更多改變事物的機會」。

主旨

　　早在1991年，憑著 Roberts 的投入（input）以及承諾要讓進步委員會在新的行政系統中有顯著位置，委員會將提出的一份158項標竿的清單送至立法機關，並將之分成三大類：

- 包含**傑出人士**在內的標竿，以增加家居生活穩定度、提供年輕人生活上的健全起始點、改善在校成績、提升教育程度、增進整體公民健康、並促進機會平等與社會和諧。
- 包含**優異生活品質**在內的標竿，以改善空氣與水品質、保存自然環境的舒適度、維持道路暢通、恢復並維持可負擔房價、降低犯罪、增加醫療與孩童照護管道、並且增加公民社群參與。
- 包括**多元化與健全經濟**在內的標竿，以維護穩固的製造業、增加就業與人均收入水準、減少在奧勒岡經商的成本、增加至奧勒岡的空中運輸服務、增加道路與電信設施、增加研發工作、並且維持或稍微增加州的整體人均稅收（同時減少對財產稅的依賴）。

設立優先事項、選擇目標、以及有限數據的問題

297　　　除了主要158項標竿的清單，委員會還建立兩項簡短清單，包含他們認為最重要的標竿。「我們必須在接下來五年內看到進步」的緊急問題之相關「首要」標竿。「關鍵」標竿被認為是「奧勒岡的活力與健康之基礎、持續性衡量單位」。

　　委員會提早遇到並且其後證明有爭議性的兩難與標竿目標的設定有關。考慮到資源以及其他方面的限制，目標是否應以某些可能完成的事項之「實際」評估為基礎？委員會不完全堅持設定其標竿目標，但是總的來說仍選擇「遠大目標」，特別

是在20年的目標上。

　　委員會也必須解決在衡量標竿時數據的限制性問題。只要有可能，委員會爲各項標竿提供1970至1980年的歷史數據、1990年起的「基本」數據、以及1995、2000與2010年的目標。但是當委員會想要建立沒有數據存在的標竿時，問題便出現。他們沒有資源研究州在少量標竿以外的表現。因此，如同其1991年對立法機關的報告所說明，「爲了這些最初的標竿，進步委員會參加選舉以建立目前尚未有數據的標竿，以提出未來數據收集需求的重點事項」。

政治、標竿與預算刪減

　　在1990年選舉中，共和黨在20年內首次控制衆議院。雖然「我們並不需要，特別在政治上，」Wyse 回憶在1991年的會期中，「特別努力納入共和黨員。」事實上，以量化的衡量單位建立清楚且具體目標對於共和黨人本來就有吸引力，他們往往提倡更大規模的公共課責。然而，回想起來，部分共和黨國會議員提出兩黨支持的出現稍微造成誤導。許多國會議員從來都不太注意該計畫。「兩黨都會支持的原因就是因爲沒人知道那是什麼。」一名前國會議員諷刺。在任何情況下，在1991年立法會期後，進步委員會與標竿實驗在奧勒岡更廣泛的政治與黨派反對意見中成爲保證。

　　1992年，預期到有必要刪減下一年的州預算達15%之多，州長 Roberts 決定使用標竿作爲設定優先刪減的預算項目之指標。【3】她指導所有州機關制定他們目前基本預算的80%，但允許他們在與奧勒岡標竿有關的任何計畫上加回多達10%。如果機關能夠證明其計畫與17項「首要」標竿之一有關，他們可恢復90%以上的資金。機關管理者快速做出回應。標竿的文獻「已經**被翻爛了**，同時那些機構在標竿中尋找適用於其工作的事物。」Roberts 回想。　　298

　　州政府內部奧勒岡標竿聲望突然增加，帶來一些未預見的成果。爲了要加入，各州機關與每個特殊利益團體必須有一項標竿。進步委員會收到太多要增加新標竿的請願。1992與1993年，標竿數目從158增加到272項。在各項標竿內，衡量的項目數量也增加。因此，1991年「無毒嬰兒」標竿用來衡量其母親在懷孕期間使用非法藥物的嬰兒數量，1993年的版本則包括對酒精使用以及香菸使用的分開衡量。

　　Roberts 與委員會對於批准新的標竿持寬大態度。「可能有一個團體走進來說，

『我們可以嗎？』」Roberts 回想。「嗯，如果人們感到他們所處的州不認爲他們重要，不是好的方式。因此他們關心的主題若有合理的標竿，那麼增加到標竿中，則是合情合理的。我是說，標竿適用於一些用途。」同時，Roberts 與委員會成員瞭解只有獲得委員會實質關注的標竿——特殊研究、工作團體、或是州預算編列過程中的優先事項——屬於委員會設計爲非常重要的標竿子集。（這些首要與關鍵標竿在 1993 年分別重新命名爲「急迫」與「核心」。）在這些高度優先的標竿中，被認爲「急迫」的數目，在 1991 與 1993 年間，從 17 升到 27，而且被認爲「核心」的數目從 13 增加到 18。

299

新政治面貌

1993 年，立法機關大幅允許擴大標竿名單，但這次投票並非一致同意。潛在的不滿即是證據，特別在共和黨立法者之間。部分立法機關抱怨機構主任與特殊利益團體利用不利於他們的標竿，表示「你採用諸如此類標竿，需要在 20 年內消除諸如此類問題。如果你認眞看待，你就必須撥出諸如此類資金資助我的計畫。」此外，聯合籌款委員會批評標竿範圍太廣泛，無法作爲指導與評估州機關工作的有效工具。

在奧勒岡 1992 年選舉中，共和黨控制衆議院與參議院民主黨人，但是是以 16 對 14 的微小差距。1994 年的選舉之後，民主黨人決然失去參議院；雖然民主黨人 John Kitzhaber 贏得州長席位，共和黨人仍控制兩院。許多新當選的共和黨人來自州的鄉下，往往在社會議題上更爲保守，大致上比其前任者更容易對政府不滿。奧勒岡如其他地方一樣，黨派更加分裂。1995 年時，民主黨人發現第一次的立法會期是依據新的權力平衡，也因此由奧勒岡的標準來看，在政治上乃顯示出相當程度的相互仇視感。

Kitzhaber 支持進步委員會與奧勒岡標竿，但是比起 Roberts，兩者在其計畫中的優先順序較低。更令人擔憂的是，委員會將於 1995 年終止。爲了繼續作爲法定機關，委員會必須從立法機關贏得重新授權。

平衡的命運

1993 年結合奧勒岡商業理事會，進步委員會對於讓奧勒岡居民重新參與州的

策略遠景與標竿計畫上，付出一致的努力。在三個月期間，兩個組織創辦29次全州的社群會議。這些新會議吸引約兩千位居民（1990年會期約為500名）。「但是，」Wyse 表示，「我們不讓新當選的立法者參加這些會議。我們不與他們接觸。」會議不是為了加強立法機關對於進步委員會與奧勒岡標竿計畫的「所有權」。　300

　　授權給進步委員會再展延四年的議案輕易地通過了聯合籌款貿易與經濟附屬委員會（Joint Ways and Means Trade and Economic Subcommittee）的審議，並且被送交歲入聯合籌款委員會（Committee on Ways and Means）。然而，在這一點上，共和黨領導者決定議案必須通過黨團的批評。雖然 Wyse 推論整個立法機關中，委員會有足夠支持可讓議案通過，但是他對於共和黨黨團方面卻非常不樂觀。Wyse 決定保留一些空間。進步委員會的預算比例──對於經濟部是少部分的機構預算──存在於重新授權進步委員會的法案中一項分離的議案。「我認為──讓我們的預算通過，你有預算，就能夠運作，無論你是官方的州機構與否。州長一定能藉由行政命令建立，」Wyse 表示。因此 Wyse 與進步委員會安靜袖手旁觀，而重新授權的法案在籌款委員中漸漸消失，等待預算程序開始進行。「如果這成了大問題而且你輸了，你便失去一切，」Wyse 表示，「我才不想失去一切。」

　　立法機關確實允許包含進步委員會與奧勒岡標竿計畫的資金。Wyse 曾希望一旦他們瞭解預算已到位，共和黨立法者會安靜批准重新授權，但是當部分黨團成員表達其反對，沒有人願意為計畫辯護。在一次投票後，共和黨領導者建議州長 Kitzhaber 解散委員會。Kitzhaber 表示他希望通過行政命令讓計畫繼續下去。這個行為「讓立法機關有點生氣」，參議員 Neil Bryant 回想。但是進步委員會的命運從來不是一個孤注一擲的議題。如同一名觀察者所說，「在這一點上，沒有人想回頭嘗試取消預算。」因此進步委員會得以暫緩兩年；為了繼續下去，倡議必須勝過目前由立法者主導的立法機構，他們有些人對於計畫很冷淡，有些人則有敵意。

Jeff Tyrens 聽取批評

　　當 Jeff Tyrens 於1995年參觀奧勒岡州，他從民主黨與共和黨立法者聽到進步委員會與標竿的問題。民主黨人往往將共和黨對進步委員會的反對解釋成黨派問題　301
──對有民主黨基礎的計畫有敵意。對於他們自己的部分，許多共和黨立法者表示他們發現標竿「不相關」。參議員 Randy Miller 稱之為「尚不至於沒有意義」，並且認為進步委員會兩年一次的報告資訊可經由其他資訊取得。「我們資助的事物能告

訴你每個人知道的事情。」他表示。其他人特別喜歡奧勒岡標竿計畫，但是認為截至1995年該計畫已經偏離正軌。大部分Tryens聽到的批評往往分成下列類別。

有民主議程的民主計畫。作為始於三位民主黨州長並由其維持的計畫，標竿被視為一項民主黨的倡議。共和黨立法者認為太多標竿影響自由的社會、環境與政治議程。參議員Bryant認為民主黨員「利用標竿嘗試販賣社會計畫。」部分立法者也注意到在環境問題的爭議上，進步委員會從不包含任何文化上較保守的共和黨員，也不包含任何代表奧勒岡農牧業利益的成員。

太多標竿。共和黨擔心1991至1993年之間標竿的擴大已經使標竿的整體概念變得瑣碎，並使其變得難以實行。Tryens表示，「我一再聽到的批評是，『太多標竿了。我們正在衡量一些荒謬的事物。』即使進步委員會成員自己對於既非『急迫』也非『核心』的標竿只略知一二。」只有少數的標竿促使他們一起努力達到標竿目標。絕大多數只是理論。至1995年，大約50個標竿仍缺乏完整數據或清楚目標。

不實際的目標。部分立法者反對許多空談的標竿目標，並且認為這會帶來增加州支出的無止盡需求，而無法提供實際指導給州機關或任何其他實體。例如，青少年懷孕的目標——每千人中有八個——比起國家任何其他地方比率更低。Tryens瞭解一些標竿的目標有隨機的特質。「對於每個人所說的：『這是我們要達到該目標的方法以及其花費，並沒有附帶策略。』」

無機構課責。1993年預算刪減程序中，使用標竿的決定導致許多州機構聲明他們正在為了急迫或核心標竿而努力。事實上，一些機構自稱進行同樣的標竿，但是並沒有合適制度協調其努力成果，也無法評估其在標竿目標的績效。「他們應該告訴我們什麼有效，什麼無效——要把錢投資在哪裡。」Bryant表示。此外，州的140個機構對於他們看待標竿的認真程度、以及他們在策略規劃使用標竿的程度上，並不一致。[4]

民主黨猜疑。在這些批評中，民主黨員開始擔心共和黨員想要利用標竿來激起反政府的攻擊。有些立法者「認為這是衡量州績效的工具，但是這並不是其意圖，」州長Kitzhaber的幕僚長Bill Wyatt表示。「可以理解，機構擔心他們將被以他們幾乎無法控制的目標來衡量。」民主黨員害怕共和黨立法者可能利用州機關無法達到

遙遠的標竿目標以當作榔頭敲打州政府。一位著名的奧勒岡民主黨員說,「有反政府的人——現今許多人仍在我的州,如同他們在全國各地。他們想要衡量政府以證明政府失去作用。」

更新命令

Tryens 嘗試從他所聽到的學習。他特別注意共和黨參議員 Stan Bunn 的觀察。並非所有共和黨立法者對於進步委員會都是無法改變,Bunn 表示,但是委員會在共和黨上也沒有擁護者。因此 Tryens 開始在共和黨立法者之間尋找兩名有力、有支援的擁護者。他把眼光放在兩名他在聘用前會面中的兩名立法者——聯合籌款委員會聯合主席 Bob Repine、以及在參議院推動許多重大政策議案的 Neil Bryant。「他們是評論家,卻是有建設性的評論家,」Tryens 表示,「在我心中,他們都有勝算。」然而,要贏得他們必須解決他們的抱怨——這代表建立政治上的支持以做出一些重大改變。

首先是更新奧勒岡閃耀的策略計畫。在 1989 與 1995 年間,奧勒岡的經濟有戲劇性的復甦。然而在總帳的另一側,許多奧勒岡人,特別在鄉下,一點也沒有從經濟繁榮中受益。住宅費用、青少年犯罪率、以及學生藥物使用都逐漸擴大。都會地區變得越來越擁擠。Tryens 希望修訂原始的奧勒岡閃耀計畫,以解決這些轉移情況。

此外,Tryens 向州長 Kitzhaber 提議指派任務小組「透過州的一系列社群會議,徹底重新評估整體程序」。Tryens 建議一些企業領導者被指派任務小組。他帶來一名奧勒岡傑出的合作領導者,即公用事業主管,以領導 45 名成員的奧勒岡閃耀任務小組。在一開始過程中,Tryens 直率地將決定告訴任務小組,即奧勒岡閃耀與進步委員會將持續,而奧勒岡標竿計畫則是開放式問題。

> 我對每個人都很坦率,包括我的立法機關評論家,這是說「不」的大好時機。說「對,這大受歡迎,但是你猜得到嗎,經濟復甦了。也許我們不再需要策略性經濟計畫。」
>
> 在第一次會議時我對他們說——這有點變成著名的台詞——「我還沒賣掉我

303

在馬里蘭的房子，但是如果你不認為這事業值得讓我們繼續，我真的願意回家。在此程序結束時，我會要求你祕密投票，這是關於你是否認為我們應繼續支持奧勒岡閃耀、進步委員會以及標竿，在過程中請謹記在心。」

改變標竿

最後，奧勒岡閃耀任務小組重申維持州策略遠景的重要性，寫在任務小組最後的書面報告中，「奧勒岡閃耀 II：更新奧勒岡的策略計畫」，1997 年 1 月，「改變的速度讓我們著重於當前，即使是在重大經濟與社會轉型之中。奧勒岡進步委員會的責任是提醒我們所共有的願景、監測我們達成衡量目標的程序、並且讓我們注意到許多選擇。」新的、修訂過的州策略計畫版本不斷強調提升教育與訓練。雖然奧勒岡閃耀著重於引起外地企業前來奧勒岡，奧勒岡 II 強調地方企業的發展，以和全球經濟競爭。新版本也強調社會問題的預防措施，例如犯罪與藥物使用以及發展更強大、能夠提供支援的社群網絡。

任務小組也幫助 Tryens 縮減標竿。「我能夠帶回立法機關的只有92 個標竿（1995 年的259 個），（以及）商業活動的大幅度取消……我們在學校發布一件事，讓教育仍然是此關鍵。我們所有高級州官員都在那裡，州長也在那裡，對於這項發布我們有許多報導，我們能夠做立法機關希望我們做的事，也就是讓標竿更好管理。」在讓標竿目標更「實際」方面，進步委員會選擇一項承諾，同意在2000 年建立更適度的目標，也為2010 年保留理想的目標。

結合標竿與績效

Tryens 也採取一些步驟結合州機關活動與標竿。進步委員會建立「標竿藍皮書」，闡明哪些州機關已「登記」哪些標竿。這提供立法者一項工具在預算季節向機關要求課責，如果他們要執行的話。此外，藍皮書是機關管理者的潛在援助，他們可瞭解其他哪些機關正在為了某標竿而努力，為了更容易分享資訊與資源鋪路。[5]

Tryens 也開始提出關於機關如何與標竿合作的新願景，目地是解決標竿的廣泛性以及任一州機關權限限制之間的差距。他說，這個想法是用來「將指標分層」。一個機關代表的任務小組與其他有關方面被成立來處理某一標竿，他們首先分解大規模的標竿——例如減少青少年犯罪——再分成一組臨時指標與目標——例如減少

年輕人攜帶槍枝的數量。對各個指標，某一機關負責向團隊收集與提供數據。機關或有關各方的下一步驟是負責進行這些臨時目標的特定子集，兩者都經由機關控制的計畫與活動，並且經由機關在超過其直接權限的領域之影響。[6]

這些結合州機關活動與標竿目標的努力，對於維持立法機關的支持非常重要。然而，1997 年，贏得重新授權立法機關的許可仍需要最後一項努力。在參議院議長 Brady Adams 的催促下，Tryens 私自與 30 個州的參議員會面。1997 年春天，參眾兩議院核准進步委員會的重新授權——這次則無需落日條款。仍有一些人反對，但整體上對此舉的支持仍強大且穩固。此議案在參議院以 17 對 4 票、在眾議院以 39 對 9 票通過。「對我而言，這是兩年來努力的正向累積成果。這代表我達到委員會在我出發時所希望我做的，也就是讓立法機關回到委員會。」Tryens 說。[7]

從組織課責到政治領導

在此情況中，公共價值認可的擁護者—— Duncan Wyse 與 Jeff Tryens ——從屈居弱勢並且（矛盾的是）為了比管理者（其工作在本書前幾章已曾進行分析）更遠大的目標尋求使用績效衡量系統。Wyse 與 Tryens 是與州長辦公室以及與產品管理者無緊密關係的職員，與任何執行機關也無明確關係。他們對於任何公共機關沒有正式職權，更不用說私人公司以及其績效有助於他們正在衡量的目標之非營利服務機構。

然而他們建立、監督與公布的標竿，在社會領域上，比任何其他我們考慮過的衡量系統在社會領域上有更廣泛的延伸。奧勒岡標竿架構中涵蓋的廣泛志向不只包括所有奧勒岡州機關的工作，也包括構成奧勒岡經濟體的企業以及與政府合作尋求且有時是定義公共目標的非營利機構。因而結論是，標竿的存在不能只為了或甚至主要是為了呼籲公共機關說明其績效。標竿的使用必須超越衡量政府績效的範圍。問題是如何使用。

自然的傾向是先想到標竿的潛在管理上的使用。這類衡量系統，與直接行政機關無關，不能被期待如同 William Bratton 或 Anthony Williams 建立的績效衡量系統或甚至是 Jeannette Tamayo 的績效承包系統一樣能夠有效將績效直接推往某一特定方向。不過他們在推動與引導社會及政府行動中，具有操作性的功能，能實質改變

306

社會情況。例如，他們能（對政治未來有些風險）當作工具協助州長制定各政府機關的資源分配決定。他們也能當作立法者與州長的工具，以收集政府能達到多少預期結果的實證數據。由於對這些目標有夠強大的社會與政治承諾，標竿甚至能提供廣泛架構，邀請政府以外的有力社會行動者——不在立法者與州長的直接管理範圍——依據才能與傾向制定特定標竿。以這些方式，標竿有潛力加強社會實現其最重要志向的能力。

關於奧勒岡標竿計畫的用途問題，第二個可能的答案是，它是作為整個政體的公共價值說明之績效衡量系統——並不只是單一公共機構，或甚至整體政府。如同任何公共價值說明，它可作為以說明其共同目標而參與政體的政治工具，也可作為推動與引導政體達到目標能力的基礎，也可作為瞭解未來可製造何種公共價值的工具。由於 Wyse 與 Tryens 企業的背景不同於先前考慮的任何事物，因此值得快速檢視為整個政體建立公共價值說明如何能讓此策略成功。

307

如果 Wyse 與 Tryens 試圖為整個政體建立公共價值帳戶，某些最大利益與風險可能在於其作為「政治工具」的潛能——政治並不是指為了政治目的而使用標竿的政黨（雖然他們確實這麼做），也不是為了優先目標而使額外資源合理化去使用標竿的特定機關或有關方面（雖然他們確實這麼做），而標竿可用於 John Dewey 提出的用途：幫助創造可瞭解並為其利益而行動的公眾，包括獨立以及經由政府機關。以此觀點，奧勒岡標竿的價值較少在於建立嚴格績效架構讓政府機關用來說明其績效，而較多是在於他們有助於建立州的政治社群，這些政治社群著重於說明並尋求非常廣泛但也相當具體的完善且公平的社會願景，讓他們都願意居住在這個社會。標竿成為一面鏡子，反映給奧勒岡居民的影像是他們試圖完成的事物及其成效。

也許重要的是，使用標竿需要整個政體不斷重新檢視其試圖完成的目標，並且以明確且具體程度完成，這樣才能建立某種相互課責，並廣泛傳播而非停留在政府運作之內。這讓政體對於下列越來越有自我意識：欲達到的公共價值、其公共價值概念如何變化、實際經驗如何教導他能完成的部分。這幾組標竿的改變反映的看法是政體認為重要的事物。關於標竿的觀察績效能告知政體可行的事物。每年對於這些承諾與結果的比較有助於公眾瞭解並依其自身利益行事。

由於 Wyse 與 Tryens 固執且巧妙地運作，讓進步委員會成為持久的機構，能持續提升標竿作為衡量系統，此系統能為了有力、獨立的行動者賦予並創造機會以

308

反映他們對共享的完善且公平社會的願景之貢獻，他們（如同所有其他我們見過的管理者）必須為了他們內心的目的找到方法建立合法性與支持。這代表收集與維護政治支持並非為了特定實際的公共價值概念，**而是為了績效衡量本身可作為管理的有效工具之概念**。他們的基本公共價值提議似乎是績效衡量系統可幫助政治團體解釋並追求公共價值——即使推入強烈的意識型態／黨派衝突之間，即使不斷受到政治拒絕、並且即使脫離可要求績效課責的權力結構。

如果 Wyse 與 Tyrens 有自己的公共價值計分卡，對於透過進步委員會與標竿而建立公共價值的成果之合法性與支持，可能著重於四種不同種類的政治工作。

第一，他們可能必須替績效衡量作為管理工具的一般概念、以及作為培養與使用績效衡量系統之最佳地點的特定機構建立支援。

第二，在被納入標竿的特定價值層面上，他們可能必須促進能調和許多不同政治問題與需求的程序，並且在表現為奧勒岡建立的公共價值時，能促進這些問題與需求的組織程序。

第三，為了讓標竿對政府與私人機構有影響力，他們必須找到方法在不使用直接、政治權力的情況下，使政治壓力依附於衡量上，並且使其衡量與州的執行力保持一致。

第四，他們可能必須持續讓績效衡量適應於人們意願，這可經由定期選舉或特定諮商程序表達，其中可邀請公民參與程序，以替政府與私人機構設立明確目標。

在此案例分析中，我考慮與執行權力結構沒有緊密關聯的績效衡量系統是否有實際用途。如果績效衡量系統的主要實際效用仰賴結合某權力，該權力可要求他人為達成特定結果負責，則答案為否。然而，如果某特定效用來自績效衡量系統追求與監督的價值之固有訴求，而當公眾清楚表達對於其成員的期望，便會產生這種相互課責，那麼也許答案為是。以此觀點看來，此情況自然從 Diana Gale 案例延伸其邏輯，該案例表示績效衡量系統可被用來幫助創造依其利益行事的公眾，儘管公眾管理者的最小直接權力超越個別行動者的行動。

然後，我著眼於奧勒岡標竿的設計者如何將標竿固定在奧勒岡實際組織結構以及當代政治中，以提升並影響關於奧勒岡未來的政治討論，並提升州政府建立此討論的能力。這需要他們不只建立制度平台以培養並使用系統，還必須建立並更新使用績效衡量作為管理工具的政治命令。我也注意並討論績效衡量概念本身如何取得意識型態重要性，此意識型態創造關於其形式與使用的政治衝突。

309

　　最後，我密切注意讓績效衡量系統即使在政治混亂與變化中也得以存活並有效用的實質特性，以及公共管理者如何使用如標竿一樣廣泛的系統，以集中注意力於以單一機構任務爲主而建立的衡量系統經常會忽略的績效問題。

超越機構的課責：使用績效衡量以動員政體

　　大部分公眾管理者目前考慮最多的部分一直是以特定任務與目的運作某公共機構。[8] 這些使命與目的包括提供服務、對客戶的責任、以及達到全體想要的社會成果。這些機構的管理者主要仰賴已存在或可輕易建立的衡量。因此 Bratton 希望更有效使用紐約市警察局減少犯罪；John James 希望明尼蘇達稅收部門更誠實、公平與有效率地收稅；Tamayo 希望她的承包商幫助福利救濟對象在經濟與社會上更加獨立。

　　Gale 與先前提到管理者類似，因爲她的目的與責任相當狹窄：採用創新方式處理固體廢物，這可減少政府費用並且更加保護環境。讓她的情況如此不同的原因是她的成功程度仰賴讓大規模西雅圖居民參與管理固體廢物的過程。她的績效衡量不只必須著重於機構輸出、客戶滿意度、以及期待的社會成果，還有居民對於成果所做的貢獻上，其行動與角色的熱誠。[9]

　　William 的職位及承諾與機構管理者有更鮮明的對比，例如 Bratton 與 James。他很類似是因爲他有執行權力，並且試圖使用績效衡量以要求課責並創造更多公共價值，但是他的正式職權被分散在許多組織，而他提到的績效的層面更爲廣泛——不只是政府整體，還有各機關。在更廣泛的計畫中，各機關被視爲不只擁有其特定任務，還有更普遍的責任，以幫助其他機關解決社會上有政治特色的問題。

　　然而，最大的差異在於 Williams 試圖在管理目的上試圖超越績效衡量的使用範圍。他開始與華盛頓特區居民廣泛的諮商程序，內容著重於制定超越提升服務提供的目標。他在居民的志向與政府績效之間尋求一種「目的的一致性」。在這方面，Williams 做法類似前奧勒岡州長 Goldschmidt、Roberts 與 Kitzhaber（Kitzhaber 於2011年被重新選爲第三任）。制定績效的技術與管理程序成爲下列的理由：需要更努力促使更廣泛大眾加入有凝聚力的整體、以及使用產生的政治力以動員整個政體，而不只是管理政府機構，以對理念做出特別貢獻。

作爲執行長的州長；作爲績效衡量系統的標竿

　　管理分析師與從業人員可能想將奧勒岡標竿只視爲績效衡量系統，讓州長依據其職權召集各機關與行動者來說明。以此概念，州的管理相當於機構管理的擴大規模版本。州長是州的「執行長」，而標竿是衡量系統，用來支持其績效管理系統的基礎。如同 Bratton 將管理學 101（Management 101）原則應用至紐約市警局，標竿也提供奧勒岡州長必要工具爲州政府做一樣的事，甚至可能爲了更廣泛的公共與私人行動者，其行動有助於或會阻礙標竿目標的進度。但是在表達奧勒岡標竿的由來時，這些措詞中有兩項基本問題。

州長權力與影響的限制。 首先，假定一個州的州長對於達到標竿目標的必要資產與行動具有有效的管理控制權力是一項錯誤。即使風險很高而且尋求的目標很重要，民主社會上的州長就是不能指揮與控制州的所有相關社會與經濟行動者的行動。【10】他們不能指揮產業製造某種工作，或指揮執行長以公益行事。他們甚至不一定能夠讓地方學校委員會更努力指導孩童成爲經濟上的貢獻者與有道德的公民。不論好壞，他們同樣落入有權力的私人行動者的控制之下，因爲行動者凌駕他們之上以控制他們。除了他們權力超越政府機構，他們在財務上也控制承包商，而且他們也監管私人機構，州長只能邀請、召集、鼓勵、從事、並且希望會產生某些對集體行動的承諾與能力。

　　然而，即使在其對於州機關的直接權力中，州長發現難以行使精確的管理控制。Roberts 能夠利用標竿排列支出決策的優先順序，而系統似乎提供她在困難的預算決策中有一些影響力，但是似乎沒有給她更多權力讓她要求那些聲稱對標竿目標有貢獻的特定機關負責成功完成工作。她也不能利用職位，幫助在充滿孤島思維（stovepipe mentality）的奧勒岡公務機關建立運作上的相互依賴關係。

　　Tyrens 回應共和黨批評時表示，付錢給政府製作該州的報告並沒有意義，這不能用來促進政府績效以及決定資源分配，最後會讓標竿只與特定機構有關，因此發布「標竿藍皮書」讓這些關連性更明確。此外，當部分機構必須共享達成目標的責任時，他建立跨組織「團隊」並賦予一個機關收集共享目標的數據之責任。在原則上，這種團隊及其衡量系統讓州能夠管理政府的問題解決成果，能夠跨越組織界限。但是並沒有他們必須這麼做的特定規定。

　　因此，奧勒岡州長仰賴用以幫助促使私人與公共行動者替奧勒岡未來做出貢獻

312

的管理系統，比起強健的金錢、權力與問責手段，更加依賴勸說與鼓勵的政治手腕。

政治抱負的競爭性與短暫。第二個錯誤是想像一位現任的州長說明作為整體公民志向的目的將是完整、沒有競爭性、並且一直保持穩定。贏得選舉時，州長獲得權利與責任追求特別的完善與公平社會願景，並且可自由制定該願景的績效衡量，以努力帶領政府（與其餘社會）往該方向前進。

選舉並不是對於政府目標與手段的政治討論之結束；他們只是在重新討論之前短暫強調討論內容。在其職務任期中，州長將面臨來自立法機關與其他地方政治對手的挑戰。有些挑戰著重在大型的政治意識型態問題，這關乎政治團體的終極目標以及在幫助說明與追求這些目標時州扮演的角色。部分著重於相當大的公共政體事項，例如稅率、公共教育品質、被解僱員工所獲協助的數量與種類、或是公園的適當使用。有些強調非常小的事件，的確，這在競選中很難被預期。而且，幾年後，某人一定有大好機會坐在州長辦公室，承諾推動一組略為不同的標竿，使其經由政府運作表現。

這些觀察提出如果某特定願景（在某一組特定標竿中提出）與某州長聯繫太過緊密，則該願景以及其績效衡量系統將不能成為一個監督社會進步的穩定、長期性的架構。它將被視為局部的觀點——由短暫主導的政治派別所負責——而忽略其他重要價值。當政治形勢轉變，在政黨政治改變時，架構將會被犧牲。

解決公共價值會計的矛盾

這些觀察使潛伏在公共價值會計陰影之下的矛盾明朗化：確保公共價值帳戶有政治合法性，必須與民主政治密切相關；但由於政治授權環境一直充滿了衝突與變化，沒有衡量系統能持久。不過在政治與意識型態有激烈衝突的期間，奧勒岡標竿總是能維持好幾年，並且在這幾年，持續作為某種架構，能夠持續、反映並提供滿意度與精準度給發生在意識型態與政治層面的政治爭議。這種結果如何產生？Wyse 與 Tryens 如何維持架構作為奧勒岡情勢與志向的重要層面？

回答似乎是 Wyse 與 Tryens 進行困難的政治工作，為公共價值評量的一般概念建立了合法性與支持，使其在某程度上能夠避開特定州長、黨派衝突、意識型態政治。這不代表他們能忽視現任州長或是黨派政治壓力。他們知道如果標竿要在奧

勒岡政體與州政府中有地位及重要性，必須接觸這些有力的行動者與勢力。但他們也知道如果完全屈服於行動者的喜好，標竿很快會被消除，或是直接轉向黨派目地。在黨派政治的流沙中，他們必須找到系統的某一支撐，以維持架構一段時間，在集體對於構成公共價值內容的想法上，持續發揮影響力，並且累積關於奧勒岡政府如何作為奧勒岡政體志向的有效代理人之證據。

人們可能會懷疑這種策略成功機率不高。在現今黨派勢力中，在政府之中，意識型態政治比起做到理性主義與誠實的文化承諾還要有用。但在評估此方法時，回顧過往非常有效。二十世紀交替時，進步運動產生出許多機構，激勵生存至今的政府要理性。我們仰賴用以避免政府偷竊或浪費金錢以確保公職人員真正符合職位資格的正式課責機制，都是在進步時代所製造。

一項最近且可能有關聯的例子是被稱為「國家收入帳戶」的衡量系統制定。在1930 與 1940 年代，社會花費必要金錢以及面臨與制定國家經濟活動與產量的精確說明之政治危機，這個想法曾經顯得很奇怪，如同建立衡量系統以瞭解一個政體的經濟、社會與政府績效的想法一樣。儘管如此，非常重要且複雜的系統被建立了，而且現在仍被定期用來製造政治爭議。

針對此歷史背景，Wyse 與 Tryens 的策略讓標竿存在了將近 20 年，在奧勒岡政體維持了一段相當具爭議的時間，這似乎沒有這麼令人驚訝，也許從長遠來看他提供了某種期待。標竿解決了歷史譜系的推理方式，也就是將政治學與政府視為一種工具，可幫助社會說明並達到集體期望，並預期政府及其各個管理者將被召集來說明其績效。【11】這種觀點最終似乎需要發展並使用績效衡量系統，不只指定需要達到的價值，也衡量公眾與政府（作為公眾的代理）對於這些價值的完成度。

這種基本推理在民主政體談話的漩渦中浮現，在民主政府程序中只要少量漂浮物就能支持仰賴理性爭論與討論、以績效為輔助的政體。Wyse 與 Tryens 必須恢復可由於此概念而被動員的政治力——將政治漂浮物轉為木筏，讓冷靜的企業家與投入的政治活動者（左翼與右翼）能夠上船，並往提升政府績效的方向前進。

每次當進步委員會與奧勒岡標竿失去政治勢力，Wyse 與 Tryens 總能透過兩種方法之一重獲失地。第一，他們找到方法讓標竿的程序與實際目標切合最近選上人士所關心的事。第二，他們總能走出選舉政治程序以外而改變事物，在召集公眾針對奧勒岡的未來與政府在實踐的角色方面展開對話，並利用該對話為州政府運作發展更廣泛、更深入的期待與需求。因此看來政府能夠以事實為基礎行事以說明並追

求經協議的目的之進步時代的理想尚未完全死去，要讓它起死回生的方法是支持衡量社會情勢的努力成果，以及政府試圖轉變社會情勢的成果。

進步委員會與奧勒岡標竿的目標

以此觀點看來，Wyse 與 Tryens 似乎不只制定了州長可用來推動與指引州公共機關行動以實現其政策目標之公共價值評量，而且也是相當全面性、經確且持久的架構，對於社會想要成為的類型方面，州政體內部可獲得粗略的政治協議。由於達到該願景需要私人與公共行動者行動，因此架構必須有結合願景與私人企業、小型企業、教堂、公民組織以及州政府機關的行動。如同奧勒岡閃耀任務小組在進步委員會訪談結束時所說明，「奧勒岡進步委員會的責任是提醒我們共有的願景、監督在衡量目標上達到的成果、並讓我們注意到各種選擇。」當然，任務小組所認為的「我們」並非任務小組或是目前行證機構，而是奧勒岡公眾。分散在許多不同職位結構的奧勒岡公民被召集行動並且對彼此有責任，以達到州未來的共有願景。

獲得制度基礎並建立政治支持者
以便在政治與管理上運用績效衡量

奧勒岡標竿的建立者面臨一個問題，沒有任何管理者有前例可循：他們必須制定一個制度平台，讓他們的績效衡量企業運作。標竿是與私人與公共行動者行動有關的績效衡量系統，這個事實引發一些問題，也就是「進步委員會」到底應該是哪一種機構。標竿所體現的奧勒岡未來願景以及利用此願景召集行動者進行衡量的方法一定會面臨嚴重的政治黨派問題，這件事實代表建立該制度的人必須謹慎考慮哪種機構平台最為適合，以及哪裡最適合培養維持此類企業的政治支持。[12]

為進步委員會選擇機構地位

當奧勒岡閃耀運動即將結束時，州長面臨來自他為了未來願景之理念所招募的人的問題、以及何種機構能夠持續該行動。何種機構能負責建立並修改與奧勒岡閃耀報告相關的一組績效標竿，最終以能夠激勵與引導行動的方式公布這些目標的進步程度。

有一個選項能夠建立一個擔任州長辦公室員工部門的組織。在此安排中，州長

可利用標竿讓運作機構直接負責其以標竿爲根據的績效。【13】在私人部門比喻上此方法最有效，他們將州長視爲州的執行長。但是，如先前指出，由於州長無法控制奧勒岡公共機關以外的行動者，因此如果他自己致力於需要私人行動者大量貢獻的標竿，則會使他曝光。他將建立州政府無法達到的績效標竿。此外，由於政治期待會遇到阻力與一段時間的變化，如果標竿與某行政機關過於一致，下一個行政機關可能覺得有義務予以否認。

第二個選項是在負責制定與維護績效衡量系統的執行部門內部建立一個機構，但是要使之成爲公開機構並有其獨州議員員會，使其遠離州長辦公室。此安排將標竿與州長的正式權力分開，會有讓標竿影響力減少的風險，但會增加撐過州替換的機會，並且被視爲政府更制度化的部分。

第三個選項是在州政府以外建立一個公民組織，其任務只是提供說明奧勒岡團體被使用於該州相關社會行動者指定的任何或所有目的之情況。此選項可讓組織免於變幻莫測的政黨政治形勢。並且可邀請所有奧勒岡公民共同展望未來，而無需政黨政治的幫助與其傲慢的政黨意識型態。此安排的弱點是衡量系統可能會缺乏所需權力收集數據，且無法結合任何可能激起達成目標所需的貢獻行動之政治潮流。

在行政部門建立半獨立機構

在 Duncan Wyse 的督促下，州長辦公室選擇第二個選項，行政部門的半獨立機構，這將是奧勒岡閃耀行動持續進行的最佳平台。身爲行動領導者，Wyse 希望透過奧勒岡政府的持久機構追求奧勒岡的美好未來願景，並且能夠持續得比任何一任州長還久。他認爲標竿是提供資訊與支持奧勒岡政治團體其對公共價值審議的重要方法。Wyse 及其奧勒岡閃耀的同僚希望針對完善且公平的奧勒岡共有願景建立一個州的承諾，並且不只以政黨政治與州選舉進行與反映該願景的例行程序，還包括預算政治、監管政治以及地方團體政治。他們希望建立一套方法，不只是在政府內外部必須做出重大決策時、還有日常大小決策時，維持視線範圍內奧勒岡工會的客觀狀態。

最終，爲了達到這些目標，所做的選擇是爲了建立進步委員會，作爲與州長辦公室密切相關、但不直接在其內部的公共機構。圖6.1 描述進步委員會機構地位以及奧勒岡標竿的範圍。

318

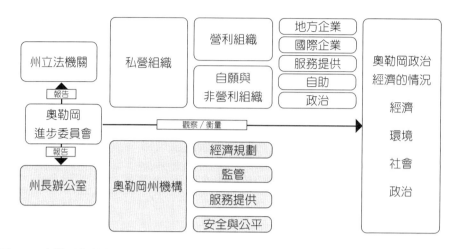

圖6.1　奧勒岡標竿範圍

319　　　在此圖表中，進步委員會與州長辦公室以及結合州長與行政分支機構的權限密切相關。但是也涉及立法機關以及構成個人與集體生活良好品質的內容、以及政府如何幫助公眾達成這些目標之更廣泛的公共談話。這項組織地位讓委員會與標竿在公共價值說明上履行重要功能：幫助激勵、引導並評估政府機構的運作；促進與加強關於社會及物質狀態的集體討論；並且提出關於政府與私人機構如何提升這些狀況的意見。

　　將委員會與標竿結合至州長辦公室可提供州長能夠執行兩項重要功能的工具。第一，藉由允許州長召集廣泛大眾討論政府應追求的特定目標，以發揮政治功能。第二，藉由允許州長使用標竿以挑戰政府機關的績效，以發揮管理功能。藉由結合以上兩種成果，州長可建立 Williams 於第 2 章描述的公民與其政府之間的利益認同——至少在一段時間內。

　　雖然進步委員會的地位提供奧勒岡州長涉及合法性與支持的工具，其在州長辦公室以外的地位任其領導者必須從事重要的政治工作。Wyse 與 Tryens 必須吸引並維持州長的參與度，他們甚至必須嘗試增加州長對於社會行動者的有效權力與影響力，社會行動者是州長政治競爭者的天生擁護者。

　　但是脫離州長辦公室也可為進步委員會建立重要機會，讓其對奧勒岡公眾與該州的州長有所用處。Wyse 與 Tryens 能夠不以擔任現行州長的職員身分管理奧勒岡進步委員會，而是在政府無止境的黨派鬥爭風暴中，以兩黨機構身分進行管理。的

確，能夠制定出引起爭議並提供資訊的具體績效衡量架構的優異兩黨機構，是確保民主政府保持連貫性的公衆最後希望。【14】

維持奧勒岡標竿的政治支持者

建立進步委員會以作爲奧勒岡機構平台讓行動有機會發揮影響力，但是在指導公民與政府行動上，若沒有持續的政治承諾以補給行動，委員會將無法生存，標竿也會無效。由於進步委員會本身沒有執行權力，所有有效的影響力來自大衆產生的支持以及選出的代表，他們引導政府行動，對於營利與非營利機構的私人行動者有某種程度的權力。對於本文情況所描述的時期，進步委員會最重要的贊助者是奧勒岡州長。在奧勒岡閃耀活動的政治成功之後，如果州長 Goldschmidt 認爲他們並非「未來」問題的合適解答，進步委員會與標竿絕不會產生。如果州長認爲無法持續注意奧勒岡經濟進步、以及在預算需要被刪減時列出政府優先的支出，進步委員會與標竿會被廢棄不用。而且，當 Kitzhaber 州長對進步委員會與標竿較爲冷淡，他們影響力則會較小，政治上也很脆弱。

但是情況也很清楚，州長的政治支持可能是必要的，但是不足以確保系統短長或長期的生存與使用。州長可改變情況。他們代表的政治意識型態可改變。因此困難之處在於使努力紮根在比有力但短暫的州長贊助者之熱誠與承諾更強健的土壤中。

Wyse 與 Tryens 的領導品質證明並非延續將對績效衡量的政治支持紮根於日漸貧瘠的州長辦公室土壤中，他們反而是在奧勒岡多變的政治環境中培養新的支持來源。當共和黨人於 1990 年在州立法機關受益，Wyse 向外尋求新的立法者支持，或至少容忍。當共和黨人持續在 1993 年選舉上有收穫，Wyse 爲奧勒岡標竿建立新的諮詢基礎，但隨後並沒有向外尋求新一批選上的立法者。當 Tryens 於 1995 年抵達並發現計畫懸盪著，他回到最初奧勒岡標竿的基礎：讓商業領導的「奧勒岡閃耀」活動，讓奧勒岡商業團體與奧勒岡州政府著重於重新建立奧勒岡的經濟。在回到進步委員會最初建立的初衷時，Tryens 能夠更新績效衡量的政治命令，並且將舊的擁護者（商業團體）交給提升州經濟與社會情況之任務。

即使有商業團體的支持，Tryens 瞭解 Wyse 曾擁有熱誠的民主黨州長支持以及民主黨所控制的國會，他必須聯合更廣大的擁護者——在立法與行政部門加入共和黨人與民主黨人。爲了確保這種新的政治基礎，Tryens 必須讓系統更能解決緊急

的共和黨領導問題。共和黨人希望標竿與州機關績效之間關係更緊密、較少目標、以及能夠反映奧勒岡經濟環境新挑戰的優先事項、以及設定在機關能以現有資源達到的目標。

在做出這種改變時，Tryens 冒著奧勒岡標竿會成為政治足球的風險──這種手段用於黨派利益，而非能夠為持續的政治與政府目的提供一致性與重點的持久制度。為了讓公民覺得有用且可靠，公共價值評量似乎需要一段時間的客觀與一致性，而非短期容易操控的政治優勢。Tryens 也冒著系統的改變可能讓先前投資白費以及由於開始改變而削弱系統績效的風險。

雖然大部分授權人原則上同意奧勒岡有一套標竿以辨識與衡量州的狀態是好的構想，但是對於系統的制定、維持與使用上的持續政治與財務支持並不確定。只有在 Tryens 瞭解他必須將標竿紮根於可促進商業團體支持的新「奧勒岡閃耀」行動上（奧勒岡閃耀 II），以及只有在他改變系統使其對共和黨立法者及民主黨州長有效，才能確保標竿可持續（短暫）。Wyse 與 Tryens 為了績效衡量系統帶來與維護政治支持、以及為了適合某政治環境的特定版本的公共價值評量上所作的努力，所強調的重點是，想要在政府建立有力的績效衡量系統，需要大量政治上的努力，並且最重要的部分是建立對想要使用的政治人物有效的衡量系統。但是本章先前部分與其他地方的討論非常清楚指出，制定公共價值評量的主要理由是要讓政治人物思考他們想要看到由他們指揮的政府達到並且反映的價值，並且以可被說明與衡量的方式所說出的目的。

說明與瞭解公共價值時的黨派政治與政治意識型態

奧勒岡標竿的例子中值得注意的部分是被選定的制度安排、政治上的努力以及 Wyse 與 Tryens 的領導，讓系統存活並允許標竿獲得地位，反映出奧勒岡對想要成為何種政體的集體想法，甚至爭議的問題也涉及部分最廣泛與最深入的政治意識型態問題。的確，此例子著重於受爭議的黨派政治在建立關於奧勒岡整體政治經濟的對話時，所扮演的角色。政治團體使用標竿以爭論關於社會福利、正義、以及在提升社會福利與正義的大量意識型態問題。例子中最緊張的情況是標竿是否可持續幫助展現在經歷一段戲劇化的政治與經濟變化之後的實質價值──是否他們可持續維持爭議，而不失控。

奧勒岡標竿作爲管理工具與實質理想的黨派角色

　　有時候人們會說共和黨與民主黨沒有撿垃圾的方式。背後的主張是績效衡量不需要變成黨派政治問題；基本上是技術、客觀的問題；或者，較沒有期待的方式講，有許多政府績效層面我們都同意。然而在本文情況中，許多社會與政治行動者似乎對於進步委員會與標竿是民主黨或共和黨的構想這個問題，有高度興趣，該構想是作爲管理的手段以及作爲完善與公平社會的實質概念。

　　在政治層面，進步委員會看來像是民主黨的構想。它是在民主黨也控制州立法機關兩院時由民主黨州長所開始。它是由民主黨州長維持，即使他們在立法機關失去權力。如果政治贊助者決定使用民主黨或共和黨的構想，他可能必須斷定奧勒岡標竿爲民主黨的構想。

　　然而，在實質層面，奧勒岡標竿有獨特的共和黨特色，原因有兩個。第一是奧勒岡閃耀行動比其他奧勒岡可能遇到的問題更加提升了經濟發展——問題可能包括環境保護與所有人機會平等。自從新政以來，進步委員會似乎堅持一種構想，這種構想大致上與共和黨有關，而非民主黨政治意識型態——亦即，政府角色是盡可能支持企業並維持奧勒岡經濟競爭力，而非規定管理企業使其不危害群體。由於經濟發展是重要公共價值，政府重要目標應支持企業團體建立穩固經濟的成果。

　　標竿的第二個共和黨特色似乎是一項大略的概念，也就是政府應該負責其績效，並且其績效應受到客觀評估。民主黨人與共和黨人懷疑政府的動機與能力。民主黨人大致上擔心公共政體會反映有權力人士的利益而非弱勢者，而且政府將無法符合社會需求、或保護重要權利。共和黨人大致上擔心如果政府對於效率有更多承諾並且較少政治作秀，選上的政治人物會藉由承諾超過政府能負擔的並且提供的比其能力更少來巴結。但是政府負責其金錢使用以及實際完成內容的常規、一貫的需求，比起民主黨人，與共和黨人更有關係。共和黨人喜歡指出公共支出不能只因爲理念吸引人就合理化，而必須藉由績效而合理化。如果一項目標實際上無法實現，則不應追求，無論其急迫性或是有公眾訴求。

奧勒岡標竿內部包含的意識型態問題

　　競爭性的政治程序使任何政府贊助的建立完善與公平社會的廣泛願景之成果，不得不轉爲競爭性政治意識型態之間的爭議，因此才有奧勒岡標竿。標竿變得不只是黨派問題，也是一種架構，其中對於完善與公平社會的競爭性黨派願景可能被指

定與辯論，或是被提出或不理會。其發展與進展似乎反映奧勒岡人作為政治團體在政治意識型態上所增加的改變。以這些術語看待此例，讓我們簡短審視例子中提出的歷史，以及州的客觀情況與主要政治勢力構成標竿結構的特別方式。

在1980年代中期經濟蕭條後，做出讓「奧勒岡復甦」的競選承諾後，新選上的民主黨州長 Neil Goldschmidt 開始奧勒岡閃耀活動，以為奧勒岡政府建立新的策略計畫。藉由奧勒岡企業團體的主動支持與參與，奧勒岡閃耀開始瞭解如何讓奧勒岡經濟維持競爭力，並且在全球急迫性的經濟環境下成長、以及政府如何支持州經濟。這項重點經濟是州未來的關鍵，而且政府的重點任務表現出特別的意識型態立場——人們可能偏袒小型企業多於大型企業、以及繁榮的社會，即使必須犧牲某種環境或社會正義。關於此方法的實施，奧勒岡人對於環境或社會正義的擔憂似乎必須被經濟好轉的需求所吞沒。

人們可能主張經濟發展——增加工資、更加繁榮、更多經濟機會——是「公共價值」的重點，而奧勒岡人也同意他們在更好的健康、教育或環境情況的最佳機會在於採取公共與私人行動，以提升州經濟績效。在此情況，注重提升奧勒岡經濟、發展衡量方式協助說明與達到經濟可發展的情況、以及將該任務部分工作指派給政府，則是合理的。如果維持經濟發展本身很重要而且也是達到其他社會目標之關鍵，則標竿的功用不過是衡量經濟發展的必要手段。

但是強調經濟成長是對奧勒岡群體與政府所追求的最重要目的、以及追求其他目標的最重要手段，則會有忽略或降低其他重要公共價值層面的風險。也許其他個人或集體生活也需要被保護或強調，即使奧勒岡著重於提升經濟。這些問題最終找到方法加入進步委員會贊助的政治討論以及加入標竿中。當標準與標竿在 Roberts 的政府時期發展，他們開始拓展他們的關心，關心的重點不只超越了單純創造有利環境而已，更拓展直到期望為奧勒岡州民眾所能瞭解的經濟上、社會上以及環境上的更有利條件。

表6.1比較奧勒岡閃耀報告的建議以及進步委員會提交給立法機關的標竿。藉由 Roberts 的投入，進步委員會結合標竿與三項廣泛的集群：傑出人士；優異生活品質；多元化與健全經濟，以此特別順序提出。此架構似乎改變奧勒岡閃耀時代的優先順序，倒轉經濟發展與社會需求之間的關係。提出的教育與健康不只是吸引企業到該州並使其有更多生產的條件，而是本身希望的目的。在出現的三項主題中，不只「傑出人士」與「優異生活品質」優於經濟主題，而平等機會似乎也優於「多

表 6.1　奧勒岡閃耀與奧勒岡標竿的目標比較　　　　　326

奧勒岡閃耀	奧勒岡標竿
	傑出人士
	增加家居生活穩定度。
	提供孩童生活上的健全起始點。
	改善在校成績。
	提升教育程度。
	增進整體公民健康。
	促進機會平等與社會和諧。
	優異生活品質
	改善空氣與水品質。
	保存自然環境的舒適度。
	維持道路暢通。
	恢復並維持可負擔房價。
	降低犯罪。
	增加醫療與孩童照護管道。
	增加公民社群參與。
	多元化與健全經濟
增加勞動力技能，讓他們在 2000 年前「明顯成為美國最佳勞動力，並且在 2010 年前與世界相當。	維護穩固的製造業。
保有州的自然環境與暢通無阻的社區，並使其吸引能夠提升經濟的人群與企業。	增加就業與人均收入水準。 減少在奧勒岡經商的成本。
培養國際觀，使奧勒岡州人對於全球化商業特別精通。	增加至奧勒岡的空中運輸服務。 增加道路與電信設施。 增加研發工作。
控制在奧勒岡經商的費用，特別是勞工賠償標準、失業保險以及能源費用領域。	維持或稍微增加州的整體人均稅收（同時減少對財產稅的依賴）。
投資能吸引企業到本州的公共設施與服務。	

元化與健全經濟」願景的成長。

327　然而，如表6.2顯示，許多包括在奧勒岡閃耀架構內的特定目標，適合於Roerts建立的類別中。唯一差別在於何者被視為高級目標與附屬目標。如同我們瞭解Tamayo與Toby Herr可能同意衡量（由於Tamayo的衡量可能適合Herr的），因此奧勒岡標竿可往前邁進，即使主要目標的組成——對意識型態討論如此重要——以改變。

表6.2　適合奧勒岡標竿三項主題的奧勒岡閃耀提議

奧勒岡標竿主題	奧勒岡閃耀提議
傑出人士	增加勞動力技能，讓他們在 2000 年前「明顯成為美國最佳勞動力，並且在 2010 年前與世界相當。 培養國際觀，使奧勒岡州人對於全球化商業特別精通。
優異生活品質	保有州的自然環境與暢通無阻的社區，並使其吸引能夠提升經濟的人群與企業。 投資能吸引企業到本州的公共設施與服務。
多元化與健全經濟	**上述全部**：包含在奧勒岡經商的成本。

當Roberts州長在減少州預算壓力下，邀請州機關投入特定標竿目標以交換較少的預算刪減，標竿已進一步擴大。此次邀請使目標增加。許多不同派別將其對於奧勒岡生活價值重要層面的構想加入標竿中，目標逐漸代表奧勒岡政治團體對於州所擁有的所有範圍的期待，並且提供政府為了重要社會目標的持續支出一個正當理由。

328　在重大政治挑戰之間，所有這些都來自強而有力的右派叛亂，發生於曾經是堅定的中間左派共識（Goldschmidt較偏中間而Roberts較偏左）。新當選的共和黨立法者注重減少政府的規模與範圍，直接進入他們認為被用於使擴大而非控制政府範圍有正當理由的標竿系統。

期望或實際目標？

標竿是否包含期望或實際目標的問題在此政治衝突背景中持續。[15] 在激勵與引導奧勒岡團體與奧勒岡政府時，針對公共價值的建立，關於標竿所扮演的角色的兩個不同見解在此決策中冒有風險。標竿可能作為目的的聲明——純粹是關於奧勒

岡人想要的生活以及作爲團體想要經由政府達到的政治（不一定是黨派）聲明——或是讓特定公共管理者與機構負責其績效（如果他們無法達到目標，其立場會有實際的成果）的一種手段以及對於政府實際能做的事有最佳預測。

在政治層面，期望的目標可幫助激勵國家並且讓政府致力於達到偉大事情。相反地，實際目標可讓公民對於政府能做的事的期待有根據且合理。在操作層面，期望目標可激勵英雄式努力，也可戰勝任何責任，但是風險是將績效期望設定太低而無法激勵與刺激重要進展。民主黨人似乎傾向將標竿更加視爲政府承諾的記錄，多過讓政府行動者爲績效負責的機制。因此，他們往往偏好期望目標。標竿提出對未來的一種吸引人的願景以及持續的行動目標。然而，共和黨人懷疑達到期望目標的可能性，並且擔心致力於此目標的政治應用，他們希望利用標竿以讓政府機關負責並且測試特定目標的可行性——並非作爲可激勵政府擴大規模與範圍的烏托邦社會誘人願景。奧勒岡立法機關的共和黨領導偏好以更改預算限制開始，然後促使機關管理者以這些資源下有更審愼的標竿，盡可能進步。

這種緊張情勢迫使兩黨對話，最後得出一套標竿系統，其中包括期待與實際目標。民主黨人設定期望目標的衝動消失，是因爲害怕共和黨人會利用無法達到期望目標作爲目標不實際且應被放棄的證據。共和黨人設定實際目標的衝動消失，是因爲害怕他們在堅持高標準績效上，不如民主黨人嚴格。兩者都不能贏得黨派爭論，但是此對話的潛在結果是對兩邊更加瞭解，由其對於政府在追求奧勒岡構成完善與公平社會的（變化中的）願景時，政府眞正能夠做的事。

因此黨派衝突並不會摧毀標竿。在 Tryen 的領導下，系統存活下來，至少部分是因爲民主黨人與共和黨人兩者用它來指出並強調他們想表達的價值。標竿有助於塑造與訓練關於政府適當角色（黨派爭論的基礎）的意識型態爭論。他們提供的架構能夠讓此問題中所有價值冒有風險並說明所有價值，讓奧勒岡人瞭解意識型態衝突下的具體價值問題。奧勒岡標竿納入擁有特定價值公民的熱忱，並且讓政治團體成員注意到這些價值，否則他們可能低估這些價值。

經濟蕭條使許多奧勒岡人注重擁有強健經濟以及利用政府促進強健經濟的優點。但是一旦奧勒岡閃耀展示政府作爲經濟發展支持者的願景，願景中的完善社會與完善政府的構想限制性即一目了然，而且部分過去的環境與社會問題會在新標竿中重新復活。當該願景被視爲不足以解決經濟事實以及限制性政府的大致概念，架構會再改變。但是它的改變是關於一組核心的價值以及一組核心的衡量方法，而公

329

衆可瞭解在該架構中增加、刪減或提升或降低哪些價值。

330 　　當一組核心公共價值可被指定並且同時留在政治團體心中，在其他方面仰賴廣泛與意識型態手法的政治對話可更精確、全面性與平衡。同樣地，當標竿提供關於目前努力層級完成事物的數據，討論可以事實爲基礎，該事實是關於經由政府與社會行動可完成的事。一段時間後，公共價值的解釋如同奧勒岡標竿，由熟練的管理者謹愼制定，使政治討論整體品質產生轉變。

將公共價值帳戶視爲一套具備彈性化與 政治敏感性的目標層級

　　如第2章所指出，如果政治期望高度異質性與高度動態性，而政治將無法被訓練停留在政策層級，反而自由從大型意識型態問題擺盪到更小的運作細節，然後，與政治利益密切相關的績效衡量系統則必須有一些不尋常的特質。必須同時夠僵化，在一段時間內成爲一貫且客觀的漂準，並且夠靈活變通，以適應不斷變化的期望之差異以及社會情況。此外也必須遵循協商但是夠堅定，以防止黨派政治操作。也必須能夠著重於最廣泛的意識型態問題以及在更狹窄的政策與組織問題中處於危險中的價值，甚至是某種可能關於程序而非結果的非常小的操作問題。並且必須是能保證數據品質的機制，該數據由帳戶所強調。

　　第1章提出建立公共價值帳戶的難處，此帳戶包含公共機構可製造的價值的許多不同層面，**並且**以簡單的故事與簡單的集合衡量表達組織的整體績效。第2章與本章說明當挑戰是要確定政府一般單位例如城市（Williams）或州（Wyse與Tryens）建立的價值時，這會是個複合問題。

331 　　與其持續努力爭取達不到的簡單性，我在第1章建議建立全面性的公共價值帳戶，附帶詳細績效衡量，以描述並闡明機構的價值建立活動。但是由於難以辨認的複雜性，該建議會犧牲簡單性與連貫性。現實中眞正的挑戰是找到將無法減少的組織複雜性納入成爲更具一致性論述的方法。【16】

　　爲了使用巧妙手法讓管理者能維持簡單的敘述以及簡單的目的構想，同時瞭解組織追求與建立的各種廣泛的目的與影響，管理者通常試圖在一個**目標層級**中安排許多複雜的目標。層級的目的是要在以下之間建立連貫性的關係：大眾想要完成的事物（在頂部層級術語中獲得）的廣泛、簡單的敘述，以及敘述似乎需要許多不同

且更具體的事件（在較低層級術語中獲得）。以哲學及概念的層次，說明目標層級可在頂部或底部開始。在底部開始代表寫下所有對於授權環境中的某人很重要的公共價值層面，並逐漸往上到機構最廣泛的任務。從頂部開始代表以廣泛的任務開始，往下到操作與程序價值的細節。雖然考慮在某種目標層級中安排一組目標是非常自然的，但是建立此層級者通常不夠注意關鍵問題：將頂層的標的與底層的目標連結在一起的邏輯是什麼呢？

目標層級的不同邏輯

讓建立目標層級的挑戰成為一種藝術而非科學的，是有不同邏輯可決定哪些概念應放在層級頂部，哪些放在底部，以及什麼不同的價值層面應被一起分在連貫的組別中。在制定目標層級時，有助於自我意識到不同的邏輯，因為其建立需要不同知識，而且在使用上也有不同的應用。

目的與手段的邏輯。最常訴諸的原則是頂部層級目標描述追求的**終極目的**，而底層目標描述達到這些目的所**想要使用的手段**。因此奧勒岡的高階目標可提升長遠經濟發展與州經濟的全球競爭力。基層目標被認為是達到此目的重要手段，可達到企業低稅率、有利的監管環境、以及高教育程度的勞動力。

由於目前承諾讓政府注意程序的結果，終極目的似乎屬於頂部層級。這些目的賦予意義給聚集於層級底層的更特別的活動。有助於最終目地的程序與活動，只要有助於帶來想要的結果，才有意義與價值。這就是進步委員會成員 Ed Whitelaw 歸納為「政策 101 的邏輯。有我們想要的地方，這裡就是我們所處之地，這是我們如何從此處到彼處。」

長期與短期的邏輯。與目的與手段的邏輯密切相關的構想是，只能在**長期**實現的目標屬於頂部層級，只能以**短期**達到的目標則屬於底部。例如，奧勒岡州無法一夜之間建立高教育程度的勞動力，但是可相當快速移除一些使商業程序變慢的過時法規。

最初，短期目標與長期目標邏輯似乎很明確，但是此概念中有一些細微差別值得注意。第一個問題是在談到短期或長期時，我們指的是（1）採取行動的時間架構內（與產生的花費）或是（2）價值結果達成的時間架構內。政府之中許多重要的結果被交付給長期目標，並不是因為政府延遲行動，而只是因為需要長時間才能

332

產生想要的結果。當奧勒岡在幼稚園間設定一項「無毒嬰兒」或「準備學習」的標竿時，並不預期立即見到經濟利益。這需要短期介入，然後必須等待完整一個世代，介入的結果才會產生。

或者，政府行動的影響長期才會顯現，因爲產生影響力需要政府持續的努力。這是第4章的重點問題：Tamayo 希望單一介入會產生可靠的影響，並顯現在長短期中；Herr 認爲需要長期持續努力才能在短期產生少量（有時短暫）影響，並且最終累積而產生有價值的長期影響。

因此當談到是否目標被視爲長期或短期時，重要的是是否目標的時間架構代表採取行動或是操縱的結果。部分行動在短期進行，而在短期產生最終有價值的影響。更典型的是，短期採取的行動最終只產生長期的有價值影響。

第二個微妙之處是關於出現長期目標對於目標層級建立課責或緊急意識的能力之影響。當目標層級說明遠在未來的目標，會發生兩件好事。第一是長期目標留在人們心裡。第二是以長遠看來，比較容易想像各種長期目標的可能途徑。例如，知道受良好教育的勞動力會加強經濟，並且知道青少年生育的孩童在學業上較不成功，而奧勒岡進步委員會爲青少年懷孕率建立一套標竿——此價值要經過長期才能看出與委員會的任務有相關性。

但是這種「藍天」思考通常會有代價：在日常工作中失去緊急與明確性的意識。如果一切都爲了長期，而且許多不同方法看來都是長期目標的可能路徑，則短期的課責與焦點則會遭受困難。我們將知道明天的目標，但是對於能達到目標的今日行動卻覺得較沒有投入感。

長期與短期邏輯的第三個微妙問題，則是關於何時開始某些行動的決定受到環境改變約束的程度。在目的與手段的邏輯之中可合理延遲的行動通常有緊急性（在長短期邏輯之中的優先順序），因爲機構的環境有些改變。如果沒有立即利用，出現的機會將會消失。[17] 如果沒有處理現在的問題，可能會出現導致災難性損失的威脅。在這種情況下，採取在手段與目的的邏輯中延遲的行動並且如同短期目標一樣給予其立即的優先考量，則是合理的。[18]

雖然短期與長期邏輯有這些複雜性，使用此邏輯（以及目的與手段的邏輯）有助於管理者瞭解並檢視今日行動與明日結果之間的關係。部分一開始是小規模的努力經過一段時間後，規模會成長。在某一時間點不可能的事物在後來則有可能發生——部分是因爲今日採取的行動，部分是因爲環境的獨立變化。文化價值會改變，

少數人共享的期望逐漸為許多人所接受，這提供了資源的刺激與補給，可使情況轉變。或者，公共機關可實驗並發現新方法完成公眾以前認為不可能達到的目標。由於這種成長與發展有機會發生，將長期目標視為期望而非人們實際上所負責的特定承諾，並非不合理——儘管目前壓力是讓公共機關負責最終目的的達成與否。

較重要或較不重要的邏輯。目標層級也可被建立於重要性與優先順序的較多或較少之邏輯基礎上。通常，這種邏輯也相似於最終目的與立即手段以及長短期的概念。據推測，必須達到的重要事情是最終目的，這需要長時間才能達到。但事實上，有些方法，可能甚至是有些需要短期行動並帶來短期結果的方法，非常重要而且本身有緊急性，或者是讓其後行動有影響力必要第一步驟。因此，以目地／手段或長／短期為基礎的底層階級之目標，可能在較重要或較不重要的邏輯所組織的層級頂部。

從抽象理想到具體現實的邏輯。最後一個思考目標層級的方法是將層級頂部目標視為期望以及抽象，而非明確與具體。在奧勒岡，層級頂部的三個目標被選為抽象、期望的語言（「傑出人士」；「優異的生活品質」；「多元化與健全經濟」）。層級中較基層的目標被選為較具體、平庸以及有限制的措詞，例如「增加往返奧勒岡商業機場直飛的國內外重要城市」以及「增加能以中等速度傳送可靠數據的奧勒岡電話線百分比」。

　　對許多人而言，目標層級頂部的抽象語言是有問題的。這種大規模且包羅萬象的概念由於不明確而很快變得無效——並且不可能以具體術語或數字衡量。然而，奧勒岡標竿指出這不一定是真的。委員會發現方法衡量這些長期、抽象目的的重要層面。談話也變成真實。部分與達到中級目標的具體、短期方法相關的標竿結果變得難以衡量——並不是因為它們本來就難以衡量，而是因為沒人有興趣做出具體的努力。即使在情況的最後，Tryens 仍持續進行沒有衡量系統可支持的書本標竿目標。

　　藉由抽象與具體邏輯，較基層目標不一定是達成部分預期目的的因果方式（在短期或是長期），而只是層級頂部更抽象、包羅萬象的目標與期望所代表的更具體的描述。因此並非將整體經濟福利與低失業率之間的關係視為因果，應被視為**可定義的**。我們**意指**的經濟福利部分來說至少是所有求職者都能找到工作。

　　以下之間的差異被用來決定是否低階目標可被視為附屬於某些高階構想的**測試**

335

類型：將高層與基層目標之間關係視爲目的與手段之間的差異、以及抽象概念與賦予抽象構想意義的具體情況描述之間的差異。在目的與手段的情況中，測試爲實證：**基層目標最終是否產生高層結果？**在抽象概念與概念具體實例中，**測試是概念性的：基層概念是否是我們所指更廣泛概念的例子？**

關鍵與首要標竿。奧勒岡標竿的設計者在建立其績效衡量系統時，似乎陷入於這些困難邏輯的掙扎當中。制定長的標竿清單來描述奧勒岡的情況作爲對完善且公平社會廣泛概念的回應，是相當容易的事。事實上，他們建立許多以致於能快速瞭解他們需要整理標竿，以成爲更廣泛的類別，並且整理其優先順序。他們的選擇是找出「首要」以及其他「關鍵」標竿，結合幾個上述不同的邏輯。

「首要」標竿似乎被視爲重要而且可在短期達到。然而情況必不明確，爲什麼首要標竿被視爲重要：它們是否是有價值的目的，或者對於實現其他目標是否很重要？也不清楚的是爲什麼這些在短期達到：它們是否快速產生影響，或者它們是否利用短暫的機會？

「關鍵」標竿也同樣造成了邏輯上的混亂。關鍵標竿被認爲是「基礎」。但是因爲爲達到它們，就無法完成所有重要事物，它們是否在因果上是基礎？或者除非達成它們，否則沒有人認爲可完成所有重要事情，這樣它們是否爲基礎？

進步委員會後來嘗試整理一番，方法是藉由改變他們用來描述不同標竿的文字。「首要」標竿變成「急迫性」；「關鍵」標竿變成「核心」。但是這些術語無法清除潛在的歧義。「急迫性」當然代表短期，但在某些意義中，也代表重要的。「核心」代表因果重要性與規範的重要性與嚴重性。因此似乎系統設計者在設計其目標結構的潛在邏輯時，不是非常成功。

奧勒岡標竿的設計者努力建立能幫助奧勒岡達到一些不同、顯然有衝突的目標之系統。一方面，想要有下列能力的系統使其包含許多衡量：能夠獲得政府行動帶來的所有範圍影響、以及獲得奧勒岡居民可能用來評估其影響的完整利益與價值範圍。另一方面，想要以簡單與有意義的方法使用衡量來關注其績效以及要求政府說明其績效，使他們限制標竿數目或將其分類成更多類別。

同樣地，他們想要的系統要能夠著重於長期目標並且提出奧勒岡未來激勵人心的願景，以及能召集許多公共管理者與機關說明具體的活動。他們想要一組衡量能夠展現有說服力的未來途徑，還有所有整齊畫出的因果步驟，但是也必須夠靈活，

以讓他們利用未料想到的機會並且對突如其來的威脅做出回應。

　　人們可能看著這些規定並且斷定沒有固定的衡量系統可同時符合這些目標。然而人們也可能認爲所有這些規定都是適合的。結果，人們可能斷定最佳目標層級並非一定徹底滿足任一功能，相反地，而是可幫助政體在累積經驗時思考、行動與學習。這代表制定的這個系統能使用所有不同邏輯建立還算有用的衡量方式、瞭解某些目的不適合、並且隨著情況改變也必須在一段時間後改變。對於仰賴一種與另一種邏輯的應用有所自覺，與此同樣重要的是，可能最好以實際功能而非純粹理智來評估目標層級。

奧勒岡標竿的實際運用

　　以廣泛視野看待州的情況，其成果對於州在以下範圍以外有實際影響：結合標竿、特定機關及活動並且利用其召集各機關與其管理者前來說明的績效管理任務。建立標竿的人以及努力讓其擔心的問題在績效衡量系統中提出的人，瞭解標竿的結構對於政府對其角色與責任的理解之影響。當標竿延伸讓公共機關負責廣泛的社會結果，各機關必須轉變運作觀點與做法，以體認不同組織對廣泛目的做出貢獻的不同方法，以及其行動如何更加協調。標竿更細微的影響是爲參與預防與反應的政府理念之理念提供新的聲望。

338

使用標竿瞭解政府運作並且著重於穿越組織的問題

　　由於標竿的重點在於社會情況，而非組織任務，他們強調的問題是政府目前組織結構如何適應以達到想要的社會成果，並且邀請奧勒岡公共管理者「往後計畫」，從標竿到其機關採取以幫助達到想要成果的行動。[19] 由於許多不同組織行動者——公共機關、公共機關子單位、以及政府範圍以外的私人行動者——爲各項問題提供解決方案，公共機關可學習合作，其中結合了「能力網絡」中各種零散組織。[20] 將責任、資源以及政府能力劃分成「筒倉」的政府結構，不太符合標竿目標。公共機關需要找到方法勝過其現行結構與限制。[21]

　　一般組織「能力網絡」的方法是組織各種以待解決的特定問題爲主的協調座談會。至少這些座談會讓各機關分享關於各機關如何解決特定問題的資訊。有了其他機關從事的內容之資訊，各機關可調整其運作，以更精確適應整體內部。[22] 較爲

有野心的是，這些座談會可被各機關用來進行協商與交易決策，以分享特定目標的責任。更有野心的是，座談會可能成爲正式規劃程序——即使讓不同機關合辦與重新分配其資源，以創造各機關、計畫與活動得更有效的成果分配。州層級的執行者與監督者可改變其焦點，也就是從各機關爲其任務績效負責轉變成包含機關爲集體努力以達到某種成果的貢獻責任。【23】如果這些特定機構的安排都無效，州長可決定指派有力人士或計畫管理者負責協調不同獨立機關的責任，有效創造政府的權力，此權力並非依附於組織或特定資產，而是在特定複雜問題的解決方案中。【24】

標竿著重對於待解決問題與待完成社會成果，並非組織任務，這迫使公共管理者思考他們如何組織以及運作，以建立提升績效的機會。這項轉變從管理者只需負責自己組織與其任務的課責系統，到他們與許多其他組織負責改變社會情況的系統，使政府管理任務變得複雜，但在達到想要的社會成果上，也更加目標導向與更靈活。【25】

使用標竿使政府注重預防

標竿目標也容易稍微改變政府注意力，轉往問題解決的預防而非反應方法。大致上，公共機關負責在問題發生時，對問題做出適當反應——並非在其發生前處理問題。【26】警政部門對犯罪事件做出反應。孩童保護機構對暴力與忽略的事例做出反應。環境保護機構對於汙染事例做出反應。然而，一旦課責系統有權將重點放在問題解決方案，公共機關則開始思考可如何變得更主動，以及改變努力方向轉爲預防某些問題發生。

在區分**初步**、**第二項**與**第三項**預防成果時，公共健康團體已制定了一個架構，以思考之健康問題預防，這有助於其他領域的公共管理者思考他們試圖解決的社會問題。【27】初步預防強調減少問題發生於大眾的可能性——確保乾淨水源、提供蚊帳以預防瘧疾、或提供流感疫苗。第二項預防並非著重於人群，而是會遭受特定傷害的高風險者——提供所需人士產前照護或是爲藥物上癮者提供針頭交換計畫。第三項預防一般包括嘗試減緩已經發生的傷害。

大多數政府介入是在於第三項預防的種類：政府等待問題發生，然後試圖處理問題，並將此視爲「打地鼠」（比喻必須不停解決問題）方法。相反地，公共健康團體通常尋求在問題發生於某族群前介入。

當責任從遵循程序轉變到解決問題，政府機關開始注意到他們主要做的是打地

鼠工作，並且質疑如果多進行第二項或主要預防工作，結果是否更好。這通常會迫使各機關比起先前更加注意大規模人群與更廣泛的情況。

對許多人而言，轉而追求多機關的預防成果似乎本身用意良好。很明顯，少量的預防價值相當大量的照顧。但初步與第二項預防是否比第三項預防更有價值，是經驗問題。如果預防性的努力無效，或者如果有效介入太昂貴而無法散布在廣泛人群中，則人們必須提供大量預防以彌補少量的治療。

當政府注意力轉移到初步與第二項而非第三項時，會有額外的問題，其範圍大量增加。當政府處在人民覺得看不出他們是真正想要努力解決問題的適切情況下以及合宜的人群條件中之時，就開始想要進行運作，反對大政府的理論家當然會提出拒絕。政府應對問題而非試圖預防的主要原因之一，是因為此政策限制政府對情勢與人群的活動，其中政府的介入顯然是正當的。如果政府開始參與尚未有特定具體問題的情勢與人群，則政府與社會之間這條清楚的界線會顯著更加模糊。

更糟的是，由於在變成可衡量的問題之前介入情勢的成果是依據未來會如何的假設，政府無疑犯下兩種類型的錯誤：有時介入的情勢似乎需要行動但實際上不用，這浪費公共花費並違反個人自由，毫無正當理由。其他時候，政府無法在適當時間與地點介入，因此無法提供試圖給予的介入（花費金錢成本且違反隱私）。

341

除了第三項預防，這次轉變到初步與第二項預防的轉換，需要某些左派／右派的政治共識。左派感到有解決問題的急迫性，對於政府解決能力更有信心，並且越來越有意願花費政府金錢與利用權力改變社會情況。而右派對於政府感到懷疑，對政府將社會導向理想情況的能力較不樂觀，並且越來越不願花費政府金錢與利用權力在不能實現的努力上，來解決還不存在的問題，他們往往認為轉向預防的轉變是政府規模與範圍的擴張，這令人憂心。

雖然右派與左派對於轉換到預防導向方式的智慧有自己的觀點，但是兩者實際上都缺乏必要知識，無法說明初步與第二項預防努力如何與第三項預防努力進行完美結合，以最少成本減少特定問題。只有藉由不同種類的預防實驗以及衡量成果，我們才瞭解可能達到的成果。而且，以問題為主方式的轉變程度，可激勵關於預防行動的更多想法與實驗；績效衡量系統在達到預防目的的程度上，獲得真正的社會經驗，右派與左派應稱讚這些進展。

本章總結

　　我提出奧勒岡標竿案例作為另一案例，其中公共管理者尋求制定與使用一項更複雜的績效衡量系統，以提升政府績效，但是奧勒岡標竿的部分特色，讓此案例對於那些對建立公共價值帳戶以促進政府績效有興趣的人來說，覺得特別有趣。

　　首先，此案例顯示使用公共價值帳戶的潛能不只推動公共機關績效，也促進關於特定政治團體公民想要居住的社會類型之廣泛政治討論。而且它也提出這是可行的，即使是在劇烈與持續不斷的黨派意識型態鬥爭背景之下。

　　其次，此案例加強一項觀念，也就是公共價值帳戶必須與政治利益有關，才能提供衡量系統所需的影響力以推動績效。但是此案例也提出為了保障合法性與對公共價值帳戶的支持，帳戶不能太僵化、固定且狹隘；而必須靈活、可改編且廣泛。這代表公共價值帳戶必須能增加新元素、放棄舊元素並且改變系統最小元素（建立的特定衡量單位以衡量公共價值的特定層面）結合至目標層級的方法。

　　最後，此案例提醒人們，注意社會結果而非組織績效，往往會讓公共管理者以不同方式思考其工作。與其把自己想成以固定、廣泛的反應性任務來運作組織，他們可以開始認為自己是貢獻各種公共目的而運作組織，因而可進行預防性與反應性的行動。他們為了比其立即任務更重要的公共目的管理組織的自由度增加，還有提升政府績效的整體潛力。

　　總結來說，奧勒岡標竿案例描述著重於社會學習多過政府課責的公共價值帳戶。案例提出比先前檢驗過的系統更重要的問題，並邀請更多人加入討論。這改變了關於公共機關績效的討論，從關於已建立的任務之績效，到對於組織任務的社會問題解決方案所做出的貢獻之績效，這都是發生在持續的黨派鬥爭背景下，此鬥爭挑戰並沒有摧毀績效衡量系統。改變架構以維持政治上的反應使其撐過艱難的政治困境。對某些人來說，改變看來就像是將客觀且技術性的系統之定義加以政治化，但是這些改變可作為社會學習的證據。如果系統有助於政治團體繼續學習不只實現的方法，還有最佳方法，或者何者可行與不可行，那麼奧勒岡標竿不是以遙遠的希望之光，而是被客觀記錄的真實經驗之亮光照亮前方道路。

第7章

Harry Spence 和麻薩諸塞州社會服務部

學習建立正確關係

　　Lewis Harry Spence 在 2001 年成爲麻薩諸塞州社會服務部門（Department of Social Services, DSS）的委員。[1] Spence 到任五年後在接受《波士頓環球雜誌》採訪時，簡單提到他回到家鄉麻薩諸塞州前身爲紐約市教育局副局長的經驗：「我帶著對波士頓政治和公民生活的高度讚賞回來，紐約的政治和公民生活相當殘酷，當我在紐約時，我問我的妻子：『爲什麼我必須在不斷參與我並不喜歡的戰鬥之地方工作？』」[2]

　　諷刺的是，由於社會服務部門委員負責確認社會服務部門系統中 11,000 位孩童的安全、監督每年成千上萬的虐待兒童調查並提出報告，Spence 談論著公務機關管理中煩擾的位置之一，他之前也曾接受艱鉅的任務，除了他在教育部門的職位，他還曾受聘爲波士頓房屋管理局和麻薩諸塞州破產的切爾西市政府接待人員，Spence 扮演這些角色時必須強制執行，包括遭剝奪公衆權之團體及不能徹底治癒但已相當好了的人離開那個地方。[3] Spence 還帶了如何處理交響樂團隊組織般的課責需求之方法到社會服務部門，「他總是感謝他人……」紐約市教育局的人告訴《紐約時報》，「他會是第一個對搞砸事情進行道歉的人……他讓人感到沒有敵意並可以敞開心房。」[4]

　　Spence 在社會服務部門出奇低調的管理風格完全依賴於使用績效衡量學習組織強而有力的承諾，他尋求一個根本性的轉變，其將讓社會服務部門從嚴格分級「產業」課責模式變成更具合作性的「專業」課責模式，從溝通和自我反思即在組織的各個階層中學習，雖然他有很多的批評，他強烈認爲這是提高系

統績效的唯一方式。

課責條款協商

兒童福利工作的性質成為管理社會服務部門的獨特挑戰，Spence 所述對更廣泛兒童福利社會和廣大市民期待之三方拔河，有如是社會服務部門管理者的「百慕達三角」：

公眾堅持認為社會服務部門的工作是防止對孩童的暴力，且對其失敗零容忍，然而，第一個期望卻是強制要求我們支持家庭（以最小干預）來提高其養育能力，以保護兒童安全，但這兩個期望是完全矛盾的，因為我們無法在保持我們與高風險家庭間距離之下還能同時確保孩童安全，還有來自社會的一個永久性期望，人們相信，享受兒童福利制度的青少年結果不應該比其他孩子更糟糕……這三個對他們來說都有一定的合理且適當的元素，但當每個都是絕對時，就是我所說的「百慕達兒童福利三角」。[5]

社會服務部門文化

悲劇是社會服務部門工作的必然特徵，且沒有保證安全的方法可讓社工執行，但考慮到典型的社工平均培訓時間（一個月左右）和驚人的工作量（多達18個家庭的連續關懷監測），令人驚訝的是並沒有更多生命喪失或受到傷害，社會服務部門的沉重責任、社工犯錯的必然性和公眾的不斷推敲和攻擊，讓社工在懲罰性和層次組織文化及隔離和恐懼中，執行自己的職責及其與上層管理人員有關檢查和經常性紀律處分的主要業務，高層管理者的政治壓力在悲劇發生時經常出現替罪羔羊，也就是無論其判斷或工作品質為何，社工們經常成為眾矢之的。

Spence 早就注意到案件執行很少有合作和學習的機會，而且兩個單獨案件的「高度溝通」和一般做法出現管理失敗，「所有人員具備高度自治且案件責任隔離模式……持續阻礙溝通和資訊交流」。[6]

Spence 在社會服務部門的兩位前任企圖用兩個非常不同的方式改善組織文化，在1990年代中期 Linda Carlisle 委員專注於提高數據收集和使用數據來建構符合中央辦公室的指引系統，一如 Compstat 模型般鬆散，Carlisle 用她的全面數據

來與社工、研究者及中層管理人員展開討論，並讓其負責多項處理和輸出（10 天內調查的非緊急投訴數量及 45 天內完成的後續評估數量等）。[7] 此程序的對抗性和被衡量活動間的脫節和社工試圖產生結果讓他們深深感覺與領導者的疏離，因其似乎把數字和官僚體系放在這些數字所代表的兒童福利之前，事實上，因感覺 Carlisle 的社會服務部門可能有不當之處，麻薩諸塞州議會審計和監督委員會進行一個十個月的調查並發現，國內兒童福利機構傾向於迅速結束調查，而非徹底調查，此情況讓弱勢兒童身處危險之中，該委員會指出，社會服務部門變造其數字，以使案件數量看起來易於管理，而管理人員可經由回溯報告來對社工施加壓力，且以並未訪談所有熟悉該孩童的人，如醫生、老師和兄弟姐妹。[8]

　　Carlisle 被 Jeff Locke 所取代。Jeff Locke 試圖修補 Carlisle 所述之現場與組織中央之間的深刻落差與脫節，因此經常讓自己投入到第一線的現場當中，他經常被引述比遵守規定更為重要的是「對孩子做出正確的事」，Locke 告訴《波士頓環球報》記者：「社工的技能是使用自己的專業判斷。我們要求他們對孩子的安全做出評估，而評估是受過訓練的猜測，在大多數情況下，我們是正確的，但是，此過程幾乎迫使我們面對我們可能出現錯誤的事實。」[9]「這些努力恢復了委員及其部門重視個案和社工的概念。」然而，隨著以合規為導向的數據收集系統效能減弱，負責建立的 IT 人員開始離職，留下無數空缺並降低中央執行績效衡量和監督職能的能力，而組織很高興可以脫離官僚體系控制，缺乏中央指導或標準讓該機構容易受到其無法要求、識別和生產高品質表現的變更所控制，Locke 解釋：「〔過去〕社工們往往綁在電腦前忙著很多有助〔數據流〕向中央的工作，但其並不一定能幫助孩子們，」這是 Locke 試圖經由減少社工報告負擔來改變的系統，「但其不足之處是，我們可能失去一些數據，但我不需要數據就可以知道孩子是安全。」[10]

新的哲學

　　Spence 相信一個新的哲學，因為社會服務部門領導問錯了問題，前人設計的績效管理系統之績效比其可能帶來的還低，與其問：「我們如何解決問題？」應該問「我們如何營運一個**陷入困境時**專注於長期策略的有效且高效之組織？事實上，我們應如何利用『麻煩』來不斷學習和提高我們的做法呢？」[11]

　　因為無法產生具連貫一致性的「〔社會服務部門〕兒童福利實務的本質宣言」[12] 及提供社工一致且可預測的指引，部分困難似乎因此出現，他希望重新定義，

347

並在某些方面首次明確界定社會服務部門的目標和價值觀，並組織機構「以家庭為中心」的信念和做法：

348 以識別受虐或忽視之兒童來開始的以家庭為中心兒童福利做法，在兒童福利制度進行干預以保護孩子的時候已經受創，其承認將孩童帶離原生家庭對孩子本身也是一種創傷……而在這麼大的創傷中成長的兒童身處非常高的流浪、物質濫用、家庭暴力、精神疾病和犯罪風險，以家庭為中心的實踐可確保孩子的安全，並最大限度地降低進一步創傷和最大化痊癒的機會，以家庭為中心的做法需依靠社區資源來對需幫助之家庭提供支持，讓其可為他們的孩子恢復安全的環境，此需要擴大家庭的協助以為孩子創造一個安全的地方，無論是在原生家庭或安置處……無論是原生家庭或收養家庭都需盡快追求永恆……以家庭為中心的實踐中，進一步指出家庭的角色並不會在孩子18歲時結束……重點著重於從孩子進入寄養的那一刻起培育家庭或家庭般的關心網絡。[13]

　　Spence 希望社會服務部門價值和目標的說明可成為一個架構，提供概念性框架和組織內每個人思考和談論工作通用的語言及做個案決策，Spence 認為這是專業組織的本質和授權社工的關鍵，授權社工可確保課責制和業績，他說：「運作方式有商定的專業標準。」他認為這套標準將有助組織超越幾十年來懲罰性分級管理的恐懼和怨恨文化，Spence 補充：「你不斷創造文化並經由專業發展來增強它，而非從根本上經由法規及懲罰來執行。」[14]

　　有了中央的領導、區域和區域主管及區域醫療人員的投入，Spence 制定了以下六個做法的核心價值：

- 孩子驅動
- 以家庭為中心
- 實力型
349
- 以社區為重點
- 致力於多樣性和文化能力
- 致力於持續學習

社會服務部門領導還說明，該部門打算以結果數據和公開承認錯誤來支持不斷學習，並幫助各級員工自我反思及以合作取代人員疏離。最後，Spence 強調，他打算在任期內保持一致的議程並把重點放在啟動和維持長期策略。

不幸的是，Spence 的委員就職典禮恰逢國家財政危機，突然間，Spence 被迫從一個他尚未有機會充分瞭解的系統中縮減前所未有的社工人數。[15] 他以「用對結果幾乎沒有概念的盲目走天下」來描述這個經驗，他也公開承認，有些裁員動作是錯誤的。[16] 他有意識地利用財政危機及其代表的困難來指出，競爭力並不意味著無差錯，他提醒社工們，拒絕分享和討論問題將威脅組織，同時，揭露和解決這些問題則有助於增強組織，他寫了一封信給工作人員說明裁員對組織的情緒影響，希望培養開放意識，以觸及工作的社會和情感方面，並讓他的員工知道，他們甚至在此不穩定的期間還是可以信任他，他打算繼續讓組織著重於長期策略和學習，他說：「消防是學習型組織的敵人。」[17]

重組內部課責

認知到社會服務部門領導歷史對細節和個案挑戰的漠視，Spence 旨在翻轉中央花在政治與行政（80%）與實質性問題和做法改進（20%）時間的習慣比例，他試圖經由前往國內各地區辦公室來確認個案工作的重要性，他在那裡參加個案工作及解決問題，此舉在某些方面突出其必要性，Spence 來到社會服務部門前並沒有兒童福利工作的直接經驗。沉浸在個案工作中，他找出了三個社會工作的基本組成部分：「家庭和孩子開放且敏感的情感聯繫」、「自我反省的習慣」及「自我反思者的社會服務部門社區支持」。[18]

在軟化組織嚴格等級的同時，Spence 努力轉變軌跡並傳播組織決策責任，他將來自中央辦公室的高級人員、12 位區域主任和地區律師合併為「行政人員」，並定期開會以檢視數據及討論實踐和績效的各個方面，他還將中央辦公室的工作人員組織到項目管理組（PMGs），負責如家庭網絡和多樣性的重點改進措施，PMGs 至少每隔一週需要開會，以建構每個改進過程的詳細工作計畫並確定時間表、逐步執行和工作量需求來實現我們的目標。[19] 然後，每個 PMG 將這些計畫提供予做最終決定的行政人員，對於以前的職責主要是行政和預算相關的各區域主任來說，這是一個新的，且在大多數情況下，是受歡迎的角色，Spence 說：「區域主任多次被背叛，我們真的認為這是在建立他們自己的角色。」

350

內部工作關係和組織層次的分解和重新配置與課責的新結構齊頭並進，制定課責制的習慣方式已經簡單開啟社工們對所有處理錯誤之案例的責任，Spence 不願意對因為運氣不好或「良心」錯誤，而讓案件對象產生悲劇結局的社工們採取這樣嚴厲的措施。

我說我會防範錯誤，我永遠不會為疏忽或失職辯護，不過，我將捍衛我沒有犯的錯誤，我應該在每一天結束的時候被解僱，我還沒有認識任何一整天都是完美的人……我們清楚的另一件事是課責並不是控制在最低水平，而是在最高水平，從歷史上看它一直控制在最低水平，而我們所說的卻完全相反，你將連結向上移動，而和失敗的最高點就是課責的發生點，如果〔報紙〕有目的，他們就滿足了……〔但〕大眾會被徹底欺騙，因為欺詐是該委員更有可能用指責非需負責之人員來脫罪。

與往常一樣，Spence 強調這些觀點對組織各個階層的含義：

1. 致力於不斷自我反省必須從頭開始，並特徵化組織各階層的工作。
2. 在「實踐點」〔社工跟個人家庭連結〕學習和探索自我反思最好的地方是研究我們和同事的關係。[20]

Spence 還打破了劃分來自其客戶和選民的社會服務部門界線，邀請客戶和其他利害關係人參與不斷檢視機構做法的諮詢和審查過程，繼2004年設法收集來自家庭和社區成員以及工作人員反饋的全州「聆聽和學習之旅」，Spence 組織了90位參與者（40%的地區辦公室工作人員、40% 家長和社區成員及20%的區域和中央辦公室人員）投入到工作小組以計畫六個核心價值做法，並提出政策、程序和立法改革建議，這些小組在一年內每月至少開會一次。

把所有這些變化付諸實踐對每個參與的人都是一個無情的日常挑戰，Spence 解釋：「你必須開始讓公共和私人間之界限更加透明，這對人們來說非常有威脅性，人們想說『我的老闆擁有我的技能，但我的性格還是我的性格』……我總是說：『好吧，只要你停止把你的性格帶進工作，我就會停止處理它。』」

支持 Spence 願景最大的創新及更加周到且專業的社會服務部門工作環境為

「聯隊」，這是社工們第一次針對個別案例共同承擔責任，他們做了家訪並進行兩個或更多的小組監督職責，Spence 說：「事情的真相是點對點學習總是比層次學習效果更好。」他希望社會服務部門從強大的點對點課責中獲益，他解釋：「我們每個人都有責任推動他人盡全力把工作做到最好，而這就是責任。」

352

　　鑑於兒童保護的高風險，無論是公眾還是社會服務部門都不想承認他們並不總是知道如何以最佳方式「為孩子做正確選擇」，Spence 看到了否認這個現實並不能滿足任何人：

　　堅持知道是恐懼的永恆來源……從來沒有人會與任何人談話，我們需要認識到的第一件事就是對錯誤的最大保障是恆定的討論……在產業組織中，分歧是不服從和不忠，但在專業組織中，分歧是臨床思維的基礎，所以，你必須從一個已受到懲罰的分歧中建立一個不完全相反的文化，也就是獎勵分歧的文化，只要分歧是認真且是共通的問題解決過程……只要你談論關於多觀點和每一個觀點是怎樣片面，你就開始開放「我可以忍受我的不完美」的可能性，隨著時間的推移，我們得到更多且更明確瞭解，當我們認為我們確切知道該怎麼做對個案家庭並不是非常有用，因為究竟誰知道該如何培養孩子？這並沒有一個公認的技術，所以我們必須告訴個案家庭：「不，我們什麼都不知道。」

　　Spence 成立聯隊顧問委員會，其中包括社會服務部門工作人員以及一些外來專家，靠攏以跟隨另一州所建立的模型，董事會搜尋了全國各地的例子，但很快就發現並沒有其他州在兒童福利工作中使用的聯隊方式，董事會從凱西基金會獲得資金來執行聯隊做法，並於 2003 年對各州區域辦公室發出建議書請求，他們收到了十份建議，其原計畫是只批准一個或兩個，但董事會最終批准了七個，以收集更多有關有效方法的證據。

　　時隔半年，初期帶著疑問加入聯隊的人員對能夠分享對其案件之分析和決策及實際工作任務表示欣慰，因為兒童福利工作往往一波接一波，聯隊讓社會服務部門得以為案件的初始要求提供更多的資源，然後允許在資源團隊中進行緊急的彈性轉移。參與八個原計畫的工作人員轉達了極大的興奮和熱情，事實上，儘管 Spence 自己曾計畫撰寫關於社會服務部門可以從八個模型學習到什麼的「匯聚文件」，該八個

353

原有團隊詢問他們是否可能是社會服務部門工作人員應該從其工作學習的那些重要原則，他們計畫發送此匯聚文件到整個組織以在建立最終模型前聽取意見和反應，原有八個辦公室的其他單位開始使用聯隊方式，也有許多其他地區辦公室想要執行，其他州的兒童福利機構也因採用社會服務部門聯隊的方式開始與 Spence 聯絡。

令 Spence 驚訝的是，他很快就發現各家庭都想要與團隊合作而非個別社工，Spence 曾想到，家庭可能在一次面對多位社工時會感到不知所措，但他開始明白，讓家庭不堪重負的是決策過程的專制本質，聯隊前，家庭的命運都取決於一個人的判斷，對這些家庭來說，聯隊可降低依賴某一個人的害怕感。

管理外部政治責任

Spence 知道，他正在做的改變對那些沒有參與理解和評估的人來說很困難，人民及其選出的代表已經有了人民有權期待社會服務部門做事的認定：零誤差，他們將讓該機構及其員工對觀察結果負起全責，Spence 承認悲劇的堅持指出了疏忽和不良結果間之關鍵區別，支持員工並注重不斷學習和改進，從長遠來看並不完全適合熟悉的範例。

為了幫這個新責任建立空間，他必須尋求特別是立法機關的外部支持，在他上任後不久，Spence 開始寫一系列的信件給麻薩諸塞州的立法機關，以描述並搶先為其社會服務部門改革及其對立法者應該以有效率之方式對其績效負責的理念辯護，信中強調參與兒童福利工作的難度和創傷，以及在其實踐中支持人員的重要性，並特別譴責懲罰課責制。

Spence 給立法機關的第一封信在 2002 年寄出，其主要集中在其管理社會服務部門的整體方法，建設專業的學習型組織有助於國內孩童：「我確定如果我們可以建立……一種不斷學習的文化，並拋棄根據其錯誤已可被淘汰的過時課責制度，就可以讓麻薩諸塞州的社會服務成為全國最好的兒童福利部門，如果我們這樣做，我們將可以保護及治癒國內成千上萬被虐待和忽視兒童。」[21] 這也解釋了為什麼需要改革來引導和支持社工是必要的：「如果我們要求他們提高決策品質和其與家庭的互動，我們必須持續為他們提供高品質的員工發展，並讓他們不再感到孤立，而是擁有更多的支持及在制訂固有的風險決策時更加安全。」[22] 信中接著描述六個核心價值觀及其支持社會服務部門溝通和個案之方式。

在另一封 2005 年寄出的信中，Spence 開始開導立法機關支持「社會工作藝術」

變化及降低隔離的重要性及社工經常體驗的「二次創傷」。他承認：「促進情感開放性和自我反省的習慣並非傳統的組織任務」，但兒童福利工作並非常規作業。[23]

他以更改醫療實踐課責系統的例子來補充其觀點。

大眾和醫學界都已瞭解公眾課責的〔懲罰〕系統實際上降低而非增加了病患安全性，在這個以差錯及指責為基礎的醫院公共課責制度，醫療專家們推出了基於實踐不斷總結和改進的制度，該系統瞭解疏忽需要被認可，但普通人為錯誤依舊存在，醫院及其他類似護理機構的任務是創造一種可安全識別和承認錯誤的文化，以進行必要的組織學習及降低未來不可避免導致病患傷害之人為錯誤的機會。

如同醫院對待死亡的舊有方法，公共兒童福利的公眾課責系統實際上降低了　355
該部門讓孩子安全的能力，〔因為〕……他教導該部門及其人員應規避風險、修正錯誤並符合傳統合規性，以及排除實際上阻礙組織學習發展之活動和系統改進，將會因此提高兒童的安全……人為錯誤可被消除的神話實際上以防止建立持續改進和學習的文化來延長可能傷害兒童的人為錯誤。

有了你們的支持，我希望我們可以在部門執行一系列的診斷績效措施和每個地區辦公室的自評做法將持續支持應對方式的修正，其一旦到位，這些結構提供大眾替代慣用課責制的做法：在孩童死亡或其他違反兒童安全規定的情況下，需確定該事件是否因疏忽而造成，若是如此，相關人員將採取行動，但若不是，那麼負擔就將在特定部門及地區辦公室的領導身上，以證明並沒有「無差錯」的做法，而是該部門和地區辦公室正採取系統性和適當的措施，來改善實踐、降低誤差並建立減少必然誤差導致孩童傷害可能性的系統。[24]

使用共同責任數據

Spence 的課責學習模式如果沒有可用的結果數據不可能成真，且其認為新的重點放在成果措施而非程序措施是兒童福利服務急需的轉變，Spence 認為，注重合規性的特點是社會服務部門和其他 1990 年代的兒童福利機構所服務的對象是組織，而非他們照顧的孩子們，Spence 說：「關於此程序性事務的變化，我稱之為兒童福利產業化，這是 1990 年代一般的經典策略……其是為了保護部門，所以現

在，如果我們能將手中的工作規範爲一系列可定義的任務，高關注案件出現時，我們可以手持名單並說：『你看，我們做了所有可做的事，這並不是我們的錯』……專業組織是現在的唯一可行，因爲現在我們有成果措施，要有成果措施，我〔身爲委員〕必須不斷告訴〔社工〕怎麼〔工作〕。」

356　　　　Spence 就任時，聯邦指導方針的改變要求各州兒童福利機構收集和報告結果數據，以顯示永久性安置的增加或減少、寄養家庭與團體家屋中所受到的安置或家人團聚所花費的時間，以及家庭和寄養家庭中的受虐和受忽視之發生機率。麻薩諸塞州的一個電腦系統稱爲「家庭網絡」（FamilyNet），其不僅產生許多不同層級所要求的結果數據，還讓人員得以直接檢視系統中的每一份文件，這給了社會服務部門前所未有的能力去連接定量的結果數據與個別案例文件中豐富的定性數據，Spence 解釋：「如果你檢視 Attleboro 重複虐待的數字，你可以在完全一樣的系統中拉起每個個案，迫使你認識 0.072 意味著 Johnny、Mary 和其他人，結果數據以一個非常強大的方式聯結到人員感知工作的方式……所以，你可以把數字連結回孩子，眞實的孩子及眞正的家庭。」

家庭網絡也取得整個組織完全透明的社會服務部門數據（結果和過程數字），各地區的辦公室收到眾多關於自身及所有其他地區辦公室百餘績效措施的數據，程序措施仍然相當重要，但 Spence 想利用他們「減少課責增加……診斷〔目的〕，整個問題是『針對這個結果我並沒有做好，爲什麼？』然後，我們需要做很多工作來建立關於爲什麼的假設，及衡量〔有否改善〕。」

關鍵事件案例檢視

理想情況下，資訊系統和課責制的新形式將轉移社會服務部門文化和日常實踐至逐步改善平均績效，但是，考慮到兒童保護措施固有的侷限性，這些變化無法阻止每一個悲劇或者讓社會服務部門與圍繞這些事件的媒體大火絕緣。

儘管 Spence 努力提高社會服務部門的範圍和其誠意，媒體仍對他在麻薩諸塞州每一個備受關注之虐待兒童案件領導發動新的攻擊，在他任期結束時，《波士頓環球報》刊登了 Spence 領導下佔據新聞版面之事件的短暫時間表：

357　**2002 年**

7 月 2 日：LaVeta Jackson 殺死她 3 歲兒子和 6 歲女兒，然後被警察槍殺，而

社會服務部門在 6 月份才把子女撫養權還給她。

8 月：Spence 認定一位社工和行政休假的 Whitins-Ville 辦公室管理者未能積極調查 Warren 家，其中的孩子據稱被強姦和毆打了 11 年。

2004 年

9 月 20 日：Paul P. Dubois 被裁定在 1996 年謀殺一位 Provincetown 的社會服務部門社工，該次調查涉及 Dubois 和其被授予他們兩個孩子監護權之前妻。

2005 年

3 月 6 日：Dontel Jeffers，4 歲，在社會服務部門將其安置於寄養家庭 11 天被其養母涉嫌毆打致死。

2006 年

1 月 17 日：社會服務部門獲得最高法院許可拔除 11 歲的 Haleigh Poutre 的維生系統，其被她的養母和繼父涉嫌毆打後陷入昏迷，判決後一天，Haleigh 開始自行呼吸，社會服務部門宣稱她是從植物人狀態下恢復。

12 月 13 日：Rebecca Riley，4 歲，死於服用過量處方藥，而她受到社會服務部門監督的父母被指控一級謀殺。[25]

事件在社會服務部門將以更廣泛類別的案例來描述，孩子或社工的安全在其中受到緊急危害，這些案件被稱爲「關鍵事件」，社會服務部門委員必須面對每一個關鍵事件並找出處理他們的特定資料及其內部和外部更大意義的方式，作爲委員，Spence 試圖破壞容忍和捍衛社工錯誤並採取嚴格懲罰方式之間，似乎沒有專制或不一致的朦朧界線，Spence 沒有執行一般調查和隨著備受關注案例而來的獻祭犧牲，其主管人員針對危機事件建立組織學習的過程，Spence 解釋：「我們只是走進去，我們讓這些學習論壇運行，並在同一時間或調查後不久，我們談到：『好吧，有什麼實踐意義呢？』然後我們寫了一系列『這是我們從這裡所學習到的事情』，〔然後我們會〕與整個地區辦公室分享並發送給大家，所以他們會眞正被看到從事件上面學習。」

358

這個新方法是針對一直效力於舊有官僚體系地區辦公室主任的調整，Spence 說：「我記得與區域主管提及要到區域辦公室與此案例負責社工們見面，而區域主任說：『但是，區域主管進入區域辦公室的唯一方式是懲罰別人。』」

持續品質改進

如果沒有正式的監控系統，所有社會服務部門收集的數據根本毫無意義，考慮到這一點，Spence 在 2003 年設立監督機構以將數據轉換成措施改善方案，建立持續品質改進（continuous quality improvement, CQI）團隊，以幫助提高臨床、管理和系統性層級之實踐，社會服務部門領導要求 29 個區域辦公室個別建立包括來自社會服務部門外代表（如學校管理者、地方首長、政府官員和寄養家庭的成員、收養家庭或客戶端家庭）的 CQI 委員會。

每個辦公室也成立了一個負責分析數據和使用該分析數據來開發和測試實踐改善策略之假設的人員 CQI 小組，該小組被告知應考慮應對系統弱點和失敗的三個選項：程序開發（主動應對問題）、專業發展（培訓）及實踐和政策發展（提高實踐和設計策略），全州指導委員會乃為一個更廣泛的監督機構，其負責評估社會服務部門在滿足其既定目標的進展情況、審查區域和地區辦公室 CQI 團隊之報告，並提出系統性變化的建議。

Spence 的目的是建立每一個地區辦公室的團隊創新思維和組織學習能力，最終，他希望「可以發現區域辦公室的 CQI 並驅動中央辦公室優先傳遞區域資源和支持，以擴大每個區域辦公室的學習和能力」。[26]

359 兒童福利學院

所有這些改革都有助於讓忙碌的社工開始認為自己和同事如同專業人員一般在學院環境下工作，此環境可挑戰反思並改善他們在最重要目標上的表現，為了支持這種轉變，Spence 早期曾在社工的職業發展上投入資源，社會服務部門在 2002 年與塞勒姆州立大學社會工作部合作建立兒童福利學院（Child Welfare Institute, CWI），其為社會服務部門工作人員專業發展培訓計畫。

提供人員其領域重要且相關信息，有助於減少其對犯錯的焦慮，然後再讓他們學會如何更有效建立與家庭的關係，並幫助他們做出正面改變。

服務品質檢視

Spence 實踐改進策略的最後階段建立了專門用於支持各案例點對點學習、中央、區域和地區辦公室一起選擇策略並經由服務品質檢視（quality of service review, QSR）來解決問題，人員團隊代表各自組織將進入一個區域辦公室的三個

階層，負責20個案例，無論是隨機或附屬於特定區域之實踐、檢視這些案例、訪談相關人士，然後提供整個辦公室該個案品質的反饋，例如，QSR團隊被送到Attleboro辦公室調查虐待事件再發高風險家庭，深入檢視數據後發現，虐待事件的重複發生肇因於家庭照顧者有著嚴重的藥物濫用問題，QSR團隊針對如何經由編排、專業發展及政策和做法改變來解決這個問題的假設。

學習論壇

Spence計畫不斷檢視定量和定性數據，CQI和QSR可能帶來更正式且更全面的學習論壇，其中，區域主管不僅會分享其所學，也會把學習變成今後實踐的策略，Spence解釋：「學習論壇不像Compstat，因為到最後，你想要的是每一個區域主管都可以說明自身所追求的策略實踐改進。」

對Spence很重要的是，社會服務部門應避免無視政策變化的舊有問題案例反應模式，他說：「兒童福利有一個美好的說法──政策是最後一個錯誤帶來的傷疤，政府組織的傾向是說：『呃……再建立下一個策略吧。』而且其大致上只適合一個案例，並不適用於其他99個案例，所以你必須積極抵抗政策，這根本與政策無關，而是關於解決問題。」

研究顯示，Spence之前身處教育世界，其提高解決問題的能力只有知識和既定讓教育者解決問題之經驗，Spence看到政府的政策反應對社工來說如同教導學生解決通用問題一樣無益，甚至更遠遠具破壞性。

然而，因為兒童福利機構的政治壓力，即使是那些避免政策的反應在「解決情境問題」時仍往往失敗，Spence引用了Connecticut的一項研究，其顯示從其原生家庭中被帶走的兒童成為高風險案例的機率上升了30%，這種趨勢的肇因顯而易見，但若想要避免這些肇因，則尚有賴兒童福利機構的專業規範、知識和經驗，才能加以適切防杜。

成果

Spence在2007年5月是許多機構的董事之一，但將被美國麻薩諸塞州的新州長 Deval Patrick 所取代，看著列表上的高風險案例在 Spence 任內爆發，很多媒體很快以他造成的這個結果來做出結論，系統所遺漏的孩童姓名和照片── Haleigh

361　　Poutre、Dontel Jeffers 和 Rebecca Riley 解釋了這一切，當被問及 Spence 的去職是否令人驚訝，一名記者對新英格蘭有線新聞網說，這並不是 Spence 這段時間被攻擊的原因，記者開始敘述一個事件——有位首長自首猥褻其姪子，但社會服務部門未能據此採取行動，諷刺的是，Spence 將這種情況描述為其六年半社會服務部門生涯的「關鍵事件」，而其中初始調查仍回到社工的明顯疏忽，但是，調查結果顯示該社工仍保有其工作，醫院的記錄顯示，他在同一天因為心臟驟停入院，Spence 說：「你以為你終於得到這個案例，終於讓那個誰放棄了他，然後他居然有心臟病！」

公共管理「專家坡」的導航

　　保護兒童免遭其照顧者的虐待和忽視，肯定是最困難的公眾任務，此任務已被認定為「邪惡的問題」或「不可能的任務」，人們還認為這是公共管理的「專家坡」，其為確實分類好與沒有那麼好的滑雪者的一種挑戰。[27] 這項工作顯示出敢來領導和管理兒童福利機構的人、每天圍繞兒童虐待和忽視複雜情境的社工、需履行對自己孩子職責的家庭與管理照顧高風險孩童及家庭之家庭的大量需求。[28] 其甚至也可以被視為對監督這個機構運作的監督者進行高度要求，並代表賦與這個機構特殊權力的公民去要求這單位負責，不花費一分錢。他們所面臨的挑戰是確定出現顯著問題時如何讓一個機構負責，當不可避免的錯誤發生時，監督者不得不決定公務機關是否不允許管理或操作層面上的失敗，或者該機構根本無法預測或阻止的悲劇。[29] 這項工作的微妙性和複雜性對以管理 101 信條解決重要的公共管理問題的人帶來了些嘲諷的意味。

362　　事實上，任何讓機構人員為其績效一些簡單的底線保持嚴格課責來管理兒童保護機構的努力，都已陷入所有公務機關可能會面對的概念上及和實際上困難，其探討如下：

- 兒童福利機構產生的公共價值，必須針對公共價值的許多不同面向進行評估，其各有其特定意義和重要性。
- 機構不僅使用公款還有公權力來保護兒童免受傷害。
- 機構及其客戶間之交易不僅包括服務工作上的接觸應對，也包含了最深刻

敏感的本質義務上的交流互動。

- 產生的最終公共價值並非由企業服務之客戶來判斷，而是由人民及其選出之代表。

- 人民僅能針對他們希望機構可在其業務中體現之價值結果，以及其對所產生之價值的不完美闡述來判斷機構。

- 機構旨在推動的公共價值，包括實際及功利的擔憂（如改善兒童長短期福利），及保護家長和孩子、家長和社會及社會和兒童間之正確社會關係的重要道義價值。

- 由於建立課責規定的政治授權環境仍舊未定、動態且有爭議，旨在捕捉機構績效的系統還在建立而非確立，機構管理者和監督他們的人員都無法承擔其目前課責結構的責任，他們必須共同以哲學、政治和技術審議來建立合適的課責結構。

- 機構在較長的時間框架及複雜價值鏈中許多的不同點來建立公共價值，其將輸入轉化爲組織活動及業務、與客戶之交易與最終成爲社會成果，機構在最終需要的社會成果可以實現之前會帶來長期的成本或累積期望的社會效益。[30]

- 實際上生產出（或未能生產出）公共價值之系統，是需要仰賴一個公共管理者直接可以控制到的資源與許多社會行動者行動的。[31]

363

不可能的任務？

　　這些功能都是公務機關的一般典型運作，他們在兒童福利特別是麻薩諸塞州社會服務部門普遍出現的情況相當罕見，然而，兒童福利機構一些額外的特殊功能似乎爲公共價值帳戶發展帶來挑戰，並用其來滿足課責需求和指導及提高特別是充滿政治爭議、技術難度和管理挑戰之績效。

受到威脅且引人注目的嚴格價值觀

　　首先，兒童福利機構受到威脅的公眾價值績效是大眾所面對最爲迫切和敏感的問題，身爲國家公民，我們迫切希望保護弱勢兒童免受照護者的虐待和忽視，我們想這樣做是爲了某些實用但功利的原因，因爲我們希望孩子們能快樂，我們希望他

們長大後能成爲足智多謀的公民，我們要避免如果不這樣做可能帶來的麻煩和社會成本，我們還認爲孩童需要保護和照顧，如果不是來自他們的父母，根據正義與公平，則需來自社會大眾，我們認爲，父母具照顧其孩子的責任和義務，且應避免以虐待或忽視來傷害他們。

這些問題在干預出現虐待和忽視指控的家庭生活時出現，但其他引人注目且敏感數值亦在避免干預時出現，以實際面來看，我們希望家長支付子女照顧的費用，我們知道另一種方法不但昂貴且在養育孩子的部分並非十分有效，基於正義和正確的關係，我們要保護父母以其認爲合適的方式養育孩童的權利，特別是不同文化似乎對良好教養有很多不同想法的情況下，基於功利和正義的理由，我們因此希望讓需負責者及最佳養育者擔負起養育責任。

364　　　爲了說明兒童保護服務標準如何引人注目且嚴格，圖7.1 列出了機構可能的公共價值帳戶概念，暫時不重要的公共價值並無限度，每個面向皆需認眞且嚴謹的關注，他們每個都設定了不容易受到損害的績效水平，因此，保護兒童是一個眞正的「邪惡問題」。

兩個種類錯誤的技術挑戰和必然性

哲學價值觀的糾結問題夠多了，但兒童保護也是技術和業務性挑戰，人們可以歸結兒童福利機構的核心操作性能力和技術，來制訂機構賴以執行五個具體功能的政策和程序：

- 識別虐待和忽視的可能情況；
- 調查投訴並檢視一般弱勢兒童成長環境之條件；
- 預測虐待和忽視在未來是否可能持續出現；
- 根據監測條件制定方式並向家庭提供旨在防止虐待和忽視事件之服務；和
- 審愼決定暫時安置孩童及永久終止家長的監護權利（和責任）對其未來之影響。

如果這些政策和程序是穩健、可靠、高效、有效、公正及公平，組織即可被預期出現良好表現，但只要這些程序中存在困難，該機構將永遠出現「麻煩」。【32】簡單列出這些核心任務恰恰說明了任務有多困難及既定政策和程序如何的不可靠。

開始處理這些困難第一步：試圖尋找虐待和忽視的案例。【33】政府通常的做法是避免尋找問題，特別是努力尋找問題需要違反個人隱私的界限。因此，公務機關

Harry Spence 及麻薩諸塞州社會服務部門公共價值帳戶		365

公共價值帳戶	
使用公共資產及相關費用	集體成就有價值社會成果
經濟成本	完成任務
內部（行政）	保護孩童免受父母及其他照護
外部（家庭成本）	者之虐待及忽視
	為高風險孩童提供安全且長期
	住所
	確認系統內孩童的長期正面結
	果
出乎意料的負面結果	出乎意料的正面結果
家人分離	被無法生育之照護者收養
重新安置孩童	
	客戶滿意度
	以尊重對待客戶
	參與並支持照護者
使用公權力的社會成本	正義及公平
侵入家庭	給予所有系統內孩童與成人相
根據法院命令所建立之關係	同之機會
終結養育權力	保障養育權力
	增強養育責任
	平等對待各案例
	尊重文化差異

圖7.1　Harry Spence 及麻薩諸塞州社會服務部門公共價值帳戶

366 服務通常是**被動**多於**主動**，他們會等待顯示嚴重問題存在的一些明確跡象，不然，某人的隱私權在干預前會因此被侵犯，在大多數情況下，報警的那個人就是遇到問題的那個人，但在虐待和忽視兒童案例中，系統慣例並不能正常運作，通常問題的唯一證人都是虐待和忽視兒童的加害人，而受害者被隱藏且無聲，所以政府根本看不到。【34】

即使有人提出可能發生虐待和忽視的警報，仍證明很難確定指控是否可信，且即使社會服務部門獲知可以過去曾出現虐待和忽視情況，依舊很難可靠預測該行為是否會改善或惡化，即使社會服務部門可以對未來制訂良好預測，社工們仍無法確切知道他們應該如何將該家庭的軌跡轉向所需的方向，而且，最困難的是，社會服務部門必須根據公共利益決定何時將孩子從其原生家庭中帶走，並尋求永久的替代性安置，而不是繼續支持和支援現有家庭的安排。

因為社會服務部門和其他兒童福利機構賴以發現和回應兒童虐待和忽視的程序並不完善，社會服務部門員工不可避免地需要做出可能產生不好結果之決定，社會服務部門依賴學校和醫院成為舉報虐待跡象和受虐者的第一防線，這將產生在運籌學文獻中所述之「假陰性」錯誤：系統認為虐待和忽視報告沒有什麼問題，但其實是有問題的，系統還將案例列為無害時則將產生「假陽性」：系統識別虐待或忽視案例時，其實有時並沒有實例，表7.1列出了社會服務部門處理每一個階段的兩種類型錯誤。

除了增加困難，這兩種類型的錯誤可能在個案處理過程中的任何時間點發生，社工們可能需要決定是否繼續讓孩子母親照顧孩子，但卻忽略造成問題的暴力男友即將回家而讓孩子暴露於危險中，這也是一種假陰性。在另一種情況下，社會服務

367 **表7.1　孩童保護案例處理的兩種錯誤**

	假陽性	假陰性
尋找虐待及忽視案例	沒有案例時找到案例	遺漏已存在之案例
檢視投訴	沒有危險時看到危險	遺漏危險狀態
預測未來情況	錯誤預測負面結果	錯誤預測正面／可接受之結果
監測狀態並介入	在無必要處持續監測	過早停止干預措施
決定是否停止親權	於孩童在父母照護下依舊安全時停止親權	讓孩童留在虐待及忽視可能繼續發生的家庭

部門可以用加重斥責來判斷一個人，一週60小時的工作時間無法照顧自己的孩子，但實際上他只是暫時不堪重負，其他時候他是有能力的父親，只是太多次無法幫女兒帶午餐——假陽性。

　　這些錯誤的絕大多數並非任何個人的愚蠢或惡意結果，而是因為我們根本不知道如何針對人類行為完成完全可靠的預測，事實上，兒童保護不可避免的錯誤就是促使 Spence 觀察社會服務部門的工作並非避免或擺脫困境，而是在陷入困境時繼續認真工作，這一承諾讓他開始建立使用不可避免之錯誤和機構對這些錯誤之回應的內部流程，其不僅增加機構有關如何減少失誤的知識，還有維持和重申其這麼做的承諾，處理錯誤對社會服務部門客戶和社會服務部門人員帶來可怕影響的最好辦法是找到應對該錯誤的方式，並希望組織能夠不斷提高效能，為了做到這一點，機構必須擁抱而非拒絕錯誤。

　　然而，為了擁抱及創造從這些「錯誤」中學習的能力，組織必須能夠一方面區別壞的結果及另一方面忽視績效，前面所述的「錯誤」可能會被形容為「壞的結果」：社工所代表的組織只好做出決定，而他做出選擇，但其結果是壞的，觀察到的壞結果可能肇因於至少三個不同的情況：（1）社工疏忽或無能，沒有在特定的情況下執行適用特定案例的已知及驗證之程序；（2）社工在特定情況應用已知和成熟的程序，但仍產生不好的結果；（3）有經驗的社工依靠其專業知識和判斷力正確認知現有程序無法適用於該情況，但仍在特定情況下執行該既定程序，故仍然得到不好的結果。

　　在這些可能性中，顯然只有第一個是社工疏忽所造成的錯誤，第二個僅揭示了機構的知識侷限性，其應將組織關注點放在現有的政策和程序，而非社工的行為，第三個如果可行，即代表社工可能有助於提高機構績效的部分潛在有用的反應，但由於專業知識的限制，其仍導致不好的結果，而社會服務部門的傳統是要找到一個替罪羔羊來緩和遭遇組織知識限制相關的一般焦慮，無論使用應用程序或既定程序，持續組織學習和改進及專業價值觀的重申，Spence 都看到了產生不好結果的「認真的錯誤」。【35】

學習型組織的混亂課責系統

　　Spence 承認「認真的錯誤」無法避免地讓他制定不僅會容忍這種錯誤，也可用於奠定改進組織績效和尋找更好方法之基礎的課責制度，但困難是有人認為這種

課責制度的衝突根深蒂固，對保證是我們在第 4 章所述之公務機關高績效最佳途徑沒有幫助的一般想法。

這種根深蒂固的想法堅持認為營運高績效且無差錯組織的正確方式是制定可靠的政策、程序、流程和技術，其不僅可以保證個別情況下一致的處理方式，也保證組織可以產生預期的效果，被指控虐待和忽視的照護者會從社會服務部門得到一致的對待，因為程序制定了正確且有效的行動，故處理方式將保證獲得期望的結果，該程序體現了社會服務部門的專業知識，而這足以完成這項工作，很顯然，如果有如此親密及可靠的程序，管理社會服務部門將會是相對簡單的任務，管理可以建立對錯誤零容忍的強硬政策，並要求嚴格遵守現有政策和程序，其有信心如果遵守這些程序會有好的且正義的結果出現，如果績效上有問題，正確的解決方式會是重新訂定政策手冊，並堅持更加精確及讓一線人員做好其本職工作之規則合規性。

但是，對 Spence 來說，這個標準的官僚做法有兩個密切相關的問題，一方面，Spence 不敢確定所有其組織良好表現需要的專業知識都包含在現有的政策和程序內，事實上，他看到了以前很多應對危機的政策和程序都成為悲傷的歷史，也正如他所說的「上一個錯誤所帶來的傷疤」，而非真正的專業知識體現，他擔心目前沒有足夠的專業知識讓社工們得以好好執行作業並避免錯誤，如果他希望長期改善，其關鍵為好好搜尋並編纂專業知識以為將來所用。

另一方面，保持標準官僚做法會「弱智化」社會工作複雜且混亂的人類戲劇，並延緩制定一套標準政策和程序的腳步，Spence 掩飾的工作教會他：「人類的苦難種類超過我可以建立的任何分類，而法規就只是分類，就只是儲存系統，接下來的情況是走進你家門口，然後建立你的儲存系統。」[36] 即使可以確定所有社工們所面臨的複雜形勢，並根據目前對處理該特定情況最好之方式的瞭解制定政策，這樣做可以有效凍結社會工作「藝術」的發展。

瞭解官僚責任對社會服務部門來說是適得其反的做法，Spence 計畫建立一個負責組織，其並非主要用於遵守不可靠的政策和程序，而是學習如何改進其做法，他相信，經由學習，他的組織可以利用所有的動力並控制管理應堅持嚴格遵守既定政策的傳統想法。

但是，將社會服務部門認定為一個學習型組織迫使其面對大眾對政府部門應該做之事的習慣想法，大眾往往認為，如果一個政府機構不知道該怎麼做他們的工作，那麼一定是在建立該組織的政策過程中出現錯誤，公務機關應該知道自己在做

什麼，如果他們不知道，那麼一開始就不應該開始這項業務，這在道德上是錯誤的，且政府在不知道如何保證得到所期望的結果時，用納稅人的錢和客戶的生活和命運來賭博，實際上相當愚蠢。

在公務機關開始做他們需要做的事情以學習如何做好自己工作時，有些市民卻更加驚慌，根據定義，學習涉及嘗試不同的東西，忘記標準以測試替代方法來提高績效，市民擔心，若組織四處尋找解決方案根本沒有帶來太多好處反而是很多傷害，這可能會針對處在相類似情境的個人給予不同的對待，而違反水平公平原則。更糟的是，他可能會嘗試一種新的方法，其比標準做法導致特定客戶或更廣泛的公眾不太想要的結果，雖然有些人可能認為這種努力是值得的，因為組織知道了什麼無法運作，但其他人會指責這樣是浪費公帑，更是政府無能所導致的明顯例子。

當然，在某些特殊情況下，公民和民意代表可以容忍甚至鼓勵某些探索，但在政府臭名昭彰放之四海而皆準的解決辦法承諾還能要求什麼？公民及民意代表也接受一些既定專業實踐可能需要進行測試，以確保其是否可如預期般運作，因此共同呼籲決定並執行「最佳實踐」和循證醫學、監管和社會工作興起的想法。[37] 他們可能也明白了系統性實驗開發新方法來處理舊有且頑固或新出現問題的潛力。[38] 是以，一些靈活的選民、創新的政府以及可靠且可預見的政府都由此出現了。

但是，當公務機關真正開始做這些事情，當他們試圖成為靈活、創新且可以有效地應對當今挑戰的學習型組織時，他們經常被學習型組織如何考慮績效問題所困擾，政府課責制通常的系統並不真正知道應該怎樣適應和實驗及應以社工或組織水平來進行。

高效、有效且公平地利用公權力

除了競爭價值的糾結、任務的技術挑戰及建立可以帶來遵守現行專業標準間之正確平衡並搜尋更加可靠和穩定的方法，我們已經在我們的一些其他案例中看到兒童福利機構所面臨的問題：他們必須對公權力做出最嚴謹利用。

兒童福利機構定期強制行使公權力，法律要求在職的專業人士（如兒科醫生、社工和護士學校）檢視虐待和忽視兒童的證據，並向社會服務部門舉報可疑案例，社工們不經邀請即前去採訪該個人並觀察私人住宅的居住條件，機構對父母和承擔孩童法律責任的其他人發起刑事和民事案件，然而，將一個孩子從原生家庭中帶走，中止了兒童福利機構、處在危險之中的兒童和其照顧者間之所有關係。

一如其他公務機關，所有其他機構都是平等的，社會服務部門應盡量避免使用公權力，如第 1 章指出，使用公共權力將轉移評估其績效的規範性框架至對個人權利的關切、以公平且克制的方式對待所有人、國家在捍衛權利的適當角色、實行責任及推行更實用的目標，公眾和法院將堅持社會服務部門不得侵犯家長和兒童的權利，大眾也希望社會服務部門僅使用最小權限和必要的資金來永久恢復家庭中的「正確關係」。【39】

372　　大眾也希望社會服務部門以輕放在其客戶肩膀的方式利用其權威、保持克制並尊重尊嚴義務人的權利，或許也向他們保證有正當理由強加責任在他們身上或制裁他們，一切負擔都是公平的選擇。【40】理想情況下，社會服務部門會溫和地提醒人民他們知道他們有的義務並希望遵守以為廣大市民服務，在承受負擔時，義務人會得到保護其地位之好處，因為大家都想與其他人維持正常關係。【41】

高風險學習型組織的績效管理系統

如同本書中討論的公共管理者，Spence 也在幫助其組織創造公共價值的策略三角架構關係中每一個點遇到挑戰，在試圖以社會服務部門操作找到重要的公共價值時，他必須明白兒童福利服務期望的「百慕達三角」，並在迷失前找到方法來整合這些相互矛盾的價值至其機構績效，他必須說服焦急的授權環境他新奇的內部課責制度不僅對他的員工也對孩子和家庭最好，儘管有出了名不正常的組織文化和殘酷的削減預算，他仍需找到建立自己組織及其眾多合作夥伴及合作製造商操作性能力的方法。

不過，雖然案例觸碰到策略三角架構的所有點，Spence 在建立社會服務部門操作性能力投資最多，以發展良好的操作性能力之角度來看，可能有助於引導他建立同時力圖滿足外需績效和發展負責學習（及符合政策和程序）的內部系統之組織。

內部課責的三種模式

身為 1993 年至 1999 年的社會服務部門委員，Carlisle 著力於打造植根於讓中央辦公室密切控制部門營運單位的強力內部課責制度之績效衡量系統，乍看她

373　　的方法在形式和精神上與 Compstat 類似，她比之前的委員更常收集並公布績效數據，她使用數據來讓中層管理人員（及一線人員）為其行為負責，不過，雖然

Compstat 著重於社會結果（減少犯罪），Carlisle 的績效考核主要集中在組織輸出和遵守操作流程及標準，她的系統並沒有著重於兒童的相對安全性，而是需要進行的調查是否可以在適當時間內完成，及每個家庭的特定接觸水平是否保持不變，這個方法傾向於加強嚴格的身分等級，其對系統激勵和引導社工們的能力存在不幸成果，其從執行有意義及價值的工作經驗疏遠了他們，因為無法連結社工們所重視的及其被評估之績效根本低估了管理系統及中央辦公室的合法性。

　　因為 Carlisle 的系統並沒有著眼於結果的措施，也沒有提供任何跡象表明個別社工們及更廣泛的機構最終產生任何價值，或者目前的政策是否可能及如何有所改善，因為沒有辦法將結果與活動和其輸出連結起來，故比較少機會去學習，雖然監督者可以確認社會服務部門正被一個鐵石心腸且沒有廢話的管理者所領導，Carlisle 的系統仍無法讓立法機關及廣泛大眾充分考慮社會服務部門創造的公共價值，她的說法沒有衡量的最終結果或客戶滿意度，且僅包含本質公共價值之輸出及活動衡量。

　　站在 Carlisl 的立場上，Locke 委員遇到了沮喪的中層管理人員和社工們的反彈及組織以輸出為主的責任制緩和，他給予社工們在執行工作時更多自由裁量權，並更加依靠其人員在專業責任的意識並降低他們對懲罰的恐懼，以產生有價值的結果，這種「對孩子做對的事情」的精神可能是領域社工的信仰，但讓機構手無寸鐵的他們對因不可避免的錯誤或不良成果的政治大火毫無防禦能力，而且，如果上層沒有把注意力集中在業績和成果，無論是衡量其結果或活動本身，特別好和特別壞的做法也都容易被忽視及不予置評，這明顯的不感興趣可能降低士氣及與過度控制系統一樣削弱學習努力，Locke 委員仍然可以依靠專業培訓、其員工之承諾及招募與篩選他們的人事制度，但是，如果沒有一個維護良好的系統來追蹤行動和結果並提供員工反饋，Locke 建立其組織操作性能力之能力將遭遇嚴重阻礙。

　　Spence 選擇了不同的道路，他列出並檢視需經由社會服務部門作業改善及反應之價值的糾結：保護兒童免遭虐待和忽視、為孩童建立安全且永久及（理想）熟悉的家庭環境、保護孩童不被虐待和忽視的權利，及家長保護其家人隱私與以他們認為合適的方式養育自己孩子的權利，還有最後，最大化社會服務部門受限制預算的效率和效果，他的重點不只是看重結果，還有連結到用於獲取結果的方法，也就是「以孩子為主導、家庭為本及以實力為基礎」的社會工作方式，他不僅用定量結果的方式也用定性數據來幫助社會服務部門尋找實現理想結果更好的方法，他沒以

374

績效失敗作為尋找替罪羔羊的機會，而是將當他們用於組織分析和思考，他沒有將他的注意力限制在與中層管理人員間之談話，而是更深入和更廣泛的進入組織，接觸瞭解社會服務部門希望幫助之家庭實際情況的社工並完成每日的工作，他沒有依賴由上而下的課責制和控制，而是強調相互課責，特別是各位想要做好工作並成為專家之社工的點對點課責，他在這些方面將其注意力分散在公共價值計分卡的不同元素。

對於這個討論的目的，我們可以想像，前面所述的管理系統代表著關於如何建立內部課責的三種不同觀點，第一種模式是來自公務機關早前的官僚作風，當政府員工鑽研政策和程序及回應指揮鏈下一個水平確實堅持這些政策和程序，Carlisle 的系統沒有設法將社會服務部門從以合規為基礎的模式拉離太遠，但是最後建立了可能對組織輸出產生量化數據，並將數據連結到個別文件的強大資訊系統。

第二種模式是來自如大學和醫院的專業機構，其依賴選擇和人員培訓來建立激勵員工努力追求個人自豪感、滿足感和美德的專業文化，以降低對管理和監督的依賴，在這樣的組織中，政策和程序的功能比規則更像是一個指引，而一線人員預計將針對特定情況以專業判斷做出最好的回應，Locke 似乎滿足於遵循這個模式，但缺乏任何人事系統或組織文化的支持。

在這兩極之間，私人及公務機關已經開始使用各種模式，這些模型讓中層管理人員（及經過他們的一線人員）負責達到預期的效果，也給他們一些自由來嘗試不同的方法，並更加重視反映在實踐中和建設性使用錯誤來改善未來績效。[42] 而 Spence 則想要在這個中間地帶的某個地方建立績效管理系統。

內部課責制度的簡單分析

從根本上來說，這些績效管理系統與特徵化所有內部課責系統五個基本要素的組合不同，這些因素反映了第 3 章所述之委託代理責任關係的四個組成部分，但他們補充了至關重要的第五個因素：允許和鼓勵組織學習的論壇。[43]

1. 分配責任：此系統是否劃分職責、任務和資產，以讓責任分別分配給每個管理者和員工？或者，這個系統是否讓人共同及個別負責達到整體結果？個人是否有責任彼此幫助？他們是否感受到組織整體表現下的個人責任？

2. 課責重點：其中，價值鏈是否為個人的責任集中？這個系統是否強調控制資

產，以確保適當的管理工作？是否符合規定的政策和程序？強調組織產出的數量和品質？強調組織的客戶滿意度？強調實現市民期望的結果？或者，其是否專注於輸入轉換成公共價值的周到分析？

3. 支持課責制的資訊系統，組織系統性收集何種特定信息並用於績效衡量系統，有助於評估及討論管理者和員工績效？系統本質上是否爲封閉系統，績效討論中僅允許使用某類型的數據，或者其是否靈活且對管理人員和員工想補充的新資訊持開放態度？數據是否僅是量變，或者可以引進定性數據？其僅是組織記錄或者可以是軼事想法及意見和引入的概念？組織是否專門且主要利用只有少數數據元素的固定且正式制度，或者其嘗試建立和利用數據豐富的環境？

4. 執行課責制的制裁和獎勵：組織如何應對績效衡量系統所顯示的管理者或員工績效？是否有影響管理者個人生活之好壞表現的眞正成果？表現好壞是否有獎勵及懲罰？制裁在那些被制裁的人生活中算大還是小？個人及合法的適當服務組織是否認爲制裁公平，或者他們認爲專制？

5. 讓課責制對組織學習有用的論壇：最後，什麼樣的對話和討論可以生成組織績效衡量和管理系統？它是高層管理人員使用績效資訊於評估比較性績效客觀基礎的單向過程，或者是一個雙向對話，並在其中努力在沒有假設答案就在管理者或員工積極度、努力和能力下來理解業績好壞？如果是一個雙向對話，在尋求成功和失敗原因時是如何嚴謹？對話是私人或公開？如果是公開的，其是否只是於組織內部公開，或者包括組織外部的客戶端和監督者？

377

在此課責制度的標準框架內，相當清楚人們可以建立用於建立不同類型課責制度的許多不同的組織系統，表7.2 顯示了本章如何檢查一些系統並安排這些元素的責任，管理者選擇的方式部分是管理者如何理解其人員的動機和能力，管理者認爲現有政策和程序的有效能力爲何，以及管理人員如何理解人與任務之間的關係。

對官僚系統的遵循讓他們無法依靠管理人員和員工的能力和動機，現有的政策和程序是實現預期效果可靠的方法，且課責的最好形式就是堅持遵守現有政策和程序，這是 Spence 所述之組織管理的「工業模式」，如第 4 章所指出，這樣的系統適用於已在技術上精心設計之過程和程序以實現所期望結果，如果大多數影響朝向期望結果之程序的變量是在公務機關的控制下，及如果該機構合作之客戶端人口和物

質條件通常是均勻且穩定的狀態下，若這些條件不存在，組織將需調整和執行不同且不斷變化的條件。

在專業協會模式，課責制和控制系統出現相反假設時：組織的真正實力恰恰在於動機、技能及其管理者和員工的知識；現有組織政策和程序並不足以保證帶來期望的結果，特別及一般情況下，人員皆需一同負責解釋和修改現有政策和程序，課責在這樣的組織不可能缺席，它只是改變自己的形式，課責是認真追求更高的績效，而非僅是符合政策和程序，這樣的管理系統往往最適合面對充滿變數條件的組織，但是，他們的成功關鍵取決於擁有系統可以（1）吸引、選擇和訓練高度積極、技術精湛且忠誠的個人，和（2）建立並維持一個承諾表現和學習的專業文化，且不需要太多外在獎勵和懲罰。

表7.2　課責制及績效管理系統的不同形式

	合規模型 （Carlisle）	純專業模型 （Locke）	學習模型 （Spence）
責任分配	個人	個人	系統（及個人）
責任重點	政策、流程及程序	專業憑證和承諾	專業憑證和承諾；反射性做法
支持課責制之資訊系統	流程指引；合規稽核	負面結果	流程衡量；流程檢視；成果衡量；結果檢視、負面結果
責任制裁	未達到目標之負面制裁		防止「認真的錯誤」；支持發展
討論及學習論壇	由上而下之控制；嚴格的法律責任		中央辦公室舉辦之經常性作業支持小組討論

這兩個極端之間出現了 Compstat，並啟發了許多公務機關的績效管理系統，Compstat 起源於嚴密的課責與準則，且這些課責與準則都是和舊有的官僚體制與私人企業的底線原則緊密相關。他將績效責任分配給組織中的特定個人，並呼籲他們考慮改善績效，且於其無法達到績效標準時執行懲戒，但在紐約市警察局和其他警政部門建立 Compstat 並用於其他各種公務機關的各種 org-stat 和 citistat 管理系統，他開始與合規性模型出現分別，他鼓勵管理人員實驗及創新，以處理特定的獨特問題或找到更強大的一般方法，系統並非產生高層管理人員質疑承諾和下屬管理

者的方法的單向討論，而是轉移到更廣泛的討論，其中高層管理人員、中層管理人員和授權環境的成員都被邀請一同思考如何解決頑固的問題。

Compstat 及其模仿者不清楚的地方是領導風格和管理制度如何發展到得以支持績效管理系統的專業發展和學習，一方面，整個系統增加了中層管理人員之間的責任和機構意識，邀請他們用自己的想像力並鼓勵應該做什麼的雙向討論，它有專業及學習組織的一些功能，而另一方面，系統在某種程度上著重於懲罰不好的表現且懷疑工作組織人員的專業能力和動機，有專業學習型組織的潛在重要特徵因此被洩露。

形成績效差異

為了重複第 2 章所述，因為資源的堆積，績效管理系統可以在兩個方面幫助企業提高其績效，系統可以推動組織人員更加努力工作、花更多時間、投注更多自覺努力到自己的工作中，或者，該系統可以幫助組織更聰明地作業、經由實驗改善、測試和學習。【44】這些即興方法有一些也可能很多的表現不如標準方法，但其中的一些方法也可能成功並可為改善績效找到新方法。

「產業」和「專業」課責模型對經營機構如何變得聰明都有做出特定假設，工業模型假設組織擁有核心技術或核心程序，其反覆使用來實現自己的目標，為了減少犯罪，警政部門逮捕或威脅逮捕違法的個人並依靠巡邏、快速反應及回顧性調查的基本方法來實現這一目標，為了保護兒童，兒童保護機構調查虐待和忽視的指控，制定服務計畫，以幫助家庭避免未來的事件，並確定何時孩子需要轉介到一個更安全的生活環境，嵌入這些核心流程的有數千條特定政策和程序，以確保組織能夠好好執行這些核心功能，從這個角度來看，更聰明地工作指的是在創造全線增值的核心操作系統技術執行由上而下的變革。

專業模式往往認為組織的成功需依賴大量個人的大量回應，在一個非常龐雜且動態的任務環境中，專為在過去十年的平均案例設計的一般方法可能不適用於現在手頭上的案例，更準確地來說，舊有程序可能為開始思考這個星期需執行的案例提供基礎概念，但還有空間實驗和在新的特定案例適應舊有一般方法的潛在改進，如果特殊案例是小事而隨之變更沒有太激進，那麼法律上或事實上的自由裁量權即可容納該案例的可變性。

雖然我們通常認為大多數公務機關都停留在「工業模式」，這些往往來自底部

380

而非高層的創新經常在許多公務機關出現，但問題是，很多高階管理人或更廣泛的授權環境並未開發也未確認，這種缺乏高層認可是一個遺憾，因為有時候這些小創新積累起來可以成為組織績效顯著改善的基礎，有時候，一個簡易的小解決方案最後成為延宕已久之案例的解決方式，這顯示組織需要認識、測試和編纂這個特殊的創新，且有時這些小的解決方案會揭示一些關於組織整體核心作業可能改變的要點，讓大家可以提高在組織中的日常作業績效。

381

　　大的且由上而下的方案創新和小的且由下而上的改進積累間之區別，可以比喻為生產線組織和工作坊間之差別。【45】在生產線組織中，企業根據啟用並限制做什麼的核心生產系統而建立。有一個生動的例子，漢堡王只能經由建立彌天大謊（也就是其標準漢堡加厚版）來應對麥當勞四分之一磅（也就是其標準漢堡加大版）的挑戰，因為漢堡王的核心生產過程需仰賴可以應用到漢堡在固定加熱時間後沿著輸送帶移動的，他不可能做一個常見的較厚的漢堡或通過輸送帶運送他兩次，而麥當勞將其漢堡置於烤架，他可以改變烹調時間來製作較厚的漢堡。【46】生產線組織在組織自己的標準生產流程時做出一定的承諾，他們保留了一些定制能力，但卻只是圍繞著其標準流程的邊緣。

　　相反地，工作坊都是定制的，每一個出現的新任務都是全新的設計問題，都是該組織現有方法的挑戰，製作定制機械工具的建築公司、商業顧問和企業都是工作坊，當然，這些公司靠的是他們過去的經驗，且通常先從一些重複出現的基礎知識開始，但他們不認為當前的任務完全或非常類似舊有任務；相反地，他們認為若欲表現良好，他們可能不得不創造一些全新的方法或者以新方式合併舊方法。

　　在現實中，生產線組織和工作坊有著連續不同的目的，醫院、學校、警政部門和兒童保護機構都結合這些功能，他們有著適用於所有情況的基本方法，其適用於各個被充分瞭解的案例，而定制方法用於處理新的情況及偶爾革命性的防護新方法，所有這些組織都有關於如何做好自己工作的防護知識，但他們的知識並不完整

382

（無論是在他們不知道如何妥善處理他們遇到的新情況，或者他們可能還沒有發現處理此常見案例的最佳方式），因為他們的知識是不完整的，所以他們必須成為學習型組織以及執行機構，而組織的學習部分有時不得不成為該組織的執行部分。

　　如果以相同資源及更多的努力，績效管理系統可以驅動組織改善績效，或者如果他們幫助組織開發和使用更有效的方法（無論這是否意味著核心技術的重大變化，或多或少特定的任務建立新方法，或者可以改善個別案例績效但只適用於一般

的管理的大量小修改）。【47】有效的績效管理系統將激勵員工不只是更加努力工作且更認眞創新實驗（即更聰明地工作）。

社會服務部門的專業點對點課責制

　　Spence 思考如何提高社會服務部門表現時，考慮過前面描述的各種課責類型，社會服務部門社工們所面對之任務的複雜性讓 Spence 對產業模式產生警惕，他認爲改進績效的方式不能經由現有的政策和程序，而是經由社工們檢視各情況的獨特條件，並據其調整其干預措施的努力，雙方都會更有效地判斷這種反應，因其顯得不只是切合客戶的特殊情況（定制在技術層面的干預效果比起一體適用的干預方式更好），更是看重客戶端，Spence 認爲所提供的協助本身可能就是努力重組照護者和孩子間之關係的活性成分，所有這些因素使他相信如果社工們被鼓勵按照自己的判斷（經過專業培訓和經驗及由過去政策和程序指導成爲好的舊有做法），而非感覺被迫遵循現有政策和程序，他們可以把工作做得更好，這似乎跟 Spence 的承諾聯隊想法不謀而合，同伴關係而非官僚控制將激勵社工們努力追求專業的滿意度、建立技術上優於干預措施的具體情況，及讓客戶們努力走向快樂和健康照護關係。

383

　　在契機計畫的案例中，依循專業模型（依靠個別社工的臨床判斷）凌駕於依循產業模型（遵守政策和程序）的風險，源自於依靠這種自由裁量權之變化，而這種變化也將不可避免地發生於社會服務部門面對面地服務客戶的同時。Spence 認爲這種變化是有益的，因爲他改善了個別案件的短期績效並尋找長期處理更大類案例的更好方法，但是，如果美國麻薩諸塞州的人認爲社會服務部門尊重其客戶的行爲相當重要，以確保其業務執行的公平性，那麼鼓勵社工們憑良心利用其自由裁量權可以看出的不是僅僅是一種風險，還有機構績效在至少一個面向的績效劣化（平等公平性）。

解決責任、自由裁量權與學習的問題

　　正如本章前面所提到的，這些問題使得使用專業自由裁量權同時成爲潛在的美德及問題，如果可靠和負責任的人員被賦予一定程度的合法自由裁量權，並證明自己是有幹勁且有能力使用這種自由裁量權，那麼公務機關即可執行更加公正且有效的作業，但是，爲了得到這個期望的結果，機構必須在其行使自由裁量權時監控員

工，因爲如果沒有監督，實在有太多空間將傷害機構的營運，此外，組織作爲一個整體也沒有辦法從例外中學習，觀察並討論人員確認案例確實是例外情況的自由裁量權且無法以現有程序處理乃獨特的挑戰，在討論規則的例外事件中還提供了一個改善即時回應品質的機會，因爲他會借鑑一些而非僅有一種專業知識，最後，公開討論個別案件的處理將爲組織創造思考和學習的機會，由於上述種種原因，討論身爲使用自由裁量權的一個條件顯得相當重要。

討論的需要提出了一個重要的問題：誰應該參加該討論？一個可能的答案是社工應與其上級甚至是組織高層管理人員進行討論，這在兩個情況下是最好的答案：（1）官僚上司有卓越的知識和判斷力；（2）需要做的修改相對比較少見，然而，如果官僚上司並非特別知識淵博或者還是需要採用時常出現的標準做法，那麼同事間的協商代表保持人員使用自由裁量權課責的最佳方式。

Spence 認爲同事諮詢遠比層級諮詢更重要，因爲同齡人更有可能提供實質的有用資訊，他還認爲社工遠比他們的上司更容易吸納意見和批評，他認爲吸取的教訓會在組織內更迅速擴散，這些基本信念呼應他如何建構課責制和衡量社會服務部門績效的想法，他設想並建立流程以鼓勵組織內可同時慶祝專業自由裁量權的討論、清算並提高其隨著時間推移的實質性品質，他願意犧牲嚴格的課責制來交換一種可以激發社工最佳績效的相互負責制度。

這個看似寬鬆的課責形式適用於承受巨大工作壓力以帶來零誤差的機構，其原因有二：首先，其讓組織得以根據需要調整其回應，也可以給它一個機會來學習和隨著時間系統化知識；第二，它比工業、合規性爲基礎的系統更可以讓社工們投注遠遠更大的潛力與心力，正因爲組織層級和規則未能正確識別任務的複雜性，更削弱社工的積極性、士氣和責任感，Spence 決定用專業的點對點課責制，同事間討論適用於所有工業模型不適用的理由，因爲他允許複雜性、將短期內處理他的機會加以最大化，並幫助了面臨全面性問題需要解決且又具備自信心與謙卑信念的個人。這也似乎爲組織創造出可以依據自我運作經驗以進行最快速且有效學習的條件。

Spence 的目標是建立一個可以容忍短期內不可避免之錯誤的學習型組織，以帶來長期穩定進步，精心策劃一系列以績效爲導向的討論將在整個組織推動此議程，同時也意味著轉移社會服務部門依賴的組織文化和管理系統，以架構和組織其工作關係和方法。

檢視私人企業學習型組織

也許我們不應該太驚訝，公務機關管理者已經逐漸偏移至有利於創造專業責任更複雜的績效管理系統，以於必須符合政策和程序的僵化官僚模式下兢兢業業的工作，其只在乎利用以業績爲基礎的模型所取得之成果而非關心使用的手段，許多民營企業在過去的幾十年裡也是一直朝著這個方向前進。[48]

引發這一變化的一個強大力量是人們日益認識到業務中創新的重要性，也開始認識到區別一個公司長時間的成功，並非他們做好一件特定的事情的能力（雖然「堅持自己的任務」並集中精力在任何給定時間做好一個或兩個特定事情也很重要），而是適應其市場不斷變化的條件的能力。[49] 這意味著開發新產品或老產品的新特性，或強調新技術的優點以改善其生產工藝等，一個公司能夠在競爭激烈的市場擁有高於平均值之利潤的唯一方法，就是根據可能以實現高於市場回報之優勢的暫時市場利基，不斷開發新產品和流程。[50]

這個一般的洞察力之後就是專注於 CQI，也就是一套管理設備，其中，專注於生產工作和服務的員工被鼓勵檢視其工作實踐並提出改進建議。[51] 這些做法讓員工們得以直接且即時與高層管理人員接觸，並簡化傳統上降低一線員工提供改進想法的作業規定和例行性的官僚審查程序。[52] CQI 讓商店直接成爲行政辦公室，如此即可迅速做出可靠且必要的改變，且不只是在一個地區而是整個公司。[53]

對程序、產品創新和競爭力定位的注重，也讓商業作家和學者建議企業收集並使用更多更龐大的資訊來幫助企業更有效運作，且更有效地重新定位自己，Robert Kaplan 和 David Norton 認爲公司應該不只是注重績效的財政措施，也需站在客戶、操作和學習的角度來看，這就是這種趨勢的一個例子。[54] 私人企業瞭解真正重要的管理問題是關於未來的觀點，因其未來將建立在客戶想要什麼、如何操作可以做得更好及與時間更一致的策略眼光，爲了計畫未來及挖掘潛在投資機會，公司需要大量關於市場環境和其自身運作的非金融界資訊，如果企業要在他們的經營中保有創新思維和活力，他們需要數據豐富的環境。[55]

若欲建立可以迅速採取行動以開拓新市場利基的組織，企業管理者們需有強效的方法來監測財務業績，增加股東價值仍然是業務和核心課責並讓每個人員都專注於業績的必要基本架構，但追求的未來財務業績需要企業向前（未來的成本和收入）、向外（市場）及向內（自己的生產程序）展望。[56] 可以成功的公司一直都

是那些可以最迅速反應以利用新的機會，並盡可能保留利基的公司。

387 　　為了加快各層級的創新比率，公司邀請更多人員提出行動的想法，想像和開發創新的過程從組織轉移到最接近客戶和生產過程的中間和底部人員，也就是在任何情況下都需接受高層任何創新提議之人員。

　　CQI 和學習模式也改變了個人責任的基本結構，在管理和業務部門的員工根據指揮層次鏈仍需負起個人責任，但他們的責任範圍也開始向外延伸至同事、客戶及他們的老闆，一般來說，高層和組織底部間之責任是相互而非分級，老闆把責任給推下屬，或者下屬推給上司，而老闆的責任可以經由課責制推給客戶、同行或公司試圖在其業務反映和產生的更廣泛價值觀。

　　在這些方面，Spence 建立其社會服務部門管理理念時為民營企業高階人員，他必須讓大家注意應建立的價值並隨時迫切要求改進績效，但將提高績效的責任放在以下現有的政策和程序是一個錯誤的想像。事實上，改進績效的責任應該放在探索生產老產品和服務的新的可能性，及開發更有效協助達成現有目標的新產品和服務。[57] 為了實現這種可能性，Spence 必須要求社工們改善績效，現在的任務並非簡單地給人員時間和要求他們遵守現行政策和程序，而是讓他們提出他們的想法，而要讓他們投注心力，Spence 不得不找出一種方法來達成目的，他認為做到這一點的最好辦法對可以完成的事情持開放態度，並突出他們的想像和此願景的執行，必須使用管理控制系統，他們不僅需要提供定量的張力和責任，還需付出心力，以提高所有方面的績效，而不是強迫或強逼人員去做好他們的工作。

　　因此，即使是底線課責的好處都被迫使成為公務機關解決其績效問題的方式，

388 企業轉變為不同的課責模式，這種新穎的課責制度並未少了嚴格，仍舊需要繼續報告財務資訊，並將其用於評估企業特定限制和特定管理人員，但新模型試圖創造一種更廣泛且比舊的更苛刻的課責制，該組織的員工需負責未來及現在、非金融以及金融的事務，還將負責提供周到、創新和可靠的服務，他們將被要求投注心力且不斷改進，而非簡單地產生一致的產品，可以支持這項工作的衡量和管理系統比 Spence 試圖建立 Compstat 常被誤解的課責制度更像課責的學習模式。

為專業課責制度建立組織條件

　　試圖建立一種可以把社會服務部門變成學習型組織的組織文化和績效衡量系統是一個很大的負擔，Spence 接手開發和推廣機構內部的特定條件和工作關係，下

面的列表列舉了這些條件與工作的關係，其可適用於 Spence 的假定公共價值計分卡基本操作性能力角度，其每個條件都有實證績效數據（大多經由調查收集）支持，這將有助於引導 Spence 的社會服務部門策略之執行。

- 一種組織任務和價值的廣泛共享願景，一種期望秉持這些價值爲追求未來而行動的集體決定[58]
- 共享的領導和決策
- 減少控制和增加指導和支持之領導
- 強調團隊精神、合作和知識、信息和責任共享的工作關係
- 支持承認錯誤以學習和改進的內部文化
- 組織各層級不斷反思、探究和學習
- 強調長遠的發展及可持續發展策略，而非快速解決問題

389

這份名單除了作爲一組可實現的目標及以公共價值計分卡的操作性能力角度來衡量外，也可用於考慮建立社會服務部門內部課責的好處，其於早期以圖解解析建立以特徵化不同種類的課責和績效管理系統，我們可以在該圖表中看到 Spence 特定的課責制度，也看到他對於每個考量所做的特定選擇。

Spence 的選擇剛開始並未特別專注於分配責任給特定個人，個人被要求爲自己的行爲承擔責任，但這樣個人責任的範圍似乎比傳統合規性官僚作風更不清晰，而建立嚴格課責結果的 Compstat 風格模式，乃用於獲取結果而非過程，分配給社工的責任並非他們獨自負擔，其他人也需共同負擔，其具體職責並不僅限於其特定案件，社工們也需負責案例中其他人的成功與否，個人因爲「聯隊」的關係既是「個體也需負起連帶責任」。

同樣地，每個人連帶和個人責任的重點隨著價值鏈擴展，從輸入至活動及社會成果中，每個人都應該對可靠執行現有程序負責，還需評估這些程序實現預期成果的方式、承認錯誤，並開發新的且更好的程序，強調學習意味著所有組織內的資訊（經驗豐富的專業人員所持有及資訊系統中記錄及匯總之資訊）都必須提供檢查。[59]

爲了讓這個合議式且具備未來導向的途徑成功運作，中央辦公室不得不放鬆制其裁制系統，使用更少的外部獎勵和懲罰的組織並不一定需要適用於具體執行措施 390

的制裁，人們期望的是，寬鬆的懲罰制度將讓組織中的人員可以更大方承認錯誤及合作。

最後，Spence 的績效管理系統力求在組織內所有層級建立績效及如何增強個人和組織更廣泛且持續的對話。

具可課責性、專業化學習型組織之訊息面

根據此分析，Spence 似乎採用主要依賴專業動機和承諾來確保績效的專業模型，但考慮到兒童保護的重要性和敏感性，大眾不會容忍一個沒有外部且由上而下或者沒有辦法在錯誤發生時決定誰犯錯的控制系統，為了建立一個有足夠由上而下之課責制度以滿足公眾對課責制要求的專業組織，Spence 不得不建立一個價值導向的績效管理和衡量系統，也就是 Compstat 式管理系統，其適用於主要依靠專業動機和能力不斷增強並經由點對點學習程序建立之專業機構，此舉是否成功將取決於他花在促進社會服務部門文化的精力及他管理人員、承包商和社工們的態度和做法，但他依舊需依賴於他建立來記錄及探究及檢視組織作業的資訊結構。

不同的學習組織在用來影響組織文化、收集和使用數據的方法中可能有所不同，但所有學習型組織與平時公務機關仍然隨處可見的績效管理系統還是不一樣。

- 學習型組織注重結果，但也注重過程，並尋求改善他們。（他們在可行與不可行中還能學到什麼？）
- 學習型組織依賴正式成立的績效衡量系統更努力收集資訊，包括廣泛使用的個人案例資訊，他們嘗試使用過去所學的知識以確保一致的高水平績效，而且還特意鼓勵和評估操作變異。
- 學習型組織呼籲其人員去估計，但制裁已不如當初自動及個人績效相關的優點和缺點之討論更加開放。
- 學習型組織認為知識在於組織底部以及高層，故他們建立輔導底部人員從知識中獲益的方法。
- 學習型組織依舊重視績效、可靠性和錯誤零容忍度，但認為要接近這些目標的最佳方式是把重點放在不斷學習和改進。

為了提供支持這種課責的基礎資訊，Spence 開發了多種專注於組織案例品質

的績效衡量系統，提高個案是他建立多個支持組織內部反射和關鍵討論流程的觀點：關鍵案例著重組織對不良成果之關注及本來可以預防之事件的評論，還有持續品質改進團隊的搜尋處理更多普通案件的改量方法、訓練社工之兒童福利機構和服務評論品質、系統性讓社工們投入的學習過程及跨區域和區域辦事處合作以提高績效品質。所有這些活動都依賴有關家庭、國家干預家庭生活和關係，及有關這些措施之結果的詳細資訊，定量和定性數據的結果和過程爲眾多同事對組織中每個成員是否正努力改善組織整體目標之專業討論的基礎。雖然課責在此系統中只有少數說法，其特徵相當不同於 Spence 視爲課責的工業模式，如果 Spence 使用公共價值計分卡，課責這種替代系統的開發和利用將會是以他操作性能力角度來看的重要組成部分。

當然，也有使用這種課責形式的顯著風險，還有就是組織會在學習和談論可能性時吸收，但卻忘記執行的風險，即其終於做出把重點放在取得成果的承諾，他們還是會把重點放在自己的內部流程和企業自身發展，還有就是弱化高層管理人員的課責，並鼓勵高層、中層管理人員及人員間之對話，以削弱組織運行時嚴格且由上而下的課責制度。然而，對 Spence 來說，這些風險似乎值得考慮用來換取組織變得更加誠懇及認眞努力的可能性，這個潛在效益可能來自於不斷適應新的和獨特的環境，並從錯誤中學習。

建構外部課責制：配合零失誤的政治訴求

Spence 在建構組織內部課責能力所做出的選擇似乎相當適合他和社會服務部門所面臨的艱鉅挑戰，雖然他可能選擇最活潑且最有可能引導社會服務部門（和其夥伴、共同生產者和客戶端）創造更多公眾價值的績效管理系統，其建立之內部課責制度是否可能通過該機構許多監督者審核並不完全清楚。

事實上，Spence 在承諾組織他判斷對執行其任務是最好的內部課責具體形式時，面臨非常顯著的策略風險，Spence 知道在他任職期間會發生一些涉及兒童虐待和忽視的糟糕事件，而大眾的反應將可再次重新檢視社會服務部門政策和程序充分性、管理階層能夠堅持及遵守這些政策和程序的程度，這個才是公眾期望在部門找到的課責模式，當人們發現 Spence 有一個非常不同的管理系統，其中有個風險，因爲這個差異可能會使他顯得無能，而沒有人在外部授權環境的可能性是會花很多時間思考什麼形式的課責制度最適合社會服務部門，且哪種模型是監督員會認

爲是最好的一般形式。

　　Spence 發現自己在大眾期望要求社會服務部門操作零缺陷及堅持嚴格的課責制和自己合規需求並沒有提高績效的理解中糾結，即使是短期，更別說是長期，他完全理解人民嚴格檢視他機構發生的任何績效錯誤，若一個孩子被殺害、致殘或嚴重受照顧者傷害、餓死、退化及每天心理上虐待，社會服務部門將檢視這個錯誤，即使沒有案例的先驗知識，但是如果他是曾經聽說過的特殊情況或者有提供一些服務和持續監督，這仍是眞實的。

　　Spence 也充分瞭解社會服務部門不可能在沒有考慮被認爲是績效錯誤的壞結果下進行作業，他缺乏足夠的金錢及權力和如何使用他被授予之金錢和權力的知識，他被授與保證國內沒有孩子將成爲受害者，他不能指望得到更多資源或突然制定尋找案例的高效方式、干預家庭或者知道何時應停止幫助既定家庭，他所能做的就是用他所有的資源設法提高工作表現，要做到這一點，他必須能夠以他們的專業期望來激勵員工並發展自己的專業技能，同時讓他們對其績效負責──這是一種基於某些假設設定而促成較爲簡便可行的工作任務，該假設是認爲員工可以被激勵去積極做好其工作，如果是會威脅到績效表現的話，唯一的可能就只是因爲他們運用了不可靠的方法。

　　Spence 看到，他將需要在組織內建立一些空間，讓錯誤可在其中被識別和誠實且公開討論，亦可用新的方法來進行實驗以檢視績效是否可以改善，促進這些討論意味著明確區分因人類疏忽發生而發生的不良結果，及另一方面因現有技術和人爲判斷的局限而出現的其他不良結果。

　　大眾很難接受即使有作業最佳績效並使用目前最好的系統來生產所需結果，社會服務部門仍可能無法保障麻薩諸塞州每一個孩子不遭受嚴重暴力傷害，鑑於我們已經瞭解使用外部課責制來達成目標的重要性，Spence 可能不得不軟化或減少大眾對機構課責之期望有點違反直覺，使其對不是很完美的表現而非不斷改善負責，這對這方面和其他許多公共部門業務的目標來說非常不同但也許更合理，就像明尼蘇達稅收部門的 John James，Spence 不得不找到一種方法來獲取其監督員的注意，並幫助他們瞭解他們在績效缺陷出現前要求他做的工作之性質，以便讓他提升防衛心與注意力。

　　如果 Spence 曾在政府部門依靠我們的策略管理模式，並建立公共價值計分卡，以將其及組織的注意力置於必要執行的工作，更維持一個創造價值的策略，計

分卡的合法性與支持的角度已提出如何妥善管理其外部課責制的重要問題，這也鼓勵他找出他需要採取的步驟來降低此策略的風險。

在實際情況下，Spence 採取比 James 還平和的辦法，其決定以一系列的內部公開信與他的監督員進行對話，信件不只寄送給自己的工作人員，立法機關和州長也一同寄送，而在這些信件中，他試圖建立對社會服務部門作業性質和他認為對機構來說效果最好的課責形式之共識，這些信件的目的是讓每個人都習慣課責系統（以及績效衡量）乃用於改善長期及短期業績，並讓人員做出專業承諾，而非只是簡單控制其時間及精力，他應該注重結果，他應該堅持認真處理案例的課責，而非只是其結果或遵守現有政策和程序，這支持社會服務部門作業的績效管理系統將包括所有聯邦政府規定的數據及同事間保持績效之壓力及創造力和學習之間的持續對話，Spence 不得不說服他的授權人，儘管這個系統看起來比僅僅是符合政策和程序的定量措施系統少了「強硬」和嚴格，但實際上可能比一般的系統更苛刻和嚴格，而且在任何情況下可能出現更多的學習機會。 395

動員支持 Spence 正在建立的新形式課責之外部授權環境在一定程度上有效，外部環境中沒有人試圖阻止他，且他得到一些支持，然而，在不良事件發生後儘管他盡了最大努力，Spence 仍發現自己在是否變更回舊方式的部分承受著巨大的壓力，以讓沒有按照確保有效績效的政策和程序之社工成為替罪羔羊。然而，Spence 抵制這種壓力並持續發展學習型組織，但還是要付出代價，而且這個代價是以減弱政治支持的形式來支付，讓 Spence 在新州長上任時總顯得脆弱，如果他沒有看到採取行動建立合法性與支持的重要性，及使用公共價值計分卡來監控其努力爭取立法機關或更廣泛的影響，以如同 Diana Gale 一樣幫助廣大市民瞭解問題的性質，他或許不一定需要付出這個代價，這需要一個更大的公關努力，而他最終可能只給 Spence 帶來做好其工作更大一些的機會。

本章總結

Spence 進入社會服務部門時仍是兒童保護服務世界的新手，他並非一個充滿價值和其試圖改善績效之專業知識的專業社工人員，他只有足夠的信心，他的組織將以高績效及嚴格標準來領導，有些失敗是不可避免的，而這些錯誤可能引發眾 398

怒。在他面前所出現的第一個問題是，他要如何才能建構出一套內部課責系統，這個系統除了應能讓工作的內部既有問題與對於績效表現的外在需求精確地切合之外，並應得以讓我們知道社工自身不僅期望短期能在組織中發揮個人最大努力，亦期望可促成組織管理系統的長期改善。第二個問題是他如何維持來自政治授權環境對一個系統的支持，這個被期望能達成所有相關事務的系統乃是與原先熟悉（雖然功能失調）的社會服務部門課責系統差別極大的系統。

Spence 看到社會服務部門所面臨的複雜問題，即沒有精心建立及編纂的程序來生產可靠且有效的解決方案，如果沒有可執行的可靠流程，他可能轉向成果衡量，以建立課責制及確保效果，但由於程序並不可靠，很難說看到不知是否因為不遵循可能產生好結果之程序而產生之不好的結果，或者是遵循程序所產生之意外和不幸的結果，而如果沒有靈活嘗試新的程序，組織將永遠處於發生錯誤的週期。

為了擺脫這個命運，Spence 決定開發並使用社會服務部門資訊和績效衡量系統來建立致力於不斷學習和改進的組織，這個努力的關鍵部分是認定組織為認真且自覺敬業的一個整體，在他心中，基本的文化目的與衡量和課責制並不一致，相反地，衡量和課責制對實現它將非常重要，Spence 的績效管理系統和傳統課責系統不同的是其依賴定性和定量數據、個別案例和匯總統計和同事間的課責程序，以建立個案做法相關及如何改善之內部討論。此外，不可避免的悲劇發生時，雖然他們會仔細檢查、辨別任何個案工作的疏忽、調查、進行開放式討論，並將該悲劇視為讓組織瞭解其程序之優勢和弱點的機會。最終，Spence 建立了讓社會服務部門員工不僅負責其結果或過程，還有在不斷審查中保持人員日常的專業盡責及其作業中發生之可怕悲劇的績效衡量和管理系統。他希望對「做好工作」的專注不僅在短期，長期也可得到績效改善。[60]

圖 7.2 Spence 和麻薩諸塞州社會服務部門的公共價值計分卡。

| Harry Spence 及麻薩諸塞州社會服務部門公共價值帳戶 | 396 |

公共價值帳戶	
使用公共資產及相關費用	集體成就有價值社會成果
經濟成本	完成任務
內部（行政）	保護孩童免受父母及其他照護
外部（家庭成本）	者之虐待及忽視
	為高風險孩童提供安全且長期
	住所
	確認系統內孩童的長期正面結
	果
出乎意料的負面結果	出乎意料的正面結果
家人分離	被無法生育之照護者收養
重新安置孩童	
	客戶滿意度
	以尊重對待客戶
	參與並支持照護者
使用公權力的社會成本	正義及公平
侵入家庭	給予所有系統內孩童與成人相
根據法院命令所建立之關係	同之機會
終結養育權力	保障養育權力
	增強養育責任
	平等對待各案例
	尊重文化差異

圖7.2　Harry Spence 及麻薩諸塞州社會服務部門公共價值計分卡

397

合法性與支持的觀點
Harry Spence和麻薩諸塞州社會服務部門的進展與規劃

符合公民期望之價值的使命：
尋求兒童保護價值的「百慕達三角」平衡

納入潛在客戶忽視的價值：
建立大眾對不良成果和盡責錯誤的寬容
社工處理「邪惡問題」給予公眾支持

與正式授權人站在一起：
發信給立法者提出課責新條款
增加作業透明度
保持接觸以確保其致力於新條款

與主要利益群體站在一起：
調整社會服務部門目標以與佔兒童福利主導地位的專家意見一致

媒體報導：
增加機構對危機之做法的透明度
讓媒體瞭解從事並解釋課責的新條款

在政策上與個人站在一起：
一般市民
• 幫助市民瞭解和接受課責的新條款
客戶端
• 詢問客戶關於服務體驗和壓力以滿足其義務

讓公民成為聯合生產者：
培養公民成為記者
培養公民為家庭提供支持的潛在角色

操作性能力觀點

Harry Spence和麻薩諸塞州社會服務部門的進展與規劃

流向企業之資源：

財政收入

- 吸收大的預算削減

公眾支持／熱門意見

- 以塑造期望建構人民對使命更多的支持

人力資源：

勞動力狀態

- 以減少隔離，增加支援力度來提高社工們之士氣

員工培訓／專業發展

- 以專業開發能力建立競爭力
- 給予中層管理人員新的責任

個人責任的績效衡量系統

- 以透明度和點對點學習來維護課責制度

業務政策、程序和步驟：

運營績效品質

- 維護現有政策和程序指引
- 建立案例的六個核心實踐價值以為一套指導社工的專業標準

組織學習

- 讓整個組織一同檢視現有政策和程序
- 用「關鍵事件」來評估系統而非個人業績
- 發起案例聯隊模式來加強反思、學習及相互課責文化

績效衡量與管理系統

- 使用定性數據來補充和說明定量數據
- 保持經常性的績效衡量
- 以績效數據作為討論而非責難之基礎

組織輸出：

輸出品質

- 以聯隊減少客戶對個案中存在武斷決定的擔心
- 提高協調家庭服務的能力
- 提高診斷條件和發展計畫的文化能力

結論

　　從 William Bratton 對激勵紐約市警察局著重於降低犯罪率的努力到 Harry　　400
Spence 企圖將麻薩諸塞州社會服務部門（社會服務部門）轉變成能夠負責
任、認眞、學習及在巨大壓力下成長之組織是一個漫長的旅程，這本書檢視了
Compstat 的案例，因其常被用來當作引進私人企業紀律承諾的範例，以建立公
務機關迫切需要的底線價值並著重於政府績效。根據傳統解釋，如果公共管理
者只會用某種底線價值衡量其機構的表現，並且建立組織中每個人都需要爲增
加底線負責的管理系統，他們就會如同 Bratton 一般，顯著提高其績效。

　　但重新檢視時，這個簡單的說法很快就變得複雜，顯然是因爲私人和公共
管理者作業實用性和規範性的關鍵差異。私人企業的價值來自於顧客選擇購買
其產品與否的決定，其讓公司需要對價值創造負責，而公務機關價值的決定者
是公民、納稅人及其選出的民意代表，其定義他們要公共資金和權力實現的社
會成果。其次，私人企業主要爲自願交易，但公務機關經常依靠國家強制力，
強制力帶來正義、公平、效率和效益。此外，私人企業可以用財政措施來衡量　　401
其價值，公務機關則不得不依靠無法比較之價值觀的具體非財務指標。上述差
異都需要顯著調整，因此，公共管理者需要思考的是他們正在創造的價值及衡
量的方式，而私人企業簡單的模式就無法在這樣的背景下輕易「過關」。

　　同樣重要的是，人們清楚看到底線績效嚴格的課責制並沒有私人企業績效
衡量和管理系統最先進且最成熟的應用。可以肯定的是，底線的財務課責制對
企業管理者來說，是重要的績效衡量和管理系統，以符合外部課責需求，並建
立及執行組織紀律。但許多營利性民營企業越來越依賴不同的績效衡量方式和
不同的內部課責機制——許多以「平衡計分卡」來評估執行前瞻性策略的績效

和管理系統，來改善其財務表現。他們建立課責制度，以爲創新和組織學習創造力爲創造空間，有的甚至嘗試對其績效加上兩倍甚至三倍的底線，以實現被認爲是社會價值的非財務目標。

這些問題指引出某些可以在公務機關中使用之不同的績效衡量和管理系統想法，也就是說 Compstat 的傳說可能需要重新檢視。

重新考慮 Compstat 傳說

也許 Compstat 傳說深植人心不是因爲它是眞實的，而是因爲其具特定思想觀念和政治偏見。假設其與 Bratton 成功（強硬的底線管理）相關聯的功能並不是讓系統生存或傳播治安和整個公務機關管理方式唯一，甚至是最重要的功能。假設從 Bratton 賺取「利潤」之概念演變而來的 Compstat 在降低紐約市犯罪率上獲益，則公務機關應該負責完全實現公民想要的結果。假設系統發展進化了，其提高了組織績效能力，不僅在短時間朝著期望結果邁進，還幫助政治社群和警政部門認識他們眞正想要實現的價值，此即將有助於達到他們欲完成的目的。假設 Compstat 的最佳替代者是內部課責系統，其可能最終推動了 Spence 試圖在其開發之系統建立的許多特點，以支援社會服務部門的長短期學習、推動及引導。

如果這些猜測是正確的，那些阻止公務機關使用 Compstat 進行「底線管理」的因素，就必須考慮到公務機關需要更細緻之衡量和管理系統的可能性，以協助他們瞭解市民及其選出之民意代表期望他們做的事情，及當前的作業方式是否可實現這些希望和期待，同時支援並鼓勵創新，以建立操作性能力，並且加強與合作夥伴和協作生產者的工作關係。爲了檢視這些揣測，我們必須更仔細研究 Compstat 模型，因爲它是第一個根據紐約市和許多其他警政部門的實務案例而進行構思及由此被建立起來的。

課責制讓組織更加努力

Compstat 成功的一個常見解釋爲 Bratton 用終極手段來激勵紐約市警察局的指揮官：努力工作，不然就離職。至少 Compstat 的主要設計者之一 Jack Maple 認爲

這是 Compstat 中最關鍵的結果。Maple 曾經告訴我：「我認識一些跟你不一樣的警察，他們並不努力工作。」Maple 認爲，如果可以激勵轄區指揮官，讓他們和巡邏人員及探員更加努力工作，則街上警察人員的效能將大幅提升。 403

其他對 Compstat 成功的解釋爲，該系統之所以可行不僅是因爲其讓轄區指揮官和整個部門一起努力工作，也因爲其讓該組織更聰明地工作，這也部分解釋了大家爲何熟悉 Compstat。但這個故事有兩個完全不同的版本。

警務執行更有效的方式

有人說 Compstat 成功是因爲其要求或促使紐約市警察局警察接受較新且更強大的警務執行方式。對此而言，至少有三個關於新的警察策略之不同概念可以解釋 Compstat 的成功。

污垢戰爭

Compstat 對紐約市警察局有效的概念之一爲其降低 James Wilson 及 George Kelling 有影響力的文章中所述之犯罪具體想法：「破窗：警察和鄰居之安全」，因爲此鼓勵了警方特別注意較不嚴重的擾亂公共秩序罪，所以該理論也被稱爲「污垢戰爭」。[1] 這扭轉了長期以來美國各地警政部門著重於如謀殺、攻擊、強姦、強盜及搶劫之嚴重犯罪，並忽視如公共飲用水、噪音違規及街頭遊蕩之公害犯罪的專業做法。[2] 將注意力集中於嚴重犯罪的舊做法已經被證明符合其預期效率：將資源著重於最嚴重的犯罪似乎有道理。[3] 但這種做法也是公平承諾的一部分。由於擾亂公共秩序罪通常需要警察行使警察權中的個人自由裁量權，但這也是警察腐敗和種族歧視出現的地方。若不讓警察有機會這樣做，可能會因此協助警方避免種族或階級歧視和腐敗。

扭轉此政策的理由具三個略有不同的論據。首先是發現市民擔心輕罪多過嚴重犯罪。[4] 如果人們期待警察減少恐懼和（嚴重）犯罪，專注於輕罪將協助警方加強安全的心理體驗。[5] 而當警政部門開始因此專注於輕罪時，其發現了一個新的應集中於輕罪的理由：嚴重犯罪的發生率也似乎有所下降。[6] 404

執行輕罪第二和第三個論據來自於對這個意想不到結果的兩種不同解釋。一個是減少恐懼，並讓守法公民收回處於危險的公共空間，從而使這些場所更加安

全[7]（這是原本所謂的「破窗理論」）。另一個解釋是專注於輕罪讓警方得以在發生嚴重犯罪前逮捕危險分子，並干預該危險情況。作為紐約市地鐵警察的主管，Bratton 說，在地鐵抓逃票者似乎也減少了搶案發生，也許是因為逃票者也同時搶劫，或者搶劫者同時也逃票。[8] 經由類似邏輯，如果警察在嘈雜的青少年聚集現場，也許能防止局勢升高成使用刀槍的攻擊事件。

即時犯罪資訊

雖然有對 Compstat 的說明與實際情況，然而，還有另一種有關控制犯罪第二個常規方法的理論，Maple 堅持認為警察需要舉報犯罪案件之特徵和位置的即時資訊，有了這些資料，他們才得以找到犯罪熱點或一般模式的刑事犯罪，並使用這些資訊來威懾及更有效地控制犯罪。[9]

Maple 給警方有關犯罪模式即時資訊的概念在警務處理上並不特別新奇。警政部門在1930 年代就將電話、汽車和廣播連結，以建立可以針對報案電話迅速反應的能力。如果警力能盡快抵達，也許就能阻止正在進行中的犯罪行為。如果警察懷疑一個特定的時間和地點可能發生犯罪行為，他們就可以「主導」，而非僅是進行隨機巡邏。

在 Compstat 出現後，下述的簡單想法隨即出現：犯罪尖峰和熱點的即時資訊預測讓警方得以掌握干預原因和時間點，且對有理且有效的戰術更富有想像力。如同 Maple 所述，「預測的目的是，你可以問『為什麼會發生這件事情？其根本原因為何？』」因為其將犯罪視為需解決的問題，而非以調查和逮捕來處理的事件。所以，這可能反過來激發大家思考出更為周全的維持治安方式。[10]

具體犯罪處理之部門策略

作業方式的第三個變化，是 Compstat 觀察後認為幫助紐約市警察局更聰明且努力工作的是指揮人員的發展和全部門宣導之策略，以應對紐約最顯著的犯罪問題：非法槍支、青少年暴力、毒品交易、國內暴力、警察腐敗，汽車相關犯罪和影響公民道路及公共空間安全的擾亂公共秩序罪。[11] 就某種程度上來說，這些策略針對城市熱點或犯罪高峰發生之特定犯罪活動建立起了更具體的干預措施。

然而，我們可以把它們當作一般由上而下的策略，其原因有三項。首先，每一個策略皆涵蓋了非常廣泛的犯罪類型，策略本身比巡邏和調查更具體，但他們仍舊

非常廣泛；其次，策略乃由組織高層建立，並且經由部門以建議的方式來推廣，他們提出建議和指導時，想要保護其職業聲譽、規避風險的區域指揮官應明智利用這些策略——而非再重新建立一個新的策略；第三，也許是最重要的，策略有很多共同點，每一個似乎都在強調提高警察的積極努力程度，以使其與市民直接接觸。實際上，這七個不同的策略似乎都達到了一種基本策略：讓警察站上第一線面對人民。

Compstat 的核心犯罪控制策略

其實，仔細檢視與 Compstat 相關之所謂不同的警務實質策略：污垢戰爭、即時犯罪資訊利用，以及建議的策略發展來處理特定高度優先犯罪，我們會發現一個共同的重點，其重點概念為警方應該根據其懷疑來積極與人民接觸，而非等待麻煩發生。

對學習警政歷史的學生來說，出現新的犯罪控制策略很難，故就是再創造一個眾所周知的警務執行策略，這在 1960 年代初期常見，其被稱為「侵略性預防巡邏」。[12] 此策略的文獻中明確表示，雖然這種戰術可以減少犯罪，但也降低了警方的合法性和支援，特別是面對往往可能造成城市騷亂的少數族群。[13] 但或許是回到 Rudolph Giuliani 和 Bratton 所述之降低犯罪率的警務基本策略。

406

Compstat 建立解決問題之能力

如果強調由上而下地採用積極防範巡邏的一般警務策略並非 Compstat 成功至關重要的祕密，那就有另一個不太明顯的答案，也許 Compstat 隨著時間建立了紐約市警察局開始發展並學習由下而上即時處理面對特定區域特殊犯罪問題的條件，其對 Compstat 的觀點並沒有太多公開討論，也許是因為其將刺激組織努力工作的底線管理系統簡單且令人滿意的概念複雜化。但問題是，Compstat 似乎演變成另一種對處於正式和非正式學習過程的善意專業人士執行的課責制，此舉並未讓多年來許多採用（和改編）系統的組織實際參與或密切觀察 Compstat 的人感覺很大的驚喜。

世界各地的警政部門開始讓 Compstat 的傳說更因地制宜，他們往往以專注於減少犯罪的課責制度開始。許多警政部門利用看起來很積極的防範巡邏方式，不

過，很多人感覺基層人員的參與度應該更高，以針對特定問題努力創造更好的解決辦法、開始將 Compstat 轉化為建立不僅可以執行，而且也還可以思考和創新的課責系統。

407　如果 Compstat 是要成為思考、發明、學習及控制的工具，相關的管理制度必須先為那些負責控制犯罪的區域指揮官製造空間，而其支持的下屬和同事則可以開始談論其所面臨的情況和最好的處理方式。因為這些對話出現在當權者建立及出席了的論壇，其討論似乎鼓勵和授權與現有政策不同的創造性思維，和對有創意的解決方案持更加開放的態度，Compstat 是一個論壇，一個關於紐約市警察局如何解決具體犯罪問題之討論，而非僅是高層借勢打電話給區域指揮官討論其無法在其區域降低犯罪人數的話題。

對許多不只在紐約市還有全國各地看到 Compstat 演變的人來說，Compstat 剛開始是一個由上而下的課責過程，然後進化成一個區域指揮官能夠與其老闆和同事討論如何有效應對具體問題，並請他們幫忙回應的過程。從這個角度來看，Compstat 開始檢視更多。像 Spence 試圖在他第一次出現前將其引入社會服務部門，Compstat 可能是一個關於使用績效衡量、課責制、建立和使用新的學習專業文化的成功故事，而非一個強硬內部課責成功的故事。

學習性觀點

支持組織學習的私人企業倡導者大肆宣揚由下而上的學習及其組織文化的好處。[14] 既然有這麼多關於生產流程努力創造的價值在於那些每天參與這些流程之人的資訊，那麼鼓勵一線人員磨練其技能，可以想像得到他們應能創造更多價值或更有效地產生合理價值。[15] 鑑於人類自然的學習慾望，專業的組織可以鼓勵學習並創造學習機會，以提高整體動力和組織承諾。因此，Kaplan 和 Norton 由「學習與成長角度」所發展出的平衡計分卡之重點即集中在設定目標、建立追蹤員工業績

408　滿意度、記憶和生產力之措施、員工提出及執行之建議和實施、執行這些建議的結果及個人和部門目標與組織更廣泛目標的符合程度。[16] 這些確實是值得追蹤之組織績效的重要特徵，其在公共價值計分卡的操作性能力當中也確實佔有一席之地。

但公共價值計分卡沒有這樣的「學習性觀點」（learning perspective），因為應

該促使學習者**在策略三角架構中各點**進行學習才得以對其加以開發和運用,策略三角架構每個點的學習亦有助於整合三角形各點為既定的一致策略。公共管理者針對其公共價值的本質提出哲學調查時,需以個人和公眾的角度來評估,並加入功利與道義架構。他們開始發現其活動的真實成本和他們正在建立或未來可能建立的全方位社會效益。因為他們希望在自己的政治授權環境中,尋求其公共價值帳戶裡所顯示出的價值創造認知,並支持其公共價值主張預設之價值,如此他們才能瞭解公眾及其代表真正希望他們以公共資金和授權之權力所做的事情,然後幫助他們擁有更清晰、準確且具體的概念。當其將注意力轉向創造預期社會成果所需之操作性能力時,他們將瞭解應該做什麼來提高代表其組織能力之內部流程、公眾如何以更廣泛的操作性能力參與共同創造其所期望之成果,以及其建立過程中使用之方式具什麼樣的價值:包括公家單位和私人企業將成功歸功於誰的重要問題。

事實上,這本書本身就是一個學習的過程,我們從財務底線的簡單概念轉移到建構更複雜之估算方案的必要性,其可獲取公務機關產生之完整價值及財政和社會成本(公共價值帳戶)。

我們的想法已經有所轉變,就是從管理者需要有效管理其組織的唯一方式是能 409 夠可靠地識別過去產生價值之公共價值帳戶,前進到管理人員需要一套完整的績效衡量方式。其應可找出並引導組織執行在不斷變化的環境中保持或增加其績效價值(公共價值計分卡)的前瞻性策略。

我們以公共價值計分卡的合法性與支持角度來考慮如何建立符合立法考量的公共價值帳戶,這將有助於改變組織和立法監督機構之間的關係,並建立合法性和對公務機關的支持。

我們以操作性能力的角度來看以績效約定保證有效績效彰顯出績效衡量在整個價值鏈、研究過程以及結果的重要性。

我們已經看到了將公民共同參與公共價值創造及操作性能力發展連結到合法性建立和支持的挑戰。

也檢視了體現良好且具公義之社會的整體公共價值帳戶是否可以存活於曲折且蜿蜒的民主政治,包括對不同績效措施是否及如何用於政府的不同觀點,及幫助一個政體定義及追求超過十年的公共價值。

然後我們研究了解決社會最「惡劣問題」(wicked problems)不可避免之失敗的挑戰,改進識別能力並從失敗中汲取教訓,組織的衡量和管理系統有助於揭露、

診斷及最終設法防止。

　　找到政府在績效指標方面的重大影響以及制定有助公共管理者未來建立更多價值之措施這兩種挑戰，不會永遠只是在針對過去的做法及過去對何謂公共價值內涵所進行的理解，它始終是一個不斷學習的過程。其中，大眾將對其預期產生及反映在政府機構作業的公共價值改變想法，而建立合法性的程序及支持既定價值的主張能夠得到改善，並經由討論來加強，外部和內部的調動操作性能力變得更全面且更明智地將焦點集中在預期目標。從這個角度來看，績效衡量最重要的貢獻並不在於使我們得以執行我們想做且知道該怎麼做的事情，而是在於幫助我們瞭解我們應該做的及可能做到的事情。

　　學習不可避免的一部分是用來幫助展示和確認成功之方式的失敗，學習如何承認並從失敗中學習是所有公務機關和監督者在其致力於有效的績效衡量時必須接受的一個挑戰。衡量不僅揭露成功，其亦可能顯示失敗。管理人員很難——甚至對其監督人員更難——的是適度掌握他們有認知當前知識和想像力極限的勇氣。就此而言，無論成功與失敗都可以創造價值，且兩者都創造了瞭解更多的機會。也因此，最佳設計的管理系統應當促進和支持學習。

在不同環境維持最好的私人企業思維

　　從一開始，這裡的目標一直是保存來自私人企業以績效衡量建立組織課責制和績效改進概念最好且豐富的經驗，並將其用於公務機關的獨特環境。應該注意的是，這樣做的過程不是如同看起來、希望或期待的那麼簡單，於公務機關引進績效衡量和管理將簡化應保持在最低限度的管理過程。

　　因此，若欲取得最好的公務機關績效衡量和管理，則需進行一些重大的調整，這種概念似乎是正確的，這不僅指的是舊的公務機關做法，而是應該從私人企業引入的簡單想法都需調整。如果要看到核心理念能夠保持的重要性及其可能被調整的方式，就看看讀過這本書人如何回答擺在他們面前且攸關公務機關未經改造的簡單底線管理等核心問題。

問題1：公務機關建立強烈績效責任意識是否有價值且重要？

答：絕對是。但問題一直不是公務機關對課責的強烈需求，而是課責的內部和外部需求並不一致，且往往側重於錯誤的事項。

課責的外部需求來自各種不一定同意公共價值定義的授權人與監督者，即使他們同意特定機構績效的公共價值有許多不同的層面，授權人仍會堅持績效是他們認為最重要的一個數值。為了解決這個問題，公共管理者必須不斷為其授權人創造公共價值主張，並制訂其公共價值帳戶，以獲得足夠的政治支持，並以之作為組織績效合理指導的價值主張。這個過程有助於授權人及管理人員學習特定組織的活動，也有助於學習到產生這些結果所採取之行動的價值究竟為何。

當涉及管理者用來建立激勵員工以更聰明方式更加努力工作之內部課責制度時，只有簡單說明其特定政策和程序並要求大家遵守是不夠。一個強大的公務機關是指其員工需與一個政治上可行的策略價值所主張的專業論述保持一致，員工應負責實現價值建議中所列舉成果及公共價值帳戶測得之績效數值，他們也應該對其服務對象、老闆及納稅的人民負責。

最後，用於外部和內部的適當課責制，其應該是取決於構成公共價值創造的概念性和操作性定義，每一個重要面向皆具某種程度的公共價值。這樣的事情的存在讓人無法放心。相反地，創造一個適當的公共價值帳戶需要大量外部政治工作以將不同價值觀念整合成可行的方案，並維護和修改衡量系統的內部管理工作，同時且利用他們來維持員工的課責性。總之，應致力於政治性、哲學性和技術性行動，以建立起一個明確的公共價值主張，並建構出公共價值帳戶，循此藉以衡量根據價值主張取得的進展。

412

問題2：現在，我們是否應該讓公務機關對其業績負責，而不是讓他們無視未來改善的承諾？

答：我們絕對應該，正如私人企業必須為他們昨天和今天所做的事情負責，故公務機關亦應當對目前的績效負責。但正如民營企業所知，他們對其股東的未來價值取決於他們可以利用新技術及適應環境所出現之新情況的可能性。因此，公務機關必須能夠進行改變和適應。這意味著，公務機關應被要求不僅為其目前的績效負責，還需為其為自己定位於改進未來績效的投資負責。正如股東們希望企業制定並執行計畫以持續未來的營利能力，人民也應該期待公務機關維持並改善其未來的公共價值創造。一旦人民發現公務機關可能延遲其環境要求，他們應該加大對該機構

的壓力，讓其不僅可以有更好的表現，也可以投資在增加其能力的部分，以利未來改善。

問題3：公務機關是否應該被要求制定並使用可以即時提供準確績效資訊的績效衡量？

413　**答**：他們絕對應該。正如私人企業必須負責提供股東及投資者公司財務情況的準確資訊，公務機關也應負責提供公民和其選出（和自行任命）的代表準確資訊。但是，在建立這些措施時，公民和其選出之代表必須明白，一個單一的績效衡量可能無法顯示公務機關所創造之全部價值，績效對公民和其選出之代表有許多不同層面的規範意義。因此，正如私人企業認為其有助於許多不同層面的績效，公務機關亦需記錄和報告其含括多元面向的績效表現。

　　公共管理者也必須承認，績效指標的統計將不會是評估其表現的唯一方式，其需以獲得公眾注意的獨立事件來評估，且需考慮是否及如何將此一事實併入一個有效的績效管理系統。

　　Harry Spence 特別在其績效管理系統中，運用「關鍵事件」（critical incidents）來呈現外部和內部評估事件，並將「關鍵事件」視為誘因，以讓大眾和機構思考到社會服務部門活動中之價值其實已處於深切的危機當中，這些社會服務部門活動已經被提升也已被保障，其也已在特定事件中被遺棄及被犧牲，以及社會服務部門實務活動可能已被如何調整而產生出一個不同（也許更令人滿意但並不完美）的結果。如果績效衡量與認識價值有關，或是如果很難將大眾和組織的注意力集中在定義和創造價值，那麼爭取公眾關注的特定事件將成為導引出攸關價值和績效之對話及討論合理預期為何的重要機會。

問題4：公務機關應該著眼於社會成果，而非僅是其內部活動？

答：他們當然應該如此。因為私人企業都無法在不看收入、單純看成本和經營活動的情況下判斷其是否在創造價值，所以公務機關更不可能確定或證明他們在不知414　道以公共資金和權力創造何種程度結果的情況下，正在創造多少（淨值）公共價值。

　　但重要的問題是，無論是否提高成果衡量的重要性，公務機關都可以降低其監測成本、流程和活動。由於大眾通常重視公務機關產生之社會成果過程的特定屬性

及結果，公務機關必須建立並利用成果衡量，但也必須保持及改進衡量成本和監控內部績效的方法。人民會想知道提供服務或強加義務的過程是否公平、高效及有效，就像大家想知道特別是當決策產生不愉快結果時，政府官員是否都本著良心在做其決策。如第4章所述，監測過程亦需創新和學習，除非他們知道自己做了什麼來產生所得到的結果，否則公務機關根本無法從經驗和實驗中學習。

問題5：公務機關應該更快回應客戶的個人情況，並根據具體情況調整其績效？

答：他們絕對應該如此。正如私人企業學會對其顧客及股東負責，因此公務機關應該對其服務之客戶及老闆更加周到及回應性更高。但在尋求增加公務機關對其客戶反應能力的同時，公共管理者必須記住，因為他們利用公權力，他們必須為其分配之利益及強加義務負擔的公平性負責，以類似方式處理相同情況並維持簡單規則的壓力，將迫使公務機關使用少數有可能對各種個人情況不公平的分類系統。為了克服這個限制，公務機關可能必須建立一套更為複雜的規則，或給予員工更多的自由裁量權，以進行合理的調整。若員工可以自由使用其自由裁量權，該機構必須建立確保員工為其自由裁量權負責之方式，如定期檢視刺激標準程序或投訴程序之案例，讓客戶得以在遭受不公平對待時為自己發聲。

415

另外，同樣重要的是，雖然客戶評估公務機關績效，但公務機關必須記住，其觀點並非合適的機構績效衡量。公共價值的最終決定者並非享受服務的人民或政府義務，而是決定是否願意繳稅和以特定既公正又有效之方式自我調節以達到特定效果的公眾。該評估的一部分可能是該個人在服務和執行公務機關義務體驗的滿意度。但是，這並不是唯一的，也可能不是最重要的評估範圍。

問題6：公務機關是否應對其使用公共資產的公平性加以負責，以及是否應對使用公共資產增加公正性與其所欲服務之社會的物質福利進行負責？

答：當然。根據定義，公共管理者使用大家共有的金錢和國家權威資產。事實上，國家大多數錢來自於其權力之利用。在民主社會，運用公權力及利用職權募集資金在共同利益上是合理的，而共同利益的想法則必須考慮正義與公平，正義與公平的想法涉及到政府與公民在其作為共同利益代理人的特定互動方式：公共管理者需以類似情況處理，以不同的方式處理不同的情況，並保護作業過程中的個人權利，但政府也必須擔任一個代理人以代表公民追求公正社會。在這過程中，由於自

416 由社會創造的權力是讓個人擁有構成良好且公正社會之想法的權力，並以各種方式去追求。因此，當一個民主的社會決定徵稅並自我調節以建立一個公開且珍貴的目的，國家需將其視爲制定公平且美好社會的一些想法。

因此，有很多私人企業的績效衡量和管理可以有效引入公務機關。以價值爲導向的管理課責既可以作爲提高績效的驅動程序，亦可是建立人民與我們委託其錢和自由只爲了公正社會的公務機關間良好且正確關係之介質，「底線」課責給予管理人員和員工的緊迫和重視感，有助於刺激陳舊的官僚機構。將焦點集中於成果也提醒我們，作爲公民、納稅人和客戶，爲何我們同意徵稅和規範自己以追求特定成果，並讓自己得以對我們所身處的社會之集體願望可以實現的程度做出更可靠的判斷。

所有這一切都是好的。問題是，即使是公務機關精心建立的「底線」，也不足以在公務機關創造有用的績效衡量和管理系統。公共管理者必須閱讀建立可靠公共價值主張的政治和哲學著作，並經歷將其轉換爲公共價值帳戶的複雜技術工作，及開發和利用支持改善公務機關長短期績效綜合策略之公共價值計分卡的終極挑戰，而非只是依賴現有衡量系統對績效進行簡短總結。

這本書引介了許多案例，這些案例展現了公共管理者追求來自使用強烈、周到且精心設計的系統來衡量和管理績效價值等實務。這些公共管理者都是先驅。希望這本書能夠鼓勵其他人佔據這些先驅所開闢的廣大領域，並和他們協力以進，一起爲推動公務機關的成就而積極努力。

附錄

註釋

致謝

索引

附錄

公共管理者的平衡計分卡

本附錄提供了有關第 1 章與第 2 章中所提到的公共價值計分卡的三個基本構面要項：公共價值帳戶（圖 A.1）、合法性與支持觀點（圖 A.2），以及操作性能力（圖 A.3）。

公共價值帳戶	
集體擁有的資產之使用與相關成本	經過集體評價的社會成果之達成
財務成本	達成的使命成果
非預期的負面結果	非預期的正面結果
	客戶滿意度
	服務接收者
	義務人
使用國家公權力的社會成本	正義與公平
	在操作面的個人層次
	在結果面的整體層次

圖 A.1　公共價值帳戶：一般性表格

合法性與支持觀點：一般性表格

任務與公民價值表達一致（與公共價值帳戶連結）

納入潛在客戶忽視的價值（與公共價值帳戶連結）

和正式授權人相處
　當選的行政部門
　行政院法定負責人（預算、財政、人事）
　當選的立法部門
　立法院法定負責人（審計、監察）
　其他政府層級
　法院

與關鍵利益團體相處
　刺激經濟的供應商
　自利的客戶團體
　政策提倡團體
　潛在利益團體

媒體
　印刷品
　電子報
　社會

與個體相處
　一般公民
　納稅人
　客戶
　　・接受服務
　　・遵守義務

民主政治論述的事業位置
　參與政治運動
　參與現今當選政體的政治議程
　參與相關政策界

支持選區立法及公共政策提案的關鍵地位（與操作性能力一致）
　授權
　專用款

作為聯合生產者的公民參與（與操作性能力一致）

圖 A.2　合法性與支持觀點：一般性表格

操作性能力的觀點：一般性表格

對企業的資源流（與合法性與支持聯結）
　　流向公共機構的財務收益：
　　　　・撥款
　　　　・跨政府間的補助金
　　　　・收費
　　法治與法規的公權力／仲裁
　　公共支持／民眾意見

人力資源：
　　當前勞動人力狀況
　　　　・規模
　　　　・品質
　　　　・道德
　　徵才與選拔流程
　　員工的訓練與專業發展
　　補償層次
　　晉升機會
　　對個人課責的績效衡量系統
　　公共志工的投入

操作性政策、計畫與程序：
　　操作性績效的品質
　　　　・當前程序的文件檔案化
　　　　・對創新測試的順服
　　　　・對績效記錄方法的審計能力
　　組織學習
　　　　・對當前尚未測試的政策進行評估
　　　　・對創新的刺激與測試
　　　　・成功創新的體制化
　　內部資源配置
　　績效衡量與管理系統
　　　　・對系統的投資
　　　　・系統的使用

組織產出（與公共價值帳戶聯結）：
　　產出的數量
　　產出的品質
　　　　・生產出所需要的結果之屬性
　　　　・增進客戶的滿意度之屬性
　　　　・反映操作上的正義與公平性之屬性

圖 A.3　操作性能力的觀點：一般性表格

註釋

引言

1. 這個簡單的目標催生了一個著重於衡量對社會造成所需結果規模龐大的行業，多年來，這個領域的領導者是 Harry P. Hatry 先生，他的工作包括計畫評估、顧客調查和績效評估等領域，這是政府試圖對所產生結果進行客觀量化的各種考量方式。請參閱如下案例：Joseph S. Wholey, Harry P. Hatry, and Kathryn Newcomber, eds., *Handbook of Practical Program Evaluation*（San Francisco: Wiley, 2010）；Harry P. Hatry et al., *Customer Surveys for Agency Managers: What Managers Need to Know*（Washington, DC: Urban Institute, 1997）；Harry P. Hatry, *Performance Measurement: Getting Results*（Washington, DC: Urban Institute, 2006）。

2. 請參閱 Michael Barzelay, *The New Public Management: Improving Research and Policy Dialogue*（Berkeley: University of California Press, 2001）。

3. Albert Gore, *Creating a Government That Works Better and Costs Less: National Performance Review Status Report 1994* (Washington, DC: Dianne Publishing, 1994).

4. Mark H. Moore and Jean Hartley, "Innovations in Governance," *Public Management Review* 10, no. 1 (January 2008): 3-20.

5. 請參閱 Alan A. Altshuler and Robert D. Behn, *Innovations in American Government: Challenges and Dilemmas*（Washington, DC: Brookings Institution Press, 1997）。

6. George T. Milkovich and Alexandra Wigdor, *Pay for Performance: Evaluating Performance Appraisal and Merit Pay* (Washington, DC: National Research Council, 1991).

7. 關於私部門組織策略以及用於執行策略的方法之重要性，請參閱 Michael E. Porter, *Competitive Strategy: Techniques for Analyzing Industries and Competitors*（New York: Free Press, 1980）；亦請參閱 Robert S. Kaplan and David P. Norton, *The Strategy Focused Organization: How Balanced Scorecard*

Companies Thrive in the New Business Environment（Boston, MA: Harvard Business Publishing, 2001）。

8. 請參閱 Porter, *Competitive Strategy* 。

9. 諾貝爾經濟學獎得主 Kenneth Joseph Arrow 在 *Social Choice and Individual Values*（New York: John Wiley and Sons, 1951）書中表達了這種做法在理論上的不可能性。但實際上，此過程的成果每天或多或少可讓人滿意，每當公有資產致力於特定的活動並產生特定的效果時，理論上不可解決的問題實際上就可解決，即可對此特定努力的公共價值做出明確或模糊的判斷。

10. 請 參 閱 David Osborne and Ted Gaebler, *Reinventing Government: How the Entrepreneurial Spirit Is Transforming the Public Sector*（Reading, MA: Addison-Wesley, 1992）。

第 1 章　William Bratton 和紐約市警察局

1. 本研究案例採取自 John Buntin, "Assertive Policing, Plum-meting Crime: The NYPD Takes on Crime in New York City," John F. Kennedy School of Government, Harvard University（Cambridge, MA: The President and Fellows of Harvard College, 1999）。除有另外註明者之外，本章所引用的資料來源都是來自於上述案例。

2. 請 參 閱 James Dao, "Dinkins and Giuliani Split on Public Safety Issues," *New York Times*, October 11, 1993。

3. Poll data from a *New York Times*/WCBS-TV News Poll cited in the James Dao article.

4. 請參閱 James Q. Wilson and George Kelling, "Broken Windows: The Police and Neighborhood Safety," *The Atlantic Monthly*, March 1982: 78。在每一個主要任務中 George Kelling 都與 Bratton 搭配在一起執行任務。

5. Buntin, "Assertive Policing," 第 7 頁。

6. 根據 Bratton 的看法，Knapp 委員會關注 1970 年期間紐約警察局腐敗狀況降低的問題，以及紐約警察局內部為實施其建議所做出的改變，這已剝奪警察本身曾享有的許多監管權力（如企業違反許可法等問題）。為避免腐敗和種族歧視而過份強調「維護秩序」的活動產生意想不到的有害結果：警察讓街道失控。

7. Manhattan、Brooklyn 與 Queens 被區分為南北兩個巡邏區。

8. Buntin, "Assertive Policing," 第 6 頁。

9. 1994 年初期，在關於青年暴力、毒品銷售、家庭暴力、闖空門、汽車事件以及

貪腐案件等一系列焦點事件中，Maple 界定出首要警政策略是「將槍枝掃除於紐約市的街頭之外」（*Getting Guns Off the Streets of New York*）（請參閱 Buntin, "Assertive Policing," 10-11）。

10. 同上註第 12 頁。

11. 同上註第 17 頁。

12. 這是特定管理技術的一種應用，Gordon Chase 是早期另一位紐約市的公共政策管理人，他利用此技術推動建立美沙酮診所網絡，藉此應對 20 世紀 70 年代中期該市的海洛因毒品問題。請參閱 Mark Moore and Robert Svensk, "Methadone Maintenance: (B) The Entrepreneur's View," Case Study for Kennedy School of Government Case Program (Cambridge, MA: The President and Fellows of Harvard College, 1976), Case No. 66.0。最近，此觀點也出現在私營部門的管理科學文獻中，此文獻討論制定超大規模目標造成的管理效用。在 "Building Your Company's Vision"（*Harvard Business Review*, September/October 1996）第 73 頁中，James C. Collins 和 Jerry I. Porras 建議每家公司都將「超大膽的目標」（BHAG）設定為「一個明確引人注目的統一工作重點和團隊精神催化劑」，商業界還使用「燃燒平台」的用語表示「做出改變的令人信服的商業理由」或「如果我們現在不改變將會有壞事發生在我們身上」的狀況（Jeff Cole, "How Hot Is Your Platform?" http://www.sixsigmaiq.com/columnarticle. cfm?externalid=677&columnid=l3, accessed March 4, 2009）。此觀點是為了進行組織變革，領導層需提出一個令人信服的案例，也就是如果組織沒有改變的話，壞事就會發生。請參閱 Paul R. Niven, Balanced Scorecard Step-by-Step for Government and Nonprofit Agencies（Hoboken, NJ: John Wiley & Sons, 2003）, 48。

13. 此區域確實每週向警察總部回報搶劫人數，但對這些數字卻沒有太多的因應作為。

14. 因為該部門分為 72 個巡邏區，每週兩次的會議時間表即表示該區域的指揮官大約每九個月出席 Compstat 評論會議一次。

15. 區域指揮官和該區偵探單位的負責人都出席這些會議。

16. 該部門還設立一個內部審計小組，確保不會擅自操縱犯罪數字。

17. Compstat 追蹤殺人、強姦、搶劫、闖入盜竊、重罪襲擊、重大盜竊和大規模盜竊罪等案件，但未追蹤縱火案。

18. 這些措施旨在獎勵警方超越平常預防性巡邏做法，「更直接參與社會的日常生活中」，追蹤目標即為使用和攜帶槍支的人們，但因為事先很難知道這些人是誰，這些人經常介入未使用或攜帶槍支等其他人的生活。主要是針對毒品嫌犯、乞丐、刮車客和持槍犯和嫌犯。在過去此方法名為「積極的預防性巡邏」，現在這些戰術即名為「積極主動的巡查」，或者更可說是「防範警戒」，這些舉措即為「破窗」

犯罪的理論核心。

19. 大約在每三個 Compstat 會議中，該區域中排名第二的執行官都會擔任警察任務的指揮官。Maple 說：「藉由此狀況我們發現到一些真正的改善狀況！」

20. 全國引用的數字實際上是誇大紐約市以外其他社區犯罪率下降的狀況，因為該市本身的犯罪率即佔全國犯罪總數很大的一部分。

21. 犯罪數據採取自聯邦調查局的《統一犯罪指數》（FBI's Uniform Crime Index）。

22. 資料來源為未出版的報告：Andrew Karmen, "An Analysis of Murders Committed in New York City in Recent Years," John Jay College of Criminal Justice, City University of New York, February 1996。

23. 請參閱 William K. Rashbaum, "Retired Officers Raise Questions on Crime Data," *New York Times*, February 6, 2010. 舉相類似案例來說，就好比在公立學校系統的「高風險型」（high stake testing）學生學習成果評鑑測試中，將資料弄錯了一樣，這部分也請參閱 Greg Toppo, "Atlanta Public School Exams Fudged," *USA Today*, July 6, 2011。

24. 關於輕罪逮捕的人數統計資料是引用自 Alfred Blumstein and Joel Wallman, *The Crime Drop in America*（New York: Cambridge University Press, 2000），225。而其他所有的統計數據則來自於 Buntin, "Assertive Policing," 第 23 頁。

25. 在俄亥俄州的 Terry 市【392 USA 1（1968 年）】，美國最高法院裁定當「合理謹慎」的官員履行調查可疑行為的合法職能時，當其認為自身或他人的安全受到威脅，無論是否出現逮捕原因，為能夠消除此危險，警察可搜查這些可能武裝的危險嫌犯，若搜查發現任何違法行為時，警察即可逮捕。

26. 單一的投訴案件可能包括對警察多起不當行為的指控，CCRB 將警察不當行為的指控狀況分為四類：武力、濫用權力、不禮貌和冒犯性語言，公民可向紐約警察局或 CCRB 投訴。

27. 「在 1994 年的行政審判後，三名官員中有兩名被判犯有不當行為，即被判處 10 至 15 天的休假和 1 至 10 天的禁假」（*United States of America: Police Brutality and Excessive Force in the New York City Police Department*, Amnesty International [AI Index: AMR 51.36.96], June 1996, Sections 5.5, 2.9）。

28. 統計數據採行自 the *Civilian Complaint Review Board Semi-Annual Report, January-December 1998*, Volume VI, No. 2（City of New York: Civilian Complaint Review Board）的長篇附錄。

29. 請參閱 "Complaints against Cops Surge 135%," *Daily News*, April 23, 1996, 22。

30. 當投訴人撤回投訴，經證明不合作或無法找到投訴人時，就有超過一半的調查案（1,229）進行結案。在進行 557 案的全面調查中，共發現 225 案的投訴未經證實，有 111 案得到證實。（其餘的調查案件尚無定論。）然後，由 CCRB 證實的投

訴案會轉交給警務專員進一步審查和執行可能的紀律處分，其中包括寄送譴責信和執行行政審判。

31. 民意調查結果還發現52% 的紐約人認為 Giuliani 在處理犯罪問題方面成就「良好」或「優良」，72% 的人也對 Bratton 的表現有相同的看法。請參閱 "Bratton Tops Giuliani in a Poll," *Newsday*, April 20, 1996, A4。

32. 以下的分析是先前已經發展出來，且已經用不同的形式發表在下列文章中：Mark H. Moore, with David Thacher, Andrea Dodge, and Tobias Moore, *Recognizing Value in Policing: The Challenge of Measuring Police Performance* (Washington, DC: Police Executive Research Forum, 2002)。

33. Bratton 對警界的創新傳播甚廣，Compstat 模式也超越警務單位、其他政府機構和整個司法區的整體表現。請參閱 Robert Behn, "PerformanceStat as a Search for Strategic Evidence," paper presented at the National Public Management Research Conference, Columbus，以及 the Annual Research Conference of the Association for Public Policy Analysis and Management, Washington, D.C., October 1-3, 2009, and November 6, 2009。

34. 請參閱 William Bratton, "Cutting Crime and Restoring Order: What America Can Learn from New York's Finest," lecture delivered at the Heritage Foundation, October 15, 1996。

35. 事實上，隨時間推移，對降低嚴重犯罪率的執著導致紐約市警察局忽視輕微失序的犯罪案件，Bratton 瞭解到微罪對公民安全感影響重大，因此，讓這成為紐約市警察局的努力重點，包括降低社會失序和恐懼等狀況。

36. 請參閱 John E. Boydstun and Michael E. Sherry, "San Diego Community Profile: Final Report" (Washington, DC: Police Foundation, 1975)，25。

37. 我瞭解社會公眾熱論的主題，但這種討論似乎對管理者的要求不那麼熱烈一致，也不是政府機構對公共管理者的爭論標的。請參閱 Sybille Sachs, *Stakeholders Matter: A New Paradigm for Strategy in Society* (New York: Cambridge University Press, 2011)。但也請參閱 Michael Jensen, *Foundations of Organizational Strategy* (Cambridge, MA: Harvard University Press, 1998)。

38. 在經濟理論中，所謂的成本包括用於治安資源的機會成本，而非其他可能是有價值的政府活動，這還包括對特定個人的福利損失，這些人寧願不受到警方監管，也不支持為此繳稅。

39. 這裡有關於金錢與職權等警察事物規劃的觀念是出自於賓州警政的一篇報告中，名稱為 *Philadelphia and Its Police: Progress Towards a New Partnership* (Philadelphia Police Study Task Force, March 1987)。也請參閱 National Research Council, Wesley Skogan and Kathleen Frydl, eds., *Fairness and*

Effectiveness in Policing: The Evidence（Washington, DC: National Academies Press, 2004）。

40. Bratton 似乎並不擔心紐約市警察局是否該解決這些私人安全上的安排問題，在任何一般的私營部門競爭策略分析中，紐約市警察局對安全核心問題的佔比方面也無任何分析。請參閱 Michael E. Porter, *Competitive Strategy: Techniques for Analyzing Industries and Competitors*（New York: Free Press, 1980）。

41. 警政公務的重要策略問題是作為公眾執法代理人的警察涉入私人保安工作的程度、形式和支援分配等狀況，如屬利害相關，警察當然也會採取行動。警察實際上會讓公民行使自衛權並承擔一些保護自己免受犯罪的責任，警察會積極參與監管槍支的所有權和執法事宜，警察長期協助屋主和小商家對其房屋進行安全檢查，一直在努力解決私下安裝防盜警報電話的優先權問題，他們支持鄰里守望計畫，但拒絕向犯罪猖獗的街區守衛天使和黑人穆斯林信徒提供援助。問題關鍵是：（1）私人保安有助於降低犯罪率和恐懼的程度；（2）警察可執行警戒保護私人安全的活動；（3）私人安全保護上的改善程度或加劇社會保安資源分配的不平等。還有一個重要的問題就是警察和公眾對私人保安的安排是採取個人還是集體的形式，相較於守望相助的巡邏，個人持有槍支、設置警報器和養狗是非常不同的社區保安狀況，有關社區巡邏對治安不佳的市區實例，請參閱 Francis Hartmann and Harvey Simon, the Kennedy School of Government case study, "Orange Hats of Fairlawn: A Washington, D.C., Neighborhood Battles Drugs" （Cambridge, MA: The President and Fellows of Harvard College, 1991）。

42. 實際上，即使在商業區這些治安底線也很快就會成為更複雜的問題，企業會計師會追蹤兩個成本底線：（1）利潤（在特定時間內的收支差額），及（2）總資產和負債（根據總分類帳或資產負債表）。Robert S. Kaplan and David P. Norton 在 The Balanced Scorecard（Boston, MA: Harvard Business School Press, 1996）提出，雖然財務業績仍是公司經營績效的指標，但各公司應在財務方面管理其營運。John Elkington 在 Cannibals with Forks: The Triple Bottom Line of 21st Century Business（Philadelphia: New Society Publishers, 1998）則表示，企業應算出「三重底線」衡量其營運活動對社會和生態的影響。

43. 請參閱 N. Gregory Mankiw, *Principles of Economics*（Mason, OH: Cengage Learning, 2008）, 268。

44. 這是福利經濟學的基本思想之一，在生產任務分配資源方面的市場是否有效即取決於對產品價值可靠判定結果。經濟理論即假設消費者選擇如何花錢，若個別的顧客可在競爭激烈的市場上花錢，藉此滿足其需求，市場經濟會傾向於提高效率，因為這可產生個人（有錢花錢）想要的東西，如此一來資源成本變低（消費市場競爭壓力下的有利結果）。若假設有錢可花的個人不是使用全球的資源製造產

品和服務成為經濟體系價值的適當仲裁者，市場在生產方面就個人或社會價值方面的效用而言，顯然變得更不合理。

45. 關於條件資格部分，則請參閱前述註44。

46. 例如，有些人認為美國在20世紀60年代和70年代付出巨大的代價，因為美國未能及早在慕尼黑對抗希特勒，這明顯造成「國際共產主義」在東南亞的動亂。請參閱 Richard Neustadt and Ernest May, *Thinking in Time: The Uses of History for Decision Makers*（New York: Free Press, 1986），75-90。

47. 經濟理論讓消費者成為市場體系中重要的價值仲裁者（參見前面的註釋42和後面的註釋49），從兩個方面而言，獲利能力是企業的首要目標。實際上，企業主希望藉由其專業能力來賺錢。從法律上來講，企業對持有股票或以其他方式投資於企業的相關人員負有信託上的責任，社會瞭解到利潤是激勵企業創造個人所需消費產品和服務（價格高於生產成本）的必要誘因。從長遠來看，經濟理論認為競爭市場可讓企業獲取超額利潤，為顧客提供最大價值。對資本和勞動力應有合理回報的觀念，證明企業為其所有者、股東及勞動者和顧客創造經濟價值的合理性。

48. 政府機構越來越依賴自願性的融資來源，例如，部分支付特定公共服務成本的使用費。例如，參訪國家公園在過去是免費的，但目前需收取入場費。還有許可證相關的費用，可藉此從事受管制的活動，例如，家庭或攜帶槍支等增加的支出。一些政府機構也可從慈善捐款中受益，但對大多數人來說，大部分的融資仍來自稅收或其他的公共補貼。

49. 在經濟理論中，個人是適當的價值仲裁者其觀點即稱為「消費者主權」，這種經常在效率和社會福利背景下採用的觀點經常受到挑戰，這是因為個人並不總是為自己的最佳利益做出選擇。雖然目前顯然就是這種情況（如吸煙、日光浴、酒精濫用等），但這暗示個人不是最有價值仲裁者的觀點會引發批評，認為人們更喜歡家長式的「保姆國家」，藉由集體或國家機構對個人的判斷來取代個人的判斷，在這裡即使用此邏輯說明為何顧客和市場持有我們所認定的看法。若要由諾貝爾經濟學家的觀點討論此一議題，可參閱 Thomas C. Schelling, "The Intimate Contest for Self Command," *The Public Interest 63*（Spring 1981）: 37-61。若要由一個政治理論家立場進行哲學性的觀點論述，則可參閱 John Elster, Sour Grapes: Studies in the Subversion of Rationality（Cambridge: Cambridge University Press, 1983）。

50. 無論是出於偶然還是無意，公共事務管理者需注意其代理人所產生的壞處及好處，在經濟理論中，這種非預期和非定價效應即為「外部性」，其存在會干擾市場的順利運作。請參閱 "Thinking beyond the Current Mission: Unintended Consequences, Unexploited Opportunities" section in this chapter。另外，也請再參閱 Deborah Stone, *Policy Paradox: The Art of Political Decision Making*

（New York: W. W. Norton, 1987）；Donald A. Schön and Martin Rein, *Frame Reflection: Toward the Resolution of Intractable Policy Controversies*（New York: Basic Books, 1994）。

51. 如上所述，私營部門的底線可參考兩種不同的財務報表：藉由比較現有資產與現有負債，即可表示公司淨值的資產負債表、根據支出記錄財務活動的損益表 (制定和欠款) 和收入 (已收款和預期應收款)。就本文目的而言，損益表是更重要的觀點，因此，我們將藉此開始進行模擬。

52. 評估公共部門績效的一個重要特徵是與政府機構接觸的個人和更廣泛的公共場所，不僅重視財務成本和機構活動的最終效果，也重視政府機構的行動特性。有關詳細資訊，請參閱本書第 4 章。

53. 請參閱 Robin Cooper and Robert S. Kaplan, "Activity-Based Systems: Measuring Costs of Resource Usage," *Accounting Horizons* (September, 1992): 1-13。

54. 請參閱前述註 47。

55. 請參閱 Harry P. Hatry, ed., *Customer Surveys for Agency Managers: What Managers Need to Know*（Washington, DC: Urban Institute, 1998）；Christopher G. Reddick, *Politics, Democracy, and E-Government: Participation and Service*（Hershey, PA: Information Science Reference, 2010）。

56. 若參閱 Carol H. Weiss, *Evaluation: Methods for Studying Programs and Policies*, 2nd ed.（Upper Saddle River, NJ: Prentice Hall, 1998），可以進行傳統早期的討論；若參閱 Joseph P. Wholey, Harry P. Hatry, and Katherine E. Newcomer, *Handbook of Practical Program Evaluation*（Washington, DC: Urban Institute, 2010）則可觀看到較為新近的論點。

57. 請參閱前述註 50。

58. 政府機構的使命在管理中發揮關鍵作用，企業組織目前的使命是尋求確定某個特定機構應產生的重要目的或結果，任何改變機構使命的努力將構成組織的創新策略，這需要高層政治的合法性。但組織任務通常架構在非常高的抽象層次上，因此，管理者在確定其任務授權或要求他人時，即有很大的自由裁量權。自由裁量權不僅涉及所使用的手段，也涉及組織所追求更具體的目標和優先順序。關於使命對政府機構的重要性，請參閱 James Q. Wilson, *Bureaucracy: What Government Agencies Do and Why They Do It*（New York: Basic Books, 1989），25-26。也請參閱 Mark H. Moore, *Creating Public Value: Strategic Management in Government*（Cambridge, MA: The President and Fellows of Harvard College, 1995），89-102。

59. 若想對此進行更多的瞭解，可參閱本書中的第 6 章內文。

60. 策略通常被認為是組織用於實現其預定目的之手段，但在商業領域中，策略的概

念與目的有關，也與手段有關。雖然抽象目標即回報股東最大化（或利益相關者，見上述註釋35）保持不變，但基於對現有市場和特定企業組織能力的審查，業務或產品策略可能經常變化。企業根據內部能力和外部機會來確定目標，政府機構往往以相反的順序來運作。

61. 如同許多的政府機構，紐約市警察局也有一個「價值觀」聲明：「與社區合作下，我們保證：保護同胞的生命和財產，公正執法；藉由積極預防打擊犯罪追緝違反者；我們信守比其他人所普遍預期更高的誠信標準，因為我們對此抱有太多的期望，重視人命，尊重每個人的尊嚴，並禮貌文明地提供我們的服務。http://www.nyc.gov/html/NYPD/html/home/mission.shtml, accessed December 7, 2011。關於警政相關議題的角色論述，請參閱 Mark H. Moore and Robert Wasserman, "Values in Policing," in *Perspectives on Policing*（Cambridge, MA: Kennedy School of Government Program in Criminal Justice Policy and Management, 1988）。

62. 請參閱 Wilson, *Bureaucracy*。

63. 同上註。

64. 請參閱 William Niskanen, *Bureaucracy and Representative Government*（New Brunswick, NJ: Aldine Transaction, 2007）。亦請參閱 Anthony Downs, *Inside Bureaucracy*（Boston, MA: Little & Brown, 1967）。

65. 當然，只要價值的生產可維持相同的水平，降低成本是創造價值的活動。這可從一個簡單的觀點中得出，即公共管理旨在產生公共價值的淨值而非公共價值的毛值。但在更多的意識型態和原則性術語中，有時也會看到降低成本的用語，「小政府」的觀點不僅將政府成本控制在低水平的狀況下，還有一種觀點即認為政府的整體規模範圍應受到限制，因為公民和政府間的公正關係：社會應更依賴個人決策而非集體決策來保護自由，在此觀點中，降低成本往往成為一個有價值的目標。

66. 人們常說私人企業管理者的工作比政府機構的管理者更簡單，因為他們有一個簡單易於衡量的目標：利潤最大化。雖然成本和有價值的結果都可用於衡量財務條件，但確實為私營部門組織提供更強大的衡量和淨值創造能力，但利潤本身的概念是二維的目標：管理者需集中精力增加收入和降低成本。若我們遵循企業相關的建議，採用雙重和三重底線時，其目標就像公共部門那樣複雜而難以衡量。

67. 請參閱 Stone, *Policy Paradox*，也請參閱 Schön and Rein, *Frame Reflection*。

68. 請參閱前述註50。

69. Mark H. Moore and Harvey Simon, "Rocky Flats: DOE Manager in an Environment of Distrust," Kennedy School of Government Case Study (Cambridge, MA: The President and Fellows of Harvard College, 1996).

70. 請參閱 Moore, *Creating Public Value*。

71. 通用電氣公司採用一些支持性的業務，將其轉變為外部的產品線，在根本上改變該組織的經濟地位。請參閱 Francis J. Aguilar, Richard G. Hamermesh, and Caroline E. Brainard, "General Electric Co.-1984," *Harvard Business School Case Study* (Cambridge, MA: The President and Fellows of Harvard College, 1985)。

72. 請參閱前述註48。

73. 請參閱 David Osborn and Ted Gaebler, *Reinventing Government: How the Entrepreneurial Spirit Is Transforming the Public Sector from Schoolhouse to Statehouse, City Hall to the Pentagon* (Reading, MA: Addison-Wesley, 1992), chap. 6。至於對消費者導向的批評，則請參閱 Moore, Creating Public Value; Henry Mintzberg, "Managing Government, Governing Management," *Harvard Business Review* (May/June 1996): 75-83；Joel D. Aberbarch and Tom Christens, "Citizens and Consumers: A NPM Dilemma," *Public Management Review* 7, no. 2 (2005): 225-246。

74. 感謝同事 George Kelling 注意並強調此現象的重要性（與作者的個人交流）。

75. 大多數的政府機構依賴政府的強制力量收集稅收資金的相關資訊，公眾總是對公平使用公共資源感到興趣。

76. 在此分配過程中，政府機構會犯兩種錯誤：錯誤判定不合格的人符合條件（資訊誤報），或錯誤判定合格的人不合格（資訊錯誤）。導致此類錯誤的原因很多，包括公共機構的疏忽和錯誤、客戶的自我扭曲或丟失或偽造文件，人們可減少錯誤的數量，但這必須政府機構或其他的客戶承擔相關的任務，此現象也出現在本書的第4章和第7章，但背景不同。請參閱 Jerry L. Mashaw, *Bureaucratic Justice: Managing Social Security Disability Claims* (New Haven, CT: Yale University Press, 1983)；Jeffrey Manditch Prottas, *People Processing: The Street-Level Bureaucrat in Public Service Bureaucracies* (Lexington, MA: Lexington Books, 1979)；John Alford, *Engaging Public Sector Clients: From Service Delivery to Coproduction* (New York: Palgrave Macmillan, 2009)。

77. 請參閱 William K. Frankena, *Ethics*, 2nd ed. (Englewood Cliffs, NJ: Prentice Hall, 1973)。

78. 在此我涉及到了社群主義哲學、功利主義以及道義主義。請參閱 Amitai Etzioni, *The Moral Dimension: Toward a New Economics* (New York: Free Press, 1988)。

79. 請參閱 Edith Stokey and Richard Zeckhauser, *A Primer for Policy Analysis* (New York: Norton, 1978), 270-273。

80. 同上註，第149-153頁，第262-266頁。

81. 此概念即根據政治理論社群主義的第三條規範，這不同於功利主義和道義論。

82. 請參閱 *In The Origins of Totalitarianism*, 2nd ed.（New York: Meridian Books, 1958）。在其書中 Hannah Arendt 寫道：「廢除人與人之間的法律界限，正如暴政一樣，即剝奪人類的自由，將摧毀自由成為活生生的政治現實；對人與人之間的法定空間而言，即為自由的生存空間。」（446）。藉由此邏輯，人們可說自由本質上是民主公眾參與設計克制其自身架構的相關權利。類似的說法也出現在 Gilbert K. Chesterton's Orthodoxy 一文的內容（Project Gutenberg, May 1994）, book 130, chap. 7, http://www.gutenberg.org/cache/epub/130/pgl30.txt. Chesterton 寫道：「我永遠不想要或容忍沒有自由的烏托邦，這就是我最在意自我約束的自由。」

83. 請參閱 Robert B. Reich, "Public Administration and Public Deliberation: An Interpretive Essay," *The Yale Law Journal* 94, no. 7（June 1985）: 1617-1641；Jane J. Mansbridge, *Beyond Adversary Democracy*（Chicago: University of Chicago Press, 1983）。這也成為之後第 3 章、第 5 章以及第 6 章的討論基礎。

84. 這一個觀點被雷根總與柴契爾夫人強力且精要地倡導進行。在一場訪談中，柴契爾夫人提到「沒有任何一件事是如同社會一樣」（there is no such thing as society.）。請參閱 Douglas Keay, "AIDS, Education, and the Year 2000!" *Women's Own*, October 31, 1987, 8-10. 在 Robert Nozick, *Anarchy, State, and Utopia*（New York: Basic Books, 1974）書中可以找到更為堅實的哲學性基礎。當所有自由社會將個人凸顯出來後，就如何限縮性地建立公共範疇來說，他們彼此間就是都有差異的。

85. 請參閱 John Dewey, *The Public and Its Problems*（New York: Henry Holt, 1927）。

86. 請參閱 Jane J. Mansbridge, ed., *Beyond Self-Interest*（Chicago: University of Chicago Press, 1990）。亦請參閱 James Q. Wilson, *Political Organizations*（Princeton, NJ: Princeton University Press, 1995）。然而，這些理念的原始出處可以回溯到以下書籍：*Adam Smith's An Inquiry into the Nature and Causes of the Wealth of Nations*（London: Methuen & Co, 1902）。

87. 若為求針對民主社會中「較小的集體」（smaller collectives）以及他們的角色進行探討，請參閱 Nancy Rosenblum, *Membership and Morals: The Personal Uses of Pluralism in America*（Princeton, NJ: Princeton University Press, 1998）。

88. Kenneth Arrow 在其書籍 *Social Choice and Individual Values*（New York: John Wiley and Sons, 1963）, 22-33，顯示不可能將個人的偏好匯總成簡單的社會效用函數。雖然在理論上是正確的，但實際的問題是這是日常或多或少出現的民主社會行為。此外，所有的公共管理者需假設具備一定的能力達成公共目的，否則無法受命達成任務。若無可靠的集體原則可合法界定公共目的時，即難以得知公眾的代理人如何執行任務。

89. 重要的是，公義觀念可包括社會各人福祉最大化的觀點，即經濟學中的基本福利原則，這就是為何功利主義需被視為道德論的一種形式。

90. 雖然可能有其他解釋，但這或許有可能是隸屬於志願部門領域。

91. 請參閱 Rosenblum, *Membership and Morals*。也請參閱 Amartya Sen, *Identity and Violence: The Illusion of Destiny*（New York ：W. W. Norton, 2006）。

92. 請參閱 John Rawls, *A Theory of Justice*（Cambridge, MA: Harvard University Press, 1971），118-123。

93. 關於個人動機的社會特質議題，敬請參閱 Wilson, *Political Organizations*；Mansbridge, *Beyond Self-Interest*。

94. 請參閱 Moore et al., *Recognizing Value in Policing*。

95. 請參閱 Stacy Osnick Milligan and Lorie Fridell, "Implementing an Agency Level Performance Measurement System: A Guide for Law Enforcement Executives," Executive Summary（Washington, DC: Police Executive Research Forum, 2006）。

第2章　Anthony Williams 市長和華盛頓市政府

1. 本研究案例採取自 "Mayor Anthony Williams and Performance Management in Washington, D.C.," by Esther Scott, written for Steven Kelman, Weatherhead Professor of Public Management, for use at the John F. Kennedy School of Government（Cambridge, MA: The President and Fellows of Harvard College, 2002）。除有另外註明者之外，本章所引用的資料來源都是來自於上述案例。

2. 請參閱 Vernon Loeb, "Required 'Accountability Plans' from DC Are Late, Incomplete," *Washington Post*, July 15, 1997, B3。

3. 請參閱 Michael Powell and Michael Cottman, "Williams Wins Mayoral Primary," *Washington Post*, September 16, 1998, AI。

4. 請參閱 Michael Cottman, "Hope for Change Pinned on Williams," *Washington Post*, January 2, 1999, A I.

5. 請參閱 Colbert King, "100 Days Are Not Enough," *Washington Post*, April 17, 1999。

6. 請參閱 Peter Perl, "Behind the Bow Tie," *Washington Post Magazine*, June 4, 2000, W6。

7. 請參閱 Powell and Cottman, "Williams Wins Mayoral Primary"。

8. 請參閱 David Montgomery and Linda Wheeler, "New Mayor Has Many Roles to

Fill," *Washington Post*, January 3, 1999, BI。

9. 請參閱 Eric Lipton, "Williams Sets Goals for Improvements," *Washington Post*, January 28, 1999, BI。

10. 雖然這不是他的短期行動計畫之一，但也許最早的跡象顯示「事情發生」在3月10日，當時這座城市遭遇了意外的暴風雪。據《華盛頓郵報》所報導，當天早上居民醒來時，驚訝發現道路積雪已被清除。這與1996年的情況形成鮮明的對比，當時該城老化的掃雪機隊在1月份遭遇許多的暴風雪，這導致許多街道封閉數週。

11. 請參閱 Michael Cottman, "A View from the Summit," *Washington Post*, November 21, 1999, CI。最重要的投票者正建造維護社區並加強兒童和家庭的照顧。

12. 兩年前，該區的市議會通過立法讓此事重新變成可能。

13. Newman 說，當她到達 DMV 時，她發現辦公用品很少，例如，十名員工共用一台訂書機，她擔任主管最初之一的行動就是提供「個人用文件包」，內容包括訂書機、筆、膠台和其他用品。

14. 根據酒精飲料法規第四部分條文的內容，在2001年成立獨立部門。

15. 但當地官員指出，他們在去年所延續的62個目標中，有34個目標「提升」其績效目標。

16. 請參閱 Carol Leonnig, "For District Voters, a Way to Keep Score," *Washington Post*, April 21, 2000, B2。

17. 請參閱 Carol Leonn, "Williams Says City Achieved Most Goals," *Washington Post*, January 5, 2001, B9。例如，一些居民指出公共工程部的計分卡未包括垃圾收集目標，垃圾收集一直是投訴問題的來源。

18. 請參閱 "Another Term for the Mayor?" *Washington Post*, December 21, 2001。

19. 所有高階公共管理者無論是 Williams 民選的首席執行官或政治任命的 Bratton，還是負責制定執行政府政策的高階公務員，都受制於公衆及代表各種正式和非正式的制度規範。但所有人都有其權利和義務，藉此提名包括讓政府執行事務達成創造公共價值目標的相關人員。民選的高階管理者在等級制度中擁有比其下屬更大的自由裁量權，面臨合法的日常政治挑戰，他們對行政部門的運作也有最終的決定權（當立法機關或法院不介入時！），但在政治任命者和公務員的提名上，合法化和追求創造價值的機會方面都發揮重要的作用。在本書中，我明確指出試圖引入和使用績效評估和管理系統的個人特殊地位，相關的主角將包括這些相關的官員。本章更詳細地討論在這三種不同類型的高階公共管理者所開發使用的績效衡量和管理系統，其相關的責任分配（參見「這是誰的工作？」的部分）。

20. 績效**評估**系統包括識別或捕獲有關整體績效數據的資訊系統（包括但不限於公共價值帳戶中收集的數據），或各別的管理者、單位或員工的績效，績效管理系統將績效評估系統與組織結構和流程（營運單位、預算和資源分配、人員等）連

結起來，可讓高階管理者區別各別管理者、單位或活動的各別績效，藉此改善課責制和績效。請參閱 Harry P. Hatry, "Performance Measurement: Fashions and Fallacies," *Public Performance and Management Review* 25, no. 4（June 2002）: 352-358。

21. 請參閱 Robert S. Kaplan and David P. Norton, *The Balanced Scorecard: Translating Strategy into Action*（Boston, MA: Harvard Business School Press, 1996）。

22. 這是一項快速的調查，重點為有關於之後將提及的「公共機構的授權環境」（authorizing environment of a public agency）。我將此一概念進行系統性地發展以貫穿本書所有內容，特別是關於第 3 章之內容中。

23. 請參閱 Mark H. Moore and Margaret Jane Gates, "Inspectors General: Junkyard Dogs or Man's Best Friend?" *Social Research Perspectives*, no. 13（New York: Russell Sage Foundation, 1986）。在公眾和政府的審計和控制機構更廣泛的範圍中，即為查核政府支出的各別監督機構（由慈善捐款贊助）。

24. 第 3 章明確地聚焦在這些情況之中。

25. 請參閱 Mark H. Moore, "The Simple Analytics of Accountability"（working paper no. 33.9, the Hauser Center for Nonprofit Organizations, Harvard University, 2006）。

26. 請參閱 W. Lance Bennett, "Towards a Theory of Press State Relationships in the United States," *Journal of Communication* 40, no. 2（June 1990）: 103-127。

27. 請參閱 Martin Linsky, *Impact: How the Press Affects Federal Policy Making*（New York: W. W. Norton, 1988）。

28. 請參閱 Archon Fung, "Varieties of Participation in Complex Governance," special issue, *Public Administration Review* 66, no. sl（2006）: 66-75; Erik Olin Wright, *Deepening Democracy: Institutional Innovations in Empowered Participatory Governance*（New York: Verso, 2003）。

29. 法院不常參與監督政府機構的運作，但在某個機構似乎出現濫用權力的狀況時（至少出現一個濫用權力的案例，但更常見的狀況是當一群公民表示出現系統性的權力濫用時），法院就擔任預算局和審計機構在國家資金使用方面的相關角色：試圖阻止國家權力的不當使用，正如財政機構阻止國家資金的不當使用。若要進行一般性的分析，可參閱 David H. Rosenbloom, "Public Administration and the Separation of Powers," *Public Administration Review* 43, no. 3（May-June 1983）: 219-227。若要針對這個現象進行案例分析，則請參閱 Mark H. Moore, *Creating Public Value: Strategic Management in Government*（Cambridge, MA: Harvard University Press, 1995）, 125-126。

30. 有效個人的專業經驗與此相關，當時美國的審計長 Charles Bowsher 曾要求我與

審計總署合作制定所謂聯邦各部門的「一般績效評估」作業，此觀點是因為審計總署長期以來一直在審查各個組織，即審查各個組織的財務帳目、報告系統和其他管理系統（人事、策略規劃等），甚至參與計畫和政策評估，但從未審查長時間的機構整體績效。因為沒有現成的方法，所以需在開始作業前即先自行制定方法，但事實證明第二個問題更加困難：在政府授權環境中很難找到任何有興趣接收和處理報告的人！這與私營部門的做法形成鮮明對比，私營部門的報告和評估主要著重於組織的長期績效，而非其管理系統或特定的產品和服務。

31. 制定績效衡量標準的「技術挑戰」是必須克服的問題，將公共價值的規範性概念轉化為一系列有效可靠的衡量標準。要制定有效的措施，需找到所採用措施的可靠價值指標，即表示從某個觀點定義特定措施的操作定義。例如，在警務方面，人們可認定重要的目標是「讓犯罪者對其罪行負責」，然後，人們可藉由逮捕結案的報告數量來衡量警察成功達成績效的目標。制定可靠的措施需瞭解所選措施的實際行為是否出現很大的波動，即使變化狀況不大或比較穩定，是否只在相關條件發生變化時才出現變化呢？在上述引用的例子中，該措施的可靠性可能易受警察的忽視，一旦警察掌握犯罪證據，即可清除犯罪者所犯下的多種罪行，警察可能過份苛刻將罪行歸咎於未犯罪的被捕者。最後，為能夠利用這些措施，警察需再進行特定單元的分析。衡量政體的運作狀況是一回事，衡量組織績效又是另一回事，另一個關注的重點是組織中的各別員工。例如，可就全市的範圍、區域級別或各別的警探級別回報「逮捕結案」的統計數據。若期望針對衡量教育績效的技術性問題進行更深入的討論，可以參閱 Daniel Koretz, *Measuring Up: What Educational Testing Really Tells Us*（Cambridge, MA: Harvard University Press, 2008）。

32. 與來自洛杉磯警察局且參與甘迺迪政府學院高階警務人員計畫的資深管理者進行個別性的溝通交談。

33. 「管理工作」不同於管理者在政治、哲學和技術上所需建立較為準確有用的績效評估系統，需在組織內部開展工作，藉此建立績效評估系統並將其用於管理流程，在組織員工中創建內部課責制並促進學習成效，管理工作是將純粹的績效評估系統轉變為可產生組織行為真正變化的績效管理系統。

34. 在本書中，我將制定可支持課責制和學習的績效管理系統。但值得注意的是，可讓組織負責幫助處理學習目標之間可能存在的緊張關係。某些課責制的形式實際上可能阻止組織的學習，例如，若組織規範嚴格且普遍地實施現有的課責政策和程序，即無法參與支持組織學習創新體驗活動。這些組織侷限在當前使用的方法中，同樣地，若管理者在結果方面嚴格課責時，所期望的結果會不斷變化，若未收集結果相關的過程資訊，則學習動機和能力都會下降，努力結合課責制與學習活動即為本書第 7 章的重點。

35. 我將在下文的章節中說明用於制定並使用「公共價值計分卡」的相關工作，雖然公共價值課責制用於衡量公共價值生產在過去和當前的績效，但公共價值計分卡是更完整的績效評估系統，用於支援策略績效管理系統，此系統將政府機構的重點放在未來的績效和價值創造上。

36. 關於聯邦層次的民選官員與資深公務人員兩者間互動碰撞的深入討論，請參閱 Hugh Heclo, *A Government of Strangers: Executive Politics in Washington*（Washington, DC: The Brookings Institution, 1977）。

37. 在此他比較像是第6章中所討論的奧勒岡州州長，而不像是第3章、第4章與第7章中所討論到的事務性管理者角色。

38. 關於「喚醒公眾」（calling a public into existence）之相關討論，請參閱 Mark H. Moore and Archon Fung, "Calling a Public into Existence," in *Ports in a Storm: Public Management in a Turbulent World*, ed. John Donahue and Mark H. Moore（Washington, DC: Brookings Institution Press, 2012。也請參閱 John Dewey, *The Public and Its Problems*（New York: Henry Holt, 1927）。

39. 我將一個曾在甘迺迪政學院進修計畫參與學員提出給我的問題稍微進行調整修改。

40. 請參閱前述註30。

41. 若想對於這些措施的衝擊性進行檢視，請參閱 James S. Bowman, "The Success of Failure: The Paradox of Performance Pay," *Review of Public Personnel Administration 31*（December 2011）: 369-395。將私營部門的績效匯入公共部門，這對要求管理者不辜負其所遵循的專業管理行為理論會造成一定的影響，但有很多方法可讓這種管理責任的工具變得遲鈍或無效。

42. 請參閱 Mark H. Moore and Anthony Braga, "Measuring and Improving the Performance of Policing: Lessons of Compstat and Its Progeny," *Policing: An International Journal of Police Strategies and Management* 26, no. 3（2009）: 439-453。

43. 關於治理（governance）的根本概念，可分為私部門企業與公部門機構。在私部門部分，可參閱 Michael C. Jensen, *Foundations of Organizational Strategy*（Cambridge, MA: The President and Fellows of Harvard College, 1998）。關於公部門部分，則可參照 Woodrow Wilson, "The Study of Administration," *Political Science Quarterly* 2（June 1887）: 197-222。也可參見 Moore, *Creating Public Value* 。

44. 「組織鬆弛」（organizational slack）的觀念一開始是被視為是一種問題。請參閱 James March and Herbert Simon, *Organizations*, 2nd ed.（Cambridge, MA: Blackwell, 1963）。之後其被視為是一種能處理環境變遷與創新的有效方法，請參閱 Jay R. Galbraith, *Designing Complex Organizations*（Boston, MA: Addison-

Wesley, 1973）。直到今日，他被看作是一種管理者可以策略性地使用以適應環境中的情境變動之變數，此方面論述請參閱 Nitin Nohria and Ranjay Gulati, "What Is the Optimum Amount of Organizational Slack?A Study of the Relationship between Slack and Innovation in Multinational Firms," *European Management Journal* 15, no. 6（December 1997）: 603-611。

45. 關於組織變遷與克服障礙方法等問題之普遍性論述，敬請參閱 David Collis, *Organisational Change: Sociological Perspectives*（London: Routledge, 1998），或是 Marshall Scott Poole and Andrew H. Van de Ven, eds., *Handbook of Organizational Change and Innovation*（New York: Oxford University Press, 2004）。關於 Compstat、平衡計分卡的使用以及本書中所提及的其他觀點的更具體實務應用，請參閱 Jean Helms Mills et al., *Understanding Organizational Change*（New York: Oxford University Press, 2004）。

46. 關於協助組織面對來自於現實中權威地位問題的困難度之問題討論，請參閱 Ronald A. Heifetz, *Leader-ship without Easy Answers*（Cambridge, MA: Harvard University Press, 1994）。

47. 關於管理階層可依靠工人在努力程度上的爭論，這只是因為工人承擔課責制已持續很長的時間，Douglas McGregor 在「企業的人性面」（紐約：McGraw-Hill，1960 年）中提出更多依賴於工人內在動機的相關論點。目前這個爭論經常採取「法令遵循」機構對「法規承諾」機構（compliance agencies versus commitment agencies）形式進行。這個議題在第 7 章中會進行討論。

48. 請參閱 Peter Senge, *The Fifth Discipline: The Art and Practice of the Learning Organization*（New York: Currency Books, 1990）。

49. 管理組織變革的這種洞察力常被像是 Jack Welch 這樣的商業領袖所引用，通常稱為「燃燒平台」的論點。若想進行簡短的探究，請參閱 Ken Embley, "The Burning Platform," *Policy Perspectives* 1, no. 1（2005），http://www.imakenews. com/cppa/e_article 000368179.cfm, July 1, 2012。 也 可 參 照 Amir Hartman, *Ruthless Execution: What Business Leaders Do When Their Companies Hit the Wall*（Upper Saddle River, NJ: Pearson Education, 2004），54。其中包括 Jack Welch 如何使用「燃燒平台」幫助通用電氣公司成為地球上最具競爭力公司的案例研究內容。

50. 這部分相當類似奧勒岡州長所面臨到的衝突情境。相關討論可見諸於本書第 6 章。

51. 請參閱 Moore, *Creating Public Value*。

52. 請 參 閱 Malcolm K. Sparrow, Mark H. Moore, and David M. Kennedy, *Beyond 911: A New Era for Policing*（New York: Basic Books, 1992）; Mark H. Moore, *Recognizing Value in Policing: The Challenge of Measuring Police Performance*

（Washington, DC: Police Executive Research Forum, 2002）；Mark H. Moore and Anthony Braga, *The Bottom Line of Policing: What Citizens Should Value (and Measure!)* in Police Performance（Washington, DC: Police Executive Research Forum, 2003）；Mark H. Moore, "Alternative Strategies for Public Defenders and Assigned Council"（paper prepared for the Executive Session on Public Defense, John F. Kennedy School of Government, April 2001）；Mark H. Moore and Gaylen Williams Moore, *Creating Public Value through State Arts Agencies*（Minneapolis, MN: Arts Midwest, 2005）；British Broadcasting Corporation, "Building Public Value: Renewing the BBC for a Digital World"（London: BBC, 2004）。

53. 請參閱 Kaplan and Norton, *The Balanced Scorecard*。

54. 同上註，第9頁。

55. 若要瞭解 Kaplan 對於私部門之外之平衡計分卡的使用觀點，請參閱 Robert S. Kaplan, "Strategic Performance Measurement and Management in Nonprofit Organizations," *Nonprofit Management and Leadership* 11, no. 3（2001）: 353-370。若想瞭解相關評論觀點，可以參閱 Mark H. Moore, "The Public Value Scorecard: A Rejoinder and Alternative to 'Strategic Performance Measurement and Management in Nonprofit Organizations' by Robert Kaplan"（working paper, the Hauser Center for Nonprofit Organizations, Harvard University, 2003）。

56. 請參閱 Andrew W. Savitz, with Carl Weber, *The Triple Bottom Line: How Today's Best-Run Companies Are Achieving Economic, Social, and Environmental Success, and How You Can, Too*（San Francisco: John Wiley and Sons, 2006）。也可參閱 Mark H. Moore and Sanjeev Khagram, "On Creating Public Value: What Business Might Learn from Government about Strategic Management"（working paper of the Corporate Social Responsibility Initiative, Harvard University, 2004）。

57. 請參閱 Robert S. Kaplan and David P. Norton, *The Strategy-Focused Organization: How Balanced Scorecard Companies Thrive in the New Business Environment*（Boston, MA: Harvard Business School Press, 2001）。

58. 請參閱 Susan Colby, Nan Stone, and Paul Carttar, "Zeroing in on Impact: Helping Non-Profit Organizations Develop Strategic Clarity," *Stanford Social Innovation Review*（Fall 2004）: 24-33。

59. 公共價值被創造出來就好比是組織的使命，但是有時候組織在某些狀況下會創造出具有價值的效應，而這些效應卻不是含括於組織使命之中。舉例來說，若想針

對自由人的案例進行探究，則可參閱 Moore, *Creating Public Value*, 13-23，也可以參閱本書第 1 章中對於公共價值帳戶的相關部分。

60. 請參閱 William Niskanen, *Bureaucracy and Representative Government*（Chicago: Aldine-Atherton, 1971）; Anthony Downs, *Inside Bureaucracy*（Boston, MA: Little & Brown, 1967）; Wilson, "The Study of Administration."

61. 通常管理職位和特定組織的最高策略用途不僅取決於單一組織內部資產的部署狀況，也取決於可影響其他組織和個人的第一個組織機構。若想針對組織中處理公共問題的網絡角色進行討論，請參閱 Stephen Goldsmith and William D. Eggers, *Governing by Network: The New Shape of the Public Sector*（Washington, DC: Brookings Institute, 2004）。

62. 請參閱 Accenture Institute for Public Service Value, *Managing Current and Future Performance: Striving to Create Public Value*（Chicago, IL: Accenture, 2007），7-8。

第3章　John James 和明尼蘇達州稅務局

1. 本研究案例取材自 Michael Barzelay and Kirsten Lundberg, *The Executive Branch and the Legislature: Opening Lines of Communication in Minnesota*, Case Studies 991-994（Cambridge, MA: Harvard University Kennedy School of Government, 1990）。除有另外註明者之外，本章所引用的資料來源都是來自於上述案例。

2. 許多政府都有此投資／剝離概念的類似要求，其中最著名的系統稱為零基預算，用於卡特總統領導下的聯邦政府。有關此實施經驗的評論，請參閱 Allan Schick, "The Road from ZBB," *Public Administration Review* 38, no. 2（1978）: 177-180。

3. 此表中的項目都不符合本書所定義的「結果」，但都與實現 DOR 旨在產生更廣泛的結果有關，例如，公正有效地提供服務和義務、客戶個人滿意度等等。

4. 當然，公共管理者可能低估公司治理表面下的衝突程度，股東可能對其長時間準備的財務報表及願意承擔的風險程度感到不認同，關於公司可能遵循的最佳策略還存有更多的爭論，再者，因為私營公司在塑造生活中個人和物質條件方面具有越來越大的影響力，政府已成為不活躍的監管者，要求強化企業社會責任感的社會運動會讓企業覺得有責任避免危害社會，在其權力範圍內改進貨物的品質。關於企業應該承擔多少責任和課責制的問題，造成這些衝突的董事會通常比公共管理者所想像的更深入探討其營運狀況，但董事會的理想化形象是專注於策略並將

管理營運任務留給管理者，董事會秉持如同 James 那樣的想像。

5. 請參閱 Erwin Hargrove and John C. Glidewell, eds., *Impossible Jobs in Public Management*（Lawrence: University Press of Kansas, 1990）。也可參照 James Q. Wilson, *Bureaucracy: What Government Agencies Do and Why They Do It*（New York: Basic Books, 1989），238, 249。

6. 顯然，Armajani 個人即抱持此觀點，他渴望在稅務局和法制委員會的工作關係中建立此原則。關於政策與作業之間的區別，首見於 Woodrow Wilson 所著之「行政的研究」（The Study of Administration）*Political Science Quarterly* 2, no. 2（1887）: 197-222。其基本上被 James Q. Wilson 所提出的「官僚」（Bureaucracy）所推翻。

7. 關於公部門課責性理念的討論，敬請參閱 Mark H. Moore and Margaret Jane Gates, *Inspectors General: Junkyard Dogs or Man's Best Friend?* Social Research Perspectives No. 13（New York: Russell Sage Foundation, 1986），appendix A。關於抽象帳戶的更新近論述，請參閱 Mark H. Moore, "The Simple Analytics of Accountability"（working paper no. 33.9, the Hauser Center for Nonprofit Organizations, Harvard University, Cambridge, 2006）。

8. 請參閱 Richard Zeckhauser and John W. T. Pratt, *Principals and Agents: The Structure of Business*（Cambridge, MA: Harvard Business Publishing, 1985）。然而，也請參閱 Jane Mansbridge, "A 'Selection Model' of Political Representation," *Journal of Political Philosophy* 17, no. 4（2009）: 369-398。

9. 請參閱 Zeckhauser and Pratt, *Principals and Agents*。

10. 同上註。

11. Professor Herman B. "Dutch" Leonard 與作者的個人通訊對話。

12. 請參閱 Robert Clark, "Moral Systems in the Regulations of Nonprofits: How Value Commitments Matter"（working paper no. 33.6, the Hauser Center for Nonprofit Organizations, Harvard University, Cambridge, 2006）。

13. 有些人建議公民應享有某種權利，就可知道將哪些特定的價值觀視為公共組織的經營目標，無論是政府組織還是非營利組織，還應要求各組織掌握回報其經營績效。關於透明度在促進民主和政府績效方面的作用其更廣泛的討論，請參閱 Archon Fung, Mary Graham, and David Weil, *Full Disclosure: The Perils and Promise of Transparency*（New York: Cambridge University Press, 2007）。關於應要求非營利組織製作可審計的績效報表的觀點，請參閱 Herman B. Leonard 的「是否應進行任務陳述？（他們該做些什麼）？」（研究論文編號33.5，哈佛大學非營利組織 Hauser 中心，劍橋出版社，2006 年）。

14. 請參閱 Wilson, "Study of Administration"。

15. 請參閱 John Dewey, *The Public and Its Problems*（New York: Henry Holt, 1927）。

16. 在民主理論中，政府是「人民」的代理人，其目標是可讓「人民」最有效控制政府的行為，無論是政府是服務還是義務等皆然，即是否試圖藉由幫助個人或產生社會的整體結果來實現其利益，或是否試圖保護個人的權利、強化個人職責或朝著公正社會的觀念邁進。此問題一直著重於如何讓「人民」清楚表達集體期望的事物，確保政府採取行動來生產所要的結果。對於許多政治理論家來說，凝聚公眾明確要求對政府執行某些行為，即不可避免地成為議會民主國家的集體期望，政府的立法和行政部門即緊密結合在一起，這避免公眾藉由立法機構和行政部門各自為政的風險，此制度可讓公民成為在具有紀律的黨派中成為投票人，藉此最佳的機會實質影響政府的作為。但困難之處在於這種選舉永遠無法成為完全合法的政府行為，在選舉中，有太多的政府行為從未發揮重要的作用，世界變化太快，無法確保在選舉時做出的決定即為人們未來期望的結果。瞭解到這種合法性的差距後，世界各國政府似乎都藉由透明度、投訴和諮詢程序尋求更多的合法性。請參閱 Archon Fung and Erik Olin, Wright, eds, *Deepening Democracy: Institutional Innovations in Empowered Participatory Governance*. The Real Utopias Project Series, v. 4（London: Verso, 2006）。亦請參閱 Mark H. Moore and Archon Fung, "Calling a Public into Existence," in *Ports in a Storm: Public Management in a Turbulent World*, ed. John Donahue and Mark H. Moore（Washington, DC: Brookings Institution Press, 2012）。

17. 值得注意的是，James 的案例顯示監督者可藉由尊重和讚美如此簡單的方式來獎勵公共管理者。許多公共管理者強烈認同其機構的使命，很樂意有效追求其目標並為此感激。這樣做唯一的代價就是監督者可能讓公民和納稅人感到失望，這些人持續質疑管理者和政府機構的動機和績效。

18. 但請注意的是，我們所建議管理者可能進行的一些管理工作正是用於克服這些狀況。在政治方面，我們希望他們可以做一些公共事務，這些工作至少可明確表達甚至清楚瞭解公共價值的概念（參見 Moore 和 Fung 的「讓公眾稱為存在」）。在技術方面，我們希望他們可做一些建立績效指標的工作，給予實際的權力執行他們與公眾間隱含或明確的契約關係，這些公眾最終是契約關係的主體和公共價值的適當仲裁者，這正是本書的主要目的。

19. 請參閱 Archon Fung, "The Principle of Affected Interests: An Interpretation and Defense"（working paper, Kennedy School of Government, 2010）。該文檔可在以下連結線上觀看：http://www.archonfung.net/docs/articles/2010/FungAffectedinterests4a.pdf（accessed July 5, 2012）。

20. 同上註。

21. 在這裡人們需面對此不可避免的問題：真正的民主課責制度是否準確界定政府在

其選擇中的重要價值觀，並賦予適當權重呢？若一個人是堅決的民主黨人，這答案是肯定的，因為堅決的民主黨人認為人民在價值仲裁中總是正確的。但人們不必過於密切觀察民主政治，也不必強烈質疑民主的主張，因此，會認為任何真正的民主課責制在特定的政府決策或行動所涉及全部價值觀的哲學論證基礎上，受到外部有益的挑戰這是有用的，這就是為何公共價值既是哲學也是政治概念的理由，這也涉及政治領導層的概念。有時候公職人員的選舉、任命或其生涯所承擔的責任是捍衛一些看似重要但被忽視的價值觀，當公職人員承擔此責任時，他們會擔心自己的觀念可能是錯誤的，即表示自己具有特殊或自私的觀點，他們還需在授權環境中測試自己的觀點。在理想情況下，他們將藉由幫助參與者瞭解利害關係來豐富強化民主政策制定過程的合法性，藉此實現此目標。

22. 立法者和管理者可能對改進此過程負有共同的責任。John Dewey 寫道：「公眾是藉由代表制作為習俗的監護人，擔任立法者、高階管理者、法官等讓組織發揮作用，藉由旨在規範個人和團體聯合行動的方法來關心其特殊利益。」就我的瞭解，根據 Dewey 的觀點，公職人員可幫助呼籲公眾瞭解自己的存在（John Dewey, The Public and Its Problems, [New York: Henry Holt, 1927] 35）。

23. 請 參 閱 Malcolm K. Sparrow, Mark H. Moore, and David M. Kennedy, 9（New York: Basic Books, 1992）。

24. 請參閱 Lawrence W. Sherman, *Scandal and Reform: Controlling Police Corruption* （Berkeley: University of California Press, 1978）。

25. 政治學家和歷史學家經常談論某個特定問題或政府機構的政治特性，關於公共價值其特定規模組織授權環境的觀點，長期以來似乎成為學術主題，具有實際操作上的意義。關於方法，請參閱 Richard E. Neustadt and Ernest R. May, *Thinking in Time: The Uses of History for Decision Makers*（New York: Free Press, 1986）, chap. 6, 91-110。也請參閱 Mark H. Moore, "What Sorts of Ideas Become Powerful?" in *The Power of Public Ideas*, ed. Robert Reich （Cambridge, MA: Harvard University Press, 1988）, 55-84。

26. 請參閱 Mark H. Moore, *Recognizing Value in Policing: The Challenge of Measuring Police Performace*（Washington, DC: Police Executive Research Forum, 2002）；Mark H. Moore and Anthony Braga, *The Bottom Line of Policing: What Citizens Should Value and Measure!* in *Police Performance*（Washington, DC: Police Executive Research Forum, 2003）。

27. 從某些方面而言，此價值觀的轉變導致績效的改變，警方將更多的注意力集中在「不腐敗」的管理而非有效地降低犯罪率和恐懼。有名警察強調此影響，他在 Knapp 委員會提報警察腐敗後，曾在紐約市監督警察巡邏人員，他看到兩個巡邏人員站在街上，走近他們並問他們在幹什麼？他們的回覆是：「沒幹什麼！先生，

什麼事都沒幹！」當然，民眾認為警察可能在執行任務，認為只要警察不做任何腐敗的事情就夠了。

28. 結果是在停止與被逮捕方面出現了戲劇性的增長。請參閱第 1 章案例中所引用的統計數據。

29. 有時候價值觀會發生巨大的變化，第 1 章內容說明美國能源部武器計畫的任務，即實際上是如何「盡快建立核武但不太注意到環境污染」到「停止建造核武並清理環境」的混亂局面。請參閱 Mark H. Moore and Harvey Simon, *Rocky Flats: DOE Manager in an Environment of Distrust*, Case Study 1314.0（Cambridge, MA: Harvard University Kennedy School of Government, 1996）。

30. 請參閱 Edith Stokey and Richard Zeckhauser, *A Primer for Policy Analysis*（New York: Norton, 1978）, 273-277。

31. 請參閱 Martin Cole and Greg Parston, *Unlocking Public Value: A New Model for Achieving High Performance in Public Service Organizations*（Chicago, IL: Accenture, 2006）。

32. 同上註，第77頁。

33. 同上註。

34. 請參閱 Hargrove and Glidewell, *Impossible Jobs in Public Management*。更多新近的討論也聚焦在所謂的「棘手問題」（wicked problems）。請參閱 Brian W. Head, "Wicked Problems in Public Policy," *Public Policy* 3, no. 2（2008）: 101-118。

35. 使用特定的價值維度作為檢查個人的生產過程，並藉由查找瞭解所有價值維度上可改進的機會，相關論點可參閱 Mark H. Moore, *Vision and Strategy: Paul O'Neill at OMB and Alcoa*, Case Studies 1134.0-1134.2（Cambridge, MA: Harvard University Kennedy School of Government, 1992）。Paul O'Neill 片面承諾該組織在安全方面已得到顯著的進步，股東和管理者認為這會增加成本，但這種查找可揭示許多的方法，不僅可提高安全性，還可提高績效。

36. 在第 6 章中，我探究創造於奧勒岡的公共價值架構的權力以「支撐」（hold）住了該州當中某些已經維持一段時日的持續性抗爭。

37. 請參閱 Robert S. Kaplan and David P. Norton, *The Balanced Scorecard: Translating Strategy into Action*（Cambridge, MA: Harvard Business Review Press, 1996）。

38. 請參閱 Morten T. Hansen, Nitin Nohria, and Thomas Tierney, "What's Your Strategy for Managing Knowledge?" *Harvard Business Review* 77, no. 2（March April 1999）: 106-116。當我們開始運用績效衡量與管理系統進行學習以及課責的時候，資料的充分性乃扮演了特別重要的角色。

39. 若想針對生產可能曲線（Production Possibility Curve, PPC）相關觀念進行更精

確的分析討論，請參閱 Stokey and Zeckhauser, *Primer for Policy Analysis*, 23-28。

40. 對於要談論改善公共部門績效的人而言，很難瞭解生產可能性的界限其實是一種經驗現象，而非規範性的主張。規範性的權利要求確定要進行生產的相關利益值，藉此設定生產可能性的軸線，但只有現存組織表現的經驗證據才能幫助我們正確識別目前生產可能性的界限，這些證據通常會揭示某些組織在所有方面的表現都比其他組織差，並在沒有放棄任何績效維度價值觀的情況下，這些組織仍有改進的空間。但真正的生產可能性界限所在的地方總有點神祕，這是藉由反覆試驗而非事先已知的事情來發現此事項。

41. 社會效用函數不是生產可能曲線，而是要描繪出我們高於他人評價的績效屬性（參閱 Stokey and Zeckhauser, *Primer for Policy Analysis*, 33-43）。對每一個社會來說，針對他們評價的事務進行命名以及視察他們是否可以生產出更多，比建構出社會效用函數更為簡單，關於方法部分，請參閱 Ralph L. Keeney and Howard Raiffa, *Decisions with Multiple Objectives: Preferences and Value Tradeoffs*（New York: John Wiley, 1976）。

42. 請參閱 Michael C. Jensen, *A Theory of the Firm: Governance, Residual Claims, and Organizational Forms*（Cambridge, MA: Harvard University Press, 2000）。

43. 這是建構一個可以對於具創新、學習以及使用既存方法創造短期績效之組織進行詮釋說明的挑戰（請參閱第7章）。亦請參閱 Mark H. Moore, *Accounting for Change: Reconciling the Demands for Accountability and Innovation in the Public Sector*（Washington, DC: Council for Excellence in Government, 1993）。

44. 請參閱 Keeney and Raiffa, *Decisions with Multiple Objectives*。

45. 堅持組織面對失敗或接受新挑戰可視為組織需進行調整的「有問題現實狀況」，幫助組織適應這種現實需要某種熟練的領導力。請參閱 Ronald A. Heifetz, *Leadership without Easy Answers*（Cambridge, MA: Harvard University Press, 1998）。

46. 請參閱 William A. Niskanen Jr., *Bureaucracy and Representative Democracy*（Chicago: Aldine-Atherton, 1971）。

47 請參閱 George T. Milkovich and Alexandra K. Wigdor, eds., *Pay for Performance: Evaluating Performance Appraisal and Merit Pay*（Washington, DC: National Research Council, 1991）。

48. 請參閱 Francis Aguilar, Richard G. Hamermesh, and Caroline E. Brainard, *General Electric Co.-1984*, Case no. 385315-PDF-E NG（Cambridge, MA: Harvard Business Publishing, 1985）。

49. 將明確的績效契約精神導入公共部門，有助於讓管理者的動機與監督者而非員工

進行更緊密的聯繫，將管理工作集中在降低成本和增加產出的事物上。但這些契約關係通常著重在固定預算限制範圍內實現其產出目標，而非藉此優化成本與成果間的差異或降低成本，參見 Milkovich 和 Wigdor 的「為績效付出」。

第4章　Jeannette Tamayo、Toby Herr 和契機計畫

1. 本研究案例取材自 Arnold Howitt and David Kennedy, *The Ladder and the Scale: Commitment and Accountability at Project Match*, Case 1076.0（Cambridge, MA: The President and Fellows of Harvard College, 1990）。除有另外註明者之外，本章所引用的資料來源都是來自於上述案例。

2. 如其他案例所討論，公共計畫的目標或管理者試圖創造公共價值，可藉由實際功利的術語或公義的概念來表達，在此情況下，福利工作計畫可採用實用的術語，將其視為用於減少未來福利金的一種手段，也可用於努力幫助有需要的個人。從公義的角度來看，這可視為一種讓每個人都有機會獲得經濟獨立的努力，對契機計畫機構的關注比實用主義框架引用更多的公義框架，但在實現公義的目標之餘，也可調適體現功利主義的目標。

3. 關於政府的績效簽約外包之討論，請參閱 Gary L. Sturgess, "Commissions and Concessions: A Brief History of Contracting for Complexity in the Public Sector," in *Procuring Complex Performance: Studies in Innovation in Product-Service Management*, ed. Nigel Caldwell and Mickey Howard（New York: Routledge, 2011）, 41-58。

4. 如同本書中經常提到的，在公部門中許多與客戶的交易都已經具有服務以及義務交換的混雜性質在其中，關於這點的討論，請參閱 John Alford, *Engaging Public Sector Clients: From Service Delivery to Co-Production*（Basingstoke, UK: Palgrave MacMillan, 2009）。

5. 對於有關「以工代賑計畫」（welfare-to-work programs）的評估，請參閱 Judith Gueron, Edward Pauley, and Cameran M. Lougy, *Welfare to Work*（New York: Russell Sage Foundation, 1991）。

6. 請參閱 Toby Herr, Robert Halpern, and Aimee Conrad, *Changing What Counts: Re-Thinking the Journey Out of Welfare*（Evanston, IL: Center for Urban Affairs and Policy Research, Northwestern University Press, 1991）, 8。

7. 這裡使用的「結果」一詞很有意思但有問題，這類似社會結果的概念，因為他最終定義了內在價值的狀態和條件。但「結果」的觀點似乎表明在特定時間點的結果是具有永久性的，Herr 的全部觀點是達到並維持更高的經濟水平和其他形式的

獨立，這是一個永不停止的過程。Herr 所追求真正的結果，這是經過多年爭取所達到維續獨立狀態的累積效應，此結果可在任何特定的時間點進行量測，但人命結束前，這不一定是永久的狀態。

8. 請參閱 Herr, Halpern, and Conrad, *Changing What Counts*。

9. 請參閱 S. Anil Kumar and N. Suresh, *Production and Operations Management* (New Delhi, India: New Age International Publishers, 2006)，1-17。

10. 請參閱 Lynn Olson, Linnea Berg, and Aimee Conrad, *High Job Turnover among the Urban Poor: The Project Match Experience* (Evanston, IL: Center for Urban Affairs and Policy Research, Northwestern University Press, 1990)，1。

11. 這些數值與資訊來自於 Linnea Berg, *Job Turnover of Disadvantaged, Inner-City, Minority Workers over a One-Year Period* (Evanston, IL: Northwestern University Press, 1991)。

12. 契機計畫單位於 1993 年解散，但媒合計畫組織機構持續存在，在 Toby Herr 領導下最終贏得麥克阿瑟基金會的創意有效機構獎。

13. 關於政府的批評和更大網絡發展潛力，請參閱 Stephen Goldsmith and Donald F. Kettl, eds., *Unlocking the Power of Networks: Keys to High-Performance Government* (Washington, DC: Brookings Institution Press, 2009)。

14. 對於此一觀點的介紹，請參閱 David Osborne and Ted Gaebler, *Reinventing Government: How the Entrepreneurial Spirit Is Transforming the Public Sector* (New York: Plume, 1993)。關於那些種類的事物應該可釋出被購買的相關討論，亦請參閱 John D. Donahue, *The Privatization Decision: Public Ends, Private Means* (New York: Basic Books, 1989)。

15. 請參閱 Sturgess, "Commissions and Concessions"。

16. 同樣值得注意的是，私營企業在審查生產系統提高效率及努力保證產品品質一致性的情況下都會大量使用流程措施。例如，麥當勞公司不會以財務條款監控其餐廳的績效，會關注顧客對餐廳產品組合／服務體驗的 12 個特性，即食物新鮮與否、餐廳是否乾淨、是否有座位、組裝訂單的人是否在結帳時微笑等等的表現。請參閱 David C. Rikert and W. Earl Sasser, *McDonald's Corporation (Condensed)* (Cambridge, MA: Harvard Business School Case Services, Case no. 9-681-044, rev. 2/82)。

17. 請參閱 Robert S. Kaplan and Steven R. Anderson, *Time-Driven Activity-Based Costing: A Simpler and More Powerful Path to Profitability* (Boston, MA: Harvard Business School Press, 2007)。

18. **分配效率**的概念著重於資源從低價用途轉向高價用途的程度，若賣橘子比檸檬更賺錢時，應分配更多的資源來種植橘子，**技術效率**的概念是使用更少的資源來生

產特定的產品或服務。在政府的管理中，計畫、規劃和預算（PPB）系統主要用於**配置效率**來提高公共價值，旨在找到高價值的政府活動並為其提供資源。相比之下，目標管理（MBO）系統似乎更著重於藉由**技術效率**來增加公共價值的產出，此技術效率集中資源用於增加特定政府活動的產出。一般而言，藉由資源分配來增加價值的努力比致力於技術效率更難，因為人們可快速輕鬆看出每單位成本是否可獲得更多的產出（技術效率的目標），相反地，與國防或社會保障支出相關的公共價值是否出現更多的問題，這就更難以算出，在大多數的情況下，本書著重於提高技術效率或生產率，而非提高分配效率。關於 PPB、零基預算和 MBO 的討論，請參閱 Allen Schick, *The Federal Budget*, 3rd ed.（Washington, DC: Brookings Institution Press, 2007）。

19. 同上註。

20. 關於「合規審計」（compliance auditing）的學術界定，請參閱 Harold L. Monk, *Compliance Auditing*（New York: American Institute of Certified Public Accountants, 1998）。關於以執行合規審計的督導者角色之分析，請參閱 Mark H. Moore and Margaret Jane Gates, *Inspectors General: Junkyard Dogs or Man's Best Friend?* Social Research Perspectives No. 13（New York: Russell Sage Foundation, 1986）。關於合規審計之效益的循證性，則請參閱 John J. DiIulio Jr., ed., *Deregulating the Public Service: Can Government Be Improved?*（Washington, DC: Brookings Institution Press, 1994）。

21. 請參閱 Moore and Gates, *Inspectors General* 。針對有關於繁文縟節或官樣文章等的價值與問題之深度討論，敬請參閱 Herbert Kaufman, *Red Tape: Its Origins, Uses, and Abuses*（Washington, DC: Brookings Institution Press, 1977）。

22. 請參閱 Marshall W. Meyer and Lynne G. Zucker, *Permanently Failing Organizations*（Thousand Oaks, CA: Sage Publications, 1989）。亦請參照 Mark H. Moore, "Policing: De-Regulating or Re-Defining Accountability," in *Deregulating the Public Service*, ed. John J. DiIulio（Washington, DC: Brookings Institution Press, 1994）。

23. 請參閱 Jerry L. Mashaw, *Bureaucratic Justice: Managing Social Security Disability Claims*（New Haven, CT: Yale University Press, 1983）。

24. 同上註。

25. 關於如何促成再造，敬請參閱 B. R. Dey, *Business Process Re-Engineering and Change Management*（New Delhi, India: Dreamtech Press, 2004）。

26. 值得注意的是，許多政府機構沒有直接的客戶，因為這些機構專注於直接改變世界的狀況。可想想道路的建設，其直接的努力是用於清理環境或國防上，在這些情況下，政府生產的東西未必直接面對客戶。政府所生產大多數的東西都藉由與

客戶的交易來發揮其作用，但這些交易通常視為在社會中創造環境條件的手段，而非只是與客戶進行交易。

27. 關於案例，請參閱 David Kennedy, *Patrol Allocation in Portland, Oregon*, Case Study 818.0, 819.0（Cambridge, MA: Harvard University Kennedy School of Government, 1988）。

28. 請參閱 Bradley T. Gale, *Managing Customer Value: Creating Quality and Service That Customers Can See*（New York: Free Press, 1994）。

29. 此方面的領航者首推 R. Edwards Deming，請參閱他所著之 *Out of the Crisis*（Cambridge, MA: The MIT Press, 2000）。此對於擴展與延伸到醫藥領域極有助益；也請參閱 Donald M. Berwick, A. Blanton Godfrey, and Jane Roessner, *Curing Health Care: New Strategies for Quality Improvement*（San Francisco: Jossey-Bass, 1990）。

30. 自由民主理論的核心就是個人即為唯一重要的價值仲裁者，那些支持自由民主主義思想的人堅持認為這是一種規範的理想，也是一種粗野的經驗事實。但本書理論一個重要部分是基於三個觀點，這些觀點是讓個人成為自由民主國家唯一重要的價值仲裁者，藉此將簡單的觀念複雜化。首先，正如書中所觀察得知，個人在民主社會中扮演許多不同的角色，包括公民、選民、納稅人、身為客戶的受益人和身為客戶的義務人。其次，扮演這些不同角色的個人，其價值觀和承諾在不同的政治形式中得到不同程度的成功，這些政治形式為政府機構的績效提供相關的指導和評估。第三，為公眾進行管理的人別無選擇，只能相信集體所給予的指導，在理想情況下，即表示某種公民或其代表的審議性集會，相較於其他的角色，公民的價值觀具有重要的意義。

31. 有一種重要的意義就是不自由的觀念，將個人的主導作用推到一邊，為評估社會條件的集體騰出空間。人們可爭辯說自由社會的一個基本原則是集體的觀念應在社會組織中發揮適度作用，並賦予個人重要的權利，可讓其保護自己免受集體主張和集體制度所侵害。但即使是自由主義者也需承認相互依存的集體生活需建立政府，然後讓集體生活具有足夠的共同生活空間，共同決定所有的「我」應生活在「個人」高過「群體」的特權集體環境中。

32. 這可體現用於評估公共活動的技術，主要以經濟學為基礎進行利益成本分析，不斷關注個人的估值結果，希望根據每個人如何評價個人對自己的淨影響，然後對個人進行總結來評估公共政策的可能成效，主要以統計數據為基礎的評估計畫是否實現預期目標來評估公共支出，但是為了進行此量測作業，程序評估者需承擔一些集體目的，他們發現這主要是出於立法目的，即承認價值的集體仲裁者和期望的社會結果。有關利益成本分析及個人估值的關係討論，請參閱 Edith Stokey and Richard Zeckhauser, *A Primer for Policy Analysis*（New York:

Norton, 1978），257-270。關於方案評估與其和立法以及政策意圖之關聯性，則請參閱 Carol H. Weiss, *Evaluation Research: Methods of Assessing Program Effectiveness*（Englewood Cliffs, NJ: Prentice Hall, 1972），7, 27, 118。

33. 請注意，每個此類的觀點都會降低計畫的淨公共價值，若營運成本很高，若計畫不能持續產生預期的結果，若需很長的時間為社會帶來利益，則計畫的總體淨收益將低於實際狀況。據推測，伊利諾州有更多公民認為即使強烈承諾讓人民有機會實現社會公義，但仍不值得對此計畫付出努力。

34. 有關客戶管理者面對客戶異質性所產生激勵措施的進一步討論，請參閱本章下文名為「異質性的客戶群和對自己有利的選擇」之標題內容。

35. 「在物質過程的經濟和工程意義上，技術是指使用資源產生特定輸出，此輸出即為創造社會期望結果的過程。」

36. 請參閱 Mark H. Moore and Anthony Braga, "Sizing Up Compstat: An Important Administrative Innovation in Policing," *Criminology and Public Policy* 2, no. 3（2003）: 457-460。

37. 本段落中的討論也是由本書當中第 7 章內容摘錄出來。

38. 應注意的是這兩種可能性都是正確的，若與其他客戶群一起使用，Herr 的方法可能比其他承包商所使用的方法更具成本效益，因為其特定的客戶群，合法成本可能更高。

39. 請參閱 Mark H. Moore, "Learning While Doing: Linking Knowledge to Policy Development in Community Policing and Violence Prevention in the United States." in *Integrating Crime Prevention Strategies: Propensity and Opportunity*, ed. Per-Olof Wikstrom（Stockholm: Swedish National Council for Crime Prevention, 1995），301-331。

40. 請參閱 USA Government, *Federal Support for Research and Development*（Memphis, TN: General Books LLC, 2001）。

41. 國防高級研究計畫局（DARPA）負責許多混合用途的研究計畫，關於其活動和成就的說明，請參閱 Frederic P. Miller, Agnes F. Vandome, and John McBrewster, *DARPA*（Saarbrücken, Germany: VDM Publishing, 2010）。

42. 關於政府創新的障礙之相關討論，請參閱 Alan A. Altshuler and Robert Behn, eds., *Innovation in American Government*（Washington, DC: Brookings Institution Press, 1997）。

43. 請參閱 Geoff Mulgan, *Ready or Not? Taking Innovation in the Public Sector Seriously*（NESTA Provocation 03, April 2007），http://www.nesta.org.uk/publications/provocations/assets/features/ready_or_not_taking_innovation_in_the_public_sector_seriously

44. 請參閱 Jan Carlzon, *Moments of Truth* (Cambridge, MA: Ballinger, 1987)。

45. 她的實務觀點也對其干預措施的思考方式產生重大的影響：當她在客戶群中發現大量的異質性，瞭解到許多小事阻礙其成功時，她得出結論認為自己需要一個連續因應個別客戶和環境不斷變化的高度靈活的反應，而非進行規模的干預，此改變會讓社會和經濟結構出現許多的小問題。

46. Herr 詳細關注那些試圖解決問題的人其相關的行為和狀況，試圖解決問題產生意想不到的好處。客戶和所付出的努力讓他們變得更加人性化，因此，相較於政治上根深蒂固的「福利女王」形象，諷刺對公民的慷慨過度利用的現象。

47. 事實上，人們可將 Herr 和 Tamayo 間的衝突視為一個很好的機會，可協調某些關於福利工作計畫其公共價值觀的公開審議事項，澄清應努力藉由以下的方式實現其價值觀。有關管理此類活動技術的討論，請參閱 James S. Fishkin, Robert C. Luskin, and Roger Jowell, *Deliberative Polling and Public Consultation* (Stanford, CA: Center for Advanced Studies in the Behavioral Sciences at Stanford University, 2002)。關於政府策略管理活動的角色之討論，則請參閱 Archon Fung and Mark H. Moore, "Calling a Public into Existence," in *Ports in a Storm: Public Management in a Turbulent World*, ed. John D. Donahue and Mark H. Moore (Washington, DC: Brookings Institution Press, 2012)。亦請參閱第 5 章中有關「公民動員」(mobilization of citizens) 的相關討論。

第 5 章　Diana Gale 和固體廢棄物公用事業

1. 本研究案例取材自 "'Please Be Patient': The Seattle Solid Waste Utility Meets the Press" by Howard Husock (Cambridge, MA: The President and Fellows of Harvard College, 1991)。除有另外註明者之外，本章所引用的資料來源都是來自於上述案例。

2. 關於政府創新的問題與討論，請參閱 Alan A. Altshuler and Robert D. Behn, eds., *Innovation in American Government* (Washington, DC: Brookings Institution Press, 1997)。

3. 在英國讓各別的公民以支持公共目的之方式行事，即為行為改變問題上的挑戰。每當政府試圖這樣做時，就被稱為「保姆國家」，但實際上政府需找出方法，至少讓個人不要傷害到別人，有時候要讓他們做些好事，政府藉由公民組織所謂「義務承擔者」來做到這一點，但政府也試圖藉由「努力改變行銷行為」來做到這一點。對於這個問題的評論，請參閱 Geoff Mulgan, *The Art of Public Strategy: Mobilizing Power and Knowledge for the Common Good* (New York: Oxford

University Press, 2009），197-217。關於達到影響眾多個人的方法之討論，則請參閱 Janet A. Weiss, "Public Information," in *The Tools of Government: A Guide to the New Governance*, ed. Lester Salamon（New York: Oxford University Press, 2002），217-255。

4. 關於促成課稅順服的系絡問題之討論，請參閱 Mark H. Moore, "On the Office of Taxpayer and the Social Process of Taxpaying," in *Income Tax Compliance*, ed. Phillip Sawicki（Reston, VA: American Bar Association, 1983），275-291。

5. 這是 Ronald Heifetz 所述適應性變革問題的一個典型例子，在這個問題中，個人不僅需改變習慣性的活動，還需承擔損失並發明新的行為方式。請參閱 Ronald A. Heifetz, *Leadership without Easy Answers*（Cambridge, MA: Harvard University Press, 1998）。

6. 請參閱 Mulgan, "Changing Minds and Behaviour" in *The Art of Public Strategy: Mobilizing Power and Knowledge for the Common Good*（New York: Oxford University Press, 2009），197-217; Weiss, "Public Information"。

7. 請參閱 Mark H. Moore, "Mobilizing Support, Legitimacy, and Coproduction: The Functions of Political Management," in *Creating Public Value: Strategic Management in Government*（Cambridge, MA: Harvard University Press, 1995），105-134。也請參閱 James Q. Wilson, *Bureaucracy: What Government Agencies Do and Why They Do It*（New York: Basic Books, 1989）; William A. Niskanen Jr., *Bureaucracy and Representative Government*（Chicago: Aldine-Atherton, 1971）。

8. 請參閱 Moore, *Creating Public Value*，也請見 Robert Reich, *Public Management in a Democracy*（Englewood Cliffs, NJ: Prentice Hall, 1990）。這個議題也在本書第3章有所討論。

9. 關於這是成為政府規範而不是成為政府除外條款之爭論，敬請參閱 Stephen Goldsmith and William D. Eggers, *Governing By Network: The New Shape of the Public Sector*（Washington, DC: Brookings Institution Press, 2004）。

10. 請參閱 Moore, "Mobilizing Support, Legitimacy, and Coproduction"（particularly the case titled "David Sencer and the Threat of Swine Flu"）以及 "Advocacy, Negotiation, and Leadership," in *Creating Public Value*, 105-192。

11. 請參閱 Accenture Institute for Public Service Value, "Managing Current and Future Performance: Striving to Create Public Value"（Chicago: Accenture, 2007）。

12. 請參閱 John Dewey, *The Public and Its Problems*（New York: Henry Holt, 1927）。

13. 同上註，第208頁。

14. 同上註，第219頁。

15. 關於民主社會中公共政策制定的行銷觀點，請參閱 Katherine E. Jocz and John A. Quelch, "An Exploration of Marketing's Impacts on Society: A Perspective Linked to Democracy," *Journal of Public Policy and Marketing* 27, no. 2 （2008）: 202-206。

16. 先前的評論中，針對當代發展於私部門中的行銷技術如何被運用在民主政治過程中進行了探討，相關討論請參閱 Joe McGinniss, *The Selling of the President* （New York: Penguin Books, 1988）。

17. 請參閱 John Kenneth Galbraith, *The Affluent Society*（New York: Mariner Books, 1998）。

18. 請 參 閱 Allan J. Kimmel, "Deception in Marketing Research and Practice: An Introduction," *Psychology and Marketing* 18, no. 7（2001）: 657-661。

19. 請參閱 J. Michael Sproule, "Propaganda Studies in American Social Science," *Quarterly Journal of Speech* 73, no. 1（1987）: 60-78。

20. 請參閱 Axel Johne, "Listening to the Voice of the Market," *International Marketing Review* 11, no. 1（1994）: 47-59。

21. 請參閱 Archon Fung and Erik Olin Wright, eds., *Deepening Democracy: Institutional Innovations in Empowered Participatory Governance*（London: Verso, 2003）。

22. 請參閱 Philip Kotler and Kevin Lane Keller, *A Framework for Marketing Management* （Englewood Cliffs, NJ: Prentice Hall, 2011）。亦請參照 Sally Dibb and Lyndon Simkin, *Market Segmentation Success: Making It Happen*（Philadelphia: Haworth Press, 2008）。

23. 請參閱 Kotler and Keller, *Framework for Marketing Management*。

24. 同上註。

25. 請參閱 V. Kumar, "Customer Lifetime Value: The Path to Profitability," *Foundations and Trends in Marketing* 2, no. 1（2008）: 1-96。

26. 請參閱 Robert S. Kaplan and David P. Norton, "Customer Perspective," in *The Balanced Scorecard: Translating Strategy into Action*（Boston, MA: Harvard Business School Press, 1996）, 63-91.

27. 請參閱 Alison Theaker, *The Public Relations Handbook*（New York: Routledge, 2008）, 232-233。

28. 請參閱 Dennis L. Wilcox and Glen T. Cameron, *Public Relations: Strategies and Tactics*（Boston: Allyn and Bacon, 2011）。

29. 我的朋友兼同事來自 Accenture 的 Greg Parston 向我介紹這樣的觀點，即企業需要在社會中默許「經營許可」，社會是由公眾代表企業行使良好行為所創造的。關於進一步的討論，請參閱 Mark H. Moore, "On Creating Public Value: What

Business（and Nonprofit）Managers Can Learn from Government Managers"
（unpublished mimeo, 2003）。

30. 請參閱 Noel Capon, with James Mac Hulbert, *Managing Marketing in the 21st Century*（Bronxville, NY: Wessex, 2007）, chap. 16。

31. 請參閱 Moore, "Mobilizing Support, Legitimacy, and Coproduction" and "Conclusion" in *Creating Public Value*, 105-134, 293-310。亦可參照 Archon Fung and Mark H. Moore, "Calling a Public into Existence," in *Ports in a Storm: Public Management in a Turbulent World*, ed. John D. Donahue and Mark H. Moore（Washington, DC: Brookings Institution Press, 2012）。

32. 請參閱 Thomas C. Schelling, *Choice and Consequence*（Cambridge, MA: Harvard University Press, 1984）, 57-83。

33. 請參閱 Tom R. Tyler, *Why People Obey the Law*（Princeton: Princeton University Press, 2006）。

34. 關於社會規範的定義，請參閱 Cass R. Sunstein, "Social Norms and Social Roles," *Columbia Law Review* 96, no. 4（May 1996）: 903-968。關於這些規範的發展與評估，則請參閱 Elinor Ostrom, "Collective Action and the Evolution of Social Norms," *Journal of Economic Perspectives* 14, no. 3（Summer 2000）: 137-158。

35. 請參閱 Brian Broughman and Robert Cooter, "Charity and Information: Correcting the Failure of a Disjunctive Social Norm," University of California at Berkeley Law School, Faculty Publications Paper 359, February 11, 2009, 4, 8. http://www. repository.law.indiana.edu /facpub/359

36. 請參閱 H. Wesley Perkins, "Social Norms and the Prevention of Alcohol Misuse in Collegiate Contexts," *Journal of Studies on Alcohol*, supplement no. 14（2002）: 164-172。

第6章　Duncan Wyse、Jeff Tyrens 和進步委員會

1. 本研究案例取材自 Pamela Varley and Steve Kelman, *The Oregon Benchmarks Program: The Challenge of Restoring Political Support*, Case Studies 1554.0 and 1554.1（Cambridge, MA: Harvard University Kennedy School of Government, 1990）。除有另外註明者之外，本章所引用的資料來源都是來自於上述案例。

2. 奧勒岡州公民的立法者沒有全職的工作，但每兩年會面六個月，藉此立法並採用兩年期間的預算。

3. 這種預算的削減最終在1991年底視為沒有必要的措施，因為房產稅率的限制已被房屋價值的快速膨脹所抵消。

4. 根據1997年6月的進展委員會報告，約有30個機構以某種方式使用這些標竿，某些機構或較小的部門確實使用這些標竿進行策略規劃。根據報告內容，包括奧勒岡州的警察局、土地保護和發展部、衛生司、林業委員會、衛生計畫管理員辦公室及高級和殘疾人士服務司。

5. 在參議員Bryant的鼓勵下，進步委員會後來又向前邁進了一步。Tryens說服行政服務部確保州政府營運相關的每個標竿都有「領導」機構，負責協調所有州機構在追求標竿目標上的努力。在1998年臨時預算聽證會期間，Bryant要求Tryens領導該州進行18個最大的機構預算討論會，並報告已簽署的遵循標竿，這些報告旨在為機構預算討論其背景狀況，Tryens希望避免在標竿趨勢上出現評估其他國家機構績效的可能尷尬狀況。他中立報告標竿及其機構關係這種兩難的問題，但未評估機構的績效。在1999年，Tryens的角色變得更具爭議性，共和黨立法者試圖重組並縮小奧勒岡州運輸部（ODOT）的組織規模，此行動遭到政府的堅決反對。同時，一個不同的立法委員會要求Tryens報告ODOT相關標竿的執行績效，同時，政府不希望Tryens以任何方式批評ODOT，因為這可能為該機構的反對者提供解散此機構的藉口。Tryens小心翼翼評估ODOT如何衡量自己在標竿測試方面的表現，未評估其本身的績效。但在紛爭激烈的政治背景下，政府中的一些人甚至認為此做法為該部門的敵人提供太多的攻擊藉口。

6. Tryens指出這些團隊最終未充分發揮其潛力，因為州長辦公室的工作人員似乎沒有多少預算。

7. 奧勒岡標竿測試引起很多的關注和評論，在幾個不同的學術著作進行檢討。在某方面，這被視為「績效架構預算」的例子，請參閱 Harry P. Hatry, John J. Kirlin, and Jeffrey Scott Luke, *An Assessment of the Oregon Benchmarks: A Report to the Oregon Progress Board*（Eugene, OR: University of Oregon, 1994）；再請參閱 Julia Melkers and Katherine Willoughby, "The State of the States: Performance-Based Budgeting Requirements in 47 out of 50," *Public Administration Review* 58, no. I（1998）: 66-73。在另外方面，他們被視為是一種去建構社區福祉指標的努力，請參閱 David Swain, "Measuring Progress: Community Indicators and the Quality of Life," *International Journal of Public Administration* 26, no. 7（2003）: 789-814。最後，它們被視為是公眾涉入與民主課責的裝置，請參閱 Alan A. Altshuler, "Bureaucratic Innovation, Democratic Accountability, and Political Incentives," in *Innovation in American Government: Challenges, Opportunities, and Dilemmas*, ed. Alan A. Altshuler and Robert D. Behn（Washington, DC: Brookings Institution Press, 1997）, 38-67。基於帳戶的

原本投入與彙整方式的實務情況，國家公共價值帳戶的潛在運用也會有所不同，這也就是為何公共價值帳戶如此有趣的原因。

8. 正如第 1 章所討論，具有單一任務的組織可掌握發揮重大影響的觀點並不完全正確，許多公共組織產出的結果不僅記錄其「核心任務」所確定的價值維度，還記錄其他政府組織的任務績效。例如，警察對公立學校和公共衛生部門的成功營運造成影響。因此，任何的公共組織應對沒有實現社會所期望特定的結果承擔其專屬的責任，這是處理重要社會問題的原因之一，幾乎只是由幾個不同的公共組織進行分析。請參閱 Stephen Goldsmith and William D. Eggers, *Governing By Network: The New Shape of the Public Sector*（Washington, DC: Brookings Institution Press, 2004）。

9. 經過仔細的審查，許多其他的管理者也應採取措施，關注公民參與、滿意度、願意繳納稅款和志工等事項，但 Gale 的案例只一味仰賴公民參與處理固態廢棄物的意願。

10. 關於傳統上對民主社會中民選行政首長的權力限制之分析，請參閱 Richard E. Neustadt, *Presidential Power: The Politics of Leadership*（New York: Wiley, 1960）。他提出一個著名的結論，認為總統的權力是幾乎不會大過於「勸阻的權力」。

11. 這曾經是得到共和黨部分支持的主題，他們相信科學的進步並認為受這些努力和承諾可激勵企業成為積極的社會變革推動者。請參閱 Theodore Roosevelt, "The Presidency: Making an Old Party Progressive: From an Autobiography, Chapter 10," reprinted in *American Progressivism: A Reader* ed. Ronald J. Pestritto and William J. Atto（Lanham, MD: Lexington Books, 2008）, 175-191。

12. 即使正努力參與讓奧勒岡州公民和政府藉由想像力來管理其創造價值的潛力時，進步委員會及其工作仍有自己的策略架構。

13. 這是政府行政部門經常採用的方法，使用中央機構的人員和預算程序集中管理政府的行政部門，實際上，這可能是最常見的方法。最近的版本包括規劃、編程和預算、零基預算和目標管理等。關於此經驗全面性檢討，請參閱 Albert C. Hyde, *Government Budgeting: Theory, Process and Politics*（Stamford, CT: Wadsworth/Thompson Learning, 2002）。

14. 國會預算辦公室（Congressional Budget Office）已經扮演了一個類似於處理財務議題的角色，請參閱 Philip G. Joyce, *The Congressional Budget Office: Honest Numbers, Policy, and Policymaking*（Washington, DC: Georgetown University Press, 2011）。在政府產出和 / 或理想期待和社會實質條件的差異方面，進步委員會則試圖在建構措施中發揮類似的作用。

15. 「理想目標」即為組織在短期內難以實現但可反映社會最終期望的目標，藉由「現

實目標」，即為更容易讓組織實現的目標，但此目標低於公眾所期待。

16. 正如 Wyse 所言，「當你看到任何具有深度主題時，幾乎任何得知的人都會做出結論，我們沒有足夠的標竿來執行社會公義。」

17. John Kingdon 將此稱為同時對大的政策議題與小的作業性事務開放展現的「政策櫥窗」（policy windows），請參閱 Agendas, *Alternatives, and Public Policies* （New York: Longman, 1995），165-196。

18. 當然這總存在風險，看起來像是緊迫的機會或威脅，就長期目標來說並不重要，這成為分散處理上更具有風險的嚴峻問題，因此，緊迫性是人們面臨問題的重要敵人。

19. 請參閱 Richard Elmore, "Mapping Backward: Implementation Research and Policy Decisions," *Political Science Quarterly* 94, no. 4（Winter 1979 1980）: 601-616。

20. 請參閱 Mark H. Moore, "Creating Networks of Capacity: The Challenge of Managing Society's Response to Youth Violence," in *Securing Our Children's Future: New Approaches to Juvenile Justice and Youth Violence*, ed. Gary S. Katzmann （Washington, DC: Brookings Institution Press, 2002），338-385。

21. 請參閱 Stephen Goldsmith and Donald F. Kettl, eds., *Unlocking the Power of Networks: Keys to High-Performance Government*（Washington, DC: Brookings Institution Press, 2009）。

22. 請參閱 Ann Costello and Gregory A. Garrett, *Getting Results: The Six Disciplines of Performance-Based Project Management*（Riverwoods, IL: CCH/Wolters Kluwer, 2008），103-142, 183-200。

23. 這種工作看起來很像計畫管理，因為是私營和公共部門所開發的，區別關鍵在於此情況下，計畫是跨組織的努力，因此，在創建課責制方面未賦予直接的權力。關於商業計畫管理的討論，參閱 Harvard Business School Press, "Project Management as a Process" in *Managing Projects Large and Small: The Fundamental Skills for Delivering on Budget and on Time*（Boston, MA: Harvard Business School Press, 2004），1-12。

24. 對於這些管理者面對到的這種問題之相關論述，請參閱 John Buntin, *The General and the "War" on Drugs: Barry McCaffrey and the Office of National Drug Control Policy*, Case Study 1427.0（Cambridge, MA: Harvard University Kennedy School of Government, 1998）。

25. Robert Behn 在組織或司法層面開發的績效衡量系統與著重於問題的績效衡量系統之間即做出有用的區分，他將後者稱為「問題統計」，請參閱 Robert D. Behn, "Designing PerformanceStat: Or What Are the Key Strategic Choices That a Jurisdiction or Agency Must Make When Adapting the CompStat/CitiStat Class

of Performance Strategies?" *Public Performance and Management Review* 32, no. 2（2008）: 206-235。

26. 自由民主國家的政府傾向於因應而非預防作為，這出於重要的哲學和意識型態，最重要的原因是自由主義國家不想進行不必要的干涉。因此，自由國家經常等到問題客觀狀況明顯不好後才參與干涉，自由主義國家也因公共資金的運用效率不佳而臭名昭彰，少許預防比得上眾多的治療，結果證明這差異遠遠超過大多數人所預期。有關如何進行此困難的計算分析，參閱 Malcolm Sparrow, *The Character of Harms: Operational Challenges in Risk Control*（New York: Cambridge University Press, 2008）。

27. 請參閱 Robert S. Gordon Jr., "An Operational Classification of Disease Prevention," *Public Health Reports* 98, no. 2（1983）: 107-109。

第 7 章　Harry Spence 和麻薩諸塞州社會服務部

1. 本研究案例取材自 "Harry Spence and the Massachusetts Department of Social Services" by Emily Kernan and Philip Heymann（unpublished, August 25, 2006）。

2. 請參閱 James Sullivan, "Man in the Middle," *Boston Globe Magazine*, June 25, 2006。

3. 請參閱 Pam Belluck, "Harry Spence Clears Path's for the Schools Chancellor," *New York Times*, February 16, 1997。

4. 同上註。

5. 請參閱 Harry Spence（interview）, "Close-Up with Harry Spence," *Voice* 7, no. 3（2006）: 8-10。

6. 請參閱 Massachusetts Department of Social Services（社會服務部門）, "A Three-Tiered Approach to Developing Family-Centered Child Welfare Practice"（Boston: Massachusetts Department of Social Services, 2002）, 6-7。

7. 聯邦政府於 2000 年從基於合規性的評估轉向基於結果的國家兒童福利服務評估作業的前幾年裡，Carlisle 開展了社會服務部門作業。

8. 請參閱 Doris Sue Wong, "House Review Finds 社會服務部門 Rushes Its Investigations," *The Boston Globe*, October 9, 1998, Bl（Metro section）。

9. 請參閱 Phil Primack, "Looking at 社會服務部門 from the Perspective of the Front Line," *The Boston Globe*, January 16, 2000, C2（Focus section）。

10. 同上註。

11. 請參閱 Kernan and Heymann, "Harry Spence and the Massachusetts Department of Social Services," 34。

12. 請參閱 Massachusetts 社會服務部門, "Three-Tiered Approach," 1。

13. 同上註，第2頁。

14. 請參閱 Harry Spence, interview by Mark Moore, May 29, 2007。除有另外註明者之外，本章所引用的資料都是取材自此一案例來源。

15. 一年後，在全州境內的另一次預算緊縮中，許多的高階官員提前退休。

16. 請參閱 Kernan and Heymann, "Harry Spence and the Massachusetts Department of Social Services," 39。

17. 同上註。

18. 請參閱 Letter from Commissioner Harry Spence to the Massachusetts legislature, January 21, 2005。

19. 請參閱 Letter from Commissioner Harry Spence to the Massachusetts legislature, October 6, 2004。

20. 同上註，第4頁。

21. 請參閱 Letter from Commissioner Harry Spence to the Massachusetts legislature, April 24, 2002, 12。

22. 同上註。

23. 請參閱 Letter from Harry Spence to the Massachusetts legislature, January 21, 2005, 2。

24. 同上註。

25. 請參閱 Kathleen Hennrikus, "Lewis 'Harry' Spence," *Boston Globe*, May 24, 2007。

26. 請參閱 Letter from Harry Spence to the Massachusetts legislature, October 6, 2004, 4。

27. 請參閱 Erwin C. Hargrove and John C. Glidewell, eds., *Impossible Jobs in Public Management* (Lawrence: University Press of Kansas, 1990)；Horst W. J. Rittel and Melvin M. Webber, "Dilemmas in a General Theory of Planning," *Policy Sciences* 4 (Amsterdam: Elsevier Scientific Publishing Company, 1973): 155-169。

28. 請參閱 Josephine G. Pryce, Kimberly K. Shackelford, and David H. Pryce, *Secondary Traumatic Stress and the Child Welfare Professional* (Chicago: Lyceum Books, 2007)。

29. 這個地方對政治瞭解甚多想要打電話給政府機構的人非常有幫助。

30. 這種遲延有時候會發生，因為需要時間才能達到預期的結果，我們可能無法確定臨時寄養安排後與家人團聚的孩子在長大前是否會受益。其他時候所出現的延遲

是因為隨著早期持續成功的成就不斷增加，可立即減少虐待和忽視兒童的威脅，更讓兒童處在沒有風險的可貴狀況中。

31. 社會背景深刻塑造公共管理者試圖改變現狀的條件，管理者可或多或少輕易參與和動員。

32. 請參閱 Mark H. Moore, "Policing: De-Regulating or Re Defining Accountability," in *De-Regulating the Public Service: Can Government Be Improved?* ed. John J. Dilulio Jr.（Washington, DC: Brookings Institution Press, 1994），198-235。

33. 請參閱 Richard J. Light, "Abused and Neglected Children in America: A Study of Alternative Policies," *Harvard Educational Review* 43, no. 4（1973）: 556-598。

34. 請參閱 Mark H. Moore, "Invisible Offenses: A Challenge to Minimally Intrusive Law Enforcement," in *ABSCAM Ethics: Moral Issues and Deception in Law Enforcement*, ed. Gerald M. Caplan（Cambridge, MA: Ballinger, 1983），17-18。

35. Spence 指出，「道德性的錯誤並不是錯誤；其只是當下的時機與你不對盤而已」（conscientious error isn't 'error'; it's when the odds go against you）（個人間的交流對話）。

36. 個人間的交流對話。

37. 這種經由實驗測試生成專業基礎知識的過程動作被稱之為「循證」（Evidence-Based X），通常顯示於醫學上，相關說明可參閱 D. L. Sackett et al., "Evidence Based Medicine: What It Is and What It Isn't," BMJ 312, no. 71（1996）: 312-371；在警政事務方面，請參閱 Lawrence W. Sherman, Evidence Based Policing（Washington, DC: Police Foundation, 1998）；關於教育部分，請參閱 Philip Davies, "What Is Evidence Based Education?" *British Journal of Educational Studies* 47, no. 2（1999）: 108-121；在社會工作方面，請參閱 Brian Sheldon and Rupatharsini Chilvers, "Evidence Based Social Care: A Study of Prospects and Problems," *Journal of Social Work* 1, no. 3（2001）: 375-377。

38. 請參閱第 4 章中有關「社會研究與發展」（social research and development, R&D）在尋求公共管理中生產可能曲線的角色之討論。更多有關於社會研發為何重要的延伸性討論，請參閱 Geoff Mulgan, "The Process of Social Innovation," *Innovations* 1 no. 2（2006）: 145-162。

39. 請參閱第 4 章中有關推進價值（process values）之討論。

40. 請參閱 Tom R. Tyler, *Why People Obey the Law*（Princeton: Princeton University Press, 2006）。

41. 這是 Diana Gale 之所以成功完成的主要關鍵因素。

42. 請參閱 Thomas J. Peters and Robert H. Waterman Jr. described this as the "tight-

loose" property of management control systems in successful companies 。也請參閱他們所撰述之 *In Search of Excellence: Lessons from America's Best Companies*（New York: Warner Books, 1982）。

43. 第3章列舉的課責制的四個特性說明政府機構對其授權環境的政治責任，特別是對立法監督者的主要政治責任。我們在此考慮的課責制從代理的管理者、中階管理人員到組織在職工作人員，讓組織階層變得更加厚實、更密集和更頻繁運用課責制。

44. 顯然，藉由更努力**與**更聰明的工作可進一步提高代理績效。管理組織的聖杯是找到某種課責制度，讓這種制度具有吸引力，藉由盡責的表現讓組織知道如何做事，並開發出方法讓其能夠利用自己的營運經驗找到更新、更好可執行現有或新任務的相關方法。據推測，這裡所謂的途徑即沿著特定的創新適應路徑來進行，其中有些可能是大型的全新產品或服務，背後有巨額的策略投資資金，其他人可從更低生產力的創新中受益。關於傳統上對於創新性組織的條件界定，請參閱 Peter Senge, *The Fifth Discipline: The Art and Practice of the Learning Organization*（New York: Doubleday, 1990）。關於創造具創新性的健康照護組織之討論，敬請參閱 Richard M. J. Bohmer, *Designing Care: Aligning the Nature and Management of Health Care*（Cambridge, MA: Harvard Business School Press, 2009）。關於管理相對大範圍的創新與管理許多小創新間兩者的差異之討論，請參閱 Mark H. Moore and Jean M. Hartley, "Break-Through Innovations and Continuous Improvement: Two Different Models of Innovative Processes in the Public Sector," *Public Money & Management* 25, no. 1（2005）: 43-50。

45. 若想對於生產與作業管理的概念有所廣泛性的理解，謹請參閱 S. Anil Kumar and N. Suresh, *Production and Operations Management*（New Delhi, India: New Age International Publishers, 2006）, 1-17。

46. 與此同時漢堡王（Burger King）藉由開放顧客針對他們想要的漢堡進行命名來進行產品的客製化服務。相關議題請參閱 David C. Rikert and W. Earl Sasser, *McDonald's Corporation*（*Condensed*）（Cambridge, MA: Harvard Business School Case Services, Case no. 9-681-044, rev. 2 /82 ）; David C. Rikert and W. Earl Sasser, *Burger King Corporation*（Cambridge, MA: Harvard Business School Case Services, Case no. 9-681-045, rev. 6/81）。

47. 請參閱 Moore and Hartley, "Break-Through Innovations and Continuous Improvement"。

48. 請參閱 Sarita Chawla and John Renesch, *Learning Organizations: Developing Cultures for Tomorrow's Workplace*（New York: Productivity Press, 1995）。

49. 請參閱 Thomas J. Peters and Robert H. Waterman, *In Search of Excellence: Lessons*

from America's Best Managed Companies（New York: Warner Books, 1982）。

50. 請參閱 Peter F. Drucker, *Innovation and Entrepreneurship: Practice and Principles* （New York: Harper & Row, 1985），147-176。

51. 請 參 閱 David A. Garvin, *Learning in Action: A Guide to Putting the Learning Organization to Work*（Cambridge, MA: Harvard Business School Press, 2000）。

52. 請 參 閱 David Ulrich, Steve Kerr, and Ronald N. Ashkenas, *The GE Work-Out: How to Implement GE's Revolutionary Method for Busting Bureaucracy and Attacking Organizational Problems Fast*（New York: McGraw-Hill, 2002）。

53. 請 參 閱 Robert D. Behn, "Do Goals Help Create Innovative Organizations?" in *Public Management Reform and Innovation: Research, Theory, and Practice*, ed. H. George Frederickson and Jocelyn M. Johnston（Tuscaloosa: University of Alabama Press, 2000），70-88。

54. 請參閱 Robert S. Kaplan and David P. Norton, *The Balanced Scorecard: Translating Strategy into Action*（Boston, MA: Harvard Business School Press, 1996）。

55. 請參閱 Morton T. Hansen, Nitin Nohria, and Thomas Tierney, "What's Your Strategy for Managing Knowledge?" *Harvard Business Review* 7, no. 2（1999）106-116。

56. 請參閱 Kaplan and Norton, *The Balanced Scorecard*。

57. 如果想瞭解私部門中的具備技能管理者如何面對相類似的挑戰，謹請參閱 Mark H. Moore, *Vision and Strategy: Paul O'Neill at OMB and Alcoa*, Case Studies 1134.0-1134.2（Cambridge, MA: Harvard University Kennedy School of Government）。

58. Spence 闡述某個案例中的工作哲學，既表明其目的也表明其手段，這可視為已違反應遵循的手段開放原則，但是這種哲學具有夠廣泛抽象的特性，在手段和目的上留下很大的發揮空間。正如第 4 章所述，Toby Herr 的方法與福利工作管理的流程具有相同的資產特性：一般的理念讓一線工人可做出許多不同的事。手段理念保持不變：這種理念在運作中的特殊表達變化明顯取決於環境。

59. 請參閱 Peter Busch, *Tacit Knowledge in Organizational Learning*（New York: IGI Publishing, 2008）。

60. 請 參 閱 Howard Gardner, Mihaly Csikszentmihalyi, and William Damon, *Good Work: When Excellence and Ethics Meet*（New York: Basic Books, 2001）。

結論

1. 請參閱 James Q. Wilson and George L. Kelling, "Broken Windows: The Police

and Neighborhood Safety," *Atlantic Monthly*（March 1982）: 29-38。

2. 請參閱 *The Challenge of Crime in a Free Society*, Report by the President's Commission on Law Enforcement and Administration of Justice（New York: Dutton, 1968）。

3. 同上註。

4. 請參閱 Mark H. Moore, Robert C. Trojanowicz, and George L. Kelling, "Policing and the Fear of Crime," *Perspectives on Policing* 3（Washington, DC: National Institute of Justice, USA Department of Justice, and the Program in Criminal Justice Policy and Management, Kennedy School, Harvard University, June 1988）。

5. 同上註。

6. 請參閱 George L. Kelling and William J. Bratton, "Declining Crime Rates: Insiders' Views of the New York City Story," *Journal of Criminal Law and Criminology* 88, no. 4（1988）: 1217-32。

7. 請參閱 Wilson and Kelling, "Broken Windows"。

8. 請參閱 Kelling and Bratton, "Declining Crime Rates"。

9. 請參閱 Lawrence W. Sherman, Patrick R. Gartin, and Michael E. Buerger, "Hot Spots of Predatory Crime: Routine Activities and the Criminology of Place," *Criminology* 27, no. I（February 1989）: 27-56。

10. 請參閱 Herman Goldstein, *Problem Oriented Policing*（New York: McGraw-Hill, 1990）。

11. 請參閱 James L. Heskett, *NYPD New*（Boston, MA: Harvard Business School Publishing, 1999）, product no. 396293-PDF-ENG。

12. 請參閱 James W. Wilson, "Dilemmas of Police Administration," *Public Administration Review* 28, no. 5（1968）: 407-417。

13. 請參閱 *Report of the National Advisory Commission on Civil Disorders*（New York: E. P. Dutton, 1968）。

14. 請參閱 David A. Garvin, *Learning in Action: A Guide to Putting the Learning Organization to Work*（Boston, MA: Harvard Business School Press, 2000）。

15. 請參閱 David Ulrich, Steve Kerr, and Ronald N. Ashkenas, *The GE Work-Out: How to Implement GE's Revolutionary Method for Busting Bureaucracy and Attacking Organizational Problems Fast*（New York: McGraw-Hill, 2002）。

16. 請參閱 Robert S. Kaplan and David P. Norton, *The Balanced Scorecard: Translating Strategy into Action*（Boston, MA: Harvard Business School Press, 1996）, 126-146。

致謝

　　我不確定一切是否完全出自我的原始發想。我寫下的所有觀念，我觀察到的所有事物，我創立的所有架構，全都源於我從其他人學到的教誨：我的老師、指導者、同事，以及或許最重要的，我在甘迺迪學院認識的高階主管培訓計畫負責人。這些人可能不會承認自己創造了什麼貢獻；他們事實上說不定還會急著否認自己有任何影響力！然而我相當明白他們對於我著作的參與程度，本書自然也不例外。以下簡單彙整其他人帶給我的收穫。

　　不過，當我搜索有關寫作本書的回憶時，腦海裡首先浮出了幾個特別的感謝名單。我想，本書真正的發端，應該要追溯到 Carol Weiss 邀請我在她主持的哈佛大學政府政策與計畫評估研討會上發表演說。為了準備這場演說，我必須正視一件事實：我固然對成本效益分析和計畫評估極感興趣，畢竟以往我所學到的是利用這些方法來認知公部門的價值創造，但這些方法卻無法實際運用在組織管理上。至於績效基礎預算或是零基預算等預算制度，看來也派不上用場，因為這些預算法似乎得仰賴一個前提：必須具備政府機關內部所有計畫一整批詳盡的計畫評估及／或成本效益分析資料。目標管理（managing by objectives, MBO）觀念感覺最有希望，因為這種方法富有彈性，而且可以涵蓋組織的一切活動，只是當時的目標管理似乎著重在與價值成果幾無關聯的作業目標（operational objective）。Carol 在那場演講為我設下的挑戰，正是本書的寫作起點。

　　埃森哲（Accenture）顧問公司創辦了公共服務價值研究院，支援定義與衡量「公共價值」的知識工作，這是本書另一個重大推手。我的友人暨同事 Greg Parston 獲派擔任該院院長，在我有需要的時候，Greg 排除萬難鼎力相助。

　　我老是把「公共價值」掛在嘴邊；Greg 要我寫一本書，探討定義與衡量公共價值的動機所在。我難以推辭此份盛情。

　　構思本書期間，我很幸運能夠在甘迺迪學院和幾位同樣研究績效衡量的同事一同工作。Dutch Leonard、Christine Letts 和 Jim Honan 在政府與非營

利組織負責人的績效衡量方面，用心投入高階主管培訓計畫。Steve Kelman 和 ShelleyMetzen-baum 辦理了一場高階主管研討會，主題是政府的績效衡量，我從中獲益良多。Bob Behn 針對 Compstat 概念如何成爲一種管理手法普遍通行於公部門，以及更廣泛地針對績效管理如何進入管理體系以提升當責、績效及學習，首先開設了一門課程，接著演變爲穩健的研究計畫。我在哈佛商學院時深受 Robert Kaplan 的啓發，他的著作對政府和非營利組織都發揮很大的影響力。在公共管理和公共行政領域，我依循布魯金斯研究院（Brookings Institute）的 Harry Hatry 開闢的不凡路線，Harry 一路披荊斬棘，努力推動績效衡量法，記錄發生事項，將布魯金斯研究院的名聲發揚光大。

我也要感謝 Howard Husock 和 Carolyn Wood，他們在困難時期對甘迺迪學院個案計畫的領導和維護，保存了有關公部門領導者和負責人如何應付實際問題的豐富資訊。同樣感謝 Peter Holm 在我迫切需要將複雜概念轉化爲易懂圖表時伸出援手，感謝 Westchester Book Services 的 Edward Wade 提供審稿服務，並感謝哈佛大學出版社的 Michael Aronson 和 Kathleen Drummy 的耐心與支持。

以上所有知識來源以及實務合作對象，對於完成本書居功厥偉。但是，假如沒有兩位年輕編輯不辭辛勞地處理充滿增刪痕跡的手稿，極盡所能潤飾文字和加強內容連貫性，想必本書不會有今日的面貌，更無出版問世之日。其中一名編輯是 Elizabeth Foz，她是我女兒的童年友伴，這也是我對她的初次認識，後來 Elizabeth 成爲知識淵博的學者和編輯。另外一名編輯正是我的女兒 Gaylen Williams Moore。Gaylen 和我曾共同寫作一本有關管理新式組織的專書，這個經歷十分美好。不過本書的出版卻是一番全然不同的挑戰。我相當肯定，我在這世界上再也找不到比 Gaylen 更強大、更堅定、更有才華的編輯。她把所有身爲女兒對父親的愛，加上爲數不少的女兒喜歡挑剔父親缺點的樂趣，灌注到編輯工作上，讓本書得以文筆順暢，明瞭好讀。我會永遠感謝她的付出，而凡是能夠從本書吸收有用知識的讀者，也該感謝她的功勞。

上述人士已竭盡所能避免本書出現任何錯誤。若仍有疏漏之處，皆究責於本人。

Mark H. Moore

索引